상처받지
않을 권리
다시 쓰기

강 신 주

———

상처받지 않을 권리
다시 쓰기

자본주의를 가로지르는
인문학 로드맵

오월의봄

2010년은 상징적인 해입니다. 아이폰4를 들고 스티브 잡스가 환한 미소를 지으며 무대 위에서 특유의 프레젠테이션을 펼쳐 보였고, 페이스북으로 승승장구하던 마크 저커버그는 그해《타임》의 '올해의 인물'로 선정됐습니다. 2009년《상처받지 않을 권리》를 출간한 저에게 잡스나 저커버그는 안중에도 없었습니다. 그저 자본이 새로운 상품들을 만들어 우리를 다시 유혹하는 정도로 보였으니까요. 저는 짐멜, 벤야민, 부르디외, 보드리야르의 사유만으로, 구체적으로 말해 돈, 대도시, 백화점, 유행, 매춘, 도박 등 소비생활에 대한 비판적 성찰만으로, 우리 이웃들이 자본주의와 맞설 지혜와 용기를 얻으리라 확신했습니다. 그러나 스마트폰의 웹자본주의는 생각 이상으로 강력하고 거대했습니다. AI, 가상현실, 집단지성, 웹, 빅데이터 등으로 상징되는 웹자본주의는 산업혁명에 비견될 정도로 인간과 세계를 근본적으로 재편하고 있으니 말입니다. 산업자본은 상업자본을 자기 안에 가두고, 금융자본은 그 산업자본을 자기 안에 가둔 적이 있습니다. 이제 웹자본은 기존의 모든 자본을 자기 안에 가두고 재편하고 있습니다.

생산과정과 유통과정에 그어졌던 자본과 인간 사이의 주 전선이 작고 매혹적인 스마트폰 안으로 옮겨진 겁니다. 이 작은 화면에 돈, 도시, 백화점, 매춘, 도박, 유행 등 인간의 허영과 욕망을 자극하는 모든 장치가 집결했으니까요. 이제 스마트폰이 켜지는 곳마다 혹은 켜지는 때마다 자본과 인간 사이의 첨예한 전선이 명멸하는 시대가 된 겁니다. 《상처받지 않을 권리》의 통찰은 여전히 유효합니다. 그러나 웹자본주의가 지금까지 자본주의가 고안한 욕망의 집어등을 스마트폰 한곳에 모아두었다면, 이제 짐멜도, 벤야민도, 부르디외도 그리고 보드리야르도 스마트폰과 웹에서 자신의 통찰력을 발휘해야 합니다. 그러나 스마트폰은 이 탁월한 지성들에게는 낯설기만 한 공간일 겁니다. 그래서 웹의 세계에 익숙한 든든한 안내자가 한 명 정도는 있어야 한다는 생각을 했습니다. 그 사람이 바로 마우리치오 페라리스입니다. 그는 21세기 현재 철학사적으로 '실재론적 전회(realistic turn)'를 이끌고 있는 주역 중 한 명입니다.

2009년 《상처받지 않을 권리》는 이상, 보들레르, 투르니에, 유하 등 문학자들의 도움을 받았습니다. 그들은 자본주의적 삶을 살아내는 것이 얼마나 아프고 낯선 것인지를 온몸으로 노래했으니까요. 짐멜, 벤야민, 부르디외, 보드리야르의 지적인 통찰을 독자들이 직감적으로 이해하는 데 도움을 주리라 생각했던 겁니다. 그러나 이번 개정판에는 문학적 감수성의 도움을 받지 않기로 했습니다. 유튜브에 몰두하는 젊은 세대들을 포함한 우리 이웃들이 진지한 소설이나 시에서 멀어진 지 오래이기 때문입니다. 그래서 더 분명하고 더 정공법적으로 개정판을 만들었습니다. 원래 4부였던 구성도 5부로 확장했습니다. 각각 짐멜, 벤야민, 부르디외, 보드리야르를 다루었던 기존 네 개의 부를 새롭게 다듬었고, 웹 자본주의를 숙고했던 페라리스 부분을 새로 추가했습니다. 이로써 자본주의에서 길을 잃지 않게 해주는 안내서가 나름 업데이트된 것 같습니다. 웹의 세계에서 최소한 인간적 품위를 잃지 않으려는 분들에게, 혹은 웹자본을 포함한 자본주의 일반을 넘어서 새로운 삶을 꿈꾸는 분들에게 작은 지혜나 용기가 되었으면 합니다.

2009년 책을 애틋하게 쓰다듬으며
2024년 2월 아직도 광화문에서

강 신 주

오징어잡이 배를 본 적이 있나요? 아주 캄캄한 밤 작은 배들이 바다로 길을 나섭니다. 얼마간의 시간이 흐른 뒤 배들은 자신도 암흑의 일부분인 것처럼 바다 한가운데 조용히 멈춰 섭니다. 그때 찬란한 전등불이 검은 바다를 태워버릴 듯 일제히 불을 지핍니다. 어부들의 오징어 사냥이 막 시작된 것이지요. 흔히 어부들이 사용하는 전등을 집어등(集魚燈)이라고 부릅니다. 글자 그대로 물고기(魚)를 모으는(集) 등불(燈)이란 뜻이지요. 오징어들은 집어등의 치명적인 유혹에서 벗어나기 힘듭니다. 환한 불빛의 너울거리는 모양새를 따라 수많은 오징어 떼가 끝없이 몰려듭니다. 그런데 여기서 우리가 한 가지 주목해야 할 것이 있습니다. 그것은 바로 오징어들의 욕망에 관한 문제입니다. 어둠침침한 바다, 심해에 살고 있던 오징어들에게 어부들이 내민 집어등의 불빛은 거부할 수 없는 욕망의 대상일 겁니다. 어쩌면 목숨을 잃기 쉽다는 것을 어렴풋이나마 알고 있을지도 모릅니다. 하지만 욕망에 사로잡힌 오징어들은 무언가에 홀린 듯이 무작정 불빛을 향해 몰려듭니다. 다시는 돌아올 수 없는 길을 열심히 뒤쫓아가는 셈이지요.

아름다운 불빛의 매력 앞에 자신의 생명도 돌볼 줄 모른다고 오징어들을 놀릴 수는 없을 겁니다. 어쩌면 우리도 그들과 별반 다르지 않은 삶을 살아가고 있는지도 모르니까요. 주위를 한번 둘러보세요. 우리를 유혹하는 불빛들이 얼마나 많습니까? 화려한 옷으로 치장한 마네킹을 환히 비추는 쇼윈도의 불빛, 번개처럼 점멸하는 네온사인의 불빛, 눈을 찌푸리게 하는 자동차들의 불빛, 클럽 안을 몽환적으로 비추는 불빛 등등. 그러나 우리를 유혹하는 모든 불빛을 모두 수렴하는 스마트폰의 불빛만큼 강력한 것도 없을 겁니다. 이제 우리는 집 밖에서나 안에서나 빛들로부터 도망가기란 거의 불가능합니다. 의식이 있는 한 우리 손에는 스마트폰이 들려 있으니까요. 심지어 스마트폰의 불빛에 비해 집 바깥이나 안의 불빛들은 부차적으로 느껴질 뿐이죠. 때로는 호기심 가득한 눈망울로, 때로는 핏발이 선 피곤한 눈빛으로, 혹은 탁하고 어두침침한 괴로운 눈동자로 우리는 무언가에 홀린 듯이 스마트폰이 뿜어내는 다양한 불빛 쇼에 빠져들고 있지 않은가요? 오늘도 셀 수 없이 다양한 불빛 앞에 선 우리의 모습은 집어등의 화려한 불빛에 사로잡힌 오징어 떼의 모습과 별로 다를 것이 없어 보입니다.

물론 오징어처럼 우리가 자본주의의 집어등에 매혹된다고 해서 생명마저 잃는 것은 아닙니다. 자본주의의 집어등에 현혹된 우리는 자신의 생명 대신 그 대가로 돈을 바치기 때문입니다. 하지만 우리의 욕망을 일깨우는 집어등은 오징어 떼를 사로잡는 집어등보다 더 치명적인 위험을 안고 있습니다. 자본주의의 집어등은 우리를 끊임없는 노동의 현장으로 내몰기 때문이지요. 집어등에 걸려 허우적거리는 순간마다 우리의 주머니는 소리 없이 비워져갑니다. 어쩔 수 없이 우리는 다시 일터로 나가서 우리의 주머니가 차기를 기다릴 수밖에 없습니다. 돈이 조금씩 다시 모일수록 우리 뇌리에는 현란한 집어등의 불빛이, 그 치명적이고 달콤한 추억의 느낌이 아련하게 떠오릅니다. 어느 순간 우리는 불빛의 유혹에 다시 몸을 내맡기겠지요. 집어등의 유혹, 타오르는 욕망, 자유로운 소비, 허무한 결핍, 인내로 가득 찬 노동, 다시 시작되는 집어등의 유혹…… 우리 삶은 이렇게 제대로 알지도 못하는 사이 깊이 상처받고 서서히 병들어갑니다.

　인간은 억압이나 슬픔이 아니라 평안한 기쁨, 보편적인 자유를 추구하는 존재입니다. 그러나 자본주의와 그것이 만들어놓은 욕망의 집어등은 의식할 새도 없이 우리에게서 인간의 자유와 기쁨을 앗아가고 있습니다. 자본주의가 만들어놓은 욕망의 집어등은 매우 교묘하게 작동합니다. 그것은 표면적으로 볼 때 인간에게 자유와 기쁨을 주는 것처럼 보이기 때문입니다. 그러나 한번 더 꼼꼼히 살펴보세요. 자본주의가 제공하는 자유란 '소비의 자유'일 뿐이고 자본주의에서 얻는 기쁨이란 '자기파괴적인 욕망의 충족'일 뿐입니다. 불행히도 우리 대부분은 아직 자신이 욕망의 집어등에 걸려 허우적거리며 깊이 상처받고 있다는 사실을 자각하지 못하는 것 같습니다. 탁월한 인문지성들이 자본주의로부터 상처받은 인간을 연민의 시선으로 바라봤던 것도 바로 이 때문이지요. 이들로부터 진물이 끊이지 않는 상처를 외면하지 않을 용기, 그리고 상처를 치유할 수 있다는 희망을 배운다면, 우리의 몸과 정신에 다시 새살이 돋아나게 될 것입니다.

진정한 자유와 기쁨의 날이 찾아오길 고대하며
2009년 이른 봄 광화문 사무실에서

강 신 주

1.

날씨가 예년보다 쌀쌀한 목요일 밤이지만, 우리 주인공은 찬바람 속에서도 별로 춥지 않았습니다. 오늘은 디데이입니다. 웹서핑을 할 때마다 반드시 들러 확인하던 명품 숄더백이 드디어 한국에 출시되는 날이니까요. 너무 고가라 해외 직구를 선택하기도 난감한 숄더백입니다. 스마트폰으로 유튜브 영상과 구글 사진도 검색해봤지만, 경험으로 압니다. 연출된 제품 이미지와 실제 제품은 느낌이 다를 수 있다는 사실을 말입니다. 방금 우리 주인공은 백화점 명품관에서 그 숄더백을 확인하고 나온 길입니다. 스마트폰으로 봤던 것만큼, 아니 그 이상으로 숄더백은 너무나 근사했습니다. 적은 월급에도 출혈을 기꺼이 감당하려고 했던 자신의 결정이 대견하기까지 했습니다. 그렇지만 두근거리는 마음을 가라앉히며 명품관을 나옵니다. 숄더백이 내 것이 되는 절정의 순간을 잠시라도 지연시키고 싶었으니까요. 백화점 바깥의 어둠과 찬바람은 명품관 안의 밝음과 푸근함과는 묘한 대조를 이룹니다. 그렇지만 백화점의 화려한 조명을 등진 우리 주인공은 조금도 춥지 않았습니다. 그의 정신은 여전히 명품관 안에 그리고 그 숄더백에 가 있었으니까요. 찬바람이 더욱 거세게 느껴지자 심호흡을 합니다. 이제, 저 문을 열고 명품관에 들어가야겠지요.

우리 주인공은 거대한 유리문을 밀치며 당당하게 안으로 다시 들어섭니다. 바깥의 찬 공기와 달리 백화점 실내는 화사한 조명과 따뜻한 온기로 푸근하기까지 합니다. 그러나 더는 다른 것을 느끼지 못합니다. 이미 그를 사로잡고 있는 것은 당당하게 자신의 손길을 기다리는 명품관의 그 숄더백이니까요. 더 지체해서는 안 됩니다. 다른 누군가가 숄더백을 채갈 수도 있습니다. 아니나 다를까 명품관 앞에 약간의 줄이 늘어서 있는 것이 보입니다. 고객의 품위 있는 쇼핑을 위해 명품관 측에서는 손님의 수를 일정하게 제한하고 있었던 것이지요. 마치 궁전의 무도회장 앞에서 손님들의 신분을 확인하기라도 하는 것처럼 말입니다. 사실 누구나 다 들어갈 수 있다면 그건 이미 명품관이 아닐지도 모릅니다. 숄더백을 처음 보러 왔을 때보다 순서를 기다리는 시간은 더 길게만 느껴집니다. 초조함이 절정에 달할 때쯤 직원의 안내로 마침내 명품관에 들어섭니다.

명품관에서 백화점 정문까지 어떻게 나왔는지 아득하기만 합니다. 백화점 문을 나서자마자 찬바람이 매섭게 우리 주인공의 뺨을 할퀴고 지나갑니다. 그의 손에 들려 있는 고급스런 쇼핑백도 날아갈 듯 함께 요동칩니다. 쇼핑백 안에는 방금 점원들의 극진한 환대를 받으며 구매했던 숄더백이 더스트백에 싸여 소중히 담겨 있습니다. 명품 숄더백의 매력, 그리고 점원들의 친절한 응대도 마치 꿈처럼 느껴집니다. 그 순간 차가운 밤공기보다 자신을 더 춥게 만드는 어떤 기묘한 결여감이 느껴집니다. 분명 원하던 것을 얻었는데도 여전히 무언가 빠진 듯한 허허로움입니다. 지하철역으로 가는 길에도 찬바람은 여전합니다. 경쾌했던 걸음걸이는 조금씩 다시 무거워집니다. 갑작스럽게 뇌리에는 돈을 써야 할 여러 가지 일들이 떠오릅니다. 대출금, 공과금, 생활비, 경조사비 등등. 지하철 좌석에 앉아서도 수입과 지출에 관련된 복잡한 계산들이 끝나지 않습니다. 불편한 느낌을 떨쳐내려고 고개를 세차게 흔들며 무릎 위에 놓인 쇼핑백을 꼭 품어봅니다. 잠시 행복감이 찾아들지만, 내일 회사에서 해야 할 일들이 떠올라 다시 마음이 무거워집니다. 그러나 인스타그램에 숄더백 사진을 올릴 생각을 하니 자연스레 미소가 떠오릅니다.

2.

방금 읽은 에피소드는 주목할 필요가 없을 정도로 평범한 일상을 다룬 것처럼 보입니다. 어찌 보면 바로 이와 같은 평범함과 친숙함이 문제일지 모릅니다. 그것은 우리가 평소 자신의 일상적 삶의 모습을 성찰하지 않는다는 증거일 수 있기 때문입니다. 평범한 일상, 친숙한 세계가 항상 좋은 것만은 아닙니다. 철학적인 사람은 평범하고 친숙한 삶을 낯설게 성찰할 수 있습니다. 가령 위의 에피소드에 등장했던 주인공의 하루를 철학적 시선을 통해 낯선 것으로 바라본다면 어떻게 될까요?

왜 대도시의 중심 번화가에는 백화점이 있는 걸까요? 명품관은 왜 백화점 고층부가 아니라 1층과 같은 저층부, 많은 사람의 시선에 노출되는 곳에 있을까요? 우리 주인공은 왜 백화점에 가게 되었을까요? 왜 자신의 수입으로는 감당하기 버거운 지출을 기꺼이 했던 걸까요? 백화점에 들어가는 걸음걸이가 귀족처럼 당당했던 이유는 무엇일까요? 그리고 왜 그토록 명품을 가지고 싶었던 걸까요? 숄더백을 구매하고 백화점 문을 나서는 순간 왜 이상한 결여감을 느꼈던 걸까요? 숄더백 사진을 인스타그램에 올릴 생각을 하며 왜 미소를 지었던 걸까요? 꼬리에 꼬리를 무는 의문을 품는다는 것 자체가 자본주의적 삶을 낯설게 보고 있다는 걸 말해줍니다. 뫼비우스의 띠에서 벗어나듯, 모든 의문을 해소한 순간 우리는 자본주의를 넘어서는 삶으로 한 걸음 내디딜 수 있을 겁니다.

여기서 잠시 숄더백을 구매한 다음 우리 주인공이 느낀 기묘한 결여감, 공허감의 원인을 생각해보죠. 이것을 성찰하는 순간 우리는 자본주의를 낯설게 바라보는 방법에 한 걸음 다가갈 수 있습니다. 자본주의적 삶의 핵심은 화폐, 즉 돈입니다. 돈이 무엇보다 중요하다는 걸 우리는 일상에서 바로 알 수 있지요. 바로 이것이 그토록 원하던 명품 숄더백을 손에 쥐었으면서도 우리 주인공이 설명하기 힘든 박탈감, 결여의 느낌이 들었던 이유가 아닐까요. 생각해보세요. 사실 우리 주인공을 백화점 명품관, 명품 숍 더백으로 이끌고, 귀족처럼 당당하게 걷도록 했던 주범은 바로 화폐, 즉 돈입니다. 사실 우리가 읽었던 에피소드의 진정한 주인공은 바로 화폐였는지도 모릅니다. 돈이 없었다면 화려한 쇼핑 자체가 불가능했을 것이기 때문입니다. 이제야 쇼핑백을 들고 백화점 문을 나섰을 때 우리 주인공이 '무언가 빠진 것 같은' 결여감을 느꼈던 이유를 알 수 있습니다. 여기에서 우리가 주목해야 할 것은 우리 주인공이 백화점에 들어가기 전과 백화점에서 나온 뒤의 차이일 겁니다. 백화점에 들어가기 전에는 화폐를 가지고 있었다면, 백화점에서 나온 뒤에는 일종의 상품을 가지게 되었지요. 화폐를 가지고 있을 때와 달리 구체적 상품을 가지게 된 우리 주인공이 결여감을 느꼈던 이유는 무엇일까요? 그것은 바로 화폐와 상품이 결코 동등하지 않기 때문입니다. 다시 말해 화폐는 어떤 상품과도 교환될 수 있지만, 그 어떤 상품보다도 훨씬 더 큰 가치를 지니고 있었던 겁니다.

3.

왜 화폐가 상품보다 더 가치가 있는 걸까요? 화폐와 상품은 등가로 교환되는 것처럼 보이지만, 사실 부등가로 교환됩니다. '화폐 ≧상품'으로 공식화해도 좋을 듯합니다. 여기서 등호(=)는 교환을, 그리고 부등호(>)는 가치의 우월을 의미합니다. 이 점은 화폐가 무한한 교환 가능성을 가지고 있다는 측면에서 생각해볼 수 있습니다. 예를 들어 100만 원의 돈과 100만 원 상당의 명품 구두가 있다고 해보죠. 분명 우리는 100만 원으로 그 구두를 살 수 있습니다. 하지만 구두를 사면 100만 원으로 다른 것을 살 수 없습니다. 100만 원을 그대로 가지고 있었다면, 우리는 구두를 포함한 100만 원 상당의 다른 상품을 구매할 꿈을 꿀 수 있었을 겁니다. 우리 주인공이 백화점 문을 나서면서 느꼈던 알 수 없는 결여감의 정체는 바로 여기에서 비롯된 것입니다. 이제 우리 주인공은 당분간 다른 꿈을 꿀 수 없을 테니까요. 아울러 명품관 직원들이 왜 그리 극진하게 대우했는지도 분명해집니다. 그들은 인격 자체를 존중했던 것이 아니라 돈을 존중했을 뿐입니다. 숄더백을 판매하고 벌어들인 돈으로 그들 자신도 그만큼의 무한한 교환 가능성을 꿈꾸는 입장이 된다는 것을 본능적으로 알기 때문입니다.

1844년 청년 마르크스(Karl Marx, 1818~1883)의 시선에 들어왔던 것도 화폐가 가진 종교적일 만큼의 강력한 힘이었습니다. 마르크스는 셰익스피어(William Shakespeare, 1564~1616)를 매우 칭찬하곤 했습니다. 그것은 이 영국의 위대한 극작가야말로 화폐의 본질을 가장 잘 파악한 인물이라고 생각했기 때문이지요. 마르크스의 초기작인 《경제학-철학 수고(Ökonomisch-philosophische Manuskripte aus dem Jahre 1844)》를 보면, 셰익스피어의 《아테네의 타이먼(Timon of Athens)》(제4막 제3장) 이야기가 길게 인용되어 있습니다.

금? 귀중하고 반짝거리는 순금? 아니, 신들이여!

헛되이 내가 그것을 기원하는 것은 아니라네.

이만큼만 있으면, 검은 것을 희게, 추한 것을 아름답게 한다네.

나쁜 것을 좋게, 늙은 것을 젊게, 비천한 것을 고귀하게 한다네.

이것은 사제를 제단으로부터…… 유혹한다네.

반쯤 회복된 병자에게서 베개를 빼내버린다네.

그렇다네, 이 황색의 노예는 풀기도 하고 매기도 하네.

성스러운 끈을 저주받은 자에게 축복으로 내리네.

문둥병을 사랑스러워 보이게 하고, 도둑을 영광스런 자리에 앉

힌다네.

그리고 도둑에게 작위와 궤배와 권세를 부여한다네. 원로원 회

의에서.

이것은 늙어 빠진 과부에게 청혼자를 데리고 온다네.

양로원에서 상처로 인해 심하게 곪고 있던 그 과부가,

메스꺼움을 떨쳐버리고, 향수를 발라 젊어져

오월의 청춘이 되어 청혼한 남자에게 간다네.[1]

셰익스피어는 화폐에 해당하는 황금을 "신"이라고까지 부르
고 있습니다. 그의 말대로 황금은 "검은 것을 희게, 추한 것을 아
름답게, 나쁜 것을 좋게, 늙은 것을 젊게, 비천한 것을 고귀하게"
하기 때문입니다. 신이 아니면 진정 불가능한 일이지요. 그런데
셰익스피어의 글에서 중요한 점은 황금을 가지고 있는 사람이 문
둥병 환자든 도둑이든 아니면 늙어 빠진 과부든 간에 모두 경배

와 숭배의 대상이 된다고 본 것이 아닐까요? 화폐는 그것을 소유한 모든 이를 경배의 대상으로 만들어줍니다. 물론 황금을 가진 자는 그 황금을 성급하게 사용해서는 안 됩니다. 자기 손에서 황금이 사라지는 순간, 자신을 향해 쏟아지던 경배와 찬양이 모래성처럼 허물어지고 말 테니까요. 여기서도 잊어서는 안 되는 점이 하나 있습니다. 사람들이 찬양한 것은 자신이 아니라 자신이 소유한 황금이라는 사실을 말이지요. 사람들의 찬양에 속아 경배자들에게 황금을 건네는 순간, 한때 고귀했던 자는 모든 사람이 꺼리는 비루한 존재로 변하고 맙니다. 우리 주인공이 백화점 문을 나서면서 느꼈던 결여감도 어찌 보면 이런 이유에서 당연하다고 할 수 있습니다. 현재 수중에 지닌 돈을 모두 소비해버리고 한순간에 귀족에서 평범한 회사원으로 추락했기 때문입니다.

4.

이제 우리는 자본주의가 어떤 방식으로 진행되는지 그리고 우리 주인공은 어떤 자리에 있는지 거리를 두고 바라볼 수 있습니다. 우리는 자본주의라고 불리는 일종의 종교적 체계에서 살아갑니다. 이곳에서는 화폐가 신의 노릇을 대행하지요. 게다가 화폐라는 신은 전통적인 신보다 더 탁월합니다. 기존 신들은 내세의 행복만을 약속하지만, 화폐는 현세의 행복을 약속합니다. 여기서 화폐가 신이라는 사실을 단순히 은유로만 이해해서는 결코 안 됩니다. 그것은 바로 지금 눈앞에서 발휘되고 있는 위력이기 때문이지요. 돈을 가지고 있으면 우리는 귀족처럼 당당하게 걸을 수 있고, 반면 돈이 없으면 초라한 어깨로 무거운 발걸음을 옮길 수밖에 없습니다. 지하철역으로 가는 우리 주인공의 발걸음이 마냥 가볍지 않았던 이유도 바로 여기에 있습니다. 이제 수중에 돈이 별로 없기 때문에, 다시 노동의 세계로 들어가야 합니다. 불쌍한 우리 주인공은 열심히 해보리라 다짐하면서 또다시 상품을 구입하는 꿈을 꾸겠지요.

자본주의는 우리 인간의 노동을 통해서 유지되는 체계입니다. 물론 노동의 대가로 우리에게는 임금이나 보너스가 제공되지요. 그러나 직장에서 나오는 임금이나 보너스는 직장에서 만들거나 제공하는 재화나 서비스가 팔려야 충당할 수 있습니다. 스마트폰 회사에 다니는 사람이 이탈리안 레스토랑에 가서 음식과 서비스를 제공받고, 애인 선물로 명품 구두를 삽니다. 레스토랑 셰프는 봉급으로 신형 스마트폰을 사고, 명품점 직원도 월급날 아내와 이탈리안 레스토랑에서 리조토와 와인으로 근사한 밤을 보냅니다. 이렇게 이루어진 소비가 자본주의를 돌아가게 하는 원동력이었던 겁니다. 사실 최신 성능을 탑재한 스마트폰을 멋지게 만들어도, 미쉐린 등급을 받을 정도로 근사한 요리를 만들어도, 최상 재료와 세련된 디자인으로 명품 구두를 만들어도, 팔리지 않으면 아무런 의미가 없는 겁니다. 생산만으로는 결코 자본주의 체제는 작동되지 않습니다. 소비가 이루어지지 않으면 생산은 무의미해지고 당연히 자본가는 파산하고 말 겁니다. 물론 그전에 그가 생산을 위해 고용했던 노동자들은 이미 대량으로 해고되었겠지요. 소비, 그것이 바로 자본주의의 심장이었던 겁니다.

자본 축적은 단순합니다. 우선 노동자들이 자신이 받은 임금을 상품을 구매하는 데 써야만 합니다. 생계나 허영을 충족하기 위해 노동자들은 돈이 필요하고 그들은 다시 직장으로 발걸음을 옮깁니다. 다람쥐 쳇바퀴는 이렇게 돌아가고, 그사이에 자본은 축적되는 겁니다. 우리가 생산과 소비 사이에, 수입과 지출 사이에 허우적거려야 자본가는 부를 축적할 수 있습니다. 자본주의는 생산한 재화나 서비스를 판매하기 위해서, 우리를 노동으로 계속 내몰기 위해서 지속적으로 돈을 쓰도록 유혹하는 장치도 함께 고안했습니다. 이건 자본주의체제에 사활이 걸린 문제입니다. 끊임없이 화폐를 지출하게 하려면 유혹의 장치는 그만큼 강렬해야 하겠지요. 우리 주인공이 가진 스마트폰, 대도시의 번화한 거리, 명품관이 입점한 백화점 등이 바로 그런 장치들입니다. 오징어를 잡는 집어등보다 무서운 장치들입니다. 사치품을 필수품으로 보이게 하고 불필요한 욕망도 본질적인 욕망으로 만드는 마법적 빛들을 내뿜는 장치들이니까요.

5.

자본주의는 우리의 불쌍한 주인공을 유혹해 끊임없이 소비하도록 만듭니다. 그러나 자본주의의 진정한 목적은 소비하기 위해 또다시 노동할 수밖에 없도록 만드는 데 있지요. 이것은 과연 우리 주인공 한 사람에게만 해당하는 일일까요? 우리 모두 같은 처지에 있는 게 아닐까요? 갑자기 영화 〈매트릭스〉의 한 장면이 떠오르는군요. 거대한 기계들이 복잡한 회로를 통해 인간이란 품종을 대량으로 생산해냅니다. 인큐베이터와 같은 공간에 인간들을 기르고 그들로 하여금 마치 자신들이 생각하는 것처럼 생각하도록 만들지요. 인간이 생각할 때마다 발생하는 뇌파를 이용해 기계들은 자신들에게 필요한 전력을 얻습니다. 만약 인간들이 모두 죽는다면, 기계들 역시 죽을 수밖에 없는 상황이지요. 자본주의적 삶의 양식도 이와 매우 유사하다는 느낌은 단지 착각일 뿐일까요? 자본주의는 인간의 욕망마저 생산하여 끝없이 상품을 소비하도록 만듭니다. 〈매트릭스〉가 영화 〈에이리언〉과 중첩되는 대목입니다. 우리 몸에 들어와 우리를 숙주 삼아 자라는 에이리언을 떠올려보세요. 너무나 우리 몸에 깊이 녹아들어 떼어내기도 만만치 않습니다. 억지로 떼어내려다보면 숙주인 인간도 과다 출혈로 죽을 가능성이 크니까요.

자본주의적 삶은 너무나 친숙하고 평범해서 우리는 자신의 삶이 얼마나 자본주의에 길들여 있고 그로부터 상처받고 있는지 자각하지 못합니다. 그나마 다행스러운 것은 우리 주변에 우리가 의식하기 어려운 상처를 일깨우는 학문, 우리의 상처를 치유하려는 학문이 여전히 존재한다는 점입니다. 그것이 바로 인문학이지요. 자본주의적 삶의 내적 논리를 이론적으로 포착하려고 했던 철학자들이 있다는 것은 우리에게는 진정 행운이라고 말할 수 있습니다. 그들은 과연 우리가 영위하고 있는 자본주의적 삶의 모습을 어떻게 느끼고 생각했던 것일까요? 이 책은 탁월한 인문학자들과 여러분을 서로 만나게끔 주선하려고 합니다. 많은 인문학자가 있지만, 그중에서도 다섯 사람의 탁월한 인문지성을 소개합니다. 짐멜(Georg Simmel, 1858~1918), 벤야민(Walter Benjamin, 1892~1940), 부르디외(Pierre Bourdieu, 1930~2002), 보드리야르(Jean Baudrillard, 1929~2007), 그리고 페라리스(Maurizio Ferraris, 1956~)가 바로 그들입니다.

이 책에서 다섯 인문지성을 선택한 이유는 그들만으로도 우리의 자본주의적 삶을 입체적으로 되돌아볼 수 있기 때문입니다. 우리는 이제 이들 다섯 지성의 통찰로 우리의 상처받은 주인공, 지금 어디선가 묘한 결여감을 인스타그램이나 페이스북으로 달래고 있을 그의 자본주의적 삶과 그 내면의 비밀을 살펴볼 수 있게 되었습니다. 좀 더 구체적으로 이야기해본다면, 제일 먼저 우리는 짐멜을 통해 대도시와 돈에 몰려드는 이 시대 욕망의 맨얼굴을 확인하게 될 겁니다. 둘째는 보들레르의 도플갱어 벤야민입니다. 그를 통해 유행, 매춘, 도박과 같은 자본주의적 삶의 편린들을 자세히 엿볼 수 있을 겁니다. 셋째는 부르디외입니다. 사회학자답게 현장조사를 통해 벼려진 그의 성찰은 자본주의에 의해 각인된 우리의 내면세계를 살필 수 있도록 우리를 이끌 겁니다. 넷째는 자본주의의 목적이 생산이 아니라 소비에 있다고 냉정히 진단했던 보드리야르입니다. 그를 통해 우리는 소비사회의 유혹적인 논리를 파헤치고 그로부터 벗어날 수 있는 가능성을 다시 한번 숙고해볼 수 있습니다. 그리고 마지막 인문지성은 페라리스입니다. 그는 지금 진행되는 혹은 앞으로 진행될 자본주의체제의 진화과정, 자동화와 웹이 지배하는 자본주의체제를 끈질기게 성찰합니다. 그 성찰로 우리는 자기긍정이 자기착취가 되는 현상을 면밀히 살피고 거기에서 벗어날 실마리를 더듬어볼 수 있을 겁니다.

1   카를 마르크스, 《경제학-철학 수고》, 강유원 옮김, 이론과실천, 2006.

I

돈의 신학, 도시의 개인주의

짐멜의 도시인문학

Georg Simmel

"그녀의 목소리가 방자해졌어"라고 나는 말했다.

"뭐라 할까……" 내가 머뭇거리자 갑자기 그가 말했다.

"돈 냄새야. 그녀의 목소리에서는 돈 냄새가 나."

그렇다. 바로 그것이었다. 돈 냄새—이것이야말로 그녀의 목소리 속에서 딸랑거리며 고개를 쳐드는, 그칠 줄 모르는 매력의 원천이었던 것이다.

—프랜시스 스콧 피츠제럴드,《위대한 개츠비》

'돈'이라는 신을
욕망하는 사람들

화폐경제와 우리의 내면세계

마르크스 이후 가장 철저하게 돈의 논리를 성찰했던 게오르그 짐
멜(Georg Simmel, 1858~1918)은 독일 지성계의 아웃사이더로 살았
고, 지금도 그렇게 기억되는 불행한 학자입니다. 사실 그는 철학
자로서도 아웃사이더였지만 사회학자로서도 아웃사이더였습니
다. 이것은 짐멜의 연구 성향이 철학과 사회학 어느 한쪽 분야로
환원되지 않기 때문입니다. 인간을, 특히 인간의 생각을 기초로
사회나 경제 혹은 역사를 설명하려는 것이 당시 주류 철학계의
입장이었다면, 반대로 사회적인 것을 기초로 인간의 삶 나아가
지성마저도 설명하려는 것이 당시 주류 사회학계의 입장이었죠.
그러나 짐멜은 철학적 사회학자이자 사회학적 철학자이고자 했
습니다. 분명 인간은 사회를 만들 수 있지만, 사회도 인간을 만듭
니다. 그러나 조금 생각하면 이런 짐멜의 입장은 묘한 현기증을

만들어낼 수밖에 없습니다. 인간이 만든 사회가 인간을 만들고, 사회가 만든 인간이 사회를 만든다는 이야기이니까요. 인간이 먼저인지 아니면 사회가 먼저인지 기초가 계속, 무한히 흔들리게 됩니다. 인간과 사회를 동시에 포착하기 위해 이런 현기증을 떠안기로 작정한 사람, 바로 그가 짐멜이었던 겁니다.

당시 철학계는 칸트(Immanuel Kant, 1724~1804)의 사유가 막강한 영향력을 행사하고 있었습니다. 이런 지적 분위기와 달리 짐멜은 칸트와 대척점에 있다고 평가된 니체(Friedrich Wilhelm Nietzsche, 1844~1900)의 철학에 관심이 많았지요. 이 점만 보더라도 당시 철학계가 짐멜을 우호적으로 평가하지 않은 것은 어쩌면 당연한 일이었는지도 모릅니다. 사실 짐멜의 사유는 칸트와는 너무도 달랐습니다. 칸트는 인간의 마음을 감성, 오성, 이성처럼 선천적으로 주어진 능력들 사이의 관계로 설명하려고 했지요. 이에 반해 짐멜은 역사학적이면서 동시에 사회학적 균형 감각을 지닌 보기 드문 학자였습니다. 그는 칸트의 사유가 산업자본주의가 지배하는 대도시 생활에 대한 지적 반응들 가운데 하나에 불과하다고 판단했지요. 짐멜이 니체의 사유에 관심을 두게 된 것도 이런 생각과 밀접히 관련 있습니다. 그는 니체 또한 대도시의 익명적 생활에 대해 칸트와는 다른 방식으로 반응했다고 봤습니다. 짐멜의 분석이 옳다면 칸트나 니체는 대도시가 낳은 일란성 쌍둥이라고 할 수 있지요. 칸트라는 양적 개인주의자와 니체라는 질적 개인주의자! 칸트 철학의 보편성과 영원성만을 강조하던 당시 철학계로서는 아마도 이러한 짐멜의 관점을 받아들이기 어려웠을 겁니다.

사회학계에서 짐멜의 위상 역시 별로 다를 바 없었습니다. 마르크스와 베버로 양분되어 있던 당시 사회학계에서도 그가 설 자리는 따로 없었습니다. 더구나 그의 독특한 글쓰기 스타일도 여기에 한몫했을 겁니다. 그는 학자적인 글, 다시 말해 서론, 본론, 결론으로 상징되는 논문식 글쓰기를 별로 좋아하지 않았습니다. 그의 작품은 대부분 돈, 유행, 감각, 장신구 등 대도시의 사소한 것들에 대한 에세이풍 글이었지요. 그러나 20세기 초에 나타난 지적 분위기를 살펴보면, 당시는 여전히 거대하고 체계적인 담론을 추구하는 경향이 지배적이어서 인간 개개인의 사소한 삶과 그 내면은 쪼그라들 수밖에 없었지요. 이 대목에서 짐멜은 인간이 역사나 사회에 전적으로 수동적이지 않고 나름 능동적으로 대응한다는 걸 보여주고 싶었던 겁니다. 수동적인 조건에서의 능동성! 짐멜이 멋진 에세이로 묘사한 '사소한 것들의 사회학'은 이렇게 해서 탄생한 겁니다. 이런 여러 가지 이유로 짐멜은 재미있는 글은 쓰지만, 마르크스나 베버와 같은 대가급 학자라는 평가는 받지 못했습니다. 그나마 다행스러운 점은 오늘날 짐멜이 미시사회학의 선두주자로 나름대로 주목을 받게 되었다는 사실입니다.

짐멜의 사유가 당시 학계에서 아웃사이더로 간주되어 주목받지 못했다고 해서, 그의 주장이 학생들에게도 외면당했다고 생각해서는 절대 안 됩니다. 그는 자신의 강의를 통해 다음 세대의 학생들에게 엄청난 영향을 미쳤기 때문입니다. 학계에서는 아웃사이더였지만 학생들 사이에서는 이미 우상이자 대가로 인정받고 있었고, 그의 강의는 선풍적인 인기를 끌었습니다. 아마도 이 점이 기존 학계의 학자들이 짐멜의 사유를 깎아내린 여러 원인 가운데 하나였을 겁니다. 학생들의 비위나 맞추는 광대처럼 보였을 테니까 말입니다. 그렇지만 매번 강의실을 꽉 채운 그의 학생들 가운데는 블로흐(Ernst Bloch, 1885~1977)와 루카치(György Lukács, 1885~1971), 그리고 앞으로 다루게 될 벤야민(Walter Benjamin, 1892~1940) 등이 있었습니다. 그들은 눈을 번뜩이며 짐멜의 강의를 열심히 들었습니다. 대가로서 20세기를 주름잡게 될 젊은 천재들이 그의 열정적인 강의에서 지적인 자양분을 얻는 모습을 상상해보니 무척 감동적입니다. 동시대의 학계에서는 인정받지 못했지만, 미래는 짐멜의 것이었던 셈입니다.

강의실에서 짐멜은 산업자본주의에 인간이 어떻게 대응해 자신의 삶을 변화시키는지를 드라마틱하게 보여주었습니다. 짐멜이 펼쳐 보인 자본주의적 삶의 풍경은 벤야민 같은 젊은 학자들에게 강한 자극을 주었습니다. 짐멜의 강연은 대학 캠퍼스 밖 번화가와 유흥가에서 자신들도 살아내고 있는 삶에 그야말로 적중했기 때문입니다. 사실 짐멜은 마르크스처럼 자본주의를 과학적으로 체계화하는 데는 별다른 관심이 없었습니다. 오히려 자본주의가 발달하면서 인간의 모습이 구체적으로 어떻게 변하는지에 더 관심을 두었습니다. 상품보다 돈의 우월성을 긍정하는 자본주의가 확고히 뿌리내린다는 것은 우리가 모든 면에서 돈의 지배를 받게 되었다는 것을 의미합니다. 돈의 지배를 받게 되면, 인

1910년대 독일에서 유통된 100마르크 지폐.
짐멜이 살던 시대는 '독일제국'으로 불리던
제2제국 시대의 독일(1871~1918)이었다.
당시 독일은 영국을 능가할 정도로 공업이
발전했다. 인구도 폭발적으로 늘어났고, 경제가
발전함에 따라 도시화도 급속히 진행되었다.
짐멜이 말했던 것처럼 자본주의적 '화폐경제'가
성행해 인간과 인간, 인간과 사물 사이의
관계를 근본적으로 변화시키던 때였다.

간의 삶과 내면세계는 그렇지 않았던 시대와 비교해볼 때 어떻게 변화할까요? 짐멜에 따르면 화폐경제의 등장은 인간과 사물 사이 혹은 인간과 인간 사이에 항상 돈이 개입된다는 것을 의미합니다. 이 점에 관한 짐멜의 기본 입장을 먼저 확인해보지요. 다음은 〈현대 문화에서의 돈(Das Geld in der modernen Cultur)〉(1896)이라는 짐멜의 글 가운데 일부입니다.

> 화폐경제는 물물교환 시대에 전형적으로 나타나는 인격성(personalty)과 물질적 관계 사이의 상호의존성을 해체해버린다. 매 순간 화폐경제는 인간과 특수한 사물 사이에 완전히 객관적이며 그 자체로는 아무런 특성도 없는 돈과 화폐가치를 삽입시킨다. 개인과 소유 사이의 관계를 일종의 매개된 관계로 만들어버림으로써 화폐경제는 이 둘 사이에 거리가 생기도록 만든다. 이런 식으로 화폐경제는 인격적 요소와 지역적 요소 사이에 존재하던 이전의 밀접한 관계를 분리시켰다. …… 이를 통해서 돈은 한편으로는 모든 경제 행위에 미증유의 비인격성을 부여하고, 또 다른 한편으로 그와 같은 정도로 개인의 독립성과 자율성을 고양시키게 된 것이다.[1]

먼저 화폐경제가 인간과 사물 사이의 관계에 어떤 변화를 가져왔는지 생각해봅시다. 인간과 사물 사이에 돈이 개입되면서, 이제 사물들은 하나의 상품으로 전락하게 됩니다. 과거 화폐경제가 발달하기 이전에 사람들은 삶에서 필요한 물건을 자신이 직접

Ⅰ. 돈의 신학, 도시의 개인주의: 짐멜의 도시인문학

만들어 썼지요. 따라서 자신이 만든 것은 자신이 소유했습니다. 이 경우 개인과 소유는 직접적인 관계로 묶여 있다고 말할 수 있습니다. 그러나 화폐경제가 발달하게 되면 개인은 남이 만든 물건을 돈으로 구매할 수밖에 없습니다. 더구나 노동자로서 각 개인은 특수한 세부 공정에만 몰두하게 되므로 자신에게 필요한 물건을 일일이 만들어 쓸 여유가 없습니다. 이제 노동자로서 자신이 만들어낸 상품은 남이 돈을 주고 사고, 반대로 남이 만든 상품은 자신이 돈을 주고 구매해야 하는 상황이 도래한 것이지요. 개인은 돈의 매개를 통해서만 자신이 원하는 사물을 하나의 상품으로 구매해 소유할 수 있게 된 겁니다. 짐멜이 "개인과 소유 사이의 관계를 일종의 매개된 관계로 만들어버림으로써 화폐경제는 이 둘 사이에 거리가 생기도록 만든다"고 지적했던 것도 이런 이유 때문이지요.

화폐경제의 발달로 인간과 인간 사이의 인격적 관계가 와해되었다는 짐멜의 두 번째 지적에 대해 생각해봅시다. 짐멜은 화폐경제가 사람과 사람 사이에 비인격성을 가져왔다고 이야기합니다. 그의 이야기를 쉽게 이해하려면 '외상'과 같은 경제 행위를 생각해보면 됩니다. 외상이란 특별한 인격적 관계를 전제로 해서만 성립 가능한 거래 행위입니다. 다시 말해 상점 주인이 우리를 인격적으로 알고 있어야만 외상이 가능하지요. "아주머니, 나중에 돈 드릴게요." "그럼, 어머님은 요새 건강하시지?" "그럼요, 아주머니." 이런 대화가 오고 갈 정도가 되어야 외상이 가능한 법입니다. 그러나 객관적인 화폐경제가 정착된 곳에서 외상은 날이

갈수록 드문 현상이 될 수밖에 없습니다. 24시간 운영되는 편의점에 들러 외상을 요구할 수 있나요? 이제는 그게 불가능한 사회가 된 겁니다. 돈의 매개 없이는 어떠한 상점 주인과도 거래를 유지하기 어렵게 된 것입니다.

화폐경제는 이렇게 사물과 타인에 대한 우리의 직접적인 관계를 단절해버렸습니다. 나와 타인, 그리고 나와 사물 사이에 돈이 매개로 들어왔기 때문이지요. 그런데 짐멜은 바로 이와 같은 조건에서만 개인의 "독립성과 자율성"이 확보된다고 주장합니다. 개인에게 독립성과 자율성을 제공해주었다는 점에서 화폐경제는 매력적인 것으로 보입니다. 그러나 정말 그럴까요? 화폐경제가 개인에게 독립성과 자율성을 부여해준 것처럼 보이는 것은 개인들이 모두 자본주의적 생산양식에 편입되었다는 것을 의미하는 것이기도 합니다. 자본주의에서 개인은 자신의 노동력을 상품으로 팔고 그 대가로 임금을 받습니다. 그리고 자신의 자율적인 판단에 따라 상품을 구매합니다. 이와 같은 구매의 자유 혹은 소비의 자유는 당사자 개인을 독립적이고 자율적인 인간으로 격상시킵니다. 하지만 돈이 없다면 우리는 그 누구와도 관계를 맺을 수 없습니다. 오직 돈만이 나와 타인 그리고 나와 사물을 연결하는 유일한 매개물이 되었기 때문입니다. 이처럼 독립적이고 자율적인 개인의 도래 이면에는 압도적인 돈의 제국이 도사리고 있습니다. 이에 관한 짐멜의 이야기를 조금 더 경청해보도록 하지요.

돈은 우리로 하여금 지금까지의 인격적이며 특별했던 모든 관계를 철저히 유보하고 개인들을 결합시킬 수 있는 유일한 가능성을 가르쳐주었다. …… 필연적으로 돈을 지급하면 우리는 그 대가로 일정하고 구체적인 가치를 얻게 된다. 그래서 돈은 동일한 경제권의 구성원들을 매우 강력하게 연결한다. 돈은 직접적으로 소비되는 것이 아니다. 그런 이유 때문에 돈은 우리를 실제로 구입하려는 상품을 제공해줄 수 있는 다른 사람들과 연결해준다. 따라서 현대인은 고대 게르만 민족의 자유인이나 혹은 그 후의 농노와는 비교할 수 없을 정도로 많은 공급자와 공급원에 의존하게 되었다. 그래서 현대인은 매 순간 돈에 대한 이해관계에 따라 만들어지는 수백 가지의 결합관계에 의존하게 된 것이다. 이런 결합관계가 없으면 현대인은 마치 체액의 순환이 차단된 유기체처럼 더는 존속할 수 없을 것이다.[2]

자본주의적 생산양식은 잉여가치를 극대화하기 위해서 강력한 분업체계를 구축했습니다. 이 분업체계를 지탱하는 체액과 같은 역할을 했던 것이 바로 돈입니다. 자신의 분업 활동만을 통해서는 더는 삶을 영위할 수 없게 된 개인들은 노동의 대가로 받은 돈으로 다른 상품이나 서비스를 구매해야만 합니다. 지현은 지금 컴퓨터 회사에 다니고 있습니다. 당연한 일이지만 그녀는 자신이 다니는 회사에서 생산된 컴퓨터만으로는 살 수 없습니다. 그녀는 중국인 양쯔가 다니는 회사에서 제작한 핸드폰, 미국의 찰스가 다니는 회사에서 만든 음료수, 프랑스의 카트린이 다니는 회사에서 만든 가방, 일본의 후미코가 다니는 회사에서 만든 화장품 등을 구매합니다. 물론 지현은 양쯔도, 찰스도, 카트린도, 후미코도 알지 못합니다. 자신의 삶에 필요한 물품들을 공급한 수많은 사람에게 절대적으로 의존하고 있지만 그들이 누구인지는 전혀 알지 못합니다. 짐멜의 표현처럼 이전 시대와는 비교도 할 수 없을 정도로 수많은 공급자와 공급원에 의존하지만 우리는 그들과 비인격적으로 관계를 맺고 있을 뿐입니다.

이처럼 화폐경제는 개인과 개인 사이에 이뤄졌던 직접적이고 인격적인 관계를 와해시키고, 오직 돈으로만 개인들이 서로 연결되도록 만들어버렸습니다. 그러나 돈이 수중에 점차적으로 사라지면, 수백 가지의 연결관계는 순차적으로 끊어지고 맙니다. 이 순간 개인은 돈이야말로 자신을 살도록 하는 "체액"이었다는 걸 느끼게 되지요. 매 순간 명멸하는 엄청난 수의 결합관계들은 그 이전 사회에서는 꿈도 꿀 수 없었던 것입니다. 관계들은 부단히 끊어지고 부단히 만들어집니다. 여기서 개인들에게는 묘한 고립감이 찾아오기도 합니다. 특히 거래가 끝나 특정 관계가 끊어질 경우가 그렇습니다. 바로 이 지점에서 짐멜은 개인주의의 진정한 기원을 찾았습니다. 개인과 개인 사이의 인격적 관계가 단절된 이와 같은 물질적 조건에서만 개인주의의 발로가 가능했다고 판단한 것입니다. 화폐경제가 만들어낸 개인주의가 구체적으로 어떤 모습을 띠는지 짐멜의 설명을 통해 좀 더 살펴보지요.

화폐경제 이전 시대의 사람들은 좁은 지역에 같이 살고 있던 소수의 사람들과 상호의존하고 있었다. 그래서 그들은 서로 누구인지 인격적으로 결정되어 있었다. 반면 오늘날 우리는 익명적인 상품 공급자들 일반에 의존하고 있지만, 동시에 그들을 자주 그리고 자의적으로 바꾸고 있다. 그래서 우리는 특정한 상품 공급자에 대해 훨씬 더 독립적이게 된 것이다. 바로 이런 유형의 관계가 강력한 개인주의를 만들어낸다. 타인들로부터의 고립이 아니라 차라리 타인들의 익명성과 그들의 개성에 대한 무관심이 사람들을 다른 사람으로부터 소외시키고 각각의 개인들로 하여금 자신에게만 의존하도록 만들기 때문이다. …… 과거 다른 시기에는 다른 사람들과의 모든 외적인 관계가 인격적인 특성을 지녔었다. 이에 비해 오늘날 돈의 존재는—근대에 대한 우리의 성격 규정에 상응해서—인간의 객관적인 경제 행위를 개인적 색채 및 고유한 자아로부터 더욱 명확히 분리해버린다. 결국 인간의 고유한 자아는 외적인 관계들로부터 물러나서 과거 어느 때보다도 심하게 자신의 가장 내면적인 차원으로 회귀하게 되었다.[3]

짐멜은 지금 개인주의가 개인과 개인이 돈으로만 매개되는 화폐경제에서만 출현할 수 있었다고 주장합니다. 그것은 돈이 인간 사이의 관계를 구매와 판매의 관계로 단순화시켰기 때문에 가능했던 것이지요. 한번 생각해보세요. 백화점의 아름다운 점원이 내가 좋아서 웃음을 지을까요? 물론 그럴 수도 있고 그렇지 않을 수도 있습니다. 점원의 웃음은 오직 나의 지갑 안에 있는 돈이 표적일 수도 있고, 아니면 내가 발산하는 인간적인 매력에 이끌린 것일 수도 있습니다. 결국 우리는 백화점 점원의 웃음이 어떤 의미인지 정확히 읽어낼 수 없습니다. 인간관계에서의 이와 같은 비결정성은 우리가 살아가면서 만나는 타인들의 표현에 무관심하게 하고, 우리를 더욱 내면세계에 고립되도록 합니다. 필요한 게 생기면 우리는 그것을 구매하기 위해 백화점을 방문합니다. 그리고 그곳에서 만나는 백화점 점원을 단지 판매와 구매의 단순화된 관계로 마주하면 될 뿐입니다.

화폐경제가 낳은 개인주의가 얼마나 강하게 우리 삶을 지배하고 있는지 좀 더 살펴보겠습니다. 나는 담배를 사러 어느 편의점에 들릅니다. 편의점 점원은 아르바이트로 임시 취업한 연로한 아저씨였지요. 그런데 이 점원이 점잖은 말투로 담배를 너무 많이 피우면 해롭다고 충고를 하는 것입니다. 이때 나는 매우 불쾌감을 느낄 수 있습니다. 왜 그럴까요? 늙은 점원의 충고는 나를 하나의 인격으로, 혹은 자기보다 미성숙한 인격으로 대한다는 느낌을 받게 되기 때문이지요. 만약 그가 나의 삼촌이었다면 충고를 받은 나는 그렇게 불쾌감을 느끼지 않았을 겁니다. 하지만 지금 늙은 점원과 젊은 나는 상품 판매자와 구매자의 관계, 즉 비인격적 관계로 만난 것에 지나지 않습니다. 이 경우 당연히 우월한 것은 점원이 아니라 구매자인 나입니다. 나는 돈이라는 화폐를 가졌고, 그는 상품을 파는 사람이기 때문이지요. 달리 말해 나는 이곳에서 담배를 사지 않고 다른 편의점으로 갈 수 있는 "독립성과 자율성"을 가지고 있습니다.

사실 이 경우 불리한 입장은 내가 아니라 연로한 점원이라고 할 수 있습니다. 개인주의로 무장한 젊은 손님의 내면을, 마치 잔소리 많은 어머니처럼 간섭해 상처를 주었기 때문이지요. 만일 이 같은 상황이 반복된다면 결국 이 상점에 젊은 손님들의 발길은 줄어들 겁니다. 그리고 그 늙고 정이 많았던 점원 역시 해고될 수밖에 없겠지요. 하지만 불쌍한 점원은 왜 자신이 해고되었는지 끝내 모를 수도 있습니다. 만약 그가 돈이 가진 힘과 그것이 가능하도록 한 개인주의의 위력을 이해했다면, 그는 젊은 손님에게 충고 따위는 하지도 않았을 겁니다. 화폐경제에서 진정 중요한 것은 누가 돈을 가지고 있고, 누가 상품을 가지고 있는가 하는 문제일 뿐이니까요. 짐멜이 이야기했던 것처럼 이제 이 늙은 점원의 "고유한 자아는 외적인 관계들로부터 물러나서 과거 어느 때보다도 심하게 자신의 가장 내면적인 차원으로 회귀하게" 될 것입니다. 만약 다시 편의점에 취업한다면, 그도 개인주의로 철저히 무장하겠지요. 손님이 나보다 나이가 많든 적든, 퇴폐적으로 살아가든 말든 전혀 상관하지 않고 친절한 미소로 편의점에 진열된 상품만을 팔게 될 겁니다. 물론 그는 내면 깊은 곳에서 자신이 만난 손님들의 삶에 대해 딱하다고 혀를 찰 수도 있습니다. 그러나 그가 이제 이런 감정을 표현할 일은 결코 없을 겁니다.

짐멜의 말처럼 화폐경제는 개인의 독립성과 자율성을 가능하게 한 물질적 조건이라고 말할 수 있습니다. 이것은 자본주의 체제에서 우리가 누리는 독립적이고 자율적인 생활이 오직 돈을 가질 때에만 확보될 수 있음을 말해줍니다. 그러나 돈이 없다면 과연 어떻게 될까요? 노숙자들의 경우를 한번 생각해보세요. 그들이 자유롭고 독립적인 개인이라고 할 수 있을까요? 아마도 대부분은 그렇지 않다고 생각할 겁니다. 하지만 자본주의가 마련해놓은 분업체계에 길들여졌다가 어느 날 버려지는 순간 그 어떤 개인도 노숙자와 같은 고달픈 신세를 면하기는 어렵습니다. 사실 돈이 없으면 우리의 독립성과 자율성은 하루아침에 신기루처럼 완전히 사라지고 맙니다. 이와 같은 상황을 이미 본능적으로 아는 개인들은 이제 다른 무엇보다도 오직 돈에 집착할 수밖에 없습니다. 반면 화폐경제 이전의 사회에서는 노숙자가 존재하지 않았다는 사실도 주목할 필요가 있습니다. 노숙이라도 하려고 하면 지나가는 이웃들은 말할 겁니다. "봉식아! 여기서 뭐 하니? 우리집에 가자. 밥도 먹고 좀 자야겠다." 짐멜의 말대로 누구든 "좁은 지역에 같이 살고 있던 소수의 사람들과 상호의존하고" 살고 있기에 나머지 공동체 성원들이 일을 못하게 된 사람을 거뜬히 돌보기 때문이지요.

돈의 신학, "네게 평안한 안식을 주리라!"

화폐경제로 지탱되는 자본주의는 현실이면서 동시에 일종의 세속적 종교로도 기능합니다. 그것은 돈이 모든 것을 상품으로 만들고, 어떠한 상품이라도 구매할 수 있는 무한한 능력, 다시 말해 절대적 교환 가능성을 가지고 있기 때문이지요. 과거의 초월종교

빅토르 뒤브레이유(Victor Dubreuil,
1880~1910)의 〈돈통들(Barrels of
Money)〉(1897).
빅토르 뒤브레이유는 잘 알려진 화가는 아니다.
프랑스에서 태어나 미국으로 건너갔는데, '돈'
그림을 주로 남겼다. 돈을 너무 사실적으로 그려
금융 당국의 의심을 받기도 했다.
실제로 그는 '돈'이라는 신적인 힘을 욕망했지만,
한 번도 풍부했던 적은 없었다고 한다.

는 신이라는 초월자가 인간에게 닥친 모든 난제를 해결하는 만능 열쇠라고 선전했습니다. 하지만 초월종교는 현실의 문제를 직접적으로 해결하지는 못했습니다. 단지 관념적인 해법만을 신도들에게 제안했을 뿐이지요. 죽음의 병마와 싸울 때, 가난의 고초를 겪을 때, 추한 외모 때문에 사람들에게 따돌림을 당할 때, 대개의 초월종교는 마음의 평정을 되찾으라고 요구하지요. 그리고 현재의 고통과 불행, 극심한 가난을 잘 견뎌낸다면, 내세에서는 그보다 훨씬 더 값진 보답을 얻게 될 것이라고 역설합니다. 그러나 자본주의는 내세까지 기다릴 것도 없이 곧바로 현재의 모든 고통과 불행 그리고 가난을 해결해준다고 설교합니다.

여러분이라면 이 경우 초월종교를 믿겠습니까, 아니면 자본주의라는 세속종교를 믿겠습니까? 아마도 대다수는 자본주의가 약속하는 현실적인 전망을 믿는 쪽에 한 표를 던질 겁니다. 자본주의에 산다는 것은 자본이 가져다주는 축복과 풍요에 대한 믿음을 가지고 있다는 것을 의미하지요. 그래서 청년 마르크스도 돈의 신적인 힘에 대해 다음과 같이 역설했습니다.

나는 추하다. 그렇지만 나는 아름답기 그지없는 여자를 사들일 수 있다. …… 나는 절름발이다. 그렇지만 화폐는 나에게 24개의 다리를 만들어준다. 따라서 나는 절름발이가 아니다. 나는 사악하고 비열하고 비양심적이고 똑똑하지 못한 인간이지만, 화폐는 존경받으며 따라서 화폐의 소유자 또한 존경받는다. 화폐는 지고의 선이며 따라서 그 소유자도 선하게 된다. …… 인간의 속마음이 동경하는 모든 것을 화폐를 통해 마음대로 할 수 있는 나란 사람은 인간의 모든 능력을 가진 것이 아니겠는가? 따라서 나의 화폐는 나의 모든 무능력을 그 정반대의 것으로 전화시키는 것이 아니겠는가?[4]

이제 돈이 없는 추한 사람에게나 내세의 복음이 남겨질 뿐입니다. 돈이 없는 자들의 자기위로나 자기기만인 셈입니다. 반면 화폐는 그 소유자를 진선미의 정점에 이르게 해줍니다. 똑똑하지 못해도 돈만 있으면 진리를 가질 수 있습니다. 진리의 최고 권위자인 명문대 교수들을 비서로 채용하면 그만이니까요. 사악하고 비열해도 돈만 있으면 선할 수 있습니다. 아무리 추할지라도 돈만 있으면 아름다울 수 있습니다. 그의 곁에는 아름다운 사람들과 아름다운 작품들이 모여들 테니까요. 자본주의의 중핵을 이루는 돈이 신적인 역능을 가지고 있다고 본 점에서 짐멜의 경우도 마르크스의 견해와 그 맥락을 같이한다고 볼 수 있습니다. 그는 기독교가 신에 대한 열망이라는 영혼의 항구적 상태를 만들어냈듯, 화폐경제는 인간의 영혼으로 하여금 돈에 대한 항구적인 열망을 갖게 했다고 설명합니다.

슐라이어마허(Friedrich Schleiermacher, 1768~1834)가 강조했던 것처럼 기독교는 신에 대한 경건함이나 열망을 인간 정신의 영속적인 상태로 만든 최초의 종교이다. 이와 달리 기독교 이전의 종교들은 종교적 분위기를 특정한 시간과 장소에 연결시켰다.

기독교와 마찬가지로 정착된 화폐경제에서 돈에 대한 열망은 인간의 영혼이 보여주는 영속적인 상태라고 할 수 있다. …… 신의 개념은 다음과 같은 사실에 심층적인 본질을 가지고 있다. 이 세상의 모든 다양성과 대립은 신을 통해서 통일성에 도달하게 된다. 중세 말기의 저 특기할 만한 근대정신인 니콜라우스 폰 쿠사(Nikolaus von Kusa, 1401~1464)의 아름다운 표현에 따르면 신은 "대립자의 일치(coincidentia oppositorum)"라고 할 수 있다. 존재의 모든 낯섦과 화해 불가능성은 신에게서 통일성과 화해를 발견한다는 이 이념으로부터 평화에 대한 감정, 안전에 대한 감정 그리고 모든 것을 포괄하는 풍성함에 대한 감정이 발생하게 된다. 이런 감정은 신에 대해 생각하거나 아니면 우리가 신을 소유하고 있다는 생각에서 가능한 것이다. 의심할 여지 없이 돈이 자극하는 감정은 이런 종교적 감정과 심리학적인 유사성을 지니고 있다. 모든 가치에 대한 유일한 등가물이나 포괄적인 표현이 됨으로써 돈은 아주 추상적인 높이에서 대단히 광범위하고 다양한 대상들을 초월하게 된다. 그래서 돈은 매우 상반되고, 낯설며, 멀리 떨어져 있는 사물들의 공통된 지점이자 동시에 상호 접촉하는 중심이라는 역할을 수행하게 되는 것이다. 이렇게 해서 돈은 우리로 하여금 개별적인 것을 초월하도록 해주며, 돈이 지닌 전능을 마치 하나의 최고 원리가 지니는 전능인 양 신뢰하도록 만든다. 동시에 이 원리는 언제든지 우리를 개별적이고 비천한 것으로 바꿔버리기도 한다. 따라서 순전히 심리학적으로 보면―이른바 형식적으로 보면―돈의 소유가 허락해주는 안정과 평온의 감정, 그리고 돈으로 모든 가치를 포괄할 수 있으리라는 확신은 돈이 우리 시대의 신이라는 탄식에 대해 심층적인 근거를 제시해주는 방정식이다.[5]

기독교는 가장 대표적인 초월종교입니다. 기독교에 따르면 신은 모든 다양한 것, 그리고 이질적인 것을 낳고 그것들을 포괄하는 절대적인 존재입니다. 신은 세계에 존재하는 모든 것에 대한 유일한 원인이자 목적입니다. 그런데 초월종교로서 기독교는 세계종교의 하나이기도 합니다. 세계종교라는 것은 부족이나 민족을 넘어서서 모든 사람에게 적용할 수 있는 보편적 성격의 종교를 명확히 규정하는 표현이지요. "원수를 사랑하라"고 이야기하면서 예수는 자신이 받드는 신이 세계종교의 특성에 어울리는 신이라는 점을 선포합니다. 물론 이 경우 원수란 특히 유대인을 억압적으로 지배했던 로마인을 가리킵니다. 자기 민족을 해방하려는 당시 유대교 지도자들의 관점에서 볼 때, 예수의 발언은 받아들이기 힘든 주장이었을 겁니다. 예수 이전 유대인들의 종교는 세계종교가 아니라 지역종교였으니까요. 자신들만을 배타적으로 돌보던 신이 로마인을 포함한 모든 종족과 모든 지역을 관장하는 신이 된다는 것은 유대인에게는 양가의 감정이 들 수밖에 없었습니다. 자신들이 사랑하는 신이 더 위대해져서 좋기도 하지만 그 신이 이제 너무 멀어진 것 같아 서운한 겁니다.

예수 이후의 기독교는 부족 사이의 모순된 관계, 민족 사이의 적대적 관계를 넘어서는 종교, 즉 세계종교였다고 말할 수 있

짐멜과 같은 시대를 살았던 독일의 사실주의
화가 아돌프 폰 멘첼(Adolf von Menzel,
1815~1905)이 그린 〈철공장〉(1875). 당대
공장 노동자들의 열기와 소음, 흥분을 느낄 수
있다. 1860년대 후반부터 멘첼은 점차 '현대적인
주제'에 끌렸다고 한다. 그는 세계박람회를 보기
위해 파리를 방문하기도 했다.

습니다. 물론 모순되고 적대적인 관계마저도 포괄하려면 그만큼 기독교가 지닌 초월성이 높아야겠지요. 높이 있는 등불이 그렇지 못한 등불보다 더 많은 것을 비추는 것처럼 말입니다. 기독교가 가진 세계종교라는 특성 때문에, 훗날 로마제국은 기독교를 제국의 이데올로기로 받아들입니다. 제국이 지배하는 모든 국가와 민족을 아우르겠다는 생각에서였지요. 짐멜에 따르면 기독교의 신이 가진 초월성과 포괄성을 그대로 계승한 것이 바로 자본주의의 돈입니다. 돈은 자신의 액면가에 해당하는 것들이라면, 그것들이 상호모순되거나 대립한다고 할지라도 철저하게 그 모든 것을 지배할 역능을 가지고 있기 때문입니다. 돈의 양이 많으면 많을수록 다양하고 이질적인 것들에 대한 돈의 지배력, 돈을 소유한 자의 지배력은 더욱 커지겠지요.

신에게 철저히 의존하고 그에게 모든 것을 고백하면, 기독교도에게는 평화와 안식이 찾아온다고 말합니다. 이와 마찬가지로 돈을 수중에 많이 넣으면 넣을수록 현대인들의 마음에도 여유와 안정이 찾아들지요. 독실한 신자는 기적과도 같은 행운이 찾아올 때 신의 은총을 느낍니다. 이와 마찬가지로 로또 같은 복권에 당첨되거나 주식 투자로 주가가 높이 오르면 우리는 돈이라는 신이 내게 강림한 것에 엄청난 황홀감을 느낍니다. 하지만 세상에 대한 우리의 지배력은 돈을 사용하지 않은 경우에만 유지됩니다. 현실적으로 돈을 사용해버리는 순간 우리는 다양하고 이질적인 것들에 대한 지배력을 상실해버리고 맙니다. 이 순간은 마치 신이 우리에게서 떠나는 것과 같은 무서운 효과를 낳습니다. 신의 은총을 찾아 다시 교회로 돌아가듯이, 우리는 돈이 내게서 떠나려고 하는 순간 다시 노동의 현장으로 달려갑니다. 돈이 내 손에 있어 발생하는 당당함이나 지배력, 혹은 안정감은 묘한 데가 있습니다. 실제로 돈을 쓰지 않고 돈으로 구매할 수 있는 물건들이나 갈 수 있는 관광지를 꿈꾸는 동안에만 이런 감정은 유지되니까요.

짐멜은 기독교의 신에 대한 인간의 감정이 자본주의에서 돈에 대한 인간의 감정과 너무도 유사하다는 사실에 주목했습니다. 명확히 드러내진 않았지만, 여기서 우리는 돈에 혈안이 된 현대인들에 대한 짐멜의 냉소적인 시선을 읽을 수 있습니다. 그렇다면 이 대목에서 짐멜에게 질문을 던지지 않을 수 없습니다. 돈이라는 신의 지배에 빠진 현대인들을 자본주의에서 벗어나게 하기 위해 짐멜은 과연 어떤 방법을 제안했을까요? 아쉽게도 그는 이 문제에 대해서는 침묵으로 일관했습니다. 그는 자본주의의 종교적 성격에 대한 냉정한 분석으로 자신의 논의를 마무리했기 때문이지요. 하지만 다행스러운 것은 짐멜과 마찬가지로 자본주의를 일종의 세속종교로 규정했던 마르크스를 통해 궁금증을 해소할 실마리 하나를 얻을 수 있다는 점입니다.

세계에 대한 인간의 관계를 인간적 관계라고 전제한다면, 그대는 인간을 인간으로서만, 사랑을 사랑으로서만, 신뢰를 신뢰로서만 교환할 수 있다. 그대가 예술을 향유하고자 한다면 그대는 예술적인 교양을 갖춘 인간이 되어야만 한다. 그대가 다른 사람에게 영향력을 행사하고자 한다면, 그대는 현실적으로 고무하고 장려하면서 다른 사람에게 영향을 끼치는 인간이 되어야만 한다. 인간에 대한—그리고 자연에 대한—그대의 모든 관계는 그대의 의지의 대상에 상응하는, 그대의 현실적·개인적 삶의 특정한 표출이어야 한다. 그대가 사랑을 하면서 되돌아오는 사랑을 불러일으키지 못한다면, 다시 말해서 사랑으로서의 그대의 사랑이 되돌아오는 사랑을 생산하지 못한다면, 그대가 사랑하는 인간으로서의 자신의 생활 표현을 통해서 자신을 사랑받는 인간으로 만들지 못한다면, 그대의 사랑은 무력한 것이요 하나의 불행일 뿐이다.[6]

마르크스의 이야기를 음미하기 위해서 우리는 화폐경제가 함축하고 있는 치명적인 역설 한 가지를 상기해볼 필요가 있습니다. 돈과의 관계에 집중하면 우리는 타인과의 관계에 소홀해질 수밖에 없습니다. 역으로 타인과의 관계에 집중하면 우리는 돈과의 관계를 약화시킬 수밖에 없겠지요. 어려운 말이 아닙니다. 돈을 아끼려면 인간관계를 가급적 피해야 하고, 인간관계에 신경을 쓰면 우리는 돈을 써야 합니다. 마르크스는 돈과의 관계를 약화시키는 한이 있더라도 타인과의 인간적인 관계를 복원해야 한다고 역설합니다. 마르크스가 꿈꾸었던 인간의 삶은 "사랑을 사랑으로서만, 신뢰를 신뢰로서만 교환할 수 있"는 것이니까요. 이것은 현대인들에게는 무척 힘든 일인지도 모릅니다. 우리 대부분은 돈이 없는 사람을 사랑하거나 혹은 신뢰하려고 하지 않기 때문입니다. 그러나 이것은 우리가 사랑하고 신뢰하는 것이 내가 만나고 있는 타인 자체가 아니라 그가 가진 돈이라는 사실을 폭로하는 것이 아닐까요?

사랑은 인간과 인간 사이의 관계입니다. 그런데 만약 둘 사이에 돈이 개입되면 사랑은 쉽게 변질되고 왜곡돼버립니다. 가령 지금 여러분에게 구애하는 두 사람의 청혼자가 있다고 해보죠. 한 사람은 고상한 음악이 흐르는 고급 레스토랑에서 다이아몬드 반지를 건네며 당신에게 청혼을 합니다. 물론 테이블에는 근사한 와인 잔이 놓여 있습니다. 반면 다른 한 사람은 틈틈이 적어둔 아름다운 시를 노트에 적어 보이며 한적한 놀이터에서 수줍게 당신에게 청혼합니다. 전자는 전도유망한 변호사이고, 후자는 인간의 희망을 노래하는 무명 시인이라고 해봅시다. 자, 여러분은 누가 더 매력적이라고 생각하십니까? 아마도 상대방 모두 부드럽게 애정을 표현할 경우 전자를 선택할 가능성이 크겠지요. 사실 재력에 바탕을 둔 부유함은 인간을 더 로맨틱하고 우아하게 만들어주기도 합니다. 반면 가난은 무엇인가 처량함과 우울함의 정조를 자아내지요. 이 때문에 구애를 받은 사람은 당연히 미래의 경제 생활에 관한 문제로 고민할 수밖에 없을 겁니다. 자본주의는 두 사람 사이의 단독적 관계라고 할 수 있는 사랑을 위험에 빠뜨릴 수 있습니다. 사실 이것이 바로 마르크스가 안타까워했던 부분이기도 합니다.

자본주의는 인간에게 가장 소중한 가치 가운데 하나인 사랑마저도 왜곡할 힘을 가지고 있습니다. 물론 이것은 우리가 돈을 신처럼 숭배하기 때문에 발생하는 일이지요. 돈이 신의 지위에 올라가는 순간 사랑, 신뢰, 우정 등 인간이 소망하는 모든 관계가 자본이라는 잣대로 심판받게 됩니다. 사실 우리는 지금 돈을 위해 사랑을 하고, 돈을 위해 신뢰를 쌓으며, 돈을 위해 우정을 맺고 있는 것이 아닐까요? 그러나 우리의 허위의식은 자신의 사랑, 신뢰, 우정이 모두 돈과는 별 관계가 없다고 주장할지도 모릅니다. 하지만 우리가 맺고 있는 관계에서 돈이 없다면, 구체적으로 말해 나나 상대방이 실업자가 되었다면, 우리의 허위의식은 과연 얼마나 오래 유지될까요? 마르크스가 우리에게 강조하려고 했던 것이 바로 이 점입니다. 돈에 의해 포획된 모든 소중한 가치들을 새롭게 복원하자는 것이지요. 아마 짐멜도 마르크스의 생각에 결코 반대하지는 않았을 겁니다. 자본주의와 같은 세속적 신학을 포함해 모든 신학적 사유로부터 인간을 해방하는 것이 인문학자들의 공통된 목표였으니까요.

여기서 잠깐 첨언해야 할 것이 있습니다. 돈에 매개되지 않는 마르크스의 '인간적 관계'가 무작정 행복을 낳는다고 속단해서는 안 됩니다. 내가 타자를 사랑한다고 해서 타자가 필연적으로 나를 사랑하는 것은 아니니까요. 당연히 나는 타자를 내 곁에 둘 수 없을 겁니다. 마르크스가 말한 것처럼 "그대가 사랑을 하면서 되돌아오는 사랑을 불러일으키지 못한다면" 비극은 언제든 발생할 수 있습니다. 이런 경우에 우리는 바랄지도 모릅니다. 내가 엄청 부유하고 타자가 가난하기를 말이지요. 타자는 생계를 위해 내 곁에 있기로 작정할 수도 있으니까요. 그러나 이 경우 더 큰 비극이 기다립니다. 상대방이 사랑하는 것은 내가 아니라 내 돈이기 때문입니다. 나는 타자의 눈을 들여다보는데, 그 타자는 내 눈이 아니라 내 통장 정보를 보는 것만큼 서러운 일도 없을 겁니다. 아마도 얼마 지나지 않아 돈으로 타자의 선심을 사기보다는 무력한 사랑과 불행한 사랑에 아파하는 것이 더 나았으리라는 후회가 밀려들 겁니다. 반대로 이것은 "되돌아오는 사랑을 불러일으키"는 사랑이 얼마나 매력적이고 행복한 일인지 역설적으로 보여주는 것 아닐까요?

우리는 왜 화폐를 욕망하는가?

분명 화폐는 그 자체로는 아무런 가치가 없습니다. 세종대왕이 그려진 만 원짜리 지폐 한 장을 꺼내보세요. 그것은 단지 종이에 불과합니다. 배가 고프다고 이 종이를 씹어 먹을 수도 없습니다. 하지만 자본주의에 적응된 우리는 만 원짜리 지폐 한 장이 만 원짜리 식사보다 더 가치 있다는 것을 잘 알고 있습니다. 만 원짜리 지폐로 우리는 음식뿐만 아니라 그 액면 가격에 해당하는 다른 모든 상품을 구입할 수 있기 때문이지요. 우리는 화폐의 이런 특성을 '무한한 교환 가능성'이라고 부릅니다. 그런데 흥미로운 점은 화폐의 이 특성이 오직 우리의 관념과 믿음에서만 존재한다는 점입니다. 입금 알람을 듣고 모바일 계정을 확인하며 미소를 짓는 우리 모습을 떠올려보세요. 얼마나 입금되었는지 알려주는 숫자를 보며 우리는 쇼핑앱에 담아두었던 아이템이나 멋진 해외여행 등을 꿈꾸겠지요.

여러분은 구두쇠가 왜 구두쇠가 될 수밖에 없는지 이해가 될 겁니다. 100만 원을 벌었을 때 구두쇠는 그것으로 어떤 상품도 사지 않습니다. 오히려 100만 원을 금고에 넣으면서 그에 해당하는 상품을 살 꿈을 꾸지요. 구두쇠에게 금고가 교회라면, 100만 원은 자본주의라는 신에게 바치는 기도인 셈입니다. 그에게 100만 원이란 단순히 상품을 구매할 수 있는 도구가 아닙니다. 100만 원은 그 자체로 무한한 꿈을 꾸게 하는 신과 같은 존재입니다. 아마도 구두쇠는 병이 들어 죽을 때가 다 되어도 병원비가 아까워 병원에 가려고 하지 않을 수도 있습니다. 죽으면 죽었지 자신의 돈이 줄어드는 것은 결코 볼 수 없을 테니까요. 화폐에 대한 물신숭배(fetishism)란 바로 이를 가리켜 말하는 것입니다.

구두쇠들은 흔히 화폐란 상품을 구매하는 수단에 불과하다는 점을 생각하지 않습니다. 영양가 있는 음식, 쾌적한 주거시설, 품위 있는 문화생활 등은 인간의 삶을 윤택하게 만들어줍니다. 하지만 구두쇠는 축적한 화폐를 통해 실질적인 행복을 추구하기보다 오히려 관념적인 행복에 빠지기를 더 좋아합니다. 그것은 구두쇠가 자본주의사회에서 돈을 가진 자만이 우월하다는 사실을 경험에서 배웠기 때문이지요. 유년 시절의 경제적 트라우마로부터 구두쇠는 돈이야말로 절대적인 힘을 갖는다는 것을 배웠을 겁니다. 돈이 자신의 주머니에서 떠나는 순간, 유년 시절에 각인된 경제적 트라우마, 즉 경제적 공포가 다시 찾아옵니다. 그렇다면 우리는 불행한 구두쇠와는 전적으로 다른 합리적인 사람들이라고 자부할 수 있을까요? 자신의 삶을 돌아보면 우리 또한 구두쇠와 질적으로 크게 다르지 않다는 걸 알아차릴 수 있습니다. 사회학자 오사와 마사치(大澤眞幸, 1958~)가 주목했던 것도 바로 이러한 특성이지요.

화폐를 사용하는 사람들은 화폐의 어디에도 신비한 구석이 없다는 것, 화폐가 사회적인 여러 관계의 표현에 지나지 않는다는 것을 잘 알고 있다. 즉 사람들의 일상적 관념 속에서 화폐는 사회적 산물의 일정 부분에 대한 청구권을 표시하는 기호에 불과하고, 완전히 편의상의 물건일 뿐이다. 그러나 중요한 것은 …… 그럼에도 상품의 물신성은 발생한다는 사실이다. 왜냐하면 화폐의 신비성을 전혀 믿지 않는다고 해도, 즉 화폐에 대해 완전히 시니컬하다고 해도, 화폐를 받아들이고 화폐를 욕망하는 행위에서 사람들은 화폐 자체를 마치 가치를 가지는 실체인 것처럼 취급하기 때문이다. 다시 말해 결국 사람들은 화폐에 대한 물신숭배자와 마찬가지로 행동해버리는 것이다. 신념과 행위 사이의 이런 물구나무서기는 왜 발생하는 것일까?[7]

지금 오사와 마사치는 우리의 허영심을 노골적으로 비판하고 있습니다. 많은 돈을 금고에 쌓아두기만 한 채 병들어 죽은 구두쇠의 이야기를 듣고 우리는 혀를 차며 그의 어리석음을 조롱할지도 모릅니다. "화폐는 사회적 산물의 일정 부분에 대한 청구

Ⅰ. 돈의 신학, 도시의 개인주의: 짐멜의 도시인문학

권을 표시하는 기호에 불과하고, 완전히 편의상의 물건일 뿐"이라는 생각을 피력하면서 말이지요. 하지만 이와 같은 이성적인 판단과는 달리 우리는 마치 화폐 자체에 가치가 있는 듯 행동한다고 오사와는 지적합니다. 이것은 무슨 의미일까요? 사실 구두쇠의 물신숭배는 먼 나라 남의 일이 아니라 바로 우리 자신의 일입니다. 친구의 생일날 값싼 선물을 고르려고 구글이나 인스타그램, 혹은 쇼핑앱을 돌아다니는 사람들, 휴식시간 짬짬이 심지어 업무시간에도 스마트폰으로 주식과 펀드의 동향을 검색하는 회사원들, 그리고 가정에서 재테크에 여념이 없는 전업주부들까지 기본적으로는 모두 구두쇠의 심리적 메커니즘을 공유하고 있지요.

그렇다면 구두쇠를 조롱하는 우리의 "신념과 행위 사이의 이런 물구나무서기는 왜 발생하는 것일까"요. 오사와가 던진 이 물음에 대한 답을 확인해보기 전에 먼저 마르크스의 논의를 살펴볼 필요가 있습니다. 마르크스는 이미 합리적인 것처럼 보이는 자본가나 비합리적인 것처럼 보이는 구두쇠도 모두 화폐를 물신숭배하기는 마찬가지라고 지적했으니까요. 그의 이야기를 직접 들어봅시다.

이 절대적인 치부에의 충동, 이 정열적인 가치 추구는 자본가와 화폐퇴장자[구두쇠]에게 공통된 현상이지만, 화폐퇴장자는 얼빠진 자본가에 지나지 않는 반면에, 자본가는 합리적인 화폐퇴장자이다. 화폐퇴장자는 화폐를 유통에서 끌어내버림으로써 가치의 쉴 새 없는 증식을 추구하지만, 보다 영리한 자본가는 화폐를 끊임없이 유통에 재투입함으로써 가치 증식을 달성하기 때문이다.[8]

여기서 화폐퇴장자는 글자 그대로 소비 행위나 투자 행위를 하지 않고 화폐를 자신의 금고 안에 넣어두는 사람, 그러니까 한마디로 구두쇠라고 할 수 있지요. 마르크스에 따르면 자본가나 화폐퇴장자는 모두 부를 축적하려고 합니다. 여기서 결국 부는 자신이 갖게 될 돈의 양으로 환산되겠지요. 자본가와 구두쇠의 차이는 무엇일까요? 자본가는 상품을 팔아서 생긴 돈으로 다시 상품을 생산하는 데 재투자합니다. 반면 구두쇠는 돈이 들어오기만 하면 그것을 자신의 금고에 그대로 보관합니다. 여러분은 어느 경우가 더 합리적이라고 생각하세요? 자본가를 "합리적인 화폐퇴장자", 즉 '영리한 구두쇠'라고 이야기한 마르크스는 은연중에 자본가 쪽이 당연히 더 합리적이라는 점을 드러냈습니다. 물론 이것은 충분히 설득력 있는 판단입니다. 1978년에 어느 구두쇠가 100만 원을 금고에 넣어두었다고 해봅시다. 당시 라면 가격이 100원이었다면 100만 원은 그때로서는 엄청난 큰돈이었을 겁니다. 시간이 흘러 2024년에 100만 원을 금고에서 꺼냈을 때, 100만 원의 가치는 이제 비교도 할 수 없을 정도로 급격히 떨어져 있을 겁니다. 그동안의 물가 상승이 구두쇠가 악착같이 모아놓은 돈의 가치를 엄청나게 훼손시킨 것입니다. 이제 라면은 100원에 살 수 없으니까요.

물가의 흐름을 타지 못한 돈은 이렇게 모래성처럼 무너지며 허무하게 가치를 잃게 됩니다. 그러니 물가의 흐름을 영리하게 타야 합니다. 만약 구두쇠가 자본가처럼 10만 원을 생산과정에 재투자했다면 물가 상승과 함께 그 10만 원은 20만 원으로, 수십 년 뒤에는 2000만 원으로, 그리고 또다시 2억 원으로 되돌아올 수도 있었습니다. 하지만 이 과정에서 한 가지 주의해야 할 것이 있습니다. 그것은 생산과정에 돈을 재투자해서 상품을 만들어내더라도, 그 상품이 반드시 더 많은 돈으로 회수된다는 필연성은 없다는 점입니다. 다시 말해 소비자가 상품을 사지 않는다면, 자본가가 투자해서 만든 상품들은 단순히 쓰레기에 지나지 않을 수도 있습니다. 만약 이런 불행한 사태가 도래한다면, 구두쇠는 자본가의 무모한 투자를 조롱하게 되겠지요. 최소한 자신은 그런 무모한 모험은 하지 않았으니까요. 지금도 지속적인 경기 침체로 주식이나 펀드에 투자했던 사람들이 엄청난 손실을 보는 경우가 흔히 발생합니다. 이를 본 구두쇠들이라면 자신의 금고를 껴안으면서 안도의 한숨을 쉴지도 모를 일입니다. 그렇다면 결국 마르크스가 말한 '합리적 자본가'가 반드시 합리적인 것만도 아니고, 그렇다고 '얼빠진 구두쇠'가 반드시 얼빠진 것만도 아니겠지요.

이제 다시 오사와 마사치가 던진 마지막 물음으로 돌아가봅시다. 그의 물음은 다음과 같이 번역할 수 있을 겁니다. 자신이 구두쇠가 아니라고 믿는 신념과 무의식적으로는 구두쇠처럼 움직이고 있는 행동 사이의 불균형은 왜 발생하는 것일까? 이 물음에 대한 그의 답은 다음과 같습니다.

사람이 화폐를 수용하는 것, 즉 자신의 소유물을 파는 것은 그 화폐를 수용할(팔 준비가 되어 있는) 타자가 존재한다는 신뢰가 있기 때문이다. (사실 이 신뢰에는 궁극적인 근거가 없다.) 즉 화폐를 화폐이게 하는 것은 (그 화폐에 대한) 타자의 욕망이다. 자신의 욕망은 여기에 직접적으로 개재할 필요가 없다. 자신은 단지 타자가 화폐를 욕망하기 때문에 화폐를 욕망한다. 다시 말해 자신은 타자의 욕망을 반복하는 것이다. 그러나 이야기는 여기서 완결되지 않는다. 자신과 똑같은 사정은 화폐를 받게 되는 타자에게도 성립하기 때문이다. 즉 타자가 화폐를 받는 것은, 그 외부에 역시 화폐를 받게 될 타자가 존재한(다고 믿)기 때문이다. 따라서 화폐를 받을 수 있게 하는 것은 이 '타자의 타자'의 (화폐에 대한) 욕망이다. 그러므로 여기서는 당장 다음과 같은 결론을 얻게 될 것이다. 즉 화폐를 화폐로서 기능케 하는 것은 임의의 화폐 수취인(타자)에 대해 그 화폐를 받게 될 후속의 타자(타자의 타자)가 존재한다는 사실이다.[9]

구두쇠는 신념이나 행동에서 일관되게 화폐를 물신숭배합니다. 반면 평범한 우리는 신념으로는 화폐를 물신숭배하는 것을 부정하지만, 행동으로는 여전히 무의식적으로 화폐에 대한 물신숭배를 수행하지요. 이 점에서 보면 평범한 우리가 오히려 구두쇠보다 더 무지한 것인지도 모릅니다. 왜냐하면 본인의 생각과 달리 자신들이 실제로 무엇을 하고 있는지 의식하지 못하기 때문이지요. 그런데 오사와는 구두쇠나 평범한 사람들이 모두 화폐를 가지려는 진정한 이유를 타자라는 범주를 통해 설명합니다. 그의 입장을 분석하기 전에 약간 이해하기 어려운 구절을 먼저 음미할 필요가 있을 것 같습니다. 그것은 "사람이 화폐를 수용하는 것, 즉 자신의 소유물을 파는 것은 그 화폐를 수용할(팔 준비가 되어 있는) 타자가 존재한다는 신뢰가 있기 때문이다"라는 구절입니다. 직관적으로 금을 예로 생각해보세요. 내가 금을 가지려는 것은 사람들이 금을 소중하게 여기기 때문입니다. 이제 오사와의 입장을 구체적으로 분석해보도록 하죠.

그의 생각은 분명합니다. 자신이 가진 상품을 팔아서 화폐를 얻으려는 이유는 현재 자신이 가진 화폐를 수용하려고 하는 타자가 존재한다는 신뢰 때문이라는 겁니다. 결국 그에 따르면 "화폐를 화폐이게 하는 것은 (그 화폐에 대한) 타자의 욕망" 때문입니다. 이것은 무슨 의미일까요? 내가 화폐를 욕망하듯 타자 역시 내가 가진 화폐를 욕망하기 때문이라는 겁니다. 더 정확히 말하면, 타자가 내가 가진 화폐를 욕망하고 있을 것이라고 보는 아무 근거도 없는 나의 맹목적인 믿음 때문입니다. 화폐가 가진 위험성은 그것으로 상품을 살 수 없을 때 분명해집니다. 가령 화폐가 종잇조각에 불과하다면, 우리는 생존을 위해 꼭 필요한 식량과 의복조차도 얻을 수 없습니다. 하지만 여전히 화폐의 위력은 유효하게 작동합니다. 그것은 다른 사람, 예를 들어 음식을 가진 타자가 내가 가진 화폐를 탐내기 때문입니다. 물론 음식을 가진 타자가 내 화폐를 탐내는 이유는 옷을 가진 제2의 타자가 그 화폐를 탐하리라 믿기 때문이죠. 그래서 내가 화폐를 낼 때 음식을 가진 타자는 음식을 기꺼이 내게 제공하는 겁니다. 그 화폐로 옷을 사려는 희망을 품고 말입니다.

만약 음식점 주인이 내가 가진 화폐를 욕망하지 않는다면, 나는 화폐로는 음식을 먹을 수 없을 겁니다. 나아가 음식점 주인이 화폐를 욕망하는 것은 옷가게 주인이 화폐를 욕망하기 때문입니다. 만약 옷가게 주인이 음식점 주인이 가진 화폐를 욕망하지 않는다면, 음식점 주인은 옷을 구매할 수 없겠지요. 결국 화폐에 대한 나의 욕망은 '타자(음식점 주인)의 타자(옷가게 주인)'의 (화폐에 대한) 욕망이라고 할 수 있을 겁니다. 물론 여기서 그치는 게 아니지요. 나의 욕망은 타자의 타자의 타자의…… 욕망으로 무한히 확장될 테니까요. 그래서 오사와는 최종적으로 말합니다. "화폐를 화폐로서 기능케 하는 것은 임의의 화폐 수취인(타자)에 대해 그 화폐를 받게 될 후속의 타자(타자의 타자)가 존재한다는 사실" 때문이라고 말이지요. 모든 타자가 내가 가진 화폐를 욕망한다고 맹목적으로 믿기 때문에, 나는 화폐를 욕망합니다. 오사와는 이것이 바로 화폐에 대한 물신숭배, 혹은 화폐의 물신성의 기원이라고 주장합니다.

흥미로운 것은 오사와의 논리가 욕망에 대한 라캉(Jacques Lacan, 1901~1981)의 이해와 동일하다는 점입니다. 라캉에 따르면 "인간의 욕망은 타자(The Other)의 욕망"을 의미하기 때문입니다. 어린아이의 경우를 생각해보세요. 어머니란 존재는 어린아이가 최초로 만나는 타자입니다. 아이는 어머니의 보살핌이 없으면 자신이 존재하지 못한다는 것을 본능적으로 알고 있습니다. 그래서 아이는 어머니가 욕망하는 제3의 대상을 점점 더 많이 욕망하게 됩니다. 그 대상을 자신이 가지게 되면, 결국 어머니가 자기를 욕망할 거라고 생각하기 때문이지요. 그래서 라캉은 다음과 같은 결론을 내렸습니다. 어떤 대상을 욕망의 대상으로 만드는 것은 그 대상의 내적인 성질이 아니라 타자에 의해 욕망된다는 바로 그 사실 때문이라고 말입니다.

만약 라캉과 오사와의 논리가 옳다면, 어쩌면 우리가 화폐를 욕망하게 된 최초의 기원은 사실 어머니에게 있는지도 모릅니다. 어머니가 쥐여준 돈을 잃어버렸을 때 혼났던 유년 시절의 경험이 누구에게나 한 번쯤 있기 때문입니다. 아마도 이런 트라우마로부터 우리는 화폐에 대한 거의 무의식에 가까운 욕망을 배웠을 겁니다. 잊지 말아야 할 것은 어머니를 단순히 가족 구성원에 국한시켜서는 안 된다는 점입니다. 어머니는 자본 논리와 국가 질서의 메신저라는 것이 더 중요하니까요. 결국 어머니의 욕망을 욕망할 때, 아이는 사실상 자본과 국가의 욕망을 욕망하고 있었던 셈입니다. 어머니의 어머니, 그 어머니의 어머니로 계속 거슬러 가면 우리는 자신의 삶을 좌지우지하는 원초적 권력에 이르게 됩니다. 바로 이것이 모든 종교성의 원천인지도 모릅니다.

오! 차라투스트라여, 여기는 대도시이다. 여기에는 당신이 찾을 것이라곤 아무것도 없고 모두가 길을 잃을 것들뿐이다. 그대는 왜 이 진흙탕을 걸어가려고 하는가? 그대의 발을 동정하라! 차라리 이 성문에 침을 뱉고 돌아서라! 은둔자가 사색하기에는 지옥이다. 여기서는 위대한 사상들이 산 채로 삶아져 잘게 요리된다. 당신은 이미 정신의 도살장과 요릿집 냄새를 맡지 않는가? 이 도시는 도살된 정신의 냄새로 자욱하지 않는가?

—프리드리히 니체,《차라투스트라는 이렇게 말했다》

대도시와 개인,
그리고 자유

시골 사람과 도시 사람의 차이

공간은 단순히 우리가 살아가는 물리적인 배경만은 아닐 겁니다. 오히려 공간에는 인간을 길들여서 자신에게 맞는 인간형을 만들어내는 힘이 있습니다. 고산지대에 사는 인간, 태평양의 이름 모를 섬에 사는 인간, 사막의 오아시스 근처에 사는 인간, 대도시에 사는 인간, 오지에 사는 인간. 분명히 같은 인간이지만, 이들 사이에는 건널 수 없는 분명한 차이가 있지요. 그들의 내면에는 자신이 사는 공간이 각인해놓은 흔적들이 자리 잡고 있기 때문입니다. 공간의 지배력은 거대한 자연적 공간에만 적용되는 것은 아닙니다. 그것은 공간을 분할해 만든 건축물과 같은 인위적인 공간에도 그대로 적용됩니다. 예를 들어 천주교 성당을 한번 생각해보세요. 내부를 장식한 스테인드글라스, 중세풍의 인테리어 장식, 적절한 공간에 배치된 성스러운 촛불들. 성당에 들어가자마자 누구나 성당이란 공간이 내뿜는 강렬한 힘을 느낄 수 있을 겁니다. 공간이 강요하는 강력한 힘에 저항해 그 공간을 떠나면 그만입니다. 그러나 떠날 수 없다면, 그 공간은 우리를 길들일 겁니다. 아니 우리는 그 공간에 적응해야만 합니다. 이렇게 천주교적 인간, 일종의 종교적 인간이 탄생하게 되는 것이지요.

자본주의가 본격화되면서 탄생한 대도시도 마찬가지입니다. 그렇다면 구체적으로 도시는 어떤 방식으로 인간을 길들이고 자기에게 맞는 유형의 인간상을 만들어내는 것일까요? 우리의 궁금증을 해결하기 위해 다시 짐멜의 이야기를 들어보겠습니다.

대도시에 사는 개인들에게 전형적인 심리적 상태는 신경과민(the intensification of nervous stimulation)이다. 이는 외적 자극이나 내적 자극들이 급속도로 그리고 끊임없이 바뀌기 때문에 생기는 심리 상태라고 할 수 있다. 인간은 차이를 본질로 하는 존재이다. 즉 그의 의식은 그때그때의 인상이 선행하는 인상과 구분되는 차이에 의해 촉발된다. 우리가 받아들인 인상들이 고정되어 있거나, 혹은 그 차이가 경미하거나 대립적인 인상들이라도 규칙적이고 익숙한 흐름에 따라 밀려드는 경우가 있다. 아니면 이미지들이 급속도로 교체되면서 불규칙적이고 자극적으로 밀려오거나, 하나의 이미지 안에서 포착되는 내용들의 변화가 급격하게 변할 수도 있고, 밀려오는 인상들이 전혀 예기치 못한 경우도 있을 수 있다. 전자의 경우보다 후자의 경우에서 우리의 의식은 더 큰 부담을 갖게 된다. 이런 심리적 조건들은 대도시의 거리를 걸을 때, 혹은 빠르고 다양한 경제적·직업적·사회적 삶을 경험할 때 발생한다. 따라서 정신적 삶의 감각적 기반, 다시 말해 차이에 입각한 우리 존재의 속성 때문에 우리에게 요구되는 의식의 총량을 비교해보면, 대도시는 소도시나 시골의 삶과 커다란 차이를 보여준다. 후자에서는 감각적·정신적 생활의 리듬이 더 느리면서 더 익숙하고 더 평탄하게 흘러가기 때문이다.[10]

사실 짐멜은 돈에 대한 철학적 성찰로 유명한 학자입니다. 그의 주저를 흔히 《돈의 철학(Philosophie des Geldes)》(1900)이라고 말하는 것도 이 때문이지요. 하지만 그의 작은 논문 〈대도시와 정신적 삶(Die Grossstädte und das Geistesleben)〉(1903)의 중요성도 결코 간과해서는 안 됩니다. 짐멜의 이 논문은 제목이 말해주는 것처럼 두 가지 테마, 즉 대도시라는 삶의 조건에 대한 성찰과 그곳에서 전개되는 인간의 내면세계에 대한 성찰로 이뤄져 있습니다. 흔히 짐멜 이후의 학자들은 이 논문의 두 가지 테마 중 어떤 것에 집중하느냐에 따라 서로 다르게 분류됩니다. 논문의 전반부에서 전개된 대도시에 대한 짐멜의 성찰을 집중적으로 수용했던 사람들은 로버트 파크(Robert Ezra Park, 1864~1944)와 시카고학파(Chicago School)의 사회학자들이었습니다. 이 관점에서 보면 짐멜은 도시학(urbanology) 혹은 도시이론(urban theory)이라는 새로운 학문 분야의 개척자라고 할 수 있지요. 한편 대도시에서 전개되는 인간의 내면세계에 대한 분석에 강한 자극을 받았던 사람이 바로 벤야민이었지요. 짐멜의 논문 후반부는 벤야민에게 베를린과 파리라는 도시의 모더니티(Modernity) 문제를 숙고하도록 만든 원동력이 되었던 겁니다.

산업자본주의는 대도시의 형성과 불가분의 관계에 있습니다. 생산 공간과 소비 공간이 하나로 묶이면 잉여가치가 더욱 커지기 때문이지요. 반대로 생산 공간과 소비 공간이 멀수록 유통비는 산업자본 입장에서 엄청난 부담이 될 겁니다. 이 점에서 대도시와 화폐경제는 산업자본주의의 일란성 쌍둥이라고 볼 수 있습니다. 짐멜이 돈의 문제뿐만 아니라 대도시의 문제도 아울러 성찰했던 이유입니다. 〈대도시와 정신적 삶〉에 등장하는 인간은 기본적으로 어디에 있든 동일성을 유지하는 존재가 아니라 외적 환경의 자극에 역동적으로 대응하는 존재입니다. 그래서 짐멜은 자신의 인간관을 멋지게 설명할 수 있었던 겁니다. "인간은 차이를 본질로 하는 존재이다. 즉 그의 의식은 그때그때의 인상이 선행하는 인상과 구분되는 차이에 의해 촉발된다."

만약 새로운 인상이 이전의 인상에 비해 별다른 차이를 보이지 않는다면, 우리는 새로운 인상을 별로 의식하지 않을 겁니다. 반대로 선행하는 인상과 뒤따르는 인상의 차이가 큰 경우가 있습니다. 이 경우 우리는 새로운 인상을 강하게 의식하게 될 겁니다. 강한 의식 상태는 약한 의식 상태보다 우리에게 더 많은 에너지를 요구합니다. 그래서 짐멜은 "이미지들이 급속도로 교체되면서 불규칙적이고 자극적으로 밀려오거나, 하나의 이미지 안에서 포착되는 내용들의 변화가 급격하게 변할 수도 있고, 밀려오는 인상들이 전혀 예기치 못한 경우도 있을 수 있다. 전자의 경우보다 후자의 경우에서 우리의 의식은 더 큰 부담을 갖게 된다"고 말했던 겁니다.

해외여행을 해본 분이 많을 겁니다. 이 경험에도 짐멜의 지적이 적용될 수 있지요. 설레는 마음으로 도착한 낯선 공항에서부터 우리는 새로운 자극을 강하게 받습니다. 더구나 낯선 음식과 숙박시설을 접하면 우리의 스트레스는 더 가중될 수밖에 없을 겁니다. 물론 새롭고 흥미로운 광경이나 낯선 사람들을 보면서 설레게 되는 것 또한 사실입니다. 그렇지만 이런 낯선 장면들은 무의식중에 우리를 몹시 긴장된 상태로 몰아넣습니다. 그래서 여행을 마치고 집에 돌아오면 우리는 홀쭉해진 자신의 몸을 확인하게 되고, 친숙한 자신의 잠자리에 눕자마자 깊은 숙면에 빠져버립니다. 이것은 우리가 여행하는 동안에 얼마나 강한 자극을 받았는지, 다시 말해 새로운 자극이 우리 몸에 얼마나 많은 부담으로 축적되었는지를 역설적으로 보여줍니다. 해외여행이 대중화될수록 호텔 문화가 발달하는데, 각 나라 대도시에 있는 호텔은 일종의 표준화된 주거공간이라고 할 수 있지요. 경제적 여유가 있다면 우리는 되도록 호텔에 머무르려고 합니다. 이곳에서 낯선 주거공간이 주는 스트레스 혹은 긴장감을 피하려는 무의식적 반응인 셈입니다.

이제 그럼 시골과 도시라는 공간에서 우리 삶은 각각 어떤 영향을 받는지 생각해볼까요? 시골 사람들에게는 정서적 흥분을 일으키는 사건들이 자주 일어나지 않습니다. 매번 보는 사람들,

매번 보는 풍경들, 작년이나 올해에도 똑같이 반복되는 농사일, 어느 것 하나 우리에게 강한 인상을 주지 않습니다. 반면 도시인들은 어떨까요? 도시의 번화가에 나가자마자 화려한 옷을 입은 수많은 낯선 사람들, 경적을 울리는 다양한 자동차들, 현란한 조명을 비추는 상점들이 우리를 맞이합니다. 더구나 사람들이 걸친 의상, 자동차, 상점의 상품들은 매우 빠른 속도로 그 양식을 바꿔가지요. 이처럼 도시의 삶은 양적으로나 질적으로 시골 생활과 비교할 수 없을 만큼 새로운 인상들에 무방비로 노출되어 있습니다. 거칠지만 시골과 도시의 삶은 다음과 같이 정리할 수도 있지요. 시골이 안정적인 반복의 공간이라면, 도시는 현란한 차이의 공간이라고 말입니다.

인간은 자극과 반응의 존재라는 짐멜의 통찰을 염두에 두면, 시골에서 우리는 세세한 자극들에 충분히 반응할 수 있는 여유를 갖게 될 겁니다. 너무 많거나 혹은 지나친 자극들이 별로 없을 테니까요. 이 때문에 시골 사람들은 이웃에서 돼지나 소가 새끼를 낳거나, 옆집에서 밤사이에 벌어진 부부싸움 같은 매우 사소한 일에도 적극적으로 반응하게 되지요. 그러나 도시에서 이런 일이 가능할까요? 무수히 많은 그리고 자극적인 인상들에 하나하나 반응한다면 아마도 우리는 미쳐버리고 말 겁니다. 그래서 짐멜은 "대도시에 사는 개인들에게 전형적인 심리적 상태"를 "신경과민"이라고 정의했던 겁니다. 사실 복잡한 대도시에서 발생하는 수많은 사건과 우리가 마주치는 수많은 사람에게 일일이 정서적으로 반응하는 것은 거의 불가능에 가까운 일입니다. 간혹 대도시 생

Ⅰ. 돈의 신학, 도시의 개인주의: 짐멜의 도시인문학

활을 접고 귀향하는 노부부들을 보게 됩니다. 육체적 노화로 그들은 대도시의 강력한 자극과 현란한 인상을 감당하기 힘들었던 겁니다. 이런 문맥에서 우리는 시골이나 소도시 사람은 정서적인 반면 대도시 사람은 지적일 수밖에 없다는 짐멜의 견해를 어렵지 않게 이해할 수 있습니다.

기분이나 정서적 관계에 더 의존하는 소도시적 삶보다 대도시의 정신적 삶이 어떻게 해서 지적 성격을 더 강하게 띠는지를 우리는 이해할 수 있다. 그것은 소도시의 정서적 관계들이 정신의 더 무의식적인 층들에 뿌리를 두고 있으며, 단절되지 않은 지속적인 습관화 과정을 통해서 가장 잘 발전하기 때문이다. 이와 달리 우리의 지성(intellect)은 우리 정신에서도 가장 투명하고 의식적인 상층에 자리를 잡고 있다. 지성은 우리의 내적인 힘들 중 가장 적응력이 탁월한 것이다. 자신 앞에 펼쳐진 다양한 현상들의 현저한 차이점들과 변화에 적응하기 위해서, 지성은 어떤 충격이나 내적인 동요도 필요로 하지 않는다. 대도시에서 발생하는 사건들의 리듬에 적응하기 위해서 훨씬 더 보수적인 사람들만이 외적 충격이나 내적인 동요를 겪게 된다. 물론 수천 가지의 개별적 경우마다 차이가 있을 수 있지만, 전형적인 대도시인은 자신의 삶을 뿌리째 위협하는 외부 환경의 흐름이나 그 모순들을 방어할 수 있는 기관[=지성]을 발전시켰던 것이다. 그래서 대도시인은 급변하는 외부 환경에 대해 심장으로 반응하는 것이 아니라 본질적으로 머리로 반응하게 된다.[11]

인간은 묘한 존재입니다. 과도한 차이도 힘들어하지만, 차이가 없는 것도 힘들어하니까요. 시골이나 소도시에서의 오늘은 어제와 커다란 차이를 보이지 않습니다. 새로운 사람이 유입되거나 새로운 사건이 발생하는 경우가 거의 없으니까요. 변화라고 해도 그것은 모두 사계절의 반복이나 생로병사의 반복처럼 순환적일 뿐입니다. 당연히 소도시나 시골 사람들의 삶의 에너지는 충분합니다. 오히려 그들은 남은 에너지를 배설하기 위해 새로운 자극을 갈망할 정도입니다. 빨래터에서 빨래하는 아낙네들, 혹은 어느 사랑방에 모여 술 마시는 남정네들은 최근에 생긴 마을의 이례적 사건에 엄청난 관심을 드러내는 것도 이런 이유에서입니다. 마을에 아이가 태어나도, 상(喪)이 있어도, 환갑잔치가 있어도, 혼사가 있어도, 부부싸움이 있어도, 심지어 옆집에 돼지가 태어나도 마을 사람들은 모든 의식과 모든 감정을 이 새로운 사건, 이 새로운 자극에 쏟아붓습니다. 예외라고는 별로 없는 소도시나 시골에서는 사건과 차이는 목마른 사람이 찾는 한 잔의 물과도 같은 것이니까요.

반면 도시인들에게는 평화롭고 단조로운 삶 자체가 기본적으로 허락되지 않습니다. 집 밖으로 나가기만 해도 너무나 복잡하고 자극적인 광경들이 눈앞 가득 펼쳐집니다. 시골에서는 있을 수 없는 일이지만, 도시인 중 그 누구도 오늘 자신이 만난 사람들을 다 기억하지 못합니다. 이뿐만 아니라 만나는 사람들의 속내를 전혀 신경 쓸 겨를이 없습니다. 한 사람 한 사람 신경 쓰다보면 자신의 생활마저 정상적으로 영위할 수 없기 때문이지요. 그래서 도시인들은 시골 사람들에 비해 매우 차갑고 냉정해 보입니다. 짐멜의 표현처럼 "신경과민"의 상태에 있는 대도시인들은 신경을 자극하는 새로운 사건이나 차이를 피하려고 합니다. 결국 대도시 사람들은 무감각이나 무신경의 전략을 본능적으로 선택하게 됩니다. 바로 이 대목에서 짐멜은 인간이 자랑하는 "지성"의 탄생을 예감합니다. "자신 앞에 펼쳐진 다양한 현상들의 현저한 차이점들과 변화에 적응하기 위해서, 지성은 어떤 충격이나 내적인 동요도 필요로 하지 않"기 때문입니다. 지성, 그것 별거 아닙니다. 사건과 자극을 온몸으로, 분위기로, 정서로 대응하지 않고 냉담하게 관조하는 것이니까요.

예를 하나 들어보지요. 살인사건은 서로를 잘 아는 시골에서는 예외적인 사건이라 할 수 있습니다. 사실 시골에서 살인사건 정도의 큰일이 벌어지는 경우는 거의 없습니다. 희로애락을 함께 했던 사람을 죽인다는 것은 무척 힘든 일입니다. 상대방이 고통을 느끼면 그의 목을 조르는 것도 어렵지요. 바로 이것이 시골이나 소도시에서 살인사건이 드문 이유입니다. 그럼에도 만약 그런 예외적인 사건이 일어났다면 마을 사람들은 누가 범인인지 알아차리기 쉽습니다. 살인자는 스스로 목숨을 끊거나 마을을 떠났을 테니 말입니다. 예를 들어 살인사건이 일어난 뒤 봉식이가 사라졌다면, 십중팔구 바로 그가 범인이겠지요.

반면 대도시인들에게 살인사건이란 예외적인 경우가 결코 아닙니다. 대도시에서는 서로를 속속들이 알고 서로에게 공감하는 인격적 관계가 드물기 때문입니다. 상대방에게 무감각하고 무신경하니, 경제적 이해관계가 뒤틀리면 언제든 살인사건이 발생할 수 있지요. 심지어 아무런 이해관계도 없는데도 살인사건이 일어나기도 합니다. '묻지 마 살인'이죠. 만나는 사람들 대부분이 하나의 인격이기보다는 내 이익과 내 감정의 수단이라고 보는 거죠. 살인사건이 아니더라도 고층 건물, 복잡한 교통 사정 등 대도시 특유의 구조적 문제로 사람이 죽기도 합니다. 이 경우 대도시 사람들은 모든 살인사건에 일일이 정서적으로 반응할 수 없습니다. 그저 냉정하게 살인사건의 원인을 지적으로 분석할 따름입니다. 경기 불황으로 살인사건이 자주 발생한다고 지적으로 정리해두면, 도시인들은 앞으로 일어날 살인사건에 강한 자극을 받지 않게 되고 그만큼 긴장이나 부담도 덜하게 됩니다.

사실 대도시에서는 살인사건만 벌어지는 것이 아닙니다. 아파트 엘리베이터가 고장 날 수도 있고, 자동차 접촉 사고가 날 수도 있고, 분주한 거리에서 어떤 사람이 실수로 자신의 발을 밟을 수도 있고, 커피숍에서 점원이 자신이 주문한 것과 다른 커피를 갖다줄 수도 있고, 길거리에서 청년들의 시끄러운 오토바이 무리와 마주칠 수도 있기 때문입니다. 심지어 직장에서 해고되거나 아니면 오지로 발령받을 수도 있지요. 시골에서의 단조로운 삶의 환경과는 현격히 구별되는 이런 자극적이고 복잡한 도시의 사건들에 일일이 반응하면, 우리는 대도시에서 하루도 견딜 수 없을 겁니다. 자신과 무관한 모든 일은 그저 냉담하게 남의 일로 간주해야 합니다. 출근길에 만나는 모든 사람의 안색을 살피는 일도 피해야 합니다. 오직 나와 직접적으로 관련된 일에 신경 쓰면 그

Ⅰ. 돈의 신학, 도시의 개인주의: 짐멜의 도시인문학

만입니다. 예외적이고 충격적인 사건이 일어날지라도 신속하게 그 원인을 지적으로 파악함으로써 그 사건이 주는 정서적 충격을 원천적으로 봉쇄해야만 합니다. 대도시에 적응한 도시인들은 짐멜의 표현처럼 "급변하는 외부 환경에 대해 심장으로 반응하는 것이 아니라 본질적으로 머리로 반응"하게 되는 것이죠. 이것은 사실 도시인들이 자신의 삶을 보호하기 위한 어쩔 수 없는 전략입니다.

고독, 도시인이 누리는 자유의 이면

흔히 우리는 인간을 감정적이고 수동적인 존재라기보다 지적이고 능동적인 존재라고 생각합니다. 그러나 짐멜은 우리의 이런 통념을 비판합니다. 짐멜에 따르면 인간의 지성이란 대도시처럼 너무나 많은 자극이 우글거리는 공간에 살기 때문에 수동적으로 발생하는 산물에 지나지 않지요. 그의 말대로 지성은 "전형적인 대도시인이 자신의 삶을 뿌리째 위협하는 외부 환경의 흐름이나 그 모순들을 방어"하려고 발전시킨 능력이니까요. 〈대도시와 정신적 삶〉이란 논문을 통해 우리는 지성이든 정서든 분위기든 자신의 내면세계가 선천적으로 주어진 것이 아니라 특정한 공간에 대한 삶의 반응으로 구성된 것이라는 사실을 확인할 수 있습니다. 이 점이 바로 짐멜의 논문이 가진 첫 번째 중요성입니다. 그런데 우리는 이 논문의 두 번째 중요성 또한 간과해서는 안 됩니

1900년 즈음의 베를린 번화가 운터덴린덴. 짐멜은
대도시 베를린에서 태어났다. 유대인 상인이었던 그의
아버지는 짐멜이 성인이 되기 전에 사망했으나 상당한
유산을 남겼다. 그의 후견인이었던 음악 출판업자도 많은
재산을 물려주었고, 그 덕에 그는 평생 부르주아적인 삶을
살았다. 1920년대 베를린은 세계에서 세 번째로 인구가
많은 도시였다. 짐멜은 세계적인 대도시 베를린에서
생활하며 '돈'과 '도시'를 화두 삼아 학문 활동을 펼쳤다.

다. 짐멜은 논문 후반부에서 대도시의 삶을 영위하는 인간이 어떻게 '자유'를 가지게 되는지를 분석했습니다. 이 대목이야말로 이 논문에서 가장 빛나는 곳이지요. 우리가 그리도 갈구하는 자유라는 이상에 대한 냉철한 계보학이 피력되니까요.

〈대도시와 정신적 삶〉 전반부에서 짐멜은 시골과 도시라는 공간이 어떻게 인간을 길들이는지 분석합니다. 그의 분석에 따르면 정서적이고 감정적인 시골 사람이 주변 세계와 유기적인 일체를 구성하면서 삶을 영위한다면, 지적인 도시인은 주변 세계와 일정 정도 거리를 두면서 살게 됩니다. 물론 그의 지적처럼 도시인의 거리두기는 자극적인 인상들에서 자신을 보호하기 위한 일종의 방어 전략이라고 볼 수 있지요. 먼저 대도시가 발달하기 이전에 사람들이 어떤 삶을 살았는지 살펴보는 것이 순서일 듯합니다. 짐멜의 이야기를 경청해보도록 하죠.

고대나 중세 소도시의 삶은 개인들이 외부로 나가려는 운동이나 외부와 관계를 맺으려는 욕망에 대해 장벽을 설치하고, 개인의 내면에서도 개인이 독립하거나 분화하려는 욕망에 대해서도 장벽을 설치한다. 만약 그런 장벽들 속에 들어가 있다면, 현대인들은 숨도 쉴 수 없을 것이다. 오늘날에도 대도시인은 소도시에 가면 적어도 비슷한 종류의 답답함(restriction)을 느낄 수밖에 없다. 우리가 소속되어 사는 집단의 크기가 작으면 작을수록, 그래서 타인들과의 관계가 적으면 적을수록, 그 집단은 더욱더 쉽게 개인의 업적들, 생활양식 및 사고들을 감시하게 되

며, 어떤 양적·질적 변종도 전체의 틀을 깨뜨리는 것으로 받아들이게 될 것이다.[12]

짐멜의 논의를 쉽게 이해하기 위해 예를 하나 들어보겠습니다. 분주한 도시를 떠나 한 도시인이 어느 깊은 시골 마을에 내려갔다고 해보죠. 우리 주인공에게 시골의 첫인상은 어떻게 다가올까요? 평화롭고 안정적인 자연 풍광이 마음을 안정시키고, 친절하고 정 많은 시골 사람들은 인간적 온기를 줍니다. 아마 이 도시인은 다음과 같이 읊조릴지도 모릅니다. "내가 왜 지금까지 매연과 경쟁에 찌들어버린 도시에서 살았단 말인가? 고독사가 일상이 되어버린 비정한 곳에서, 형식적 안부 인사와 매너리즘에 빠진 친절 속에서 얼마나 고독했는가? 고즈넉한 이곳이야말로 사람 냄새가 나는 진정한 삶의 터전이 아닌가?" 불행히도 얼마 지나지 않아 우리 주인공은 짐멜이 이야기했던 "답답함"을 느끼고 맙니다. 시골 사람들이 자신의 행동을 일거수일투족 감시하는 것처럼 보이기 때문이죠. 홀로 논둑을 걸으며 산책을 하려고 해도 그곳 사람들은 그를 가만히 두지 않습니다. 만날 때마다 관심과 애정을 피력하니까요. 심지어 집 안에만 머물고 싶어도 뜻대로 되지 않습니다. 시골 이웃들은 수시로 방문해 안부를 살피고 불시에 들러 먹을거리를 주곤 하니까 말입니다.

우리 주인공은 어찌 된 일인지 점점 자신이 떠나온 대도시를 다시 그리워합니다. 새로운 상품으로 거의 매 순간 변하는 도심의 화려한 경관, 자신이 무엇을 하든 전혀 신경 쓰지 않는 깔끔한 아파트 주민들, 예쁜 카페와 음식점들로 가득한 경리단길이나 홍대 앞 번화가가 그립기까지 합니다. 과도한 자극도 피하려 하지만 자극이 없는 것도 힘들지요. 인간은 무관심에도 힘들어하지만 지나치게 애정을 보여도 부담스러워하는 묘한 존재입니다. 여기서 궁금증이 생깁니다. 이 시골 마을에서 왜 우리 주인공만 "답답함"을 느끼는 걸까요? 그건 그가 이미 대도시를 온몸으로 경험했던 사람이기 때문입니다. 고대나 중세 소도시의 삶을 묘사하면서 짐멜은 말합니다. "만약 그런 장벽들 속에 들어가 있다면, 현대인들은 숨도 쉴 수 없을 것이다. 오늘날에도 대도시인은 소도시에 가면 적어도 비슷한 종류의 답답함을 느낄 수밖에 없다."

"인간은 차이를 본질로 하는 존재"라는 짐멜의 인간론은 사실 사회나 역사에도 그대로 적용되는 보편적 주장입니다. 과거는 현재와의 차이에서 인식된다는 차이의 역사론, 시골은 도시와의 차이에서 인식된다는 차이의 사회론입니다. 그 역도 마찬가지입니다. 현재는 과거와의 차이에서 인식되고, 도시는 시골과의 차이에서 인식되니까 말입니다. 이제야 우리는 우리 주인공이 답답함을 느끼는 시골 마을, 그 마을 토박이 중 주인공만큼 답답함을 느끼는 사람이 없는 이유도 알게 됩니다. 시골 토박이들에게는 자기 마을은 차이로 인식되지 않습니다. 오히려 그들에게는 대도시가 차이의 공간일 겁니다. 대도시를 대도시로 인식하는 사람들이 시골 사람인 것도 이런 이유 때문입니다. 역으로 대도시에서 나고 자란 사람들도 대도시를 인식하기 힘들 겁니다. 어쨌든 시골은 시골 사람들이 아니라 도시 사람이 발견합니다. 결국 전원의 삶을 다루는 음악, 소설, 혹은 그림은 모두 도시인 혹은 시골에서 도시로 이주한 사람이 만들 수밖에 없는 겁니다. 시인 정지용(鄭芝溶, 1902~1950)을 생각해보세요. 도시인이 시골을 발견하는 흥미로운 과정이 그의 유명한 시 〈향수〉에 고스란히 담겨 있으니까요.

넓은 벌 동쪽 끝으로
옛이야기 지즐대는 실개천이 휘돌아 나가고,
얼룩배기 황소가
해설피 금빛 게으른 울음을 우는 곳,

― 그곳이 참하 꿈엔들 잊힐 리야.

질화로에 재가 식어지면
뷔인 밭에 밤바람 소리 말을 달리고,
엷은 졸음에 겨운 늙으신 아버지가
짚벼개를 돋아 고이시는 곳,

― 그곳이 참하 꿈엔들 잊힐 리야.

흙에서 자란 내 마음
파아란 하늘빛이 그립어
함부로 쏜 화살을 찾으려

풀섶 이슬에 함추름 휘적시던 곳,

— 그곳이 참하 꿈엔들 잊힐 리야.

傳說(전설) 바다에 춤추는 밤물결 같은
검은 귀밑머리 날리는 어린 누의와
아무러치도 않고 여쁠 것도 없는
사철 발벗은 안해가
따가운 해ㅅ살을 등에 지고 이삭 줏던 곳,

— 그곳이 참하 꿈엔들 잊힐 리야.

하늘에는 석근 별
알 수도 없는 모래성으로 발을 옮기고,
서리 까마귀 우지짖고 지나가는 초라한 집웅,
흐릿한 불빛에 돌아앉아 도란도란거리는 곳,

— 그곳이 참하 꿈엔들 잊힐 리야.

정지용은 충청도 옥천 출신이었습니다. 정지용은 경성의 모던한 생활에 지칠 때가 많았던 것 같습니다. 너무나 많은 사람이 오가는 도시 번화가는 도시인들에게 무료함과 고독함의 감정을 초래하기도 합니다. 자신과는 무관하게 움직이는 전차와 자동차들 그리고 행인들을 바라보면, 자신 한 사람 없어져도 모든 것이 아무 일 없었다는 듯이 잘 돌아갈 것 같다는 생각이 듭니다. 이럴 때 도시인들은 '참을 수 없는 존재의 가벼움'을 느끼게 되겠지요. 그런데 바로 이 순간 정지용은 촘촘한 그물처럼 자신의 삶을 친밀하게 휘감고 있던 시골에서의 삶을 생각해봅니다. 시골에서의 모든 것, 다시 말해 그곳의 사람들과 사물들 그리고 풍경들은 자신의 삶과 긴밀하게 엮여 있었기 때문이지요. 바로 이런 이유로 정지용은 도시가 아닌 자신의 고향 시골을 일종의 노스탤지어로 느꼈던 겁니다.

물론 일본 도시샤대학(同志社大學) 영문과를 졸업했으며 이미 경성의 모던보이로 살던 그에게 구체적 삶의 장소로서 시골은 실제 존재하지 않았는지도 모릅니다. 오직 그의 관념 속에서만, 그리고 일종의 향수로서만 시골이란 공간이 존재했기 때문이지요. 사실 정지용의 시 〈향수〉가 1988년 해금된 이래 대중에게 인기를 끌었던 이유도 바로 여기에 있습니다. 이 시는 1960년대와 1970년대 경제개발 과정에서 도시로 상경했던 엄청난 숫자의 시골 출신들이 간직한 마음의 향수를 자극했기 때문이지요. 대도시의 복잡한 생활은 그들에게 경쟁도 없고 고독도 없었던 자신들의 옛고향 시골 생활을 그립게 만들었습니다. 하지만 이것은 어디까지나 먼발치에서 느껴야만 하지요. 만약 직접 고향을 찾아간다면 얼마 지나지 않아 시골 마을에서 답답함을 느낀 우리 주인공처럼 묘한 불편함을 느꼈을 테니 말입니다.

이제 짐멜의 이야기를 읽을 준비가 제대로 갖춰진 것 같습니다. 그는 말합니다. "고대나 중세 소도시의 삶은 개인들이 외부로 나가려는 운동이나 외부와 관계를 맺으려는 욕망에 대해 장벽을 설치하고, 개인의 내면에서도 개인이 독립하거나 분화하려는 욕망에 대해서도 장벽을 설치한다." 여기서 우리는 대도시의 삶에 대한 짐멜의 입장을 쉽게 헤아려볼 수 있습니다. 대도시는 개인들이 외부로 나가는 것을 막지 않고, 개인들이 자기만의 삶을 일구려는 욕망도 막지 않는 곳이지요. 한마디로 개인이 자유를 향유할 수 있는 공간이 대도시라는 겁니다. 이 점에서 짐멜의 "장벽"이란 표현은 매우 상징적입니다. 그에게 고대나 중세의 소도시나 동시대의 지방 소도시는 개인의 자유를 억누르는 일종의 감옥처럼 인식되니까요. 감옥 전체를 감싸는 거대한 장벽뿐만 아니라 감방 하나하나에도 작은 장벽들이 있는 느낌입니다. 결국 짐멜에게 시골은 정지용처럼 지친 도시 생활의 고단함을 잠시나마 위로해주는 향수의 대상은 아니었던 셈입니다.

물론 그렇다고 해서 짐멜의 시골과 정지용의 시골이 완전히 다른 곳이라 생각해서는 안 됩니다. 두 사람의 차이점은 외부로 나가려는 개인의 욕망, 그리고 자신만의 삶을 일구려는 개인의 욕망이 강하냐의 여부니까요. 시골에서 나가고 싶은 사람과 시골에서 쉬고 싶은 사람의 차이, 혹은 자기만의 삶을 일구려는 열망을 가진 대도시인과 자기만의 삶을 일구는 데 지친 대도시인의 차이죠. 이 점에서 처음 시골에 들어와 편안함을 느끼다 점점 답답함을 느끼는 우리 주인공은 짐멜과 정지용을 가로지르는 것처럼 보입니다. 그는 정지용으로 마을에 들어왔다가 짐멜이 되어 마을을 떠나려고 하기 때문입니다. 그러나 잊지 마세요. 짐멜도, 정지용도, 그리고 우리 주인공도 모두 대도시의 삶에 노출된 사람들이라는 사실을요. 세 사람의 태도와 무관하게 소도시나 시골은 객관적으로 대도시와 다른 삶의 가능성을 펼칩니다. 그래서 짐멜은 말했던 겁니다. "우리가 소속되어 사는 집단의 크기가 작으면 작을수록, 그래서 타인들과의 관계가 적으면 적을수록, 그 집단은 더욱더 쉽게 개인의 업적들, 생활양식 및 사고들을 감시하게 되며, 어떤 양적·질적 변종도 전체의 틀을 깨뜨리는 것으로 받아들이게 될 것이다."

소도시와 시골을 외부와 가르는 장벽은 개인의 자유를 억압하는 감금을 상징하지만, 동시에 지친 개인을 품어주는 보호를 의미합니다. 당연히 소도시와 시골과의 차이로 발견되거나 인식되는 대도시, 혹은 대도시의 '장벽 없음'도 이중적 의미로 물들어 있게 됩니다. 이제 대도시적 삶의 이중성에 대한 짐멜의 이야기를 경청해보도록 하겠습니다.

좀 더 정신적이고 세련된 의미에서 대도시인은 사소한 일들과 편견들에 얽매이는 소도시인들에 비해 '자유롭다'. 대도시와 같이 큰 집단이 가진 지적인 삶의 조건들이나 상호 무관심(indifference), 속내 감추기(reserve) 같은 태도를 가장 강하게 느끼는 것은, 개인의 자립성이 훼손되곤 하는 작은 집단에 속한 개인들이라기보다는 대도시처럼 인구가 극도로 밀집한 곳에서 살고 있는 개인일 것이다. 이는 신체적 거리의 가까움과 공간의 협소함이야말로 정신적 거리를 가장 잘 드러내주기 때문이다. 대도시의 우글거리는 군중 속에서 사람들은 자신의 외로움과 쓸쓸함을 가장 잘 느끼기 마련이다. 물론 이것은 위에서 말한 자유의 이면일 따름이다. 왜냐하면 대도시만큼 한 개인이 누릴 수 있는 자유가 반드시 그의 정서적 안정으로 나타날 필요가 없다는 사실을 가장 잘 드러내주는 곳도 없기 때문이다.[13]

시골에서는 타인에 대한 냉담한 태도가 불가능합니다. 집 밖에서 만나는 사람들이 모두 친숙한 이웃이기 때문입니다. 현재 자신이 다른 일로 화가 났다고 할지라도, 시골에서는 자신에게 인사를 건네는 사람들을 모른 척할 수 없지요. 이런 이유로 우리는 시골에서 홀로 걸으면서 고독한 사색을 즐길 수 없습니다. 만나는 사람마다 나의 고독한 사색의 시간을 망가뜨리기 일쑤일 테니까요. 그러나 도시에서는 그런 걱정을 할 필요가 전혀 없습니다. 번화한 거리에서 만나는 사람들 대부분은 우리를 알지 못하기 때문입니다. 비록 거리에 수많은 사람이 오가더라도, 그것은 영화 속 풍경처럼 내 앞뒤에 소리 없이 펼쳐져 있을 뿐입니다. 사람들이 아무리 많이 우글거려도 인격적인 관계, 혹은 친숙한 관계를 맺은 사람이 거의 없다는 점이 바로 도시에서의 삶이 가진 가장 큰 특징입니다.

사실 대도시 사람들은 만나는 모든 다른 사람들과 인격적으로 관계를 맺을 수 없습니다. 너무나 많은 사람과 마주치기 때문이지요. 그래서 도시인들은 자신의 속내를 타인에게 드러내는 것, 나아가 타인이 자신의 속내를 나에게 털어놓는 것도 피하려고 합니다. 만나는 타인들 모두와 인격적이고 친밀한 관계를 맺으면 도시인들은 신경과민으로 쉽게 지쳐버리고 말 겁니다. 그런데 신경과민을 피하기 위한 이런 거리두기가 바로 "자유"라는 감정의 중요한 기초가 됩니다. 타인에 대한 냉담한 거리두기가 일상적인 삶의 패턴이기 때문에, 대도시에서 나와 타인은 서로의 삶에 거의 간섭하지 않습니다. 서로의 삶을 침해하지 않는 한 다른 이의 삶에 간섭하지 않는 것이 바로 도시의 암묵적 윤리라고 할 수 있지요.

아이러니하게도 타인에 대한 무관심과 속내 감추기라는 도시인들의 냉담한 태도는, 다시 말해 이로부터 발생하는 자유로움의 감정은 사람들을 원치 않는 고독에 빠지도록 하기도 합니다. 냉담한 태도를 지속하다보면 자신의 속을 털어놓을 사람이 주변에서 사라지기 때문이지요. 짐멜에 따르면 도시인의 자유의 이면에는 이처럼 심각한 고독의 문제가 도사리고 있습니다. 대도시는 도시에 사는 인간들에게 자유라는 달콤함과 고독이라는 쏨쓸함을 동시에 가져다준 셈이지요. 가끔 도시인들은 가족을 만나 고독을 치유하려고 합니다. 가족이야말로 현대인의 마지막 보금자리라고 강조하는 것을 지금도 어렵지 않게 발견할 수 있습니다. 그러나 고독을 치유하려면 결국 자신들의 자유를 어느 정도 희생할 수밖에 없지요.

예를 하나 들어볼까요? 과도한 경쟁에 시달리는 한 청년이 있다고 해보죠. 비인격적인 도시 생활의 냉혹함, 그로부터 발생

ㅣ. 돈의 신학, 도시의 개인주의: 짐멜의 도시인문학

하는 고독감 때문에 그는 힘이 듭니다. 일을 마치고 돌아가는 버스 안에서 그는 따뜻하고 푸근한 가족의 이미지를 떠올립니다. 그런데 집에 들어서자마자 기대는 깨져버립니다. "이제 나이도 들었으니 결혼해야지. 담배를 끊어야 여자들이 좋아할 거 아냐?" 어머니는 걱정스런 눈빛으로 밥을 먹고 있는 아들에게 누차 잔소리를 늘어놓습니다. 게다가 어머니는 낮에 있었던 시시콜콜한 일들, 이웃 사람들과의 사소한 다툼에 대해 흥분해서 얘기하거나, 아버지가 이유도 없이 자신을 퉁명스럽게 대했다고 울분을 털어놓기도 합니다. 이처럼 가족 중 누군가가 자신의 삶에 지나치게 간섭하면 우리는 곧 피로함을 느끼게 됩니다. 우리가 다시 이전의 냉담함을 되찾고 자기 방으로 말없이 숨어버리는 것도 이런 이유 때문이겠지요. 사람과의 관계에서 오는 신경과민을 어느 정도 피하기 위해서입니다.

상당히 긴 휴가를 가족과 함께 보내거나 아니면 직장을 그만두고 잠시 집에 머물게 된 도시인들이 답답함이나 가족 간의 지나친 사생활 침해로 불쾌감을 느끼는 것도 다 이유가 있었던 셈입니다. 얼마 지나지 않아 그는 질식할 것 같은 집에서 도망쳐나올 겁니다. 그리고는 대도시의 중심부, 다시 말해 대기업 사옥, 은행, 백화점, 상가, 카페, 레스토랑, 주점, 쇼핑몰 등이 몰려 있는 곳, 익명성이 보장되는 대도시의 군중 속으로 자신의 몸을 숨기겠지요. 가족들과 식사할 때 아이들이 스마트폰을 여는 것도, 오래된 커플들이 각자 스마트폰에 몰입하는 것도 마찬가지입니다. 이 점에서 보면 도시인들에게 가족이란, 도시의 삶 속에 관념적으로 존재하는 시골과도 같은 공간이라고 할 수 있습니다. 시골과 마찬가지로 가족도 자신의 속내를 모두 드러내는 인격적인 관계가 가능한 공간이기 때문이지요. 그러나 그것은 향수의 공간, 직접 들어가면 환멸만 안겨주는 서러운 공간인지도 모릅니다.

대도시의 개인주의, 그 야누스적 얼굴!

앞서 살펴봤듯 타인에 대한 냉담한 거리두기, 다시 말해 서로의 삶에 간섭하지 않으려는 도시적 삶의 양식이 "자유"라는 감정을 가능하게 해줍니다. 물론 그 이면에는 "고독"이라는 치명적인 질병도 함께 도사리고 있지요. 도시인들은 고독을 치유하기 위해 자유를 일정 부분 포기하고 "답답함"을 받아들이든가, 아니면 자유를 지키기 위해 고독을 감내해야 합니다. 대학가나 일반 회사에서 곧잘 있는 엠티, 동문회, 향우회 혹은 회식 등도 이런 딜레마를 해소하기 위한 장치입니다. 고독을 치유하기 위해서 대도시인들은 시골과도 같은 '상상적 공동체'를 발명한 거죠. 물론 이렇게 고독을 치유하려는 상상적 과정에서 도시인들은 타인과 원치 않는 밀접한 관계로 자신의 자유를 일정 정도 포기할 수밖에 없을 겁니다. 회식을 그리워하면서도 동시에 회식을 두려워하는 우리 직장인들을 떠올려보세요.

　지금까지의 분석에 따르면 짐멜이 이야기했던 자유에는 기본적으로 상호 불간섭이라는 수동적인 느낌이 강하게 작용합니다. 그래서 자유의 이면에 고독의 그림자가 더욱 짙게 깔려 있었던 것이지요. 타인의 삶을 간섭하지 않고 자신의 삶도 간섭받지 않으면서, 고독해지지도 않는 방법은 없을까요? 혼자 차가운 방에 고독하게 웅크리고 있지 않으면서도 자신의 자유를 실현하는 방법은 없을까요? 물론 애완동물이나 식물과 보내는 생활이나, 아니면 스마트폰이 열어놓은 가상공간에서 상상적 공동체를 도모할 수도 있습니다. 그러나 여전히 이것은 고독을 수반하는 수동적인 의미의 자유에 속합니다. 고립과 고독의 그림자가 옅은 자유는 불가능할까요? 그래서 우리는 간섭받지 않으려는 자유가 아닌 능동적인 의미의 자유를 숙고해볼 필요가 있습니다. 바로 이것이 짐멜의 고민거리이기도 했습니다. 그도 진정한 자유란 수동적인 의미를 넘어 능동적인 의미를 지녀야 한다는 점을 의식하고 있었으니까요.

대도시의 크기에 대한 논리적·역사적 보충물이라고 할 수 있는 개인의 자유는 이동의 자유라든가 편견이나 고루함의 제거라는 소극적 의미로만 이해되어서는 안 된다. 또한 자유의 본질은 궁극적으로 모든 인간이 소유하고 있는 특수성과 비교 불가능성이 삶을 살아가는 데 표출될 수 있다는 점에 있다. 우리가 자신만의 본성을 따르고 있다는 사실―여기에 바로 자유가 있다―이 자신에게나 타인들에게 확연하게 드러나는 때는 바로 그 표현된 본성이 다른 사람의 표현된 본성과 구분될 때이다. 우리 각자가 다른 어느 누구로도 대체될 수 없다는 점이야말로

우리가 사는 방식이 다른 사람에 의해 강요될 수 없음을 증명하기 때문이다.[14]

"이동의 자유라든가 편견이나 고루함의 제거"라는 소극적인 의미의 자유는 결국 타인과 서로 간섭하지 않는다는 행동 원칙만을 부여해줄 뿐이지요. 그런데 이와 같은 소극적인 자유에는 우리가 타인에게 손을 내미는 적극적인 표현의 가능성이 존재하지 않습니다. 이 때문에 짐멜은 "자유의 본질은 궁극적으로 모든 인간이 소유하고 있는 특수성과 비교 불가능성이 삶을 살아가는 데 표출될 수 있다는 점"을 강조했지요. 타인과 비교할 수 없는 고유한 무엇이 자신의 삶에서 표출될 수 있다는 점이 자유의 중요한 본질이라는 것입니다. 그런데 우리는 위와 같은 두 가지 의미의 자유 개념을 통해 다음과 같은 두 가지 종류의 개인주의를 엿볼 수 있습니다. 소극적 자유를 특징으로 하는 개인주의가 칸트를 대표로 하는 '양적 개인주의'의 입장이라면, 적극적 자유를 표방하는 개인주의는 니체를 대표로 하는 '질적 개인주의'의 관점이라고 할 수 있지요.

양적 개인주의에 따르면 모든 인간은 비록 수적으로는 구분되지만 동일한 인간성을 보편적으로 공유한 존재가 됩니다. 사실 이처럼 인간에게 내재된 보편성을 인정했기 때문에 칸트의 정언명령(Kategorische Imperativ), 즉 무조건적인 도덕명령이 가능했던 것이지요. 《윤리형이상학 정초(Grundlegung zur Metaphysik der Sitten)》에서 칸트는 다음과 같이 말했습니다.

Ⅰ. 돈의 신학, 도시의 개인주의: 짐멜의 도시인문학

너는 네 의지의 준칙에 의거하여 자기 자신을 동시에 보편적 입법자로서 간주할 수 있도록 그렇게 행위해야만 한다.[15]

칸트의 윤리적 명령에서 중요한 것은 "보편적 입법자"라는 개념입니다. '입법자'는 국회의원처럼 법을 제정하는 사람을 말합니다. 당연히 입법자는 자신의 이해관계를 넘어서 자신이 대표하고 있는, 다시 말해 자신을 대표로 뽑아준 모든 사람의 보편적인 이해관계를 대변해야만 합니다. 칸트는 인간이 어떤 행동을 할 때 마치 자신이 국회의원인 것처럼 행동해야 한다고 이야기하고 있는 겁니다. 다시 말해 자신만의 고유한 개성이나 입장에 근거해서 특별한 방식으로 판단하지 말라는 것입니다. 이런 칸트의 주장은 결국 모든 인간에게는 내용적 측면에서나 형식적 측면에서 동일한 보편성이 있다는 것을 전제하는 것이지요. 이 보편성의 측면에서 모든 인간은 동등합니다. 그러니 우리가 다른 사람의 이익을 침해하거나 간섭하는 일이 있어서는 안 됩니다. 인간은 평등하기에 누구도 권리나 삶을 침해해서도 침해받아서도 안된다는 이야기입니다. 하긴 이런 인간적 보편성을 공유하기에 대의제도 정당화될 수 있습니다. 소수 대표가 다수 피대표자와 인간적 보편성을 공유하지 않는다면, 대표의 입법은 정당성을 갖지못할 테니까요.

양적 개인주의의 관점에서 보면 모든 개인은 양적으로는 다르지만 질적으로는 서로 동일할 수밖에 없습니다. 그러나 과연 이런 입장이 타당한 것일까요? 짐멜에게 자유란 나 자신이 다른

어떤 타인과도 구별되고, 이러한 구별됨을 서로 다른 방식으로
표현할 수 있다는 적극적인 의미를 지닌 것입니다. 이 때문에 그
는 양적 개인주의가 아니라 질적 개인주의를 옹호한 니체의 편
을 들게 됩니다. 《우상의 황혼(Götzen-Dämmerung)》에서 니체는
칸트가 주장하는 양적 개인주의를 '반자연적인 도덕'이라고 비판
합니다.

> 본성을 거역하는 도덕, 즉 지금까지 가르쳐지고 경외되고 설교
> 되어온 거의 모든 도덕은 이와는 반대로 다름 아닌 삶이 지닌 본
> 능들에 적대적이다. ─그것은 삶의 본능들을 때로는 은밀하게,
> 때로는 공공연히 뻔뻔스럽게 매도하는 유죄 판결인 것이다.[16]

니체에게 모든 개인은 타인들과 비교 불가능한 단독성
(singularity)을 지닌 존재입니다. 위의 인용문에 등장하는 "본성"
이나 "본능"이란 표현을 오해해서는 안 됩니다. 니체가 말한 "본
성"이나 "본능"은 인간이라면 누구나 공통적으로 가지고 있는 본
질을 의미하는 것이 아니라, 개인들 각각이 가진 고유성을 의미
하기 때문입니다. 니체가 볼 때 이런 개인의 고유한 본성과 욕망
을 부정한다는 것은 개인의 삶 자체를 범죄적인 것으로 매도하는
것에 지나지 않는 행위이지요. 그가 칸트의 양적 개인주의를 본
성을 거역하는 도덕, 즉 반자연적인 도덕이라고 봤던 것도 바로
이런 이유 때문입니다. 짐멜은 이와 같이 칸트와 니체의 사례를
언급하면서, 대도시가 인간에게 두 종류의 자유를, 따라서 두 종

류의 개인주의를 가능하게 했다고 지적합니다. 그것은 근대철학의 양대 산맥이라고 할 수 있는 칸트와 니체가 모두 대도시라는 삶의 조건에서 탄생한 산물이라는 것을 명확히 보여주지요.

이제 짐멜은 〈대도시와 정신적 삶〉을 마무리하면서 대도시와 개인주의의 관계를 다음과 같이 정리합니다.

> 대도시의 양적 조건에서 자라난 이런 두 가지 형식의 개인주의 (individualism), 즉 (칸트처럼) 개인의 독립을 중시하는 개인주의와 (니체처럼) 개체성의 발현을 중시하는 개인주의가 차지하는 역사적 위상을 살펴보면, 정신의 세계사에서 대도시는 전적으로 새로운 가치를 획득하고 있음을 알 수 있다. 18세기에 개인은 정치, 농업, 길드, 종교에서 지금 입장에서는 억압적이고 무의미하게 보이는 구속을 받아왔다. 이런 구속들은 인간에게 부자연스러운 형식과 이미 오래전부터 정당성을 상실한 불평등을 강요했던 것이다. 이런 상황에서 자유와 평등에 대한 요구, 혹은 모든 사회적 관계나 지적 관계로부터 개인이 자유롭게 이동할 수 있는 자유에 대한 확신이 생겨난 것이다. …… 자유주의의 이런 이상 이외에 19세기에는 한편에서는 괴테와 낭만주의에 의해, 다른 한편에서는 경제적 노동 분업에 의해 또 다른 이상이 자라났다. 역사적 구속에서 벗어난 개인들이 각기 남과 구분되는 존재가 되고자 하는 이상이 그것이다. 더 이상 모든 개인 안에서 존재하는 '보편적 인간(the general human being)'이 아니라 '질적 유일성(qualitative uniqueness)'과 '대체 불가능성

(irreplaceability)'이 개인적 가치의 중심이 되어버린 것이다. 우리 시대의 외적·내적 역사는 개인 주체가 전체 속에서 자신의 역할을 어떻게 규정하는가에 대한 이 두 가지 방식 간의 투쟁과 분규 속에서 진행되고 있다.[17]

역사적인 순서로 짐멜의 논의를 정리하면 다음과 같습니다. 산업자본주의가 발달하기 이전, 그러니까 대도시가 형성되기 이전에 인간은 '공동체주의'에 매몰되어 있었습니다. 그러다가 마침내 산업자본주의와 대도시가 점차 발달하면서 사람들은 비로소 '양적 개인주의'에 입각한 생활을 할 수 있게 되었지요. 다시 말해 상호 불간섭으로 규정할 수 있는 소극적인 의미의 자유가 도래했던 겁니다. 그런데 이와 같은 소극적 의미의 자유라는 공간에서 사람들은 자신의 내면에 침잠하고, 이에 따라 서서히 자신만이 가진 단독성을 자각하게 됩니다. 이로 인해 자신의 고유한 개성을 표현하려는 욕망이 전 시대보다 더욱 강해지지요. 짐멜은 이것이 바로 '질적 개인주의'의 진정한 기원이라고 설명합니다. 그가 명확하게 지적하고 있지는 않지만, 자신만의 특이성혹은 질적 고유성을 표현하려는 욕망은 사실 도시적 삶이 가져다주는 고독을 극복하려는 데서 작동한다고 볼 수 있을 겁니다.
　여기서 잠시 짐멜 사유의 가능성을 좀 더 확장해보도록 하지요. 산업자본주의의 메카인 대도시에서의 삶을 우선 생산 영역과 소비 영역으로 나누고 이곳에서 평범한 이웃들이 어떻게 살아가는지 살펴봅시다. 그들은 기본적으로 자신의 특화된 노동력을 자

독일의 표현주의 화가 에른스트 루트비히
키르히너(Ernst Ludwig Kirchner,
1880~1938)가 그린 〈베를린 거리 풍경〉(1913).
마차가 지나가고 전차에서 오르내리는 사람들이
보인다. 이 번화한 거리에서 두 명의 매춘부가
남자들을 유혹하고 있다. 짐멜의 말처럼 대도시
사람들의 표정은 무표정하며, 서로 감정적, 육체적
교감은 없어 보인다.

본가에게 파는 노동자들입니다. 동시에 그들은 노동의 대가로 얻은 임금으로 상품과 서비스를 구매하는 소비자이기도 합니다. 그런데 짐멜의 논의는 사실 임금을 받고 대도시를 활보하는 소비자들의 층위에서 전개된 것입니다. 그러니 구직자나 실업자, 혹은 노숙자에게는 '양적 개인주의'나 '질적 개인주의'와 같은 구분이 무의미하겠지요. 한편 노동자로서 도시인들은 자신을 일종의 상품으로 특화해야만 합니다. 좋은 대학 가기, 높은 학점 따기, 자본가가 요구하는 기술 익히기, 성형 수술하기, 몸매 만들기, 외국어 익히기 등은 모두 자기 상품화를 대표하는 방법들입니다.

그런데 다양하고 치열한 노력 끝에 노동자로서 공장이나 기업에 입성하는 순간, 우리는 기업의 구조 자체가 이미 '자유'를 불가능하게 한다는 점을 직감합니다. 전문화된 분업구조와 위계적 기업 질서를 보면 우리가 마치 산업자본주의 이전의 사농공상(士農工商)과도 유사한 배치 속에 살아간다는 착각마저 들 정도지요. 노동자로 근무하는 공장이나 회사에서 어떻게 우리가 자신이나 타인에 대해 '양적인 자유' 혹은 '질적인 자유' 등을 요구할 수 있겠습니까? 사장님에게 서로 간섭하지 말자고 요구할 수 있겠습니까? 아니면 나만의 개성을 표출한다고 녹색으로 염색한 머리에 분홍색 반바지를 입고 출근할 수 있겠습니까?

그런데 퇴근을 하면 상황은 반전됩니다. 퇴근시간은 우리가 노동자에서 소비자로 변신하는 순간이기 때문이지요. 월급으로 두둑해진 지갑의 부피감을 느끼며 우리는 도시의 번화가로 들어섭니다. 여기서 비로소 소비자로서 '자유'를 만끽하게 되지요. 사

Ⅰ. 돈의 신학, 도시의 개인주의: 짐멜의 도시인문학

고 싶은 것을 사고, 먹고 싶은 것을 먹을 수 있습니다. 누구의 간섭도 받을 필요가 없지요. 번화한 이 거리에서 우리는 서로를 자유로운 주체로 동등하게 대우합니다. 그리고 자신에게 피해를 주지 않는 한 상대방이 하는 행위에 관용과 배려의 마음을 갖게 됩니다. 상대방이 무엇을 하든 웬만하면 신경 쓰지 않는 것이지요. 이곳에서 우리는 자신의 개성을 한껏 표현하는 많은 젊은이와 마주치기도 합니다. 이를 보면 대도시에서 개인들이 자유와 평등을 가지게 된다는 짐멜의 지적은 타당해 보입니다. 하지만 이것은 우리 자신이 노동자라는 사실을 은폐할 때에만, 다시 말해 우리가 오직 소비자로서 행동할 때에만 가능한 현상입니다.

짐멜에 따르면 자유와 평등을 소유하게 된 개인들은 자신을 타인과 구별하려는 욕망을 갖는다고 합니다. 그가 말한 '질적 개인주의'의 출현이라고 볼 수 있겠지요. 그러나 전자본주의사회에서도 귀족들은 평민들이나 다른 계층의 귀족들과 구분되는 자신들만의 복식 혹은 문양 등을 하지 않았습니까? 사실 짐멜의 지적과는 달리 타인과 구별되려는 인간의 욕망은 구태여 대도시에서만 가능했다고 볼 필요는 없습니다. 또한 개인의 고유한 가치를 긍정하려는 논의, 즉 개성 강조의 논의는 소비사회를 정당화하는 논리로 흔히 이용됩니다. 현대 도시인들은 다양한 방식의 소비 행위, 예를 들어 값비싼 오페라를 감상한다든가, 명품 의류를 입고 다닌다거나, 골프장에서 골프채를 휘두르는 식으로 화려한 소비를 통해 자신들의 고유성을 드러내려고 하지요.

이 책의 후반부에서 부르디외나 보드리야르, 그리고 페라리스의 논의를 통해 다시 살펴보겠지만, 전자본주의 시대든 자본주의 시대든 인간은 특이한 허영심, 즉 '구별짓기(distinction)'에 대한 욕망이 있습니다. 짐멜이 대도시의 삶에서 봤던 '질적 개인주의'는 타인으로부터 자신을 구별하려는 인간의 허영심과 그것을 이용한 산업자본주의의 소비사회 논리가 결합해 나타난 것이지요. 따라서 짐멜이 니체를 경유해 긍정했던 '질적 개인주의'는 인간이 새로운 역사로 나아갔다는 진보의 표시라고 보기는 어려울 것 같습니다. 겉으로는 자신의 개성과 욕망을 표현하는 자유가 실현된 것처럼 보이지만, 그것은 생산의 차원이 아니라 소비의 차원에만 국한된 문제이기 때문입니다. 앞으로 자신의 개성과 욕망을 표현할 수 있는 자유가 생산의 차원을 포함한 인간 실존 전체의 문제로 확장되어야만, 짐멜의 질적 개인주의는 형식만이 아닌 실질적 내용도 갖게 될 겁니다.

Ⅰ. 돈의 신학, 도시의 개인주의: 짐멜의 도시인문학

1   게오르그 짐멜, 〈현대 문화에서의 돈〉, 《짐멜의 모더니티 읽기》,
    김덕영·윤미애 옮김, 새물결, 2005.

2   같은 책.

3   같은 책.

4   카를 마르크스, 《경제학-철학 수고》, 강유원 옮김, 이론과실천, 2006.

5   게오르그 짐멜, 〈현대 문화에서의 돈〉, 앞의 책.

6   카를 마르크스, 《경제학-철학 수고》.

7   오사와 마사치, 《연애의 불가능성에 대하여》, 송태욱 옮김, 그린비,
    2005.

8   카를 마르크스, 《자본론》, 김수행 옮김, 비봉출판사, 2001.

9   오사와 마사치, 《연애의 불가능성에 대하여》.

10 게오르그 짐멜, 〈대도시와 정신적 삶〉, 《짐멜의 모더니티 읽기》,
    김덕영·윤미애 옮김, 새물결, 2005.

11 같은 책.

12 같은 책.

13 같은 책.

14 같은 책.

15 임마누엘 칸트, 《윤리형이상학 정초》, 백종현 옮김, 아카넷, 2018.

16 프리드리히 니체, 《우상의 황혼》, 백승영 옮김, 책세상, 2002.

17 게오르그 짐멜, 〈대도시와 정신적 삶〉, 앞의 책.

II

유행, 도박, 매춘…
욕망의 거대한 집어등
벤야민의 에로틱마르크시즘

Walter Benjamin

당신이 패션은 …… 분명 증인이지만 상류사회 역사의 증인에 불과하다.
왜냐하면 어떤 나라에서든 …… 가난한 사람들은 역사를 갖지 못하는 것과
마찬가지로 패션도 갖지 못하며, 그들의 생각이나 취미, 심지어 삶도 거의
변하지 않기 때문이다. 분명히 …… 공적인 삶이 서민들의 생활에도 침투하기
시작하기는 했으나 아무래도 시간이 걸릴 것이다.

—외젠 무통,《두 명의 프랑스인이 살았던 19세기》

유행, 자본주의의
지배양식

벤야민의 미완의 기획, '아케이드 프로젝트'

최초의 자본주의적 대도시는 어디였으며 어떤 모습이었을까요?
불특정 다수의 독자가 존재하고 그런 독자들에게 글을 쓰는 저자
들이 존재했던 최초의 도시는 과연 어디였을까요? 바로 그곳은
프랑스의 수도 파리였습니다. 19세기 파리는 단순히 프랑스라는
한 국가만의 도시는 아니었습니다. 파리는 당시 세계의 수도이자
모더니티의 수도였습니다. 한마디로 파리는 산업혁명과 프랑스
혁명 뒤에 확고한 위상을 차지한 산업자본주의의 중심지였던 겁
니다. 아직도 파리가 화려한 상품과 패션의 도시로 기억되는 것
도 바로 이런 이유 때문이지요. 자본주의와 도시 문제를 평생의
화두로 삼았던 데이비드 하비(David Harvey, 1935~)는 2005년 《모
더니티의 수도 파리(Paris, Capital of Modernity)》라는 기념비적 저작
을 출간했습니다. 그는 19세기 파리야말로 산업자본주의가 세계

로 확장되면서 세계 모든 도시의 원형이 되었다고 생각했습니다.

만약 우리의 삶을 지배하는 서울이란 메가시티를 이해하는 지적 모험을 감행하려고 한다면, 우리는 19세기 자본주의와 모더니티의 수도였던 파리까지 가야만 합니다. 20세기 나아가 21세기의 대도시는 모두 19세기 파리를 벤치마킹하면서 출현한 것이니까요. 그렇다면 19세기 파리의 번화한 거리에 들어서면, 과연 우리는 누구를 만날까요? 아마도 해시시에 잔뜩 취한 시인 한 사람을 만날 겁니다. 바로 그 유명한 보들레르(Charles-Pierre Baudelaire, 1821~1867)입니다. 19세기 파리지앵 보들레르를 통해서 우리는 자본주의가 인간의 내면에 남긴 원형적인 트라우마를 확인할 수 있습니다. 벤야민(Walter Benjamin, 1892~1940)이 보들레르가 걸었던 파리를 걸으며, 그의 내면을 확인하려고 노력했던 이유이기도 합니다. 원초적인 트라우마가 분명해지지 않는다면, 우리는 그로부터 자유로울 수 없기 때문입니다.

19세기 보들레르가 살았던 파리에는 수많은 아케이드가 거미줄처럼 널려 있었습니다. 가운데 보도를 사이로 양쪽에 상점들이 늘어서 있으며 그 위는 유리 아치로 덮여 있는 공간이 아케이드죠. 지금 서울에 남아 있는 지하상가를 1층에 옮겨놓은 것이라고 생각하면 됩니다. 당시 파리의 아케이드는 화려한 상품 전시장이었습니다. 바로 이러한 아케이드들이 진화해 백화점이 만들어진 것이지요. 태양을 가리고도 남을 정도로 화려했던 파리의 다양한 아케이드들과 그곳의 상품들은 보들레르에게 일종의 트라우마로 각인됩니다. 파리란 얼마나 매력적인 도시입니까? 오늘 산책하면서 본 아케이드의 복도는 어제와는 전혀 다르기 때문입니다. 어제보다 더 새롭고 화려한 상품들이 우리의 정신을 쏙 빼놓고 있으니 말입니다. 그래서 보들레르의 내면에 각인된 트라우마는 기본적으로 시각적인 성격이 강합니다. 그는 의식하지 못했겠지만, 새로운 상품이 뿜어내는 시각적 새로움은 산업자본의 불가피한 숙명 때문에 가능했던 것입니다.

산업자본이 잉여가치를 얻기 위해서는 계속 새로운 상품을 만들고 그것을 팔아서 끊임없이 화폐를 회수해야만 합니다. 그래야만 그 화폐로 원료나 노동자를 사서 다시 상품을 만들 수 있으니까요. 어느 순간 이 흐름이 끊긴다면 산업자본은 잉여가치를 더는 얻을 수 없게 되겠지요. 그런데 산업자본에는 치명적인 약점이 하나 있습니다. 그것은 소비자들이 자신의 삶에 필요한 상품만을 구매하고 말 경우, 잉여가치를 얻겠다는 산업자본의 끝없는 욕망이 실현되기 어렵다는 사실입니다. 산업자본은 필요 이상으로 상품들을 사도록 소비자들을 끊임없이 유혹해야만 합니다. 가장 효과적인 방법 가운데 하나가 바로 '새로운 상품'을 계속해서 시장에 내놓는 것이지요. '새로운 상품'이 아케이드에 들어오면, 기존에 있던 상품들은 '낡은 상품'이 되고 결국 아케이드에서 추방됩니다. 이 때문에 '유행(fashion)'이란 것이 생기는 것이지요.

1866년 보들레르는 파리에 대한 사랑, 아니 정확히 말해 파리에 대한 애증을 접고 마흔여섯의 나이로 사망합니다. 그렇지만 그가 남긴 시들은 너무도 소중한 자산으로 남았습니다. 문학사는 보들레르에게 현대시의 개척자라는 명예를 부여했습니다. 보들

1889년 파리 시가지 모습. 1889년 파리에서는 에펠탑이
완성되었고, 세계박람회가 열렸다. 에펠탑은 당시
세계에서 가장 높은 구조물이었다. 파리는 나폴레옹
3세의 프랑스 제2제국(1852~1870) 시절부터 급속도로
발전했고, 지금도 세계 최대 도시 중 하나다.

레르를 통해서 베를렌(Paul-Marie Verlaine, 1844~1896), 랭보(Jean-Nicolas-Arthur Rimbaud, 1854~1891), 말라르메(Stéphane Mallarmé, 1842~1898)와 같은 시인들이 출현할 수 있었지요. 그러나 보들레르의 진정한 가치는 그가 산업자본주의가 조성했던 파리라는 대도시에서 자신의 온몸으로 자본주의와 도시적 삶의 양식을 살아냈다는 데 있습니다. 도시에서 인간의 감수성은 어떤 것이며, 그것은 어떻게 형성되는지 그 원형이 궁금하다면 보들레르가 남긴 두 권의 위대한 시집《악의 꽃(Les Fleurs du Mal)》(1857)과《파리의 우울(Le Spleen de Paris)》(1869)을 읽는 것으로 충분합니다.

한편 19세기 파리와 보들레르의 삶이 산업자본주의의 지배를 받을 모든 도시 그리고 그 도시 속 사람들의 삶의 원형임을 직감했던 철학자가 등장합니다. 그가 바로 벤야민이지요. 베를린 출신의 청년 철학도인 벤야민에게 1913년은 중요한 해였습니다. 벤야민을 벤야민으로 만든 두 가지 사건이 바로 1913년에 있었으니까요. 짐멜과의 만남과 파리 방문. 짐멜의 수업을 통해 스물세 살 청년 벤야민은 대도시와 화폐 문제에 대한 통찰을 얻을 수 있었지요. 그리고 마치 운명의 장난처럼 그해 5월에 벤야민은 파리를 방문했던 겁니다. 흥미롭지 않습니까? 대도시와 화폐 문제에 대한 짐멜의 강연은 청년 벤야민을 19세기 세계의 수도 파리로 이끌었던 겁니다. 탁월한 문학평론가이기도 했던 벤야민이 파리를 사유할 때 유명한 시인 보들레르를 우회할 수는 없었습니다. 그에게 보들레르는 어떤 면에서는 파리 그 자체이기도 했으며, 19세기 파리로 그를 이끈 헤르메스였으니까요. 마침내

1927년에 벤야민은 파리와 보들레르에 관해 본격적으로 연구하기 시작합니다. 물론 그것을 연구하기 위해서는 방대한 분량의 자료를 수집해야 했습니다. 자료 수집 작업은 그가 자살로 생을 마감하는 1940년까지 대략 13년 동안 파리 국립도서관에서 이뤄집니다.

안타깝게도 그의 연구는 그가 죽음에 이른 1940년에도 마무리되지 못했습니다. 전혀 예기치 않은 사건으로 불시에 중단되고 말았으니까요. 1940년의 프랑스 파리는 나치의 마수를 피할 수 없었습니다. 1940년 6월 25일에 히틀러(Adolf Hitler, 1889~1945)가 파리에 도착하고 프랑스를 완전히 장악합니다. 불길한 예감에 사로잡힌 벤야민은 파리 국립도서관에서 파리의 자본주의 문제와 씨름할 겨를이 없었습니다. 마침내 그는 히틀러가 파리에 입성하기 며칠 전에 서둘러 스페인 쪽으로 탈출을 감행합니다. 기본적으로 유대인인 것도 문제였지만, 베를린에서 나치를 맹렬하게 비판했던 방송인으로 활동했던 전력 때문이기도 했죠. 불행히도 같은 해 9월, 프랑스에서 스페인으로 넘어가는 국경초소는 마지막 비극의 장소가 되고 맙니다. 그가 국경초소에 도착한 9월 25일 갑작스럽게 프랑스와 스페인 사이의 국경 통과가 일시적으로 금지되었습니다. 좌절한 철학자 벤야민은 그날 저녁, 모르핀 50알을 입에 털어 넣고 너무나 덧없이 이 세상을 떠나고 맙니다.

벤야민은 1930년대 대부분을 파리 국립도서관에서 보내며 19세기 자본주의 혹은 모더니티의 중심지 파리를 연구했습니다. 그런데 결정적인 문제는 벤야민의 연구 성과물이 스페인 국경지대에서 자살했을 때 그의 가방 안에 들어 있지 않았다는 것입니다. 그렇다면 13년 동안 진행되었던 그의 연구물은 도대체 어디로 간 것일까요? 이 사실은 13년이 넘게 벤야민의 연구를 재정적으로 지원했던 아도르노(Theodor Wiesengrund Adorno, 1903~1969)와 독일 사회연구소 측 사람들을 매우 안타깝게 만들었지요. 짐멜의 강의를 함께 들으면서 사귀게 된 게르숌 숄렘(Gershom Scholem, 1897~1982)에게 보낸 1930년의 한 서신에서 벤야민은 자신의 연구에 대해 다음과 같이 이야기했습니다. "다음으로 특히 이야기하고 싶은 것은 나의 책 《파리의 아케이드들》이라네. 사실을 말하자면 이 책은 나의 모든 투쟁, 나의 모든 사상의 무대라네." 벤야민의 주장을 듣고 보니 이 문제의 연구물이 더욱 궁금해지지 않을 수 없습니다.

사실 그의 중요성을 알고 있던 사람들은 벤야민의 자살이라는 충격적인 사건보다 그가 언급했던 《파리의 아케이드들》이라는 책, 혹은 그 책의 기초가 될 방대한 자료들이 사라졌다는 사실에 더 안타까워했을지 모릅니다. 한참 후에나 알려진 사실이지만, 다행스럽게도 벤야민은 자신의 연구자료들을 바타유(Georges Bataille, 1897~1962)에게 맡겨놓고 파리를 떠났다고 합니다. 미사크(Pierre Missac, 1910~1986)의 노력으로 이 자료들은 발견되어, 1947년 2월 17일 마침내 독일의 아도르노의 손에 들어옵니다. 그러나 《파리의 아케이드들》이라는 책은 쉽게 출간되지 못합니다. 그 이후 벤야민의 연구물이 출간되는 데 혁혁한 공을 세운 사람은 바로 이탈리아의 철학자 아감벤(Giorgio Agamben, 1942~)이었습니다. 1981년 아감벤의 노력으로 파리 국립도서관에 있던 바타유의 문서고가 샅샅이 재조사되었고, 마침내 벤야민의 중요한 원고들이 이곳에서 발견됩니다. 아감벤으로 인해 벤야민에 대한 관심은 다시 뜨거워집니다. 그에 따라 독일에 있던 벤야민의 방대한 연구자료들은 1982년 출간되어 마침내 세상에 그 모습을 드러냅니다. 이것이 바로 오늘날 우리가 읽고 있는 《아케이드 프로젝트(The Arcades Project)》라는 책이지요.

벤야민은 기본적으로 자본주의에 대한 마르크스의 통찰을 인정했던 철학자입니다. 그렇다면 《아케이드 프로젝트》와 관련되어 다음과 같은 두 가지 의문을 자연스럽게 떠올려볼 수 있습니다. 첫째, 《자본론》에서 마르크스의 연구 시선과 《아케이드 프로젝트》에서 벤야민의 시선은 어떤 차이가 있는가? 둘째, 왜 벤야민은 자신이 살던 20세기 초의 자본주의를 연구하지 않고 보들레르가 경험하고 표현했던 19세기의 자본주의를 연구하려 했는가? 우선 첫 번째 의문에 대해 먼저 생각해보도록 하지요. 실마리가 될 수 있는 것은 벤야민이 짐멜에게서 '사소한 것들의 사회학', 즉 미시사회학적 통찰을 배웠다는 점입니다. 이 때문에 《아케이드 프로젝트》를 살펴보면, 생산력이나 생산관계에 대한 거시적 논의보다 구체적인 개인들이 공장에 나가고 도박을 하고 술집에 들른 뒤 매춘을 하는 시시콜콜한 삶의 현장에 관심이 집중되어 있다는 걸 확인할 수 있습니다. 왜 그랬을까요? 벤야민은 자신의 프로젝트의 방법론을 다음과 같이 밝혔습니다.

마르크스는 경제와 문화 사이의 인과적 관계를 폭로했다. 우리에게서 중요한 것은 표현이란 실마리이다. 문화가 어떻게 경제에서 기원하는가가 아니라 문화 속에서 경제가 어떻게 표현되는가를 설명해야만 한다. 달리 말하면 쟁점이 되는 것은 경제 과정을 지각할 수 있는 원-현상(Ur-phenomenon)으로 파악하려고 시도하는 데 있다. 이 원-현상으로부터 아케이드에서 벌어지는 모든 삶(따라서 19세기에 벌어지는 모든 삶)에 대한 설명은 시작될 것이다.[1]

저급한 수준의 마르크스주의는 문화와 같은 상부구조가 경제라는 하부구조에 의해 결정된다고 주장합니다. 따라서 문화를 별도로 연구할 필요가 없다고 보지요. 경제 운동이나 경제적 관계만 알면 되니까 말입니다. 그러나 벤야민은 문화와 같은 상부구조가 나름대로 독자성을 가지고 있다고 봤습니다. 이것은 그가 소비 차원의 고유성을 포착하고 있다는 걸 보여줍니다. 생산된 것이 소비되는 것은 맞지만, 그렇다고 해서 생산이 소비를 결정한다고 말하기는 어렵습니다. 소비가 되지 않으면 생산은 아무런 의미가 없으니까요. 결국 생산을 제대로 다루려면 소비 속에서 생산이 어떻게 이루어지는지 해명해야만 합니다. 그래서 벤야민은 말했던 겁니다. "문화가 어떻게 경제에서 기원하는가가 아니라 문화 속에서 경제가 어떻게 표현되는가를 설명해야만 한다"고 말입니다. 이미 그는 소비가 자본주의체제의 아킬레스건이란 걸 본능적으로 직감했던 겁니다.

물론 벤야민도 자본의 운동 메커니즘에 깊은 관심을 보였지만, 그는 특히 문화와 관련된 인간의 복잡한 욕망구조를 해명하는 데 더 큰 노력을 기울였습니다. 문화도 그렇지만 인간의 욕망이야말로 자본주의 시대보다 더 지속적이고 더 넓고 더 강력하다고 본 것입니다. 그가 소비 차원에서만 의미가 있는 문화에 주목했던 것도 이런 이유 때문입니다. 구체적으로 벤야민은 자신의 연구 목적을 "경제 과정을 지각할 수 있는 원-현상으로 파악하려고 시도하는" 것이라고 밝힙니다. 여기서 벤야민은 경제 과정을 일하고 소비하는 구체적인 인간의 일상생활로 포착하려는 의지를 표명합니다. 거시적 관점에서 다뤄지는 사회적 총생산이나 임금인상률 혹은 경제성장률 등은 그의 안중에는 없었습니다. 그것은 모두 구체적 경제 과정, 일하고 소비하는 인간들의 경제활동에 대한 통계적이고 사변적인 추론, 즉 사후적 이론들의 결과물에 지나지 않으니까요. 구체적이고 역동적인 경제 과정은 이런 거시 이론들로 환원되지 않는, 부정할 수 없는 원-현상, 즉 원초적 현상이라는 벤야민의 입장은 그가 왜 짐멜적 마르크스주의자 혹은 마르크스적인 짐멜주의자인지 분명히 보여줍니다.

이제 두 번째 의문을 숙고할 차례가 되었네요. 20세기를 살고 있던 벤야민이 19세기의 파리를 복원하려고 했던 이유는 무엇이었을까요? 앞서 이미 강조했지만 19세기에 파리는 단순히 프랑스만의 수도가 아니라 세계 자본주의의 수도였습니다. 19세기 수도 파리를 연구함으로써, 벤야민은 진정한 자본주의의 기원

II. 유행, 도박, 매춘⋯ 욕망의 거대한 집어등: 벤야민의 에로틱마르크시즘

과 역사를 복원하려고 했던 것입니다. 1939년 벤야민이 쓴 연구 개요를 살펴보지요. 이 글은 우리에게 많은 시사점을 남깁니다.

상품 생산 사회는 자신을 호화로움이나 휘황찬란함으로 둘러 싸고 있다. 그렇지만 이런 호화로움과 휘황찬란함, 그리고 안전 하다는 착각마저도 위협으로부터 보호받지 못하고 있다. …… 인류가 새로운 것으로서 기대할 수 있는 것은 모두 항상 이미 존재하고 있던 현실이라는 것이 폭로된다. 나아가 이 새로운 것 도 새로운 유행이 사회를 쇄신시킬 수 없는 것과 마찬가지로 인 류에게 해방적 해결책을 줄 수 없다.[2]

19세기는 산업자본주의가 확고히 틀을 갖춘 시기입니다. 이 를 상징하는 공간이 바로 프랑스 파리였지요. 보들레르가 봤던 것처럼 과거에 없던 아케이드라는 공간이 고안되면서, 인류는 이 제 전례가 없는 호화롭고 휘황찬란한 상품의 세계, 찬란한 소비 의 세계에 살게 된 것입니다. 19세기 아케이드에서의 쇼핑은 얼 마 지나지 않아 곧 백화점에서의 쇼핑으로, 그리고 지금은 스마 트폰의 웹쇼핑으로까지 변모했습니다. 물론 아케이드나 백화점 에 진열되어 있던 상품들도 그사이 현격히 바뀌었지요. 그러나 지금 벤야민은 다시 묻습니다. 과연 20세기 자본주의나 21세기 자본주의는 19세기의 자본주의와 실제 얼마나 다르냐고 말입니 다. 우리는 이미 그 답을 알지 않습니까? 소수 누군가에게 돈이 집중되고 다수가 생계를 버거워하기는 마찬가지니까요. 특히나 생산이나 소비를 통해 자본주의체제의 심장을 뛰게 하는 우리 다수 이웃들이 그 대가를 충분히 받지 못하는 현실! 19세기나 20세기, 그리고 지금 21세기에도 여전히 지속되는 슬픈 풍경입니다.

새로운 것의 현란한 출현, 다시 말해 유행의 급격한 변화를 인간의 진보라고 생각할 수는 없을 겁니다. 19세기에는 자동차를 아무나 탈 수 없었지만 지금은 누구나 탈 수 있게 되었다고 해서 이것을 진보라고 말할 수 있을까요? 19세기보다 현재 여성들이 사회생활에 많이 참여한다고 해서 이것을 진보적 현상이라고 말할 수 있을까요? 지금은 도리어 가사와 직장 일을 모두 떠맡아야 하는 이중고에 시달리게 된 것은 아닐까요? 만약 우리가 상품생산의 외양이 화려하게 변하고 그에 따라 우리 삶의 외양이 화려하게 변모된 것을 진보라고 믿는다면, 자본주의는 어떠한 저항에 부딪히는 일도 없이 순항하게 될 겁니다. 이것이 바로 벤야민이 비판적으로 주목했던 부분입니다. 《아케이드 프로젝트》를 통해 벤야민은 우리에게 이런 자본주의적 진보라는 환상과 착각에서 깨어나라고 했던 것이지요.

억압의 양상, 즉 억압의 방식만이 마치 패션이 유행에 따라 변하는 것처럼 변모하고 있을 뿐입니다. 바로 이것이 벤야민이 19세기 파리로 우리를 이끄는 이유입니다. 그때나 지금이나 별로 변한 것이 없다는 자각! 오히려 자본주의적 지배양식은 더 집요해졌고 더 세련되어졌다는 놀라움! 당장 우리가 개입하지 않으면 이 폭주 기관차는 미친 듯이 파국으로 치달을 것이라는 절박감! 그래서 벤야민이 《아케이드 프로젝트》를 시작하며 1939

II. 유행, 도박, 매춘… 욕망의 거대한 집어등: 벤야민의 에로틱마르크시즘

년에 이야기했던 것은 21세기의 지금도 여전히 유효합니다. "인류가 새로운 것으로서 기대할 수 있는 것은 모두 항상 이미 존재하고 있던 현실이라는 것이 폭로된다. 나아가 이 새로운 것도 새로운 유행이 사회를 쇄신시킬 수 없는 것과 마찬가지로 인류에게 해방적 해결책을 줄 수 없다." 억압의 양상을 변화시킬 것이 아니라 억압 자체를 없애는 데 온 힘을 다해야 한다는 벤야민의 절규입니다.

백화점 혹은 욕망과 허영의 각축장

보들레르는 19세기 파리라는 대도시에서 산업자본이 펼쳐놓은 환각의 세계를 노래합니다. 눈을 어지럽힐 정도의 새로운 상품들이 셀 수도 없이 많이 아케이드에 쏟아져 나오며 유행, 즉 패션의 세계가 펼쳐진 것이지요. 보들레르와 마찬가지로 벤야민도 아케이드에 주목합니다. 그것은 바로 아케이드가 유행에 대한 인간의 욕망을 창출하는 공간이기 때문입니다. 다시 말해 아케이드와 백화점은 인간에게 새로운 상품을 욕망하도록 길들이고자 고안된 장치라는 거지요. 벤야민은 아케이드를 통해서 백화점이 어떻게 발명되었는지, 그리고 그것이 어떤 방식으로 패션에 대한 욕망을 우리에게 각인시켰는지 보여주었습니다.

19세기 파리의 아케이드에는 수많은 노숙자와 창녀들이 빈번하게 드나들었습니다. 하지만 벤야민이 인용한 다음 자료를 살

1825년의 팔레 루아얄의 모습. 팔레 루아얄은 원래
루이 13세의 재상 리슐리외의 저택이었다. 그가
죽은 후 왕가에 기증되면서 '왕궁'을 뜻하는 팔레
루아얄로 불리게 되었다. 그러나 1784년부터 카페,
살롱, 술집 등 수백 개의 상점이 들어섰고, 매춘과
도박도 성행했다.

독일 출신 화가 게오르크 오피츠(Georg Opiz,
1775~1841)가 그린 〈팔레 루아얄의 매춘〉(1815).
사람들 뒤로 아케이들이 보인다.

펴보면 이러한 일반적 현상에 약간의 변화가 나타났다는 걸 알 수 있습니다.

> 팔레 루아얄의 장사가 창녀들(femmes de débauche)이 없어짐으로써 정말 피해를 입었는지는 알 수가 없다. 하지만 분명한 것은 그곳에서는 체면을 차리려는 대중들의 태도가 엄청나게 증가했다는 것이다. …… 게다가 지금은 지체 높은 여성들이 기꺼이 갤러리의 상점으로 쇼핑하러 가고 있는 것처럼 보인다. 이것은 상인들에게는 아주 유리한 보상이 아닐 수 없다.[3]

팔레 루아얄(Palais Royal)은 19세기 파리에 있던 아케이드 가운데 한 곳입니다. 초창기 아케이드에는 매춘부들과 노숙자들도 많았습니다. 남자들이 많았기 때문이고, 비나 추위를 피할 수 있는 곳이었으니까요. 그런데 이후 부르주아사회가 발달하면서 부르주아 가정의 여성들이 강력한 소비자로 대거 등장하게 됩니다. 이로 인해 매춘부들과 노숙자들은 아케이드에서 점점 추방당하게 됩니다. 매춘부와 노숙자가 추방되면서 이제 아케이드에는 다양한 상품을 사려는 부르주아 여성들로 붐비게 됩니다. 아니 부르주아 여성들을 끌어들이기 위해 매춘부와 노숙자를 추방했다고 할 수도 있습니다. 매춘부는 모든 아내의 경쟁자이고, 노숙자는 모든 부르주아가 두려워하는 공포입니다. 부르주아 여성들이 매춘부와 노숙자를 동시에 꺼리는 이유는 이렇게 분명하기만 합니다.

벤야민이 베로의《파리의 매춘부》를 인용한 이유는 그가 "체면을 차리려는" 여성 소비자들의 등장에 주목했기 때문입니다. 다시 말해 벤야민은 자신의 부를 과시하려는 여성 소비자들의 은근한 욕망을 포착했던 것이지요. 아무튼 처음에는 민중적 요소도 아울러 지니고 있던 아케이드가 이제 부르주아 여성들의 과시욕의 전시장이 되면서, 아케이드는 서서히 백화점의 형태로 탈바꿈했습니다. 벤야민이 인용한 다른 구절을 살펴보면 백화점이 어떻게 여성 소비자들의 욕망을 강화했는지 더 쉽게 이해할 수 있습니다.

역사적 전환기라고 할 수 있는 시기에 파리의 상인들은 패션계를 일변시킨 두 가지를 발견하게 된다. 상품의 진열과 남자 종업원이 그것이다. 진열된 상품으로 상점을 1층에서 다락방까지 장식했으며 상점 정면을 기함(旗艦)처럼 꾸미는 데 360미터의 천을 사용했다. 이어 남자 종업원의 채용. 이를 통해 여성에 의한 남성의 유혹 — 앙시앵레짐 기의 상점 주인들이 생각하고 있었던 것 — 이 그것보다 심리적으로 훨씬 더 교활한 남성에 의한 여성의 유혹으로 대체되었다. 두 가지 변화와 아울러 정찰제 판매 및 정가 판매제의 도입이 추가될 수 있을 것이다.[4]

당시 파리 상점들은 눈부실 만큼 화려한 장식들로 매우 유명했습니다. 이것은 물론 상품의 교환가치를 높이려는 미적인 전략이었지요. 궁전의 무도회장 분위기만큼 신분 상승을 꿈꾸는 인간의 허영을 충족시키는 것도 없을 겁니다. 특히 주목할 만한 것은 남자 종업원들이 대거 채용되었다는 사실입니다. 이것은 당시 주로 부르주아 여성들이 소비 행위를 주도했다는 점을 보여줍니다. 그런데 여기서 남자 종업원의 채용은 여성들의 무의식적인 성적 욕망과 깊이 관련 있다는 점을 간과해서는 안 됩니다. 물론 지금 서울에 있는 백화점의 종업원들은 주로 여성입니다. 상대적으로 저임금으로 고용할 수 있기 때문입니다. 그러나 명품 구두를 파는 매장에는 아직도 여전히 젊고 매력적인 남성 종업원들이 있습니다.

인용문의 저자인 클루조와 발랑시는 가볍게 지적하지만, 정찰제 판매와 정가 판매도 매우 중요한 요소입니다. 이것은 아케이드가 스스로를 고급 이미지로 포장하고 있다는 것을 보여주니까요. 프롤레타리아계층의 여성들은 재래시장에서 필요한 물건을 구매할 것이고 또 가격을 깎기 위해 흥정도 할 것입니다. 그러나 부르주아 여성들은 아케이드에서 물건값을 깎거나 흥정하지 않습니다. 그것은 자신들의 "체면"에 맞지 않는 일이니까요. 여기서 벤야민은 상품을 사용가치가 아닌 교환가치로, 혹은 상품을 자신의 체면이나 허영을 충족시키는 기호로 구매하는 소비자들의 욕망을 읽어냅니다.

그렇다면 아케이드나 백화점은 어떻게 여성들의 체면을 충족시켰을까요? 그건 지금의 백화점 구조를 봐도 어렵지 않게 파악할 수 있습니다. 일단 백화점 문을 들어설 때 모든 여성은 서로를 알지 못하는 익명 상태가 됩니다. 그러나 백화점 문을 통과하자마자 상황은 급변합니다. 어떤 여성은 명품 매장으로 발길을 옮기고 어떤 여성은 일반 매장이나 할인 코너를 찾습니다. 여기서 중요한 것은 명품 매장에 들어가는 여성이나 할인 매장에 들어가는 여성이 서로를 무의식적으로라도 의식한다는 점이지요. 명품 매장에 들어서는 여성은 그렇지 않은 여성들이 자신을 응시하는 시선을 느낍니다. 물론 그들만의 착각일 수도 있지요. 그러나 자신이 남보다 두드러진다는 의식은 명품 매장에 들어서는 여성을 흥분시킵니다. 이처럼 백화점은 고가의 상품을 사는 사람과 그것을 동경하는 눈으로 바라보는 사람들이 동시에 공존하는 공간, 그런 이유로 자본주의적 욕망을 훈련하는 공간이라고 할 수 있지요. 자신이 주목받고 있다는 도취감, 그리고 저렇게 주목받기 위해서는 역시 돈을 벌어야겠다는 의지가 암묵적으로 교차하는 공간이 바로 백화점입니다.

벤야민이 백화점을 종교적 도취에 바쳐진 사원이라고 이야기했던 것도 바로 이런 이유 때문입니다. "보들레르의 '대도시의 종교적 도취'에 대해. 백화점이란 이러한 도취에 바쳐진 사원이다"(《아케이드 프로젝트》[A 13]). 참으로 멋진 표현이지요. 백화점이야말로 "종교적 도취"에 비견되는 대도시의 소비 욕망을 끊임없이 확장한 공간이었습니다. 이제 사람들은 필요해서 어떤 것을 구입하는 것이 아니라 자신의 부유함과 행복을 과시하기 위해서 고가 상품들을 구입합니다. 아마도 부르디외라면 이러한 현상을 '구별짓기'라고 불렀을 것입니다. 물론 이것의 밑바탕에는 인간이 근본적으로는 크게 구별되지 않는다는 무의식적 자각이 전제되어 있지요. 애초에 구별된다면, 겉으로 구별지으려는 억지 행동은 하지 않을 테니까요.

아케이드나 백화점을 통해 부르주아 여성들은 자신의 부를 과시하며 다른 여성들과 구분되고 싶다는 욕망을 배우고 또 한편으로는 그 욕망을 충족시킵니다. 이것에 부응하는 것이 바로 다름 아닌 패션입니다. 최신 상품을 살 수 있는 돈이 있다는 것, 그래서 자신은 안락하고 행복한 생활을 영위하고 있음을 보여주는 것. 산업자본은 패션을 통해 여성들의 이러한 욕망을 길들이고 동시에 이러한 욕망을 조금씩 충족시켜줍니다. 그래서 벤야민은 다음과 같은 예링(Rudolf von Jhering, 1818~1892)의 통찰에 주목합니다. 그는 《법의 목적(Der Zweck im Recht)》에 실린 예링의 글을 아주 길게 인용합니다. 벤야민이 예링의 논의에 얼마나 주목했는지 잘 드러나는 대목이지요.

오늘날 패션의 본질을 파악하려면 변화욕, 미적 감각, 겉치레를 좋아하는 것, 모방 본능 등과 같은 …… 개인적인 동기에 집착해서는 안 된다. 이런 동기들이 극히 다양한 시대에 …… 의상의 형태를 결정하는 데 …… 일정한 역할을 했다는 것은 의심의 여지가 없다. 그러나 오늘날의 의미에서 패션은 개인적인 동기가 아니라 사회적 동기를 갖고 있으며, 이를 올바로 인식하지 않고서는 패션의 본질을 전체적으로 이해할 수 없다. 상류계급이 하류계급, 좀 더 정확하게는 중간계급으로부터 스스로를 구별지으려는 노력이 바로 패션을 구성한다. …… 패션은 끊임없이 해체되기 때문에 항상 새롭게 세워지는 장벽이며, 이를 통해 상류 세계는 중류사회와 스스로를 차단시키려고 한다. 그래서 신분상의 허영심이 쳇바퀴 돌듯하는 현상이 무한대로 반복된다. 한 집단은 뒤에서 쫓아오는 자들보다 조금이라고 앞서려고 노력하고, 다른 집단은 최신 유행을 즉각 받아들여 그런 차이를 다시 없애려는 것이 그것이다. 이것으로 현대 패션의 특징적인 양상을 설명할 수 있을 것이다. 먼저 패션은 상류사회에서 기원하며 그것을 중간계급이 모방한다. 패션은 위에서 아래로 퍼져나가는 것이지 결코 아래에서 위로 올라갈 수 있는 것이 아니다. …… 중간계급이 새로운 패션을 유행시키려고 시도해보아도 …… 결코 잘되지 않을 것이다. 상류계급에게 있어 중간계급이 이 계급만의 독자적 패션을 만들어내려는 것만큼 더 바람직하지 않은 것은 없다. 따라서 두 번째로 패션은 부단히 변화한다. 중간계급이 새로 등장한 패션을 받아들이자마자 그것은 …… 상류계급에게서는 이미 가치를 잃어버리게 된다. …… 따라서 참신함은 패션의 불가결한 조건이다. …… 패션의 수명은 패션의 보급 속도에 반비례하며, 우리 시대에는 커뮤니케이션 수단이 점점 더 완벽해지면서 패션의 전파 수단도 증가하는 만큼 패션은 점점 단명하게 된다. …… 마지막으로 앞서 언급한 사회적 동기로부터 오늘날의 패션이 가진 세 번째 특징도 설명되는데 …… 폭군적 성격이 바로 그것이다. 패션에는 어떤 사람이 '상류사회에 속해 있는지 그렇지 않은지'에 대한 외적인 기준이 포함되어 있다. 이를 포기할 생각이 없는 사람은 설령 ……

새롭게 유행하고 있는 패션이 아무리 싫더라도 그런 유행을 따르지 않을 수 없다. …… 패션은 이런 식으로 평가해야 한다. …… 약자인 데다 어리석은 패션을 흉내만 내고 있는 계층도 자신의 존엄에 눈을 뜨고 자부심을 갖게 되면 …… 패션은 운명을 다할 것이다. 그리고 의상으로 신분 차이를 강조할 필요를 느끼지 못하거나 혹은 신분 차이가 있을 경우 그것을 존중하기에 충분한 분별을 갖고 있던 다른 민족에게서 한때 그랬던 것과 마찬가지로 미는 다시 본래의 장소를 차지하게 될 것이다.[5]

데카르트(René Descartes, 1596~1650)를 포함한 많은 철학자가 인간을 합리적인 존재라고 주장했습니다. 그러나 사실 이런 생각은 인간에 대한 소박한 소망에 불과하지요. 과거에 살았던 인간들을 돌아봐도 아니면 지금 이 시대를 함께 사는 인간들을 살펴봐도, 인간이 합리적인 존재라는 주장이 얼마나 허황된 것인지 어렵지 않게 알 수 있습니다. 인간은 합리적이고 이성적인 존재라기보다는 오히려 탐욕스럽고 잔인할 뿐만 아니라 질투심으로 가득 찬 허영의 존재에 더 가깝습니다. 그래서 오히려 많은 철학자가 인간이 평화스럽고 인자하며 합리적이기를 꿈꾸었던 것 같습니다. 사실 인간이 지적이라든가 선하다는 말을 들으면, 지성이나 윤리와는 아무런 상관없는 사람들도 기뻐하게 마련이지요. 자신의 허영을 만족시켜주는 말이기 때문입니다. 반대로 인간은 변덕스럽고 허영에 가득 차 있다고 하면, 아마 대부분의 사람들은 본심을 들킨 듯 얼굴이 붉어지며 불쾌감도 느낄 겁니다.

감추려고 하지만 감추기 힘든 인간의 추악한 모습을 가장 예리하게 통찰했던 철학자 가운데 한 사람이 바로 파스칼(Blaise Pascal, 1623~1662)입니다. 파스칼의 유고집 《팡세(Pensées)》 전반부를 읽어보면 그가 얼마나 인간의 추악한 모습을 직시했는지 잘 알 수 있습니다. 예를 들어 귀족들의 여우 사냥에 대한 파스칼의 관찰을 살펴보면 충격을 받을지도 모릅니다. 당시 귀족들은 자신들의 허영을 표현하려고 여우 사냥을 즐겼습니다. 당연히 얼마 되지 않아 프랑스에는 여우가 거의 전멸했지요. 그러나 귀족들은 그 이후에도 여우 사냥을 계속할 수 있었습니다. 가난한 농민의 아이들을 잡아 들판에 풀어놓았던 겁니다. 그리고 여우 사냥이란 명목으로 그 불쌍한 아이들을 사냥했지요.

앞서 인용한 글에서 예링은 데카르트를 따르기보다는 파스칼의 관점을 따랐습니다. 그만큼 그는 인간을 이상적으로 보기보다는 현실적으로 파악했지요. 예링에 따르면 인간은 합리적이기는커녕 오히려 "변화욕, 미적 감각, 겉치레를 좋아하는 것, 모방 본능"이 두드러지는 존재입니다. 물론 이런 특성들은 주로 인간에게서만 찾을 수 있다는 점에서 인간의 고유성이라고 규정할 수 있습니다. 사자가 사슴을 잡아서 그 가죽으로 옷을 입거나 혹은 사슴이 꽃을 뜯어 자신의 머리를 치장하지는 않으니까요. 결국 예링에 따르면 인간은 다른 종과 달리 패션에 대한 원초적 본능이 있다고도 말할 수 있습니다. "변화욕, 미적 감각, 겉치레를 좋아하는 것, 모방 본능" 등은 패션에 대한 인간의 본능을 규정하는 성격들이기도 하기 때문입니다. 그러나 예링은 산업자본주의가 도래하면서 이제 패션은 개인적인 동기를 넘어 사회적 동기가 되었다는 점을 강조합니다.

전자본주의 시대에는 신분에 따라 복식이 정해진 경우가 대부분이었습니다. 그러니 하위계층이 함부로 귀족이나 왕족의 옷을 입을 수는 없었습니다. 그러나 산업자본이 도래한 이후 신분 질서는 와해되고 맙니다. 누구나 돈만 있으면 부를 과시하는 화려한 옷을 입을 수 있게 된 겁니다. 이 때문에 예링은 패션을 개인적 욕망 차원이 아니라 사회학적 층위에서 사유합니다. 벤야민이 길게 인용한 패션에 대한 예링의 주장은 다음 세 가지로 정리할 수 있습니다. 첫째, 패션은 상류사회에서 비롯한다는 것입니다. 상류사회는 하류사회와 구분하기 위해 새로운 패션을 욕망한다는 것이지요. 둘째, 패션은 중간계급이 모방하자마자 곧바로 소멸하고 맙니다. 중간계급이 상류사회의 패션을 모방하면, 특정한 패션은 더는 상류사회만의 것이 아니게 되니까요. 셋째, 중간계급에게 패션이란 불가피하게 "폭군적 성격"을 지닌 것으로 드러난다는 점입니다. 물론 이것은 상류계급을 지향하는 중간계급으로서는 상류계급이 택한 패션을 따를 수밖에 없기 때문에 벌어지는 일이지요.

그런데 흥미로운 것은 예링이 패션의 소멸, 즉 사회적 차원에서 기능하는 패션의 소멸을 꿈꾸었다는 점입니다. 물론 그것은 중간계급이 삶의 주체로서 "자신의 존엄에 눈을 뜨고 자부심을 갖게" 되었을 때나 가능하지요. 그러나 예링이 미처 몰랐던 것은 산업자본이 인간을 가만히 내버려두지 않는다는 사실입니다. 계속해서 새로운 패션을 창출해 인간의 허영심을 끊임없이 자극하니까요. "이 옷을, 이 자동차를, 이 집을 구매하면 당신은 상류계급입니다." 산업자본이 만들어낸 상품 소비의 유혹은 바로 이런 논리로 사람들을 끌어들입니다. 결국 산업자본의 소비 논리를 근본적으로 극복하지 못하면, 예링이 소박하게 기대했던 패션이 소멸하는 사회, 다시 말해 아름다움이 상품화되거나 계급화되지 않는 사회는 단지 꿈으로만 남고 말겠지요.

패션과 에로티즘

《아케이드 프로젝트》에는 패션에 관련된 많은 학자의 연구가 인용되어 있습니다. 방금 읽었던 예링의 경우도 그 가운데 하나입니다. 그렇다면 벤야민이 가장 심각하게 고려했던 학자는 누구였을까요? 그것은 예링이 아니라 바로 에두아르트 푹스(Eduard Fuchs, 1870~1940)였습니다. 여러분도 아마 푹스의 이름을 들어봤을지도 모릅니다. 우리나라에도 푹스가 지은 책《중세에서 현재까지 삽화로 보는 풍속의 역사(Illustrierte Sittengeschichte vom Mittelalter bis zur Gegenwart)》가 《풍속의 역사》라는 이름으로 소개되어 있으니까요. 푹스를 좋아했던 벤야민은 그에 관한 논문도 쓴 적이 있습니다. 바로 〈수집가이자 역사가, 에두아르트 푹스(Eduard Fuchs, der Sammler und der Historiker)〉라는 글입니다. 벤야민의 이 논문은 번역서《풍속의 역사》1권 부록에 함께 실려 있

고,《역사의 개념에 대하여/폭력비판을 위하여/초현실주의 외》
(발터 벤야민 선집 5)라는 책에도 실려 있습니다.

벤야민은 왜 패션에 대한 푹스의 견해에 주목했던 걸까요?
그것은 푹스가 패션론을 가장 완전한 모습으로 정리하고 종합했
다고 봤기 때문입니다. 벤야민은 푹스를 통해 패션과 에로티즘
사이의 은밀한 관계에 주목했던 것이지요. 그렇다면 벤야민이 인
용한 푹스의 이야기를 한번 들어보지요.

예링의 패션론에 대한 푹스의 견해. "반복해서 말하는 부분이지
만 패션이 빈번하게 변화하는 것은 계급적인 구별을 두고자 하
는 관심에 의한 것이라고는 해도 그것은 몇 가지 이유 중의 하
나에 불과하다. 두 번째 이유로는 이익률을 높이기 위해 끊임없
이 매출을 향상시켜야 하는 사유재산제 자본주의의 생산양식
을 들 수 있는데 이것도 …… 마찬가지로 중요하다. …… 이 두
번째 이유를 예링은 완전히 무시했다. 세 번째 이유도 그는 간
과했다. 즉 패션이 에로틱한 자극을 목적으로 하고 있다는 점이
다. 최신 유행하는 옷을 입은 남자 혹은 여자의 에로틱한 자극
이 그때까지와는 다른 형태로 떠오를 때 그런 목적은 보다 효과
적으로 달성될 수 있다. …… F. Th. 피셔가 …… 패션에 대해 쓴
것은 예링보다 20년이나 이전이었기 때문에 그는 패션 형성에
있어 계급적인 구분의 경향을 알지 못했으나 …… 대신 다른 한
편으로 의복이 갖는 에로틱한 문제는 의식하고 있었다."[6]

푹스에 따르면 패션을 완전히 이해하기 위해서는 다음과 같은 세 가지 측면을 종합적으로 고려해야만 합니다. 첫째, 패션은 예링이 지적했던 것처럼 상류계급이 다른 계급에 대해 계급적인 구별을 두려는 욕망이 있기 때문에 가능했습니다. 둘째, 패션은 계속 매출을 올려야만 하는 자본주의적 생산양식 때문에 가능하기도 했습니다. 그리고 마지막 셋째로 패션은 인간에게 에로티즘을 추구하려는 욕망이 있기 때문에 가능했습니다. 푹스가 예링의 패션론을 비판했던 이유는 예링이 패션과 관련된 첫 번째 측면만을 염두에 두고 나머지 두 가지 측면은 전혀 고려하지 않았기 때문입니다.

우선 두 번째 측면을 간단히 생각해봅시다. 산업자본은 부단한 생산과 소비를 통해서만 유지될 수 있습니다. 상품을 생산하지 못하거나 혹은 생산된 상품이 소비되지 않으면 산업자본의 흐름은 중단될 수밖에 없지요. 그런데 상품의 생산이나 소비 차원 중 진정 중요한 것은 소비의 측면입니다. 새로운 상품을 생산하려면 자본이 필요한데, 그 자본은 기존 제품이 소비되어야 비로소 확보될 수 있습니다. 이 점에서 볼 때 사람들의 소비 욕망을 부단히 불러일으키는 일은 산업자본의 입장에서는 선택의 문제가 아니라 사활이 걸려 있는 문제입니다. 그래서 새로운 상품은 가장 중요한 테마입니다. 그것은 소비자에게 소비에 대한 욕망의 불을 지피게 하는 계기가 되기 때문입니다. 새 상품을 효과적으로 홍보하기 위해 만들어진 장치가 바로 보들레르를 매혹했던 아케이드, 벤야민이 성찰했던 백화점, 그리고 현재의 잡지, 신문, 인터넷, 스마트폰 같은 매체 그리고 영화와 같은 대중예술입니다.

이제 세 번째 측면, 에로티즘과 패션 사이의 관계를 알아볼 차례가 된 것 같습니다. 여기서는 주목할 것이 하나 있습니다. 푹스의 이야기를 반복하면서 벤야민은 에로티즘과 패션의 관계에 대해 상당히 길게 인용합니다. 벤야민은 푹스가 인용한 피셔(Friedrich Theodor Vischer, 1807~1887)의 통찰에 주목했기 때문입니다. 피셔에 따르면 "최신 유행하는 옷을 입은 남자 혹은 여자의 에로틱한 자극이 그때까지와는 다른 형태로 떠오를 때 그런 목적은 보다 효과적으로 달성될 수 있다"고 합니다. 피셔와 푹스를 통해 벤야민은 패션에 대한 자신의 통찰을 심화시킵니다. 그렇다면 벤야민은 에로티즘과 패션 사이의 관계를 어떻게 이해했을까요? 다행스러운 것은 그가 《아케이드 프로젝트》에 자신의 생각을 따로 기록해두었다는 점입니다.

어느 세대든 바로 이전 세대의 패션을, 생각할 수 있는 한 최고로 철저한 항-최음제(antiaphrodisiac)로서 체험한다. 이런 판단은 생각하는 것만큼 그렇게 초점에서 벗어난 것은 아니다. 패션은 정도 차이는 있지만 모두 사랑에 대한 신랄한 풍자를 포함하고 있으며, 모든 패션 속에는 극히 무자비한 방식으로 성적 도착의 기미가 깃들어 있다. 모든 패션은 유기적인 것과 대립한다. 모든 패션은 살아 있는 육체를 무기물의 세계와 결합시킨다. 살아 있는 것에서 패션은 사체(the corpse)의 모든 권리를 감

지한다. 무기적인 것에서 섹스 어필을 느끼는 물신숭배야말로 패션의 생명의 핵이다.[7]

만약 1940년에 자살하지 않고 자신의 연구를 마무리했다면, 아니 적어도 패션과 관련된 한 편의 논문을 따로 썼다면, 방금 읽은 구절은 벤야민 패션론의 핵심을 말해주는 요약문이 되었을 겁니다. 사실 벤야민은 에로티즘과 패션 사이의 관계에 대한 자신의 논의가 피셔나 푹스의 견해를 넘어서는 가치가 있다고 확신했던 것 같습니다. 《아케이드 프로젝트》에 대한 〈1939년 개요〉에서도 방금 읽은 구절과 거의 동일한 언급이 보일 정도니까요. 우선 패션에 대한 벤야민의 논의는 푹스나 피셔의 논의에서 출발합니다. "어느 세대든 바로 이전 세대의 패션을, 생각할 수 있는 한 최고로 철저한 항-최음제로서 체험한다"는 지적이 바로 그것이지요. 다시 말해 유행이 지난 이전 시대의 옷은 성적인 욕망을 오히려 약화시킨다는 의미입니다. 이것은 역으로 가장 최근에 나온 신상품이야말로 성적인 욕망을 가장 강하게 증폭시킨다는 점을 말해줍니다.

여기서 잠깐 옷과 성적 욕망 사이의 관계를 생각해봅시다. 여러분은 혹시 나체촌에는 성폭력이 거의 발생하지 않는다는 보고를 들어본 적이 있나요? 보통 노출이 심하면 심할수록 상대방에게 강한 성적 매혹을 불러일으킨다고 생각하기 쉽습니다. 이로부터 우리는 약간의 노출보다는 오히려 나체가 더 큰 성적 매혹을 불러일으킨다고 추정할 겁니다. 그러나 사정은 오히려 정반대지요. 노출이 심한 경우 중요한 것은 노출된 몸 자체가 아니라, 몸의 특정 부분을 가린 작은 옷입니다. 밀월여행을 떠나는 신혼부부가 몸이 은은히 비치는 잠옷이나 속옷 등을 준비하는 것도 이런 이유 때문이지요. 그렇다면 완전한 나체보다 은근한 노출이 더 강한 성적 매력을 발산하는 이유는 무엇일까요? 이런 의문에 답하기 위해서는 욕구(need)와 욕망(desire)을 구분해 생각해볼 필요가 있습니다.

욕구나 욕망은 모두 어떤 결여를 전제로 하는 개념입니다. 그러나 욕구가 단순히 부족한 것을 충족시키려고 하는 것을 의미한다면, 욕망은 단순한 충족을 뒤로 미루면서 여전히 충족을 지향한다는 점에서 욕구보다 더 복잡한 개념이지요. 욕망이란 사실 욕구를 기묘하게 뒤틀면서 발생하는 것입니다. 이 때문에 욕망은 동물에게는 없고 오직 인간에게만 있는 기능이지요. 인간과 달리 동물은 단순한 욕구만을 지니고 있으니까요. 예를 들어 동물에게는 애피타이저(appetizer)라는 것이 존재하지 않습니다. 애피타이저는 배가 고파도 메인 디시(main dish)를 허겁지겁 먹는 것을 방지합니다. 심지어 배가 고프지 않더라도 애피타이저는 메인 디시에 대한 욕망을 불러일으킵니다. 애피타이저가 동물에게는 찾아볼 수 없는 인간 욕망의 상징인 것도 이런 이유 때문입니다.

성적인 경우도 이처럼 욕구와 욕망으로 구별해볼 수 있습니다. 적령기가 되면 동물이나 인간은 모두 이성에 대해 성적인 욕구, 즉 성적인 결핍감을 느낍니다. 그래서 발정기 때 동물들은 허겁지겁 짝짓기를 수행하지요. 그러나 인간은 성적인 대상 앞에서 성적 욕구를 느끼지만 상대방과 와인을 마시거나 애무를 하면서 직접적인 성교를 뒤로 미룹니다. 이런 측면에서 보면 욕망이란 욕구에 기생해서 작동하는 메타적인 욕구이기도 합니다. 가령 결여를 느낄 때 그것을 곧바로 충족해버리면, 욕망은 마치 신기루처럼 사라져버립니다. 이런 이유로 욕구를 계속 뒤로 미루면 욕망은 훨씬 더 커지게 되지요. 물론 욕망의 힘이 너무 강해서 감당할 수 없을 정도로 커질 때, 우리는 그것과 관련된 욕구를 충족시킴으로써 그 욕망의 힘을 잠재울 수도 있습니다.

이제 옷이 성적 욕망과 관련해 어떻게 작용하는지를 생각해봅시다. 옷은 분명 성교와 관련된 직접적인 성적 욕구의 충족에는 도리어 방해가 되는 물건입니다. 그러나 바로 그렇기 때문에 옷은 성적 욕망을 위한 좋은 수단이 될 수 있지요. 성적 욕구의 단순한 충족을 뒤로 연기시킴으로써 더 강한 욕망을 발산하도록 자극하기 때문입니다. 한마디로 옷은 성욕의 애피타이저라는 말입니다. 물론 모든 옷이 이런 작용을 하는 것은 아닙니다. 잘못 만든 애피타이저는 식욕은커녕 입맛 자체를 잃게 할 수도 있는 것과 같은 논리입니다. 다시 말해 어떤 옷은 아예 성적 욕구, 즉 성적인 결핍감을 전혀 만들어내지 못합니다. 종교인들이 입는 옷이 대게 그런 용도로 만들어졌죠. 그런데 바로 이 지점이 패션과 관련된 산업자본이 우리에게 개입하는 결정적인 대목입니다. 성적 욕망을 불러일으키는 옷을 만들 수만 있다면, 바로 매출로 이어질 테니까요.

패션에 대한 벤야민의 이야기를 음미하기 위해서 많은 길을 돌아왔네요. 이제 본격적으로 에로티즘과 패션에 관련된 벤야민의 논의를 분석해보지요. 그에게 패션이란 기본적으로 성적인 페티시즘(fetishism)을 불러일으키는 것입니다. 옷이란 성적 결핍감을 불러일으키면서 동시에 그 충족을 가로막지요. 이 때문에 옷은 성적 욕망을 강화하는 수단이 됩니다. 그런데 시간이 흐르면서 사람들이 수단 자체를 목적으로 간주하게 됩니다. 이제는 수단으로서의 옷 자체에 자신의 성적 욕망을 모두 투사하는 것이지요. 벤야민의 말대로 옷은 기본적으로 "무기물", 다시 말해 살아 있는 것이 아닙니다. 반면 옷 속의 몸은 "유기물"이고 살아 있는 것이지요. 성적인 욕망이나 사랑은 모두 살아 있는 개체들 사이의 관계에서 생겨납니다. 이런 대립적 성격 때문에 벤야민은 "패션은 정도 차이는 있지만 모두 사랑에 대한 신랄한 풍자를 포함"한다, "살아 있는 것에서 패션은 사체의 모든 권리를 감지한다"라고 말했던 것입니다. 그렇지만 사람들은 이제 무기물로서의 옷 자체를 오히려 성적 욕망의 대상으로 간주합니다. 이렇게 옷에서 사람들이 성적 어필을 느끼게 되는 일종의 물신숭배 현상이야말로 벤야민이 보기에 패션이 유지되는 근본 조건이었지요.

벤야민의 복잡한 지적이 아니더라도 우리는 이성이 어떤 패션을 연출하느냐에 따라 자신의 성적 욕망이 강화되거나 약화되는 현상을 경험합니다. 이것은 패션이 일종의 페티시즘, 혹은 성적 환상을 함축하고 있다는 것을 말해줍니다. 분명 옷을 입고 있는 사회에서는 이성의 벌거벗은 몸이 성적인 욕구를 불러일으킵니다. 따라서 옷으로 상징되는 패션은 어찌 보면 성적인 욕구를 가로막고 있는 장애물이라고 할 수 있지요. 그렇지만 이제 우리는 패션이 성적인 욕구를 가로막으면서 동시에 성적인 욕망을 부채질한다는 사실을 알게 되었습니다. 그런데 벤야민은 패션이 가진 페티시즘 현상을 추적하다 한 가지 흥미로운 가설을 제기합니다. 그의 가설에 따르면 옷이 가진 성적 페티시즘은 원래 머리카락에 그 기원을 두고 있다는 것이지요. 그의 말을 직접 들어볼까요.

물신숭배에서 성은 유기적인 세계와 무기적인 세계 사이의 장벽을 제거한다. 복장과 장식이 성과 결탁한다. 성은 죽은 것만큼이나 살아 있는 육체도 편안하게 생각한다. 게다가 살아 있는 육체는 성에게 죽은 것 안에서 자리 잡을 수 있는 길을 제시하기까지 한다. 머리카락은 성의 이 두 영역 사이에 놓여 있는 경계 지역이다.[8]

벤야민의 표현은 매우 문학적이어서 포착하기 무척 힘듭니다. 방금 읽은 구절에서 관건은 "살아 있는 육체는 성에게 죽은 것 안에서 자리 잡을 수 있는 길을 제시"한다는 표현입니다. 우선 다음과 같은 질문을 던져보면 벤야민의 난해한 표현을 일정 부분 독해할 수 있습니다. 인간, 특히 여성의 몸 중 유행을 손쉽게 받아들이는 영역은 어디일까요? 바로 머리카락이 그 가운데 하나일 겁니다. 머리카락은 미용실 바닥에 떨어지면 무기물로 변합니다. 그렇지만 육체의 일부분으로서 머리카락은 분명 살아 있는

1910년경 파리 패션 살롱에 있는 여성들.
파리는 세계 패션의 중심지이기도 했다. 런던,
뉴욕 등 세계의 대도시 사람들도 옷을 고르기
위해 해마다 파리로 향할 정도였다. 당시 부유한
여성들 사이에는 파리의 훌륭한 패션 살롱을
방문하는 게 유행이었다.

유기물이지요. 여기서 중요한 것은 바로 머리카락이 패션의 장소가 된다는 점입니다. 머리카락은 생명의 일부로 부단히 자라납니다. 이 때문에 머리카락은 다양한 유행을 계속해서 따를 수 있지요.

머리카락이 사람에게 최초의 옷이자 최후의 옷인 이유가 바로 여기에 있습니다. 나체로 있다고 해도 칠흑처럼 빛나는 머리카락이 돌아앉은 여인의 등을 타고 흐른다면, 그 모습은 성적 매력을 발산하는 옷만큼이나 매혹적일 겁니다. 도시에 있는 다양한 미용실들을 생각해보면, 혹은 결혼식 때 화려한 신부의 머리 장식을 생각해보면, 머리카락이 현재도 여전히 성적 페티시즘의 대상임을 알 수 있습니다. 사실 아주 오랫동안 여성의 머리카락은 성적 매력을 나타내는 상징으로 기능해왔습니다. 만약 언젠가 산업자본이 무너지는 날이 온다면, 패션에 대한 페티시즘도 소멸되기 쉽습니다. 하지만 그렇다고 하더라도 머리카락에 대한 인간의 원초적 페티시즘은 훨씬 더 오랜 기간 존속할지도 모릅니다.

사실 벤야민이 이야기했던 에로티즘의 문제를 사유하기 위해서는 많은 위험을 감수해야 합니다. 우리는 여전히 성적 욕망을 부정의 대상, 혹은 동물의 경우처럼 본능의 일종으로 사유하려는 전통 속에 일정 부분 몸담고 있기 때문입니다. 그렇다고 해서 우리가 에로티즘의 문제에 대한 실마리를 아예 얻을 수 없는 것은 아닙니다. 인간의 에로티즘이 동물적인 것과는 결코 무관하다는 점을 역설했던 또 한 명의 철학자가 있기 때문입니다. 그 사람은 바로 벤야민의 연구물을 보관했던 바타유입니다. 우선 그의 이야기를 들어보지요.

에로티즘에는 유혹과 공포, 긍정과 부정의 엇갈림이 있으며, 바
로 그런 점 때문에 인간의 에로티즘은 단순한 동물의 성행위와
는 다르다고 할 수 있다. …… 그런가 하면 거꾸로 금기의 대상
은 금지되었다는 사실 하나만으로도 강력한 탐욕의 대상이 되
기도 한다. 성적인 것과 관련이 있는 금기는 대체로 대상의 성
적 가치(혹은 에로틱한 가치)를 강조하는 결과를 낳는다. 성적인 금
기는 인간과 동물을 구분지으며 성적인 것에 새로운 의미를 부
여하는 경계이다. 그렇기 때문에 인간의 성행위는 동물적 충동,
다시 말해 억제할 수도 없고 덧없으며 의미도 없는 자유로운 성
행위와는 구분되는 것이다.[9]

바타유의 생각은 '금지된 것은 인간에게 강력한 욕망을 부여
한다'는 통찰을 전제로 해서 전개됩니다. 경제 사정으로 지금 내
가 구매할 수 없는 상품이 내게 강렬한 구매욕을 느끼게 하는 것
과 마찬가지로, 가질 수 없는 존재는 인간에게 도리어 강렬한 소
유 열망을 심어줍니다. 이런 금지와 금기의 대상이 성적인 대상
에 적용될 때 우리가 가지게 되는 열망을 에로티즘이라고 부릅니
다. 에로티즘에서 가장 중요한 사항은 금지와 금기 자체입니다.
바타유가 에로티즘이 동물들의 성적인 충동과는 분명히 다르다
고 주장했던 이유도 바로 이 때문입니다. 동물들에게는 특정한
금지나 금기에 대한 의식이 부재하니까요.

유부남 혹은 유부녀, 아니면 신부나 스님과 같은 종교인을 사랑하는 비극적인 애정의 경우, 우리의 성적 욕망은 더욱 극단으로 치닫습니다. 그 혹은 그녀는 결코 우리가 손쉽게 가질 수 없는 대상이기에 우리의 성적인 욕망 또한 무한히 증폭되지요. 이처럼 성적인 것을 포함한 일체의 욕망은 그 욕망의 충족을 미룬 우리의 의지로 더욱더 강화됩니다. 상복을 입은 여인을 거리에서 만날 때 보들레르가 느꼈고, 아케이드의 화려한 옷들을 보고 벤야민이 사유했던 것도 바로 이런 문제들이지요. 패션이란 기본적으로 욕망의 충족을 뒤로 미루면서 그것을 갈망하는 우리의 의지를 더욱 강화하는 역할을 하기 때문입니다. 그러나 이런 우리의 욕망구조를 가장 잘 포착했던 것은 우리 자신이 아니라 바로 산업자본주의의 시선이었습니다.

도박장이 문을 열기를 초조해하면서 기다리는 남자의 혼 속에 어떤 열광과 어떤 힘이 잠들어 있는지 아는가? 아침의 도박꾼과 저녁의 도박꾼 사이에는 천하태평인 남편과 사랑하는 미녀의 창문 아래서 정신을 잃은 애인 사이에 존재하는 것과 똑같은 차이가 있다. 아침만 되면 가슴속에서 용솟음치는 정열과 욕구가 소름이 오싹 끼친 모습으로 나타난다. 바로 이때 진정한 도박꾼의 모습, 도박에서의 불운의 채찍에 너무나 심하게 맞은 나머지, 먹는 것도, 잠자는 것도, 생활하는 것도, 생각하는 것도 잊어버린 도박꾼의 모습을 놀라운 눈으로 바라볼 수 있을 것이다.

—오노레 드 발자크,《나귀 가죽》

도박과 매춘의
심리학

자본주의, 보편적인 도박장

19세기 수도 파리를 연구했던 벤야민의 연구자료들을 모아놓은《아케이드 프로젝트》는 보들레르의 작품들을 이해하는 일종의 열쇠이기도 합니다. 아니나 다를까《아케이드 프로젝트》에서 가장 많은 분량을 차지하는 항목은 〈보들레르〉 부분이지요. 이와 더불어 다른 항목들, 예를 들어 〈아케이드, 신유행품점, 신유행품점 점원〉〈패션〉〈수집가〉〈산책자〉〈매춘, 도박〉〈파리의 거리들〉도 모두 보들레르와 관련되어 있습니다. 사실 벤야민은 이미 1928년에《독일 비애극의 원천(Ursprund des deutschen Trauerspiels)》이란 탁월한 문학평론서를 썼던 인물입니다. 문학평론가로서도 자신의 진가를 충분히 발휘했던 인물이기에, 보들레르에 대한 그의 깊이 있는 접근은 많은 시사점을 남깁니다. 사실 19세기 자본주의의 수도 파리를 복원하는 데 보들레르와 그

귀스타브 쿠르베(Gustave Courbet,
1819~1877)가 그린 〈보들레르의
초상〉(1848~1849). 청년 시절 보들레르는
아버지가 물려준 유산을 유흥가에서 거의
탕진해버렸다. 급기야 1844년에는 법적으로
금치산자 선고를 받았다. 수중에 별로 돈이 없던
보들레르는 도박장에 자주 들르곤 했는데, 그곳에서
도박꾼들과 자신의 내면이 맞닿아 있다는 걸
확인한다.

의 저작들은 벤야민에게 일종의 시금석 역할을 했습니다. 19세기 파리를 가장 민감한 감수성으로 포착했던 보들레르의 작품들은 19세기 파리 사람들이 어떻게 파리를 느끼는지 가장 극적으로 보여주기 때문이지요.

보들레르에게 파리는 '악의 꽃', 다시 말해 '악'이자 '꽃'이었습니다. 경제학적으로 말하자면 '악'은 19세기 파리를 장악했던 산업자본의 힘, 다시 말해 '화폐'를 상징하지요. 그리고 '꽃'은 화려하고 매혹적인 '상품'이나 '여성'을 상징합니다. 산업자본이란 '악'이 있었기 때문에 상품이라는 '꽃'도 가능했지요. 보들레르가 파리에 대해 애정과 증오라는 이중 감정을 드러내 보인 것도 아마 이 때문이었을 겁니다. 분명 파리는 과거에 그 유례를 찾아보기 힘들 정도로 화려하고 진귀한 상품들을 제공했습니다. 참으로 매력적이었겠죠. 그러나 돈이 없는 사람들은 그 상품들을 보고 괴로워하기만 했을 겁니다. 보들레르도 수중에 '돈'이 별로 없어서 그랬는지 도박장에 자주 들르곤 했습니다. 그곳에서 그는 도박꾼들의 내면과 그들의 은밀한 쾌락이 자신과 맞닿아 있다는 걸 확인합니다.

《아케이드 프로젝트》에 실려 있는 〈매춘, 도박〉이란 항목을 넘겨보면, 도박에 대해 보들레르가 보였던 무의식적 소망과 의식적인 혐오를 별다른 어려움 없이 이해할 수 있습니다. 우선 벤야민이 주목했던 아나톨 프랑스(Anatole France, 1844~1924)의 도박 이야기를 먼저 살펴보지요.

도박이란 운명과의 백병전이다. …… 인간은 돈을 건다.—돈, 즉 즉각적인 무한의 가능성에. 아마 도박꾼이 지금 넘기고 있는 트럼프나 굴러가는 구슬은 그에게 공원이나 정원이나 밭, 광대한 숲, 하늘 높이 솟아 있는 첨탑을 가진 성을 가져다줄 수 있을지도 모른다. 그렇다. 조용히 굴러가는 작은 구슬에는 몇 헥타르의 양질의 토지와 조각을 한 굴뚝들이 루아르강에 그림자를 드리우고 있는 슬레이트 지붕의 대저택이 포함되어 있는 것이다. 그처럼 작은 구슬에 예술의 보고, 산해진미, 호화로운 보석, 세계 최고의 미인, 그리고 마음, 그렇다 어느 누구도 감히 돈으로 살 수 있다고 생각조차 못 했던 사람의 마음에 이르기까지—요컨대 지상의 모든 장식, 모든 명예, 모든 우아함, 모든 힘이 들어 있는 것이다. 아니 그뿐만이 아니다. 그처럼 작은 구슬에는 그 이상의 것이 내포되어 있다. 그러한 모든 것에 대한 꿈이 담겨 있는 것이다. 그런데도 도박을 하지 말라고? 도박이 무한한 희망만 가져다준다면, 질투의 눈의 미소만 보여준다면 사람들은 도박을 그토록 열광적으로 사랑하지는 않을 것이다. 그러나 도박은 다이아몬드의 손톱을 갖고 있다. 무시무시한 존재인 것이다. 자기 맘대로 비참함과 모욕을 안겨준다. 그렇기 때문에 사람들이 도박에 열광하는 것이다. 위험에 대한 매혹이 모든 위대한 정념의 밑바닥에 존재하는 것이다. 어지럽지 않은 쾌락은 없다. 쾌락은 공포가 섞여 있을 때에만 비로소 인간을 도취시킨다. 도박보다 더 두려운 존재가 있을까? 그것은 주기도 하고 동시에 빼앗기도 한다. 그렇게 하는 이유는 우리의 이유가 아니다. 그것은 벙어리, 장님, 귀머거리이다. 그것은 전능이다. 그것은 신이다. …… 도박에는 신자와 성인들이 있다. 이들은 도박이 약속하는 것 때문이 아니라 도박 그 자체를 위해 도박을 사랑하고, 도박에 의해 쓰러질 때도 도박을 찬양한다. 잔혹하게 도 전 재산을 빼앗겨도 그것을 자기 탓으로 돌리지 도박을 원망 하지 않는다. 즉 '운이 나빴다'라고만 말한다. 그들은 자기를 탓 할 뿐 신을 모독하는 말을 내뱉는 일이 없다.[10]

자본주의사회에서는 돈과 상품이 교환됩니다. 그러나 그 교 환의 이면에는 상품에 대해 돈이 갖는 존재론적 우월성이 있습 니다. 사실 자본주의사회는 자본이 다른 것에 비해 절대적인 우 월성을 갖는 사회이지요. 자본의 존재론적 우월성은 현실에서는 구체적으로 상품에 대한 돈의 존재론적 우월성으로 드러납니다. 돈이란 그 액면가에 해당하는 모든 상품을 구입할 수 있는 절대 적 힘을 상징하니까요. 예를 들어 10만 원의 현금과 10만 원 상당 의 화장품을 고르라고 하면, 우리는 주저 없이 10만 원을 선택할 겁니다. 우리가 현금을 고른 것은 무엇 때문인가요? 그것은 10만 원에 해당하는 어떤 상품이라도 살 수 있다는 우리의 기대, 꿈 때 문이지요. 자본주의사회에서 돈은 미래라는 시간과 기대를 가능 하게 해주는 힘을 갖고 있습니다. 아나톨 프랑스가 말한 것처럼 돈은 "즉각적인 무한한 가능성"입니다.

그렇다면 어떻게 해야 돈을 수중에 넣을 수 있을까요? 가령 부모에게서 재산을 물려받든가 아니면 자신을 팔아서 돈을 구해야 하겠지요. 여기서 자신을 판다는 말에 민감하게 반응할 필요는 없습니다. 그것은 취업과 같이 자신의 능력과 가치를 파는 모든 행위를 의미하니까요. 우리는 자신이 가진 가치, 예를 들어 학점, 토익 점수, 대화술, 미모, 지식 등을 팔아서 취업을 해야만 돈을 벌 수 있습니다. 이런 이유로 마르크스는 자본주의사회를 보편적 매춘의 시대라고 지적하기도 했지요. 성적으로 몸을 팔지 않았을 뿐 결국 자신이 가진 모든 것을 팔아야만 돈을 벌 수 있으니까요. 물론 부모가 운 좋게도 회사 사장이라도 된다면, 돈이 주는 힘을 고스란히 얻을 수 있겠지요. 반면 부모가 평범한 서민이라면, 자신의 노동력을 팔아서 돈을 얻어야만 합니다. 하지만 우리가 받는 임금만으론 미래를 꿈꾸기에 턱없이 부족합니다. 그럼에도 우리의 증폭된 꿈은 결코 줄어들 줄 모릅니다. 그래서 돈이 많아서 하고 싶은 일을 마음대로 하고 사는 친구들을 보면 항상 조바심이 납니다.

바로 이 같은 상황에서 도박의 욕구가 발생하지요. 확률은 무척 낮지만 한 번 성공하기만 하면 일확천금을 얻을 수 있으니까요. 16세기 말부터 유행하여 유럽 상류사회를 떠들썩하게 했던 룰렛이란 프랑스 도박을 들어봤나요? 이것은 현재 대부분의 카지노에서 해볼 수 있습니다. 룰렛은 0에서 36까지의 눈금으로 37등분 된 정교한 회전 원반에 구슬 1개를 넣고 그 구슬이 어느 눈금에 정치하느냐를 맞히는 도박입니다. 쿠르피에(courpier)라고 불리는 전문가가 빠른 속도로 이 원반을 회전시키지요. 마침내 룰렛의 회전 원반이 모든 도박꾼의 침 삼키는 소리와 함께 서서히 멈추지요. 마침 어떤 도박꾼이 7에 돈을 걸었고 구슬도 원반의 7에서 멈췄다면, 그는 돈을 따게 됩니다. 결국 룰렛의 당첨 확률은 원반에 0에서 36까지의 눈금이 있으니까 37분의 1이 되겠지요.

이 경우 도박의 욕구가 충족될 가능성은 37분의 1이고 좌절될 가능성은 37분의 36입니다. 따라서 룰렛을 응시하던 도박꾼들은 대부분 판돈을 다 날리게 됩니다. 그러나 아나톨 프랑스가 이야기하고 있듯이, 룰렛의 구슬에는 도박꾼이 품은 모든 꿈이 담겨 있습니다. 회사원으로 일하는 평범한 사람은 조금만 계산해도 자신이 벌 수 있는 최대치의 돈이 얼마인지 뻔히 알게 됩니다. 그 때문에 그가 꿀 수 있는 꿈은 한정될 수밖에 없지요. 그러나 룰렛 위의 구슬이 자신에게 미소를 보여준다면, "공원이나 정원이나 밭, 광대한 숲, 하늘 높이 솟아 있는 첨탑을 가진 성을 가져다줄 수 있을지도" 모릅니다. 바로 이 점이 매우 중요합니다. 원반 위에서 돌아가는 구슬이 멈추기 전까지 그에게는 무한한 꿈과 행복한 미래가 열리기 때문이지요. 도박의 세계가 아니라면 그가 언제 이런 꿈을 꾸겠습니까? 비록 확률은 떨어지지만 구슬이 돌고 있을 때는 그 모든 것이 가능하니까요.

아나톨 프랑스는 도박에서 돈을 잃게 될 위험성이 오히려 모험을 강화시킨다고 지적했지요. 맞는 말입니다. 위험이 크면 클수록 얻을 수 있는 장밋빛 미래는 더욱 찬란하기 때문입니다. 도박에 빠질수록 사람들은 아나톨 프랑스가 표현했듯이 일종의 "신자와 성인들"처럼 변모됩니다. 이제는 꿈을 꾸게 해주는 도박

자체를 신성한 종교의식처럼 간주하게 되지요. 신이 모든 기도를 들어주지 않듯이, 도박도 모든 도박꾼의 꿈을 실현해주지는 않습니다. 그러나 기도가 이뤄지지 않는다고 신을 부정해버리면 그는 진정한 신자가 아니지요. 마찬가지로 도박에서 하찮은 판돈을 계속 잃는다고 도박을 원망한다면 그는 진정한 도박꾼이 아닐 겁니다. 판돈을 잃을 확률이 높더라도 도박꾼은 도박을 할 때마다 장밋빛 미래를 꿈꾸기 때문이지요. 비록 신이 자신의 기도를 잘 들어주지 않는다 하더라도 기도를 했다는 것 그 자체에서 마음의 평정을 되찾듯이 말입니다.

맹신도는 자신의 기도를 과연 신이 들어줄지 확신할 수 없습니다. 그래서 그의 기도는 더욱 절박합니다. 만약 기도할 때마다 신이 들어준다면, 그의 기도에는 어느 순간부터 절박함이 사라지겠지요. 도박도 마찬가지입니다. 판돈을 거는 도박꾼도 운명의 여신이 자신에게 미소를 던질지 확신할 수 없습니다. 도박꾼은 자신의 소망이 이루어지지 않을수록 더욱 애타게 그 결과를 기대합니다. 그러나 어쩌면 도박이나 기도라는 행위에서, 결과는 중요한 것이 아닌지도 모릅니다. 더 중요한 것은 도박과 기도라는 행위가 미래에 대한 기대의 몸짓이라는 점입니다. 간절하게 기대했기 때문에 미래는 우리에게 의미 있는 무엇으로 다가오는 법이지요. 돈을 따거나 잃을 수도 있고 기도가 뜻대로 이루어질 수도 혹은 좌절될 수도 있지만, 사실 이것은 도박꾼과 맹신도들에겐 그다음 문제일 뿐입니다.

벤야민은 아나톨 프랑스에 이어서 라파르그(Paul Lafargue,

1842~1911)의 이야기도 인용합니다. 라파르그가 도박이 자본주의 사회에서 긍정하는 합리적인 투자의 원형이기도 하다는 점을 폭로했기 때문이지요.

부르주아가 언젠가 부의 분배라는 현상을 이해하리라고 기대하는 것은 불가능할 것이다. 왜냐하면 기계에 의한 생산이 발달함에 따라 소유는 점점 더 개인이 아니라 주식회사라는 몰개인적인 집단의 소유 형태를 띠게 되고 이런 회사의 지주들도 결국 증권거래소의 소용돌이 속에 휘말리게 되기 때문이다. …… 주식들은 어떤 사람들에게는 손해를, 또 어떤 사람들에게는 이익을 가져다주는데, 이처럼 손해와 이익을 보는 방식이 어찌나 도박과 흡사한지 실제로 주식 거래는 '도박'으로 불릴 정도이다. 현대의 경제발전 전체는 자본주의사회를 점점 더 거대한 국제적 도박장으로 바꿔가고 있는 경향이 있는데, 부르주아는 그들로서는 전혀 알 길이 없는 사건들로 인해 돈을 따기도 하고 잃기도 한다. …… '불가해한 것'이 도박장과 마찬가지로 부르주아사회에도 군림하고 있다. …… 예측할 수 없는, 일반인에게는 알려지지 않은, 겉으로는 우연처럼 여겨지는 원인에 의해 성공이나 실패가 결정되기 때문에 부르주아는 도박꾼과 같은 정신상태에 빠지기 쉽다. …… 자본가는 주식에 투자하지만, 주가와 배당의 등락 원인은 자본가로서는 알 길이 없다. 그래서 그는 전문 도박꾼이 된다. 그러나 도박꾼은 …… 미신을 지극히 맹신하는 인종이기도 하다. 도박장의 단골은 항상 운명의 세 여신을 불러낼 수 있는 마법의 주문을 갖고 있다. 예를 들어 파도바의 성 안토니우스나 다른 천상의 성령에 대한 기도를 중얼거리는 자가 있는가 하면, 특정한 색깔로 돈을 땄을 때만 돈을 건다는 사람도 있으며, 또한 왼손으로 토끼 발을 꼭 쥐고 있는 사람도 있다. 자연에 있어 불가사의한 것이 야생동물들을 둘러싸고 있 듯이 사회에서는 불가사의한 것이 부르주아를 둘러싸고 있다.[11]

투기와 투자의 차이를 아시나요? 보통 투기가 부도덕적이고 즉흥적이라는 이유로 부정된다면, 투자는 도덕적으로도 정당하 고 합리적인 것으로 긍정되지요. 그러나 투기와 투자에 대한 우 리의 통념은 과연 정당한 것일까요? 가만히 생각해보면 부동산 이나 주식 투자도 모두 돈에 대한 동일한 갈망을 대변하는 것이 아닐까요? 사실 그것이 도박이든 아니면 부동산이나 주식에 대 한 투자든 기본적으로 자신이 현재 소유한 작은 판돈으로 대박을 기대하는 일종의 종교적 소망을 공유한다고 말할 수 있습니다. 라파르그가 주식 투자 역시 근본적으로는 도박 같은 투기와 다르 지 않다고 이야기했던 것도 이런 이유에서지요. 주식 투자는 국 가가 공식적으로 인정하는 합법적인 투기 혹은 합법적인 도박이 라고 할 수 있습니다. 그러나 합리적인 것처럼 보이는 투자의 이 면에는 도박이 가진 비합리성이 여전히 잠재돼 있지요.

물론 겉으로 보면 일시적 행운에 기대는 도박보다는 주식 투 자가 무엇인가 과학적이고 합리적인 듯한 인상을 풍기는 것은 사 실입니다. 경제학을 전공한 분석가들이 정치적, 경제적, 사회적 상황을 체크합니다. 그리고 그들은 그 결과를 마치 과학자들처럼 도표로 만들고 계량화합니다. 주식 등락의 도표는 이렇게 해서 탄생합니다. 그런데 이 도표에 따라 투자를 했다고 해서 투자자가 이익을 얻는다고 100퍼센트 장담할 수 있을까요? 아마도 불가능할 겁니다. 만약 그것이 가능하다면 투자회사나 은행에 다니는 모든 분석가는 자신이 다니던 회사를 당장 그만뒀을 겁니다. 회사에 다니며 고생할 필요도 없겠지요. 이 점에서 보면 경제 분석가들은 마치 점쟁이와도 같지요. 점쟁이들은 남의 운명을 꿰뚫어보고 운명을 바꿀 방법이 있다고 떠벌리곤 합니다. 그렇지만 그들은 남의 운명을 봐주는 대가로 얻은 복채로 생활하는 데 만족해야 할 뿐입니다.

도박에서 행운을 얻기 위해 "토끼 발" 부적을 품은 도박꾼의 종교적 의식처럼, 주식 분석가나 투자자 또한 주식 등락 도표를 자신의 종교적 의식에 사용합니다. 룰렛 판 위에서 움직이는 구슬을 보며 두 손을 모으고 간절히 기대하는 것, 땅이나 아파트를 사놓고 값이 오르기를 기대하는 것, 그리고 주식 등락 도표를 들여다보며 자신의 주식이 오르기를 애타게 기다리는 것. 벤야민과 라파르그의 통찰을 통해 우리는 위의 현상들이 매우 유사한 특징이 있음을 알 수 있지요. 라파르그는 자본주의가 자랑하는 주식 투자마저도 기본적으로는 도박과 같이 종교성을 가지고 있다는 것, 따라서 투자자도 도박꾼과 같은 전문 도박꾼에 불과하다는 사실을 폭로합니다. 그렇다면 투자자들도 도박꾼들이 흔히 빠지는 종교적 도취 상태를 공유하고 있겠지요. 비록 주식시장에서 돈을 잃을지라도, 투자자들은 그것을 주식시장이 아닌 자신의 운명 탓이라고 믿기 쉽습니다.

흥미로운 사실은 도박장에 도박꾼들이 몰려들지 않으면 도박은 불가능해진다는 점입니다. 어차피 일확천금이란 것은 떼로 몰려든 도박꾼들의 판돈을 모조리 몇몇 사람들의 수중에 몰아 넣어주는 것이니까요. 아이러니한 점은 도박장에서 가장 안정적으로 이득을 확보하는 사람은 바로 도박장 주인이라는 사실입니다. 수많은 도박꾼을 끌어들이기 위해서 일확천금의 미끼를 휘두르는 이유도 바로 여기에 있지요. 그런데 이것은 도박장에만 해당할까요? 주식시장도 마찬가지입니다. 금융자본가들은 투자자들이 주식시장에 몰려들기를 소망합니다. 단것을 보고 몰려드는 수많은 개미처럼 말이지요. 그런데 만약 일확천금의 소망이 사라진다면 개미 투자자들은 누가 시키지 않아도 자연히 주식시장에서 철시하게 될 겁니다. 이렇게 되면 주식시장은 붕괴되고, 금융자본가도 망하게 되겠지요. 그래서 금융자본은 항상 투자를 격려하며 일확천금의 전설을 끊이지 않고 다양한 형태로 유포시킵니다.

도박이 폭로하는 자본주의의 종교성

중세 서양 사람들에게 신은 선택의 문제가 아니라 생존의 문제였습니다. 중세시대에 이단으로 지목되면 바로 살해되기도 했으니까요. 그런데 이제 종교의 자유를 얻게 된 대신 자본주의사회에 편입된 모든 인간은 돈이라는 새로운 신을 믿고 그것에 의지하게 되었습니다. 하지만 돈은 기독교의 신과는 달리 매우 세속적입니다. 기독교의 신은 우리가 죽은 뒤에 더욱 극적으로 우리 삶에 개입합니다. 그러나 자본주의의 신은 어느 때든 우리 삶의 모든 과정에 철저히 개입합니다. 이 점에서 기독교의 신이 '초월적(transcendent)'이라면 자본주의의 신은 '내재적(immanent)'이면서 동시에 '초월적'이라고 할 수 있지요. 자신의 노동력을 팔아야만 돈을 만질 수 있는 사람들의 경우를 생각해보세요. 현재 그들은 자신의 꿈을 이룰 수 있을 정도의 돈을 가지고 있지 않습니다. 그들에게 돈은 자신이 만질 수 없는 곳에 있습니다. 다시 말해 '초월해 있는' 것으로 보이지요. 하지만 동시에 그들은 일정한 상품을 구매할 돈을 가지고 있지요. 이 점에서 보면 그들에게 '돈'은 자신에게 '내재해 있는' 것으로 보입니다.

기독교의 신은 내세에서, 돈은 현세에서 가장 확실하게 그 전능을 확인할 수 있습니다. 이 때문에 돈은 더 강하게 우리를 지배하지요. 벤야민이 도박 문제를 다루면서 주목하려고 했던 부분도 바로 이런 자본주의의 종교성이었습니다. 사실 더 정확히 말하면 그에게는 자본주의가 또 다른 종교에 지나지 않았던 것입니다. 이미 그는 1921년 중반에 〈종교로서의 자본주의(Kapitalismus als Religion)〉라는 논문을 썼지요. 사실 마르크스는 자본주의와 종교를 전혀 다른 차원으로 사유했습니다. 마르크스는 종교를 자본주의가 가져다주는 고통을 완화해주는 일종의 아편으로 생각했지요. 이 때문에 마르크스는 "종교는 아편이다"라고 말합니다. 우선 1844년 마르크스의 이야기를 들어볼까요.

종교상의 불행은, 첫째로 현실 불행의 표현이고 둘째로는 현실의 불행에 대한 항의다. 종교는 번민하는 자의 한숨이며 인정 없는 세계의 심장인 동시에 정신없는 상태의 정신이다. 그것은 민중의 아편이다. 민중의 환상적인 행복인 종교를 폐기하는 것은 민중의 현실적인 행복을 요구하는 일이다. 민중에게 자신의 상태에 대해 그리는 환상을 버리라고 요구하는 것은 그 환상을 필요로 하는 상태를 버리라고 요구하는 일이다. 따라서 종교에 대한 비판은 종교를 후광으로 하는 고통스런 세계에 대한 비판을 내포하고 있다.[12]

"종교는 아편이다"라는 마르크스의 주장을 간혹 너무 단순하게 이해하려는 경향이 있습니다. 마르크스는 종교 자체를 거부한 무신론자였다는 식으로요. 그러나 마르크스의 입장은 그렇게 단순하지 않습니다. 자신의 노동력을 팔아야만 살아갈 수 있는 사람들에게 자본주의사회는 무척 고통스러운 곳입니다. 이때 종교는 그들에게 현실의 고통을 완화해주는 아편처럼 기능합니다. 이 경우 종교마저 없다면 그들은 현실의 고통에 무방비 상태로 내몰리고 맙니다. 따라서 사람들에게 종교를 멀리해야 한다고 말하는 것은, 그들에게 마취제 없이 고통에 직면하라고 강요하는 것과 같습니다. 물론 이것이 마르크스가 말하려고 했던 최종 결론은 아닙니다. 그가 진정으로 하고 싶었던 말은, 현실의 고통이 사라진다면 종교적 공상 또한 사라지게 된다는 점이었습니다. 이때문에 그는 자본주의라는 현실이 가진 모순과 고통을 치료하는 것이 우선 중요하다고 강조합니다. 그렇게만 되면 우리의 불쌍한 이웃들이 종교를 맹목적으로 따르지 않을 것이라고 봤지요.

마르크스에게 자본주의가 현실이라면, 종교는 현실과 무관한 공상입니다. 그러나 벤야민은 마르크스와 달리 자본주의 자체가 현실이면서도 공상이라고 생각했습니다. 만약 벤야민의 입장이 옳다면 다음과 같은 놀라운 결과가 도출됩니다. 자본주의 자체가 종교로 작동하므로 만일 자본주의의 종교성이 사라진다면, 자본주의도 근본적으로 폐기된다고 말입니다. 이 점에서 벤야민의 사유는 매우 중요한 가치가 있지요. 《아케이드 프로젝트》에서 벤야민이 도박을 살펴본 이유이기도 합니다. 그는 도박을 종교로서의 자본주의의 특징이 확연히 드러나는 구체적 사례로 간주했습니다. 그래서 도박에 종교적 성격이 있다고 주장했던 아나톨 프랑스와 라파르그의 주장을 인용했지요. 그런데 흥미로운 사실은 벤야민이 도박 외에도 일상적 삶과 매춘의 경우도 자본주의의 종교성 사례로 염두에 두었다는 점입니다. 이제 직접 그의 이야기를 들어보지요.

시도 때도 없이 방황했기 때문에 도처에 거리의 이미지를 자기 나름의 의미로 바꿔 해석하는 것에 익숙해지지 않았을까? 그는 아케이드를 카지노로, 즉 빨강, 파랑, 녹색이란 감정의 칩을 여자들에게, 갑자기 나타난 여자의 얼굴 — 과연 얼굴을 돌

릴까?—혹은 아무 말 없는 입—과연 말을 걸어올까?—에 내
기를 거는 도박장으로 바꾸어버리지 않는가? 도박대의 녹색
천 위에서 모든 숫자로부터 도박꾼을 응시하고 있는 것—즉 행
운—이 이곳 아케이드에서는 모든 여자의 몸에서 성적인 키마
이라가 되어 그에게 눈짓을 보내온다. 그의 '타입'이라는 환영
으로서 말이다. 그것은 바로 이 순간 적중시키려고 하는 숫자,
암호와 다른 것이 아니다. 숫자, 암호 형태로 행운이 그것의 이
름을 부른다. 그러나 바로 다음 순간 행운은 다른 암호로 넘어
가버리지만 말이다. …… 그의 타입—그것은 룰렛 판의 36개
칸 중 지금 바로 돈을 건 칸과 같은 것으로, 호색을 탐하는 남자
의 눈은 룰렛의 상아 구술이 빨강 혹은 검정 칸에 멈추듯이 저
절로 그것에 빨려들어간다. 그는 터질 듯 불룩해진 지갑을 들고
팔레 루아얄을 나와 창녀를 부른다. 그리고 그녀의 품 안에서
다시 한번 숫자와 짝짓기한 것을 자축한다. 그처럼 숫자에 돈을
거는 행위를 통해 돈과 재산이 모든 중력에서 해방되어 운명의
패에 의해 그에게 떨어진 것은, 마치 여자가 순조롭게 포옹에
응해준 것과 동일하다. 사창가와 도박장에 존재하는 희열은 완
전히 동일한 것이니, 가장 죄가 무거운 희열이기 때문이다. 즉
쾌락을 운명의 장으로 만드는 것이다. 어떤 종류의 것이든 관능
적 쾌락으로 신학적 죄의 개념을 규정할 수 있다고 보는 생각
은, 세상 물정 모르는 관념론자들이나 마음대로 공상하도록 내
버려두기로 하자. 진정한 외설 행위의 근저에는 다름 아니라 기
본적으로 이런 방식으로 신과 함께하는 삶의 경로로부터 쾌락

을 훔쳐내는 것이 자리 잡고 있다. 신이 그런 삶과 맺는 계약은 신의 이름 속에 들어 있기 때문이다. 그런 이름 자체가 벌거벗은 쾌락의 절규이다. 이 냉정한 것, 그 자체로는 아무런 운명도 존재하지 않는 이것―즉 이름―의 적으로, 매춘에서는 신을 대신하며 미신 속에서는 무기고를 만드는 그런 것으로, 운명만 한 것이 없다. 따라서 도박과 매춘부에게는 운명의 여러 가지 모습을 만들어내는 미신이 존재하는데, 모든 음란하고 난잡한 쾌락을 운명의 쓸데없는 참견과 운명의 색욕으로 가득 채워버려 쾌락조차도 운명이 앉아 있는 왕좌 앞에 무릎을 꿇고 만다.[13]

카페에 혼자 앉아 커피를 마시며 입구의 문을 응시하고 있을 때 매력적인 이성이 들어오는 것을 본 적이 있는지요? 거리를 지나가다 "아! 저 사람은 내 타입이야"라고 혼잣말을 해본 경험은 없나요? 도시에서는 흔히 벌어질 수 있는 일입니다. 너무나 많은 여성과 남성으로 우글거리는 곳이 바로 도시이기 때문입니다. 그렇다면 그 많은 사람 가운데 나의 연인은 과연 어디에 있을까요? 이것은 사실 시골에서는 불가능한 고민이겠지요. 시골에서는 누가 누구인지 분명히 알기 때문입니다. 숙명과도 같은 만남이 가능한 곳, 그곳이 바로 대도시입니다. 대도시에서 연인과의 숙명적인 만남은 마치 룰렛 판 위의 구슬이 내가 지정한 곳에 멈추는 행운과도 유사한 일입니다.

그러나 단지 이것만이 아닐 겁니다. 산업자본주의가 지배하는 대도시의 삶에서는 거의 모든 일이 마치 룰렛 판 위의 구슬이 돌고 멈추는 것처럼 진행되니까요. 입사원서를 제출할 때도 우리는 룰렛에 판돈을 건 사람처럼 기대하기도 하고, 불안에 떨기도 합니다. 아무리 성적이 좋아도, 영어 회화에 능숙해도 자신이 원하는 곳에 취업하리라고 장담할 수 없습니다. 각 대학교 중앙도서관의 풍경은 여러모로 성당과 비슷합니다. 늦은 밤까지 공부하는 도서관 열람실의 학생들 모습은 소원을 빌며 밤샘 기도를 드리는 신자들의 모습과 상당 부분 닮았기 때문입니다.

벤야민은 대도시에서 이뤄지는 대부분의 행동이 돈이라는 신에게 바치는 기도라고 생각했습니다. 이와 같은 자본주의의 종교적 성격을 가장 분명히 보여주는 것이 바로 도박과 매춘이라고 봤지요. 회전하던 구슬이 천천히 멈추자 마침내 도박꾼은 운명의 여신이 자신에게 미소를 보내고 있다는 것을 알아차립니다. 자신의 모든 판돈을 걸었던 13이란 숫자에 구슬이 천천히 멈추는 것을 봤기 때문이지요. 소망과 기대가 현실로 나타나는 순간입니다. 바로 이 시간이야말로 도박꾼에게는 희열과 쾌락의 순간일 겁니다. 불룩해진 지갑을 들고 도박꾼은 팔레 루아얄에서 나옵니다. 그리고 다시 한번 자신의 운을 시험해보려 하지요. 그는 이제 매춘부를 부릅니다. 그러나 자신이 기대하던 타입의 매춘부가 나타날지는 알 수 없습니다. 벤야민이 도박에 이어 매춘을 곧바로 언급한 것은 도박과 마찬가지로 매춘에도 종교적 소망과 기대가 존재한다고 봤기 때문이지요.

벤야민이 숙고한 것은 자본주의의 합리적인 측면이 아닙니다. 겉으로는 합리적으로 작동하는 것처럼 보이는 자본주의의 이면에는 인간의 무지 혹은 종교성과 같은 비합리적인 요소가 도사리고 있습니다. 좀 더 정확히 말해서 벤야민이 보기에 자본주의의 생명력은 오히려 종교성 그 자체에 있었지요. 벤야민은 태고시대로부터 인간을 지배했던 종교 논리를 매우 중요하게 간주했습니다. 그리고 바로 이런 맥락에서 돈이라는 신에 대한 철저한 복종과 그의 은총을 기다리는 소망의 심리가 인간에게 존재하지 않았다면 자본주의는 결코 제대로 기능할 수 없다고 봤지요. 짐멜주의자다운 주장입니다. 룰렛의 구슬이 자신이 판돈을 건 숫자에 멈췄을 때 발생하는 희열. 불행히도 구슬이 나의 소망을 비켜갈 때 찾아드는 엄청난 좌절감. 판돈을 잃었어도 자신을 탓할 뿐 룰렛을 탓하지는 않는 경건함. 자본주의라는 종교성의 신비는 바로 이런 장면들 속에 고스란히 담겨 있습니다. 그래서 룰렛과 그곳의 구슬을 응시하는 도박꾼의 종교적인 내면세계를 성찰하는 것은 매우 의미 있는 일입니다.

벤야민은 도박과 매춘에 존재하는 희열이 "신과 함께하는 삶의 경로로부터 쾌락을 훔쳐내기" 때문에 가능하다고 말합니다. 바로 이 말이 관건이지요. 그러나 매우 난해한 표현입니다. 다행히도 일본의 철학자 구키 슈조(九鬼周造, 1888~1941)에게서 이 문제와 관련해 약간의 도움을 얻을 수 있습니다. 구키는 1935년 매우 중요한 책을 하나 펴냅니다. 그것이 바로《우연성의 문제(偶然性の問題)》입니다. 벤야민의 이야기를 해명하는 데 도움이 되는 다음 한 구절을 살펴보겠습니다.

가능성의 감정 가치인 희망과 걱정이 공통적으로 불안이라는 긴장을 가진 감정인 데 반해서, 필연성의 감정 가치인 안심, 만족, 실망, 우울은 어느 것이나 모두 무엇인가 이완 상태에 있는 평온한 감정이다. 이 때문에 감정의 긴장성은 가능성의 미래성에 기초하고, 이완성은 필연성의 과거에 기초하게 된다. 우연성에 해당하는 감정은 어떤 감정인가? '기우(奇遇)'나 '기연(奇緣)' 등의 용어의 존재가 보여주는 것처럼 우연성의 감정 가치는 바로 경이로움의 정서이다. …… 우연성이 경이로움이라는 흥분적 감정을 자아내는 것은 문제가 미해결된 채로 '눈앞에' 던져져 있기 때문이다. 경이로움의 정서는 우연성의 시간적 성격인 현재성에 기초하고 있다.[14]

구키의 논의는 도박의 종교성을 해명하는 데 도움을 줍니다. 표현이 조금 어렵지만, 주사위 도박이라는 단순한 예를 통해 그의 논의를 정리해봅시다. 어느 도박꾼이 주사위의 숫자 3에 판돈을 걸었습니다. 얼마 뒤 주사위는 던져졌습니다. 주사위가 멈추면서 한 숫자가 나왔을 겁니다. 그 결과 운 좋게 자신이 건 숫자가 나왔을 수도 있고, 아닐 수도 있겠지요. 이것을 도박꾼의 시간의식으로 풀어봅시다. 주사위가 던져지기 전에 도박꾼은 "미래"를 꿈꿀 겁니다. 주사위가 멈춘 바로 그 순간, 그는 자신의 미래가 현실화되는 "현재"라는 시간과 마주합니다. 그리고 당첨되었든 그렇지 않든 간에 도박꾼은 자신이 판돈을 건 숫자와 주사위에 나타난 숫자를 모두 기억하겠지요. 이때 모든 것은 이미 그에

II. 유행, 도박, 매춘… 욕망의 거대한 집어등: 벤야민의 에로틱마르크시즘

게 돌이킬 수 없는 "과거"가 되어버린 셈입니다.

　미래는 가능성의 장이기 때문에 도박꾼은 희망이나 걱정처럼 불안이 고조된 감정 상태에 빠져 있습니다. 반면 과거는 이미 돌이킬 수 없는 필연성의 장이기 때문에 그는 만족이나 실망과 같이 이완된 감정 상태에 놓이게 됩니다. 구키가 이야기한 논의의 하이라이트는 가능성으로만 존재하던 주사위 숫자가 현실에 실현되는 순간, 즉 가능성이 현실화되는 "현재"라는 순간입니다. 가능성과 현실성은 분명 다른 차원의 개념입니다. 가능하다는 것은 현실화되지 않을 수도 있다는 것을 의미하니까요. 그런데 가능하기만 했던 것이 바로 "눈앞에서" 실현되는 순간이 다가옵니다. 구키는 이때 도박꾼이 경이로움이라는 최고도로 흥분된 감정, 어쩌면 성적인 쾌감보다 더 큰 오르가슴을 느낀다고 이야기합니다. 만약 자신이 당첨된 이유를 합리적으로 설명할 수만 있다면, 그에게 경이감은 생기지 않았을지도 모릅니다. 원인을 알지 못한 감정이 뒤섞일 때 비로소 경이로움은 더욱 강화됩니다. 이 때문에 구키는 "우연성이 경이로움이라는 흥분적 감정을 자아내는 것은 문제가 미해결된 채로 '눈앞에' 던져져 있기 때문이다"라고 말했던 겁니다.

　구키가 말한 경이로움이라는 흥분 상태는 도박꾼이 "신과 함께하는 삶의 경로로부터 쾌락을 훔쳐낸다"는 벤야민의 말을 이해하도록 해줍니다. 도박꾼의 쾌락은 운명과 결합된 쾌락입니다. 그래서 그의 쾌락은 관능적 쾌락보다는 종교적 쾌락에 가깝지요. 도박꾼의 쾌락은 육체가 아닌 전적으로 정신적, 관념적이기 때문입니다. 판돈을 걸었기 때문에 생기는 불안과 기대, 그리고 마침내 주사위가 자신이 건 숫자를 드러내 보일 때, 도박꾼은 벤야민의 말처럼 이렇게 외치게 됩니다. "오! 신이시여." 사실 주사위가 굴러갈 때부터 그는 수없이 신을 마음속으로 되뇌겠지요. 그러나 사실 도박에는 신이나 운명 같은 것은 존재하지 않습니다. 신이 자신에게 미소를 짓거나 운명이 자신에게 찾아들었다는 경이감은 도박꾼의 기대 심리에 의해 파생된 일종의 착각이기 때문이지요. 벤야민이 "이 냉정한 것, 그 자체로는 아무런 운명도 존재하지 않는 이것—즉 이름—의 적으로, 매춘에서는 신을 대신하며 미신 속에서는 무기고를 만드는 그런 것으로, 운명만 한 것이 없다"고 말했던 이유도 바로 여기에 있습니다.

길거리에서 매혹적인 사람과의 우연한 만남, 거대한 판돈을 걸고 들뜬 상태에서 운명의 신을 기다리는 도박, 그리고 자신이 기대하던 모습의 매춘부를 기다리는 사창가의 침대. 이런 경우들에만 경이감이 존재하는 것은 아닙니다. 한번 자신의 주변을 둘러보세요. 마음에 드는 연인을 길거리에서 만났을 때, 학교나 회사로부터 합격통지서를 받았을 때, 내가 투자한 주식 가격이 예상보다 훨씬 더 올랐을 때도 우리는 마찬가지의 경이로움을 느낍니다. 분명 연인을 만나지 못했을 수도, 나 아닌 다른 사람이 합격통지서를 받았을 수도, 그리고 주식 가격이 도리어 떨어질 수도 있습니다. 그런데도 연인을 만났고, 합격통지서를 받았고, 주식 가격은 오르는 그 소망스럽고도 놀라운 일이 '다른 누구도 아닌 바로 나'에게 일어난 것이지요. 그러나 나는 내게 찾아온 그런 행운들에 대해 그 원인을 설명할 수 없습니다. 그러니 어떻게 경이로운 감정이 생기지 않을 수 있겠습니까? 기껏해야 우리는 영원의 세계를 얼핏 본 것처럼 운명의 여신이나 신의 장난에 대해 이야기할 수 있을 뿐이지요.

벤야민을 통해서 우리는 도박의 희열이 관능적일 뿐만 아니라 관념적이면서 동시에 종교적이라는 점을 배웠습니다. 도박이란 결국 종교의 핵심 감정인 경이로움과 관련되기 때문입니다. 그래서 도박에서 판돈을 잃어도 도박꾼은 결코 도박 자체를 탓하지 않습니다. 확률적으로 자신이 판돈을 건 룰렛의 숫자에 구슬이 멈출 가능성이 별로 없음을 알기 때문이지요. 그러나 사실 상황은 그 반대일 수도 있습니다. 오히려 낮은 확률이야말로 구슬이 자신의 숫자에 멈췄을 때 경이감을 더욱 증폭시키니까요. 물론 도박이 가진 종교성은 근본적으로는 자본주의사회에서 돈이 가진 존재론적 성격 때문에 가능합니다. 다시 말해 도박에 걸었던 작은 판돈과 운 좋게 얻게 된 일확천금 사이의 양적 차이가 존재하지 않는다면 경이로움이 발생하지도 않을 테니까요. 돈은 초월적이면서 동시에 내재적인 힘, 다시 말해 신적인 힘을 갖고 있습니다. 자신이 정한 숫자에 구슬이 멈추는 경이로운 사건은 실은 초월적이라고 여긴 돈이 한순간에 나에게 내재하는 사건과 같습니다. 따라서 이러한 사건을 지켜본 이들은 마치 운명처럼, 신의 의지처럼 자신에게도 돈의 권력이 내재하기를 간절히 기원하겠지요.

매춘에서 사랑을 꿈꾸다!

도박의 논리를 설명하면서 벤야민은 도박꾼이 "터질 듯 불룩해진 지갑을 들고 팔레 루아얄을 나와 창녀를 부른다. 그리고 그녀의 품 안에서 다시 한번 숫자와 짝짓기한 것을 자축한다"고 묘사합니다. 일종의 뒤풀이인 셈이죠. 사실 돈이 없다면 매춘부를 부를 수도 없을 겁니다. 매춘부는 그가 추하든 나쁜 사람이든 비천한 사람이든 관계가 없습니다. 매춘부가 관심 있는 것은 그의 인격이 아니라 그가 잠시 소유한 돈이기 때문입니다. 셰익스피어의 다음과 같은 말이 맞는 것 같습니다. 그는 돈이 "검은 것을 희게, 추한 것을 아름답게 만든다네. 나쁜 것을 좋게, 늙은 것을 젊게, 비천한 것을 고귀하게 만드는" 역능을 가지고 있다고 표현했으니까요.

그렇다면 매춘부는 어떻게 탄생했던 걸까요? 자본주의사회의 논리를 따라가보면 매춘부의 탄생을 어렵지 않게 이해할 수 있습니다. 매춘부는 노동자와 마찬가지로 수중에 돈이 별로 없는 존재입니다. 가진 것이 없기 때문에 매춘부나 노동자는 자신의 육체, 혹은 자신의 능력을 파는 것입니다. 그 대가로 받은 돈으로 기본적인 의식주를 확보할 수 있을 테니까요. 그런데 과연 매춘 행위는 가난한 여성들의 어쩔 수 없는 선택으로 온전히 설명될 수 있을까요? 여기서 중요한 것은 매춘 행위를 통해 얻은 돈으로 여성들이 무엇을 했는가 하는 점입니다. 벤야민은 19세기 초 파리에서 일어난 어떤 풍조를 기록한 다음 글에 주목합니다.

앙리 드 툴루즈 로트레크(Henri de Toulouse-
Lautrec, 1864~1901)의 〈물랭가의 살롱〉(1894).
파리 물랭가의 매춘부들이 화려하고 고급스런 가구로
장식된 방에서 손님을 기다리고 있다. 로트레크는
여성들의 불안과 나른함을 과장하지 않고 사실적으로
묘사했다. 선천적으로 뼈에 문제가 있었고 사고까지
난 터에 장애가 있던 로트레크는 술집, 사창가, 살롱,
극장 등을 돌아다니며 파리의 밤 문화와 사람들의
삶을 진솔하게 그렸다. 매독과 알코올 중독으로
건강이 나빠져 1901년 이른 나이에 사망했다.

파리의 많은 젊은 여성들의 미덕에 위기가 닥치는 시기가, 연중 특정한 시기가 있다. 경찰의 조사에 따르면 이 기간 동안 인가된 매춘 시설이나 그 밖의 장소에서 무면허로 몸을 파는 여자들이 1년의 다른 나머지 시기를 합친 것보다 훨씬 더 많이 눈에 띈다고 한다. 종종 이처럼 방탕이 주기적으로 변동하는 원인에 대해 물어보았으나 이 문제에 대해 대답할 수 있는 사람은 없었다. 관청도 마찬가지였다. 따라서 내 자신의 관찰에 의지할 수밖에 없었으며 끈기 있게 노력한 결과 마침내 …… 이처럼 매춘이 증가하는 …… 진정한 원리를 찾아낼 수 있었다. 새해, 공현제(1월 6일), 성모와 관련된 축일이 다가오면 소녀들은 선물을 주거나 받고, 아름다운 꽃다발을 보내고 싶어 한다. 또 새로운 드레스나 유행하는 모자를 갖고 싶어 한다. 그리고 이를 위해 필요한 금전적인 수단이 결여되어 있기 때문에 …… 며칠간 매춘에 종사해서 필요한 자금을 확보하는 것이다. …… 바로 이것이 특정한 시기나 특정한 축제일에 즈음하여 방탕한 행동이 증가하는 이유이다.[15]

베로(F. F. A. Béraud)는 "파리의 많은 젊은 여성들의 미덕에 위기가 닥치는 시기가" 있다는 사실을 발견합니다. 그러나 당시에는 이런 현상을 설명해줄 수 있는 관청도 전문가도 없었지요. 그래서 그는 자신이 직접 관찰하기 시작합니다. 마침내 그는 이 문제가 특정한 축제일과 관련된다는 사실을 알게 되지요. 축제일에 소녀들은 선물이나 꽃다발을 주거나 받으려고 합니다. 그리고 축제일을 화려하게 보낼 수 있는 새로운 드레스나 유행하는 모자를 갖고 싶어 합니다. 그런데 문제는 그럴 만한 돈이 전혀 없다는 점이지요. 그렇다고 일해서 돈을 벌 수 있는 다양한 노동 현장이 있는 것도 아닙니다. 결국 그녀들은 자신의 몸을 파는 것을 선택합니다.

주목해야 할 점은 매춘을 통해 번 그 돈이 어디로 가느냐는 것입니다. 예측 가능한 것처럼 그 돈은 옷이나 모자 등을 만들어 파는 산업자본으로 흘러갔지요. 여기서 우리는 우리 사회의 청소년들과 관련된 유사한 풍경을 떠올려볼 수 있습니다. 밸런타인데이, 화이트데이, 빼빼로데이 등 이루 헤아릴 수 없이 많은 기념일이 우리 주변의 청소년들을 유혹합니다. 편의점이나 대중매체 그리고 인터넷은 기념일과 관련된 각양 각종의 상품을 판매하는 데 혈안이 되어 있습니다. 그러나 과연 이런 양상은 청소년들의 기념일에만 한정될까요? 결혼식과 관련해 오가는 여러 예물과 혼수들을 살펴보세요. 아니면 전통 명절에 오가는 수많은 선물을 생각해보세요. 도처에서 특별한 날 혹은 기념일이 이미 산업자본에 의해 철저하게 이용된다는 사실을 어렵지 않게 찾아볼 수 있을 겁니다.

매춘에 대한 벤야민의 통찰은 매우 전방위적입니다. 그것은 그가 자신의 이론에 의거해서 현실을 보는 것이 아니라 현실로 하여금 스스로 말하도록 하는 감각을 지녔기 때문이지요. 매춘에서 돈이 갖는 기능에 대한 벤야민의 흥미로운 지적 하나를 여기서 읽어볼 필요가 있습니다. 우선 매춘은 외양으로나마 정상적인 연인관계를 흉내 냅니다. 사랑하는 연인은 서로의 몸에 몰입하기 마련이므로 매춘 역시 이를 모방하는 것이지요. 그러나 매춘 행위는 연인 간의 사랑과는 다른 면모를 보입니다.

매춘에서 돈의 변증법적 기능에 대해. 돈은 쾌락을 사는 것이지만 동시에 수치심의 표현이 된다. 카사노바는 한 화류계의 여자에 대해 "나는 그녀에게 뭔가 나름대로 대가를 치르지 않고 자리를 떠나는 것이 불가능하다는 것을 알고 있었다"라고 말하고 있다. 이처럼 미묘한 발언은 그가 매춘의 가장 은밀한 메커니즘을 알고 있었다는 것을 말해준다. …… 물론 매춘부의 사랑은 돈으로 사는 것이다. 하지만 손님의 수치심은 그렇지 않다. 수치심은 일이 진행되는 15분 동안을 위해 숨을 곳을 찾으며, 가장 상냥한 것에서 그러한 곳을 구한다. 돈이 그것이다. 사랑의 유희 형태가 여러 가지이듯 지불 방법도 각양각색이다. 느려터지거나 아니면 잽싸며, 은밀하거나 아니면 노골적이거나. 이는 도대체 무엇을 의미할까? 사회라는 신체에 수치심으로 붉어진 상처가 생기면 사회는 돈을 분비해 그것을 치유한다. 상처는 금속 딱지로 덮인다. 자기를 수치스럽게 생각하지 않는 싸구려 쾌락은 교활한 난봉꾼에게 맡겨두자. 물론 카사노바는 이보다 훨씬 더 잘 알고 있었다. 처음에는 **뻔뻔스럽게** 동전 한 닢을 책상 위에 던져도 보겠지만 수치심을 느끼면서부터는 그것을 감추기 위해서 동전 100닢을 더 얹어주게 된다는 것을.[16]

벤야민이 던지는 화두는 카사노바(Giovanni Giacomo Casanova, 1725~1798)의 다음과 같은 말에 함축되어 있습니다. "나는 그녀에게 뭔가 나름대로 대가를 치르지 않고 자리를 떠나는 것이 불가능하다는 것을 알고 있었다." 왜 카사노바는 정해진 화대 대신에 더 많은 돈을 그녀에게 주었던 것일까요? 벤야민은 자신의 논평 서두에서 이 물음에 대한 답을 이미 하고 있습니다. 매춘부에게 주어지는 "돈은 쾌락을 사는 것이지만 동시에 수치심의 표현이 된다"고 말이지요. 사랑은 타자를 독점하고 싶어 하는 근원적인 욕망입니다. 그런데 여기에 한 가지 단서가 있습니다. 상대방도 나에 대해 그런 욕망이 들었을 때에만 사랑은 정상적인 형태라고 볼 수 있습니다. 이 때문에 사랑은 타자를 독점하겠다는 나의 소유욕과 나를 독점하겠다는 타자의 소유욕, 이 두 가지 폭력적 소유욕이 미묘한 균형을 유지하는 상태라고 말할 수 있습니다.

그런데 벤야민에 따르면 매춘에는 수치심, 즉 부끄러움이라는 감정이 강하게 개입됩니다. 이 감정은 왜 발생할까요? 물론 돈을 주고 성(性)을 샀다는 데서 오는 부끄러움일 겁니다. 상대방은 오직 내가 가진 돈만을 탐하기 때문이지요. 이런 의미에서 매춘부와 사랑을 나눈 것은 사실 나 자신이라기보다는 내가 가진 돈이었다고 말할 수 있을 겁니다. 매춘부와 사랑을 나눈 뒤 카사노바는 자신이 일시적으로 그녀를 소유했지만, 그녀가 자신을 소유하려고 하지 않았다는 사실을 처음부터 알고 있었습니다. 그리고 결국 이러한 생각이 부끄러움의 기원이 됩니다. 물론 이런 부끄러움은 사랑에 대한, 사랑이라는 감정과의 관계에서 오는 부끄

러움입니다. 나를 소유하려는 욕망이 없는 여인에게 몸을 허락하
도록 한 것은 내가 가진 돈과 돈이 필요한 그녀의 상황이었습니
다. 따라서 내 입장에서 볼 때 그녀와의 사랑은 기본적으로 성폭
력적 행위이고 강간일 수밖에 없습니다. 나라는 인격을 통해서
상대방에게 자발적으로 자신의 몸을 허락하도록 유도한 것이 아
니기 때문이지요.

매춘은 자본주의의 논리를 통해 정당화되는 강간이며, 동시
에 사랑에 대한 배신 행위입니다. 이런 관점에서 보면 결국 카사
노바는 합법적인 강간범이었던 셈이지요. 그러나 비극적인 것은
카사노바에게 자신의 잘못 혹은 수치심을 해소할 방법이 없다는
겁니다. 그렇다면 카사노바는 어떻게 해야 할까요? 이 대목에서
카사노바는 심사숙고합니다. 그녀가 가장 원하는 것이 무엇인지
를 생각해보고 바로 그것을 주겠노라고 말입니다. 물론 그녀에게
제일 필요한 것은 돈이었을 겁니다. 따라서 카사노바가 할 수 있
는 최선의 행동은 그녀가 기대한 것보다 더 큰 돈을 줌으로써 자
신의 수치스러움을 씻는 것이었습니다. 그러나 과연 그 혹은 그
녀의 감정은 돈으로 치유될 수 있을까요? 매춘과 사랑이란 쟁점
과 관련해서 벤야민은 루이 뤼린(Louis Lurine, 1816~1860)이 말했
던 다음과 같은 짧은 이야기를 기록하고 있습니다.

"13구에는 진정으로 사람을 사랑하기 시작했을 때 죽어가
는 여성들이 있다. 이들은 매춘부로서의 마지막 한숨을 사랑
에 바치고 있는 것이다." 루이 뤼린, 《파리의 13구(Le Treizième

Arrondissement de Paris)》, 파리, 1850년, 219/220쪽. 이것은 2년 후에 출판된 《춘희(La Dame aux camélias)》의 공식을 멋지게 보여준다.[17]

　　파리의 13구는 노동자들의 거주지역이자 사창가도 있었습니다. 이곳에서 루이 뤼린은 매춘과 사랑 사이의 역설적인 관계에 주목합니다. 그는 비극적인 뉘앙스로 "진정으로 사람을 사랑하기 시작했을 때 죽어가는 여성들이 있다"고 이야기합니다. 물론 여기서 죽음은 매춘부로서의 죽음을 의미합니다. 그렇지만 이 죽음은 사랑하는 여성으로서의 새로운 탄생을 의미하기도 합니다. 어느 날 매춘부에게 운명적인 사랑이 찾아든 겁니다. 그 순간 매춘부는 손님에게서 돈을 받을 수 없게 됩니다. 그건 자신이 그를 안아주었던 행위가 자기 욕망의 자연스런 표출이었다는 것을 알기 때문이지요. 그녀는 이제 그 손님을 사랑하게 된 것입니다. 그러나 비극은 바로 여기에서 시작되지요. 여전히 돈이 없는 상황은 계속되기 때문입니다. 그래서 루이 뤼린은 "매춘부로서의 마지막 한숨"이라는 문학적 표현을 썼던 겁니다. 사랑을 하지 않아야 매춘부일 수 있고, 오직 그럴 때에만 돈을 벌 수 있는 법입니다. 그러나 사랑을 시작한 매춘부는 이제 돈을 벌 수 없게 된 것이지요.

　　매춘이란 결국 사랑이 자본주의에 지배될 때 파생되는 현상입니다. 우리 자신의 인격이 아니라 내가 가진 돈으로 사랑을 사는 행위니까요. 앞서 살펴본 것처럼 매춘부가 사랑하는 것은 그녀를 안고 있는 남자가 아니라 그 남자가 가진 돈입니다. 그러나 어느 순간 매춘부는 자신의 몸을 돈으로 사려는 어떤 남자를 사랑하게 됩니다. 이것은 그녀에게 그 남자가 돈보다 더 소중한 무엇으로, 다시 말해 돈으로는 바꿀 수 없는 어떤 것으로 나타났다는 것을 의미합니다. 이런 경우 그녀에게 가장 큰 상처는 무엇일까요? 다름 아니라 자신이 사랑하게 된 그 남자가 사랑을 나눈 뒤 돈을 주는 상황일 겁니다. 이것이 그녀에게 큰 상처인 이유는 분명합니다. 돈을 건넴으로써 그는 그녀를 하나의 인격체가 아니라 단순한 매춘부에 불과하다고 여기기 때문이지요.

매춘부가 사랑을 통해서 매춘부로서 수명을 다한다는 사실. 벤야민이 이를 주목했던 이유는 무엇일까요? 그것은 자본주의가 사랑을 아무리 자본의 논리로 포섭하려고 할지라도, 사랑은 자본의 한계를 돌파할 어떤 힘이 있음을 알아본 것이지요. 물론 이것이 해피엔딩의 이야기는 아닙니다. 왜냐하면 자본주의사회에서 사랑이 자본을 영속적으로 압도하는 것은 매우 어려운 일이기 때문입니다. 비록 순간적으로 매춘부는 사랑하는 남자에게서 화대를 받지 않을 수 있지만, 생존을 위해서 다른 손님을 계속 받을 수밖에 없을 겁니다. 그러나 이것도 어쩌면 오래 지속할 수 없을지도 모릅니다. 사랑하는 남자가 있는데도 다른 남자에게 계속 몸을 허락하는 것이 몹시 괴로울 테니까요. 이런 비극은 벤야민이 지적한 것처럼 뒤마(Alexandre Dumas, 1824~1895)의 소설 《춘희》(원제는 '동백꽃을 든 여인', 베르디의 오페라 〈라 트라비아타〉의 원작이기도 하다)의 모티브가 됩니다.

마르그리트 고티에는 화려하게 치장한 채 동백꽃을 들고 다니는 것으로 유명한 고급 매춘부였습니다. 물론 이 모든 화려함은 그녀가 받은 화대 때문에 가능했지요. 그러나 이 화려한 생활도 아르망 뒤발과의 사랑으로 막을 고합니다. 예상된 결과이지만 뒤발과 동거하게 된 고티에는 결국 극심한 생활고를 겪지요. 마침내 뒤발의 부친 충고로 고티에는 이제 그와 헤어질 결심을 합니다. 다시 매춘부의 생활로 돌아가지만 이미 사랑을 알아버린 매춘부로서 그녀의 삶은 이제 한숨과 비탄 자체일 수밖에 없었습니다. 그리고 어느 날 그녀에게는 치명적인 병마가 찾아들지요. 얼마 지나지 않아 자신의 아버지와 고티에 사이에 있었던 일을 뒤늦게 알아차린 뒤발이 그녀를 다시 찾아옵니다. 그러나 고티에는 이미 싸늘한 주검으로 변한 상태였지요.

자본주의에서의 사랑에는 항상 비극적인 요소가 내재되어 있습니다. 그것은 사랑을 포함한 모든 것에 돈이라는 신이 군림하기 때문이지요. 이 점에서 현대인들은 그 누구라도 제2의 고티에가 될 수 있습니다. 지금은 배우자의 조건 중 경제적 능력이 가장 중요한 시대입니다. 나에게 돈을 많이 가져다주는 사람을 남편으로 꼽겠다는 의미지요. 사실 이것이야말로 매춘의 논리와 비슷합니다. 상대에게 자신을 허락하는 첫 번째 조건이 돈인 한 누구도 이 점을 부인하기는 어려울 것입니다. 그러나 언젠가 고티에의 경우처럼 사랑이 찾아들면 더는 매춘 행위를 지속할 수 없겠지요. 여기서 우리는 사랑과 매춘 사이의 비극, 혹은 《춘희》의 비극이 여전히 반복될 수밖에 없는 조건에서 우리가 살아가고 있

1896년 뒤마의 〈동백꽃을 든 여인〉 공연 포스터, 포스터의 인물은 당시 프랑스 문화의 아이콘이자 최고의 배우였던 사라 베르나르(Sarah Bernhardt, 1844~1923)이다. 사라 베르나르가 소설의 주인공 마르그리트 고티에 역을 맡았다. 포스터는 체코 출신 화가 알폰스 무하(Alfons Mucha , 1860~1939)가 그렸다. 그는 회화, 책 삽화, 포스터, 벽지, 카펫 등의 작업을 했는데 이는 후일 아르누보를 대표하는 양식으로 널리 알려졌다. 특히 그의 연극 포스터들이 유명하다.

다는 사실을 이해하게 됩니다. 벤야민이 사랑과 매춘 사이의 비극, 그리고 이 사이에 개입되는 자본주의의 문제에 관심을 두었던 것도 이런 이유에서입니다.

벤야민은 사랑이 자본주의와 결합하면 결국 매춘으로 변질된다는 점을 고발하고자 했습니다. 그런데 벤야민이 강조하지 않았던 반대 상황 역시 중요한 것 아닐까요? 우리에게서 사랑이 발생할 때, 비록 한숨과 비탄 속일지라도 매춘 행위는 힘을 잃을 수밖에 없습니다. 사랑이 자본주의의 포섭을 막는 일종의 혁명적 힘으로 해석될 여지가 있는 것도 바로 이런 능력 때문이지요. 잠시 사르트르(Jean-Paul Sartre, 1905~1980)의 《존재와 무(L'Être et le Néant)》를 읽을 필요가 있을 것 같네요. 그는 애무와 키스 같은 육체적 사랑, 성적인 사랑의 비밀에 대해 깊이 숙고했던 철학자였으니까요.

욕망은 타자의 육체(corps)로부터 그 옷들을 벗길 뿐만 아니라 그 육체의 운동도 빼앗아, 타자의 육체를 순수한 살(chair)로 존재하도록 만들려는 시도이다. 이런 의미에서 애무는 타자의 육체를 내 것으로 가지려는 운동이다. 만일 애무가 단지 피부 표면을 건드리거나 쓸어주는 일이라면, 이런 행동과 애무가 충족시키려고 하는 강력한 욕망 사이에는 분명히 어떤 관련도 없게 될 것이다. …… 애무는 단순한 접촉을 원하지 않는다. 애무를 접촉으로 환원시키는 사람은 애무가 가진 독특한 의미를 상실하게 될 것이다. 왜냐하면 애무는 단순한 건드림이 아니라 어떤 모양을 주는 것이기 때문이다. 타자를 애무할 때 나는 내 손가락 아래에서 그녀의 살을 탄생시키고 있는 것이다. 애무는 타자를 육화시키려는 그런 관례들의 앙상블인 것이다.[18]

내가 자유롭듯이 내가 사랑하는 타인도 역시 자유롭습니다. 이것은 그에게 나를 사랑할 수도 있고 그렇지 않을 수도 있는 선택의 힘이 있다는 것을 의미합니다. 그런데 문제는 이 선택이 영원히 지속되지 않는다는 점이지요. 그래서 "영원히 사랑해"라고 사랑하는 사람이 내 귓가에 속삭인다고 해도, 나는 역시 불안하기만 합니다. 그것은 나를 위로하기 위한 단순한 거짓말일 수도 있고, 아니면 다른 사람을 꿈꾸면서 습관적으로 내뱉는 상투어일 수도 있기 때문입니다. 이것은 내가 타인의 내면, 즉 그의 자유를 엿볼 수 없기 때문에 발생하는 문제입니다. 사랑에 빠진 사람은 애인에 대해 항상 불안해합니다. 사랑하는 그 사람은 언제든 나를 떠날 수도 있고, 나를 보면서 다른 사람을 꿈꿀 수도 있기 때문이지요. 어떻게 하면 우리는 타인의 자유, 그러니까 타인의 마음을 잡아놓을 수 있을까요?

사르트르에게 애무란 한마디로 타인의 정신 혹은 자유를 "육화시키려는" 노력을 의미합니다. 내가 타인의 몸을 애무하면, 타인은 나의 손길에 자신의 정신을 집중시킬 수밖에 없고 또한 자신의 몸으로 반응할 것이기 때문입니다. 그것은 몸의 뒤틀림일 수도 있고 아니면 간지러워 내뱉는 소리일 수도 있겠지요. 어쨌든 자신의 육체적 느낌을 몸으로 표현하는 순간, 타인의 육체는 바로 살로 변한다는 것이 사르트르의 생각입니다. 최소한 이 순간만큼은 나 혹은 나의 손길에 집중할 것이고 다른 선택을 할 수 없는 상황에 빠지겠지요. 물론 이것은 순간적인 효과에 지나지 않을 수도 있습니다. 육체적 쾌락에서 빠져나오자마자 타인은 또다시 내가 잡을 수 없는 자유의 세계로 돌아갈 테니까 말입니다.

타인의 자유, 특히 이 타자가 내가 사랑하는 사람이라면, 우리는 그 상대를 성적으로 흥분시키려고 합니다. 왜냐하면 사르트르의 표현처럼 일순간이나마 상대의 자유를 무력화할 수 있으니까요. 그래서 결혼하기 전에 젊은 연인들은 그렇게도 상대방의 몸을 탐닉하는지도 모릅니다. 그러나 결혼을 통해 상대방이 법적으로 내 것이 되었다고 확신하는 순간, 상황은 급작스럽게 뒤바뀝니다. 이전의 강력한 성적 욕망, 가질 수 없는 대상에게 느끼는 성적 욕망이 희석되기 때문입니다.

보들레르는 도박장이나 사창가의 희열과 쾌락을 알고 있었고, 그것을 시로 표현했습니다. 동시에 그는 도박장과 사창가가 훼손시키는 것이 무엇인지도 직감적으로 알고 있었습니다. 도박장에서 보들레르는 자본주의가 숨긴 종교적 성격을 직감했다면, 사창가에서는 사랑을 불가능하게 하는 자본주의의 위력을 느꼈습니다. 도박장과 사창가를 어슬렁거릴 때, 보들레르는 노동과 사랑의 진정한 가치를 망각했던 것으로 보입니다. 그러나 도박장과 사창가에 들어서자마자 거의 본능적으로 도박장과 사창가를 멀리하려고 합니다. 이것은 그가 무의식적으로 종교가 아닌 건강한 노동의 세계를, 그리고 매춘이 아닌 사랑을 지향했다는 것을 보여주는 것이 아닐까요? 바로 이 점을 가장 잘 알고 있던 인물이 다름 아닌 벤야민이었습니다. 그가 그토록 보들레르에게 집착했던 것, 19세기 자본주의의 근저를 보들레르와 그의 모순적 삶을 통해 규명하고자 했던 것도 바로 이 때문이었을 겁니다. 유행, 투자, 그리고 매춘에서 종교적이고 관능적인 아우라를 남기며 우리 욕망을 왜곡시키는 자본주의와 맞서 싸우려는 벤야민입니다.

1   발터 벤야민, 《아케이드 프로젝트》[N 1a, 6], 조형준 옮김, 새물결, 2005.

2   발터 벤야민, 〈1939년 개요〉, 같은 책.

3   F. F. A. 베로(Béraud), 《파리의 매춘부(Les Filles publique de Paris)》, 파리/라이프치히, 1839, 1권, 207~209쪽, 《아케이드 프로젝트》[A 4, 4].

4   H. 클루조(Clouzot)/R.-H. 발랑시(Valensi), 《인간희극의 파리(Le Paris de La Comédie humaine)》(《발자크와 그의 납품업자들(Balzac et ses fournisseurs)》), 파리, 1926년, 31~32쪽(〈신유행품점〉), 《아케이드 프로젝트》[A 8, 3].

5   루돌프 폰 예링(Rudolf von Jhering), 《법의 목적》 2권, 라이프치히, 1883년, 234~238쪽, 《아케이드 프로젝트》[B 6; B 6a, 1]

6   에두아르트 푹스(Eduard Fuchs), 《중세에서 현재까지 삽화로 보는 풍속의 역사, 부르주아 시대》, 별권, 뮌헨, 53/54쪽, 《아케이드 프로젝트》[B 7a, 4].

7   《아케이드 프로젝트》[B 9, 1].

8   《아케이드 프로젝트》[B 3, 8].

9   조르주 바타유, 《에로티즘의 역사》, 조한경 옮김, 민음사, 1998년.

10 아나톨 프랑스(Anatole France), 《에피쿠로스의 정원(Le Jardin d'Epicure)》, 파리, 15~18쪽, 《아케이드 프로젝트》[O 4a].

11 폴 라파르그(Paul Lafargue), 〈신앙의 원인들(Die Ursachen des Gottesglaubens)〉, 《디 노이에 차이트(Die Neue Zeit)》, 24권 1호, 슈투트가르트, 1906년, 512쪽, 《아케이드 프로젝트》[O 4, 1].

12 카를 마르크스, 《헤겔 법철학 비판》, 강유원 옮김, 이론과실천, 2011.

13 《아케이드 프로젝트》[O 1, 1].

14 쿠키 슈우조우, 《우연이란 무엇인가》, 김성룡 옮김, 이회문화사, 2000.

15 F. F. A. 베로, 《파리의 매춘부와 매춘부 단속(Les Filles publique de Paris et la police qui les régit)》, 파리/라이프치히, 1839년, 1권, 252~254쪽, 《아케이드 프로젝트》[O 6, 2].

16 《아케이드 프로젝트》[O 1a, 4].

17 《아케이드 프로젝트》[O 7a, 4].

18 장 폴 사르트르, 《존재와 무》, 정소성 옮김, 동서문화사, 2009.

III

감성적 우주를 해방의 우주로 바꿀 때
부르디외의 자본주의적 아비투스

Pierre Bourdieu

누구도 자기 자신에 대해서, 자기는 쓰레기라고 진실로 말할 수 없다.
왜냐하면 만일 내가 그런 말을 한다면, 나는 어떤 뜻에서는 참일 수도
있지만, 그러나 이 진리가 내 자신 속에 스며들 수는 없기 때문이다.
만약 그 진리가 내 자신 속에 스며든다면, 나는 미쳐버리게 되거나
아니면 나 자신을 바꾸지 않으면 안 될 것이다.

—루트비히 비트겐슈타인,《문화와 가치》

비참한 자들이
혁명을 일으킬 수 없는 이유

아비투스와 두 가지 미래

1955년 프랑스 최고의 명문 고등사범학교(ENS, École Normale Supérieure)에서 철학교수 자격시험을 통과한 젊은 철학자 한 사람이 있었습니다. 알제리전쟁이 발발하자 1958년 고등학교에서 교편을 잡고 있던 그는 징집됩니다. 그러나 다행스럽게도 철학교수 자격이 있었기 때문에 군 복무의 일환으로 알제리대학에서 조교로 근무하게 됩니다. 알제리에서 그는 자신의 일생을 바꿀 중대한 체험을 합니다. 그것은 프랑스가 어떻게 식민지 알제리를 억압적으로 지배했는지, 그리고 더 나아가 알제리는 프랑스로 인해 어떤 트라우마를 갖게 되었는지에 관한 문제였습니다. 알제리의 모래바람을 맞으며 수많은 알제리 사람을 만났던 이 젊은 철학자가 바로 부르디외(Pierre Bourdieu, 1930~2002)입니다. 다시 파리로 돌아온 그는 더는 철학이란 학문에 만족할 수 없었습니다.

알제리 국민해방전선(FLN)의 여성
대원들(1956). 알제리전쟁(1954~1962)은
프랑스의 잔인성을 적나라하게 보여준다.
프랑스군은 민간인 군중에게 무차별 총격을
가했고, 국민해방전선을 도운 것으로 추정되는
마을도 폭격했다. 강간, 전기고문, 생매장 등도
빈번히 발생했다. 이 전쟁으로 알제리 인민 약
100만 명이 죽었고, 70만 명이 투옥되었다.
알제리는 이 전쟁으로 1962년 독립했다.

특히나 알제리전쟁을 일종의 혁명으로 이해하고 있던 당시 비판적 지식인들의 생각은 납득하기가 어려웠습니다. 마침내 그는 자신의 학문적 방향을 사회학으로 재조정합니다.

1960년대 초반 그의 사회학적 저작의 대부분은 알제리 문제에 초점을 맞추고 있었습니다. 그는 자신의 조국 프랑스가 알제리에서 저지른 온갖 악행들을 몹시 부끄러워했습니다. 이와 반대로 알제리 사람들을 한없는 연민과 애정의 눈으로 응시했지요. 이 당시에 나온 부르디외의 가장 중요한 책은 《알제리에서의 노동과 노동자들(Travail et travailleurs en Algérie)》(1964)입니다. 책 제목이 보여주는 것처럼 부르디외는 자본가들에게 시선을 두지 않습니다. 그는 노동자들과 그들의 노동에 모든 관심을 집중합니다. 과거 프랑스의 식민 지배는 알제리에 산업자본주의를 이식시켰습니다. 모든 식민지가 그렇듯이 알제리도 프랑스에 값싼 노동력을 제공하는 노동시장이면서 동시에 프랑스에서 만든 상품을 소비하는 소비시장이었지요. 이와 같은 프랑스의 식민 지배 때문에 알제리에는 노동의 세계와 노동자계급이 형성됩니다. 마치 일본 제국주의가 조선에서 그랬던 것과 같은 방식으로 말이지요.

문제는 부르디외가 자신의 책에 만족하지 못했다는 데 있습니다. 그 불만의 정체는 이론적인 것과 관련 있습니다. 자신이 과거에 배운 이론들로는 알제리에서의 경험을 제대로 설명할 수 없었기 때문이지요. 그렇다면 남은 방법은 한 가지뿐이었습니다. 스스로 알제리의 경험을 정합적으로 설명할 수 있는 이론 체계를 만드는 것이었지요. 마침내 부르디외는 '아비투스(Habitus)'

라는 개념을 중심으로 자신만의 독특한 이론 체계를 구성합니다. 1972년에 출판된《실천이론 개요(Esquisse d'une théorie de pratique)》에서 부르디외는 자신의 실천이론 체계의 윤곽을 정리합니다. 과거 알제리에서의 경험을 새롭게 조망할 수 있는 자신만의 이론 체계를 구성했던 것이지요. 그 후 부르디외는 1977년《알제리에서의 노동과 노동자들》을 자신이 고안한 새로운 이론 체계에 근거해 다시 재구성합니다. 그 책이 바로《60년대의 알제리: 경제적 구조와 시간적 구조(Algérie 60: Structures économiques et Structures temporelles)》입니다. 다행스럽게도 이 책은 우리나라에《자본주의의 아비투스》라는 제목으로 소개된 바 있습니다.

《자본주의의 아비투스》가 중요한 이유는, 이 책이 자본주의를 전혀 모르던 알제리 사람들이 자본주의에 철저히 적응하는 과정을 섬세하고 대담한 이론으로 설명해주기 때문입니다. 전자본주의 시대에 살던 알제리 사람의 내면세계와 자본주의 시대에 살게 된 알제리 사람의 내면세계 사이의 간극은 마치 하늘과 땅 사이의 거리처럼 멀었습니다. 표면적으로는 같은 문화와 역사를 공유한 것으로 보이지만, 자본주의 세례를 받은 알제리 사람들은 이제 과거 자신의 조상들과는 현격히 다른 삶의 양식에 노출되었습니다. 그런데《자본주의의 아비투스》는 알제리 사람들의 의식 변화를 해명하는 데만 의미가 있는 것일까요? 그렇지 않습니다. 프랑스와 알제리의 관계는 일본과 조선의 관계에서도 동일한 방식으로 작동했으니까요. 일본 식민 지배가 가져온 산업자본의 논리는 당시 조선 사람들의 삶을 어떻게 바꿨을까요? 이런 의문이 생긴다면, 우리는 《자본주의의 아비투스》라는 책을 결코 간과해서는 안 됩니다.

1976년 12월 파리에서 집필된 이 책의 서문을 먼저 읽어볼 필요가 있습니다. 이 서문에서 부르디외는 자신의 이론적 속내를 간결하게 다음과 같이 밝히고 있습니다.

하나의 역사적 상황(1960년 전후의 알제리)과 관련하여 구조들과 아비투스들 사이의 관계에 의문을 던지는 것은 단순한 우연이 아니다. 그리고 이 역사적 상황에서 이 의문은 현실적으로 행위자가 가지고 있는 경제적 성향과 행위자가 활동해야 하는 경제적 세계 사이의 영원한 불일치의 형태로 제기된다. ······ 미래에 대해 행위자가 갖고 있는 행위의 성향은 특정한 물질적 존재조건하에서 만들어지며, 특정한 객관적인 기회의 구조 ― 하나의 객관적인 미래 ― 라는 형태로 파악된다. '구조화된 구조(structures structurées)'라고 할 수 있는 미래에 대한 성향은 '구조화하는 구조(structures structurantes)'처럼 작동한다. 미래에 대한 성향이 지향하고 조직하는 대상은 구입·저축·차입 같은 일상생활의 경제적 실천일 수도 있고, 아니면 현상유지적이거나 혹은 혁명적일 수도 있는 정치적 표상일 수도 있다. 흔히 말하는 대로 미래가 없는 사람들에게는 개인적으로 자신의 미래를 계획할 가능성도 없으며, 동시에 집단적으로도 새로운 미래의 출현을 위해 일할 수 있는 가능성도 별로 없다.[1]

방금 읽은 서문에는 '습관(Habit)'의 어원인 라틴어 표현 '아비투스(Habitus)'라는 개념이 등장합니다. 이것은 부르디외의 핵심 개념 가운데 하나인데, 그는 아비투스를 '구조화된 구조이자 동시에 구조화하는 구조'라고 설명합니다. 아비투스라는 개념을 이해하는 데 도움을 주는 것으로는 대니얼 디포(Daniel Defoe, 1660~1731)의 소설 《로빈슨 크루소(The Life and Strange Surprising Adventures of Robinson Crusoe of York)》만 한 것도 없습니다. 소설의 주인공 로빈슨 크루소는 무인도에서 표류하면서 자본주의와 청교도로 상징되는 런던이란 대도시가 자신에게 각인시킨 "구조화된 구조"를 자각합니다. 그런데 크루소는 무인도에서 영국에 있는 것처럼 생활하려고 합니다. 가령 일요일에는 일을 하지 않고 혼자 예배를 보는 식으로 말입니다. 이것이 바로 "구조화하는 구조"입니다. 이렇게 아비투스는 "특정한 물질적 존재조건"에서 형성되고 만들어진 "구조화된 구조"이지만, 동시에 새로운 삶의 환경마저 그에 따라 재편하려는 "구조화하는 구조"이기도 합니다.

살아가는 개인이 가진 수동적인 측면과 능동적인 측면을 동시에 포착하는 아비투스라는 개념에는 시간이란 차원이 전제된다는 사실을 우리는 어렵지 않게 알 수 있습니다. 아비투스 그 자체는 현재에 작동하지만, 아비투스는 두 얼굴을 가지고 있습니다. "구조화된 구조"로서 아비투스가 과거의 방향을 가리킨다면, "구조화하는 구조"로서 아비투스는 미래의 방향을 가리키기 때문입니다. 과거는 항상 현재의 과거이고, 미래는 항상 현재의 미래라는 점을 잊지 말아야 합니다. 결국 아비투스는 '구조화되었

THE
LIFE
And Strange Surprising
ADVENTURES
OF
ROBINSON CRUSOE;
Of YORK, MARINER:

Who lived Eight and Twenty Years all alone
in an uninhabited Island on the Coast of *America*,
near the Mouth of the Great River *Oroonoque*;
having been cast on Shore by Shipwreck, where-
in all the Men perished but Himself.

With an ACCOUNT how he was at last as strangely
delivered by PIRATES.

Written by HIMSELF.

The FOURTEENTH EDITION, Adorned with Cuts.

IN TWO VOLUMES.
VOL. I.

LONDON:
Printed for J. BUCKLAND, W. STRAHAN, J. and F.
RIVINGTON, E. JOHNSON, HAWES, CLARKE and
COLLINS, W. JOHNSTON, T. CAILON, T. LONG-
MAN, B. LAW, J. WILKIE, T. LOWNDES, W.
NICOLL, S. BLADON, and R. BALDWIN.
MDCCLXXII.

Robinson Crusoe as describ'd Page 176 Vol. I *Put this before ye Title*.

대니얼 디포의 《로빈슨 크루소》 초판본 속표지와
삽화(1719). 《로빈슨 크루소》만큼 부르디외의
아비투스라는 개념을 이해하는 데 적합한 것은
없다. 로빈슨 크루소는 무인도에 와서도 서양인,
영국인, 청교도라는 자신의 기존 아비투스를 굳건히
유지하려고 한다. 이런 로빈슨 크루소의 유아론을
산산이 부수는 작품이 미셸 투르니에의 《방드르디,
태평양의 끝》(1967)이다. 투르니에는 로빈슨
크루소가 아니라 그의 하인 프라이데이, 즉 방드르디를
주인공으로 삼아 영국으로 상징되는 서양중심주의,
자본주의 그리고 청교도 정신을 와해시킨다.

다'는 과거적 측면과 '구조화한다'는 미래적 측면을 모두 함축하는 복잡한 개념이었던 셈입니다. 그래서 사실 《자본주의의 아비투스》라는 번역서의 제목이 개인적으로는 마음에 들지 않습니다. 아비투스가 가진 시간 차원을 매우 중시했던 부르디외의 속내가 희미해지기 때문입니다. 이 점에서 원저의 부제에 들어 있는 '시간적 구조(structures temporelles)'라는 표현은 매우 상징적이라 할 수 있을 것 같습니다.

부르디외의 서문을 읽을 때 오해하기 쉬운 한 가지 대목이 있는데, 그것도 시간 차원과 관련 있습니다. 서문에는 "미래에 대한 행위자의 행위 성향"이라는 표현이 등장합니다. 이 표현이 바로 아비투스를 의미한다고 속단해서는 안 됩니다. 그의 서문을 꼼꼼하게 읽어보면 우리는 두 종류의 아비투스가 있다는 것을 확인할 수 있습니다. 하나는 '미래가 있는 사람'의 아비투스이고 다른 하나는 '미래가 없는 사람'의 아비투스입니다. 앞으로 논의가 진행되면 좀 더 분명해지겠지만, '미래가 있는 사람'의 아비투스란 자본주의에 사는 사람의 아비투스입니다. 반대로 '미래가 없는 사람'의 아비투스는 전자본주의 시대에 살았던 사람들의 아비투스를 의미합니다. 앞서 부르디외가 "미래에 대한 행위자의 행위 성향"이라고 말한 것은, 바로 자본주의적 아비투스를 의미했던 것이지요. 그의 말처럼 전자본주의에 살았던 사람들, 다시 말해 '미래가 없는 사람들'도 존재하기 때문입니다. 그렇다면 이제 본격적으로 전자본주의적 아비투스와 자본주의적 아비투스의 논리에 대해 살펴보도록 하겠습니다.

'미래(futur)'를 '가능성의 장(champ de possibles)'으로 생각할 수 있다는 것, 다시 말해 합리적 예측과 계산에 입각해서 미래의 사물을 미리 탐구하고 제어하는 것은 확실히 전자본주의 경제에서는 낯선 것이다. 그렇지만 너무 자주 오해되어온 것처럼 농민이 먼 미래를 목표로 생각할 줄 모른다고 결론을 내려서는 안 된다. 농민들은 미래를 수중에 넣으려는 모든 시도를 불신하지만, 동시에 그들은 미래를 예견하고 있기 때문이다. 보통 수년에 걸쳐서 이루어지는 좋은 수확을 분배하기 위해서 이런 예견은 필수적이라고 할 수 있다. 실제로 농민들은 직접재―매 순간 농민들에게 직접적 만족을 제공할 수 있는 재화로서, 그들의 생활 안정을 확실히 보증해주는 소비재―의 일부분을 미래의 소비를 위해 모아둔다. 이것은 그들이 현재의 생활 속에서 잠재적으로(virtuellement) 숨겨져 있지만 '올 것(cà venir)'을 생각하고 있다는 것을 말해준다. 반대로 (자본주의 경제에 속한 사람들이) 그 자체로는 어떤 만족의 원천도 되지 않지만 직접재의 생산에 도움을 줄 수 있는 간접재를 모아두는 행위는 그들이 계산에 의해 구성된 미래를 생각하고 있다는 것을 전제하는 것이다. ……전통을 구성하는 경험들이 축적됨으로써 만들어진 전자본주의적 경제 행위는 경험 속에서 직접적으로 포착되는 '올 것'을 지향하게 된다. 이처럼 일반적으로 농민은 작년 전답에서 획득된 소득에 따라 지출하게 된다. 그들은 (자본주의 경제에 속한 사람들처럼) 기대되는 소득에 따라 지출하는 것은 아니다. 게다가 과잉의 수확이 있을 경우, 농민은 여분의 밀이나 보리를 직접재로 취급하여 그것들을 파종하여 미래의 더 큰 수확을 희망하지 않는다. 그 대신 그들은 여분의 식량을 소비를 위해서 모아둘 뿐이다. 이것은 미래의 소비를 위해 미래의 생산을 희생하는 것이라고 할 수 있다. 농민들이 수행하는 예견은 (자본주의 경제에 속한 사람들처럼) 미래를 기획하고 그에 따라 행위를 규정하려는 것이 아니라, 이어받은 모델에 자신의 행동을 일치시키려는 관심에 따르고 있을 뿐이다.[2]

부르디외에 따르면 전자본주의적 인간과 자본주의적 인간 사이의 결정적 차이점은 "미래"와 관련된 시간의식에 있습니다. 전자본주의적 인간에게 "미래"란 "가능성의 장"이 아니라 단순히 '잠재적으로 올 것'으로만 이해됩니다. 반면 자본주의적 인간에게 "미래"는 "가능성의 장"으로 표상됩니다. 두 가지 사이의 구별이 좀 어렵지요. "미래", "가능성의 장" 그리고 '잠재적으로 올 것' 등과 같은 표현들이 모두 비슷한 의미를 지닌 것으로 보일 수 있습니다. 모두 과거도 아니고 현재도 아닌 '아직 오지 않은' 무언가를 가리키기 때문이죠. 부르디외의 섬세함은 그가 미래는 최소한 두 가지로 구별될 수 있다는 걸 확인했다는 데 있습니다. '가능성의 장으로서의 미래'와 '잠재적으로 올 것으로서의 미래'가 바로 그 두 가지입니다. 바로 이것이 부르디외가 1964년에 출판된《알제리에서의 노동과 노동자들》을 근본적으로 개정해, 1977년에《60년대의 알제리: 경제적 구조와 시간적 구조》, 즉《자본주의의 아비투스》를 출간한 이유입니다. 1964년에 두 가지 미래 사이의 차이를 의식하고는 있었지만 명료히 하지 못했던 찜찜함을 1977년에 해소하는 데 성공한 겁니다.

"가능성의 장"으로서의 미래란 다양한 경우의 수 가운데 인간이 무엇을 선택하느냐에 따라 다른 모습으로 드러납니다. 예를 들어 내가 프랑스로 여행을 하기로 결정하면 미래에 나는 프랑스 파리의 센강에 있을 수도 있고, 만약 체코로 여행을 하기로 결정하면 나는 미래에 프라하의 야경을 보면서 맥주를 마시고 있을 수도 있습니다. 이것이 바로 "가능성의 장"으로서의 미래의 모습입니다. 반면 '잠재적으로 올 것'으로서의 미래는 이와 달리 이전에도 왔던 것이고, 앞으로도 계속 그렇게 올 것입니다. 잠재된 어떤 무엇인가가 펼쳐지는 바로 그런 방식으로 미래가 나에게 도래할 뿐이고, 나는 무엇을 선택하는 것이 아니라 단지 도래할 그것을 기다릴 뿐입니다. '잠재적으로 올 것'으로서의 미래는 봄, 여름, 가을, 겨울로 이어지는 순환에 비유하면 어렵지 않게 이해할 수 있습니다. 지금이 만약 봄이라면 여름, 가을, 겨울이 나에게는 잠재적으로 올 미래를 의미하게 되겠지요.

전자본주의 시대를 지배했던 경제생활은 주로 농사였습니다. 농사의 사례를 생각해보면 '잠재적으로 올 것'이라는 말의 의미가 더 명확해질 겁니다. 봄이나 여름에 농사꾼이 농사를 부지런히 지으면, 가을과 겨울에는 수확을 할 수 있습니다. 바로 이 '가을이나 겨울에 도래할 수확'이 농사꾼에게는 '잠재적으로 올 것'을 의미하는 셈이지요. 물론 농사를 짓지 않는다면 수확이 불가능하다는 것은 말할 필요도 없지만요. 이것은 전자본주의에서 시간이란 것이 무한한 순환으로 표상되었다는 것을 말해줍니다. A 지점과 B 지점이 표시된 수레바퀴를 한번 생각해보세요. 만일 지금 수레바퀴의 A 지점이 지면에 닿았다면, B 지점은 앞으로 '잠재적으로 올 것'으로 표상되는 것이지요. 부르디외의 말처럼 전자본주의적 사람들도 분명 미래를 예견하기는 합니다. 그러나 그들이 수행하는 "예견의 행동은 기획된 미래의 전망적 표적에 의해 규정되기는 고사하고, 이어받은 모델에 일치시키려는 관심에 따르"게 될 뿐입니다.

전자본주의 시대에서 흔히 연로한 노인들이 존경과 공경을 받았던 것도 이런 이유입니다. 봄, 여름, 가을, 겨울이라는 반복적으로 순환되는 시간을 가장 오래 경험했기 때문에 노인들은 지혜의 보고로 인정받았던 것이지요. 마을에 기이한 일, 예를 들어 갑자기 비가 오지 않는다거나 아니면 이유 없이 닭들이 죽어간다거나 하는 예외적인 사태가 발생하면 장년층들은 곧바로 노인들을 찾습니다. 그러면 과거 일을 상기하려는 듯 노인들은 퀭한 눈으로 먼 곳을 응시합니다. 그러고는 "내가 어렸을 때 우리 마을에 이런 일이 있었지. 그때 어른들은 말이야"라고 운을 떼면서 과거의 경험을 이야기하지요. 그렇지만 자본주의사회에 들어서면 노인들은 이미 케케묵은 사람들, 지금은 통용되지 않는 너무 낡은 지식만을 가진 사람으로 폄하되지요. 노인들의 지위가 이렇게 격하된 것은 자본주의 시대가 현재와는 다른 미래를 기획하는 사회이기 때문입니다.

전자본주의적 아비투스와 달리 자본주의적 아비투스는 부

르디외의 말처럼 "미래를 가능성의 장으로" 표상할 수 있는 특징이 있습니다. 여기서 중요한 것은 바로 "가능성"이라는 말입니다. 가능성이란 어떤 일이 일어날 수도 있고 그렇지 않을 수도 있다는 것을 의미합니다. 앞서 살펴본 전자본주의적 아비투스는 "잠재성"이란 말과 깊이 관련되어 있습니다. 잠재성이란 비록 눈에 보이지는 않지만 어떤 것이 씨앗처럼 존재하다가 마침내 완전히 펼쳐진다는 것을 나타냅니다. 그런데 전자본주의적 인간이 자본주의적 인간형으로 대체되면서, 미래의 의미 역시 이제 "잠재성"에서 "가능성"의 의미로 바뀌게 됩니다. 부르디외에 따르면 이것을 가능하게 했던 것은 바로 돈, 즉 화폐경제의 출현이었습니다.

아무하고나 아무 곳에서나 어떤 교환을 위해서도 사용되며, 모든 것에 소용이 될 수 있다는 것 이외에 아무런 쓸모도 없는 도구가 화폐이다. 그렇지만 화폐는 첫째로 확정되지 않은 용도를 예견하게 해주고, 정해지지 않은 사용량을 수량화하는 것을 가능하게 해준다. 그런데 이런 과정을 통해 우리가 기대하는 것을 현실적으로 예측하도록 함으로써 화폐는 자신이 사용될 수 있는 잠재적 가능성을 함축하고 있는 것이다. 시미앙(Simiand)은 말했다. "화폐를 가지고 살 수 있는 밀의 양을 나는 알 수는 없다. 그렇지만 나는 미래에 그것을 살 수 있으리라는 것은 안다. 또한 밀이 내게 필요한 것이 아닐지라도, 나는 황금을 가지고 먹을 수 있고, 입을 수 있고, 유용한 무언가를 만들 수 있다는 것을 안다." 또 그는 말했다. "화폐의 본질적 기능, 특히 진보한 사회에서의 화폐의 기능은 우리에게 기대 즉 표상을 가능하게 만드는 능력이고, 덧붙이면 미래 가치의 예정된 실현의 능력인 것이다." 둘째로 일정한 금액을 상이한 용도에 배분하려고 할 때, 그 배분은 상호 배타적일 수밖에 없기 때문에 제한된 양의 돈은 합리적으로 사용되어야 한다. 돈의 합리적 사용은 다음 두 가지를 전제로 한다. 우선 제약된 가용한 수단들 중에서 가능한 미래의 용도를 결정하는 계산이 전제되어야 한다. 다음으로 상호 양립이 가능한 미래의 용도들 가운데서 시급히 필요한 것들과 관련하여 '합당한' 선택을 결정하는 계산도 전제되어야 한다.[3]

부르디외는 화폐에 대한 마르크스와 짐멜의 통찰을 계승하고 있습니다. 화폐경제가 출현하게 되면서 농경사회에서는 생각지도 못했던 고뇌가 우리를 괴롭히기 시작합니다. 예를 들어볼까요? 300만 원을 월급으로 받았다고 해보지요. 다음 달에 월급을 받기까지 모든 생활은 300만 원을 지출함으로써 이뤄질 겁니다. 여기서 바로 자본주의적 미래, 즉 "가능성"의 세계가 열리게 되지요. 우리는 손에 들어온 300만 원을 A에 쓸 수도 있고, B에 쓸 수도 있으니까요. 우선 50만 원은 미래를 위해 저축합니다. 40만 원은 대출이자를 갚고 60만 원은 건강보험 등 4대보험 납입으로 지출해야 합니다. 그리고 30만 원은 아파트 관리비와 기타 경비로 사용할 예정입니다. 물론 4대보험료를 제외한 120만 원을 계획된 곳에 쓰지 않고 다른 곳에 쓸 수도 있습니다. 생각지도 못한 급한 일이 생기면 어쩔 수 없으니까요. 그렇다면 이제 남은 돈은

III. 감성적 우주를 해방의 우주로 바꿀 때: 부르디외의 자본주의적 아비투스

대략 120만 원 정도입니다.

　120만 원으로 무엇을 할까요? 120만 원이 가진 무한한 가능성을 소멸시키면서 구매할 만한 가치가 있는 상품들은 무엇일까요? 이런 측면 때문에 부르디외는 화폐가 "확정되지 않은 용도를 예정하게 해주고 사용의 무한정성을 수량화"하게 해준다고 말했던 것입니다. 남은 돈 120만 원이 중요합니다. 이것은 부르디외가 말한 화폐의 두 번째 특성을 이해하는 데 도움을 줍니다. 부르디외는 "일정한 금액을 상이한 용도에 배분하려고 할 때, 그 배분은 상호 배타적일 수밖에 없기 때문에 제한된 양의 돈은 합리적으로 사용되어야 한다"고 설명합니다. 어찌 보면 당연한 일이지요. 120만 원 중 30만 원으로 옷을 사면, 우리는 30만 원만큼 다른 것을 살 수 있는 가능성을 상실하게 되니까요. 돈의 사용은 다른 것을 할 수 있는 가능성을 포기하게 하는 상호 배타적인 성격이 있다는 것이지요. 이 때문에 돈을 가진 사람은 자신이 가진 돈을 합리적으로 사용하려고 계획할 수밖에 없습니다. 부르디외의 말대로 우리는 "상호 양립이 가능한 미래의 용도들 가운데서 시급히 필요한 것들과 관련하여 '합당한' 선택을 결정하는 계산"을 계속할 수밖에 없지요.

그들에게 농사는 노동이 아니다

만약 우리가 1960년대를 전후로 알제리에 살고 있던 사람들을 봤다면 그들이 우리와 매우 유사해 보였을지도 모릅니다. 그러나 부르디외는 그들이 매우 이질적인 부류의 존재로 구별될 수 있다는 점을 간과하지 않았습니다. 당시 알제리에는 자본주의적 아비투스를 새롭게 가지게 된 사람들뿐만 아니라, 자본주의적 사회구조와는 어긋나는 전자본주의적 아비투스를 유지한 사람들도 뒤섞여 있었기 때문이죠. 부르디외의 분석을 읽다보면 시골과 도시에 관한 짐멜의 이야기가 저절로 떠오릅니다. 짐멜에 따르면 같은 시대에 산다고 할지라도 시골 사람과 도시 사람 사이에는 그행위 양상에 매우 현격한 차이가 납니다. 그것은 시골에서 형성된 내면세계와 도시에서 형성된 내면세계가 질적으로 다르기 때문에 발생하는 현상이지요. 대도시가 산업자본주의의 고유한 산물이라는 사실을 한번 생각해보세요. 도시와 시골에 대한 짐멜의통찰이 두 종류의 아비투스에 관한 부르디외의 통찰과 구조적으로 맥을 같이한다고 볼 수 있는 이유도 바로 여기에 있습니다. 도시인이 자본주의적 아비투스를 가지고 있다면, 시골 사람은 전자본주의적 아비투스를 가지고 있다고 할 수 있기 때문이지요.

대도시와 화폐경제를 양 날개로 해서 작동하는 산업자본주의는 사회구조뿐만 아니라 인간의 내면세계도 질적으로 다르게 변화시킵니다. 변화된 사회구조 속에서 사람들의 의식세계가 이전과는 다른 양상으로 변모되는 것은 당연한 일인지도 모릅니다. 그런데 이 대목에서 역사와 관련된 중요한 인식론적 문제가 하나 제기됩니다. 그것은 과연 자본주의사회에서 살아가는 우리가 전자본주의 시대에 영위되던 삶의 모습을 제대로 이해할 수 있을까 하는 물음이지요. 이런 의문이 들 수밖에 없는 것은 자본주의적 아비투스와 전자본주의적 아비투스가 서로 유사해 보이면서도 근본적으로 다르기 때문입니다. 바슐라르(Gaston Bachelard, 1884~1962)의 표현을 빌리자면, 전자본주의사회와 자본주의사회 사이에는 건널 수 없는 '인식론적 단절(rupture épistémologique)'이 있는 셈이지요. 이 때문에 역사적으로는 인접해 있지만 두 사회에 속한 사람들의 세계와 자신을 이해하던 방식은 현격히 다를 수밖에 없습니다.

그렇다면 자본주의가 들어오기 전 알제리 사람들은 어떻게 살았으며, 그들의 전자본주의적 아비투스는 어떤 특징을 보였을까요? 전자본주의적 아비투스를 이해하는 것은 그 자체로 매우 흥미로운 작업입니다. 그러나 우리가 전자본주의적 아비투스에 주의를 기울일 수밖에 없는 진정한 이유는 바로 우리 자신 때문입니다. 전자본주의적 아비투스의 특성을 파악하다보면, 그와는 구별되는 우리 내면의 자본주의적 아비투스 또한 명료하게 드러나기 때문이지요. 자, 이제 전자본주의적 사회구조를 유지한 알제리의 농촌과 그곳 사람들의 삶을 한번 살펴봅시다.

농민들은 자신이 미지의 세계에 맞설 수 있는 효과적인 역량을 가지고 있다고 자처하지 않는다. 그래서 그들은 개조의 손길이 별로 가해지지 않고 인간 행위의 흔적이 거의 없는 자연에 매우 가까운 존재라고 할 수 있다. 자신을 제어할 생각을 하지 않을 정도로 압도적인 자연의 힘 앞에서 농민들은 복종을 견뎌낼 수밖에 없다. 농민들은 자신의 행위를 진정한 의미의 '노동'으로 이해하지 않는다. 또 농민들은 압도적이고 전능한 자연을 단순한 원자재로 취급하려고 하지도 않는다. 농민들의 이런 믿음은 자연을 위신과 신비로 가득 채우게 된다. 그래서 그들에게 자연은 모든 재앙과 은혜의 원천이 되어 마침내 비인격적인 성스러움의 장소가 된다. 엄격한 정의에 따르면 농민들은 '노동'을 하지 않는다. 그들은 단지 고생할 뿐이다. 다음과 같은 격언이 있다. "땅에게 (너의 땀을) 주어라, 그렇다면 땅이 네게 주리라." 자연은 증여라는 교환의 논리에 복종하여, 자신의 수고를 공물로 바친 자에게만 은혜를 베푼다고 말해져왔다. 그러나 보다 근본적으로 말하면 농민들에게 있어 기술을 통한 행위는 재생 의례의 한 형식일 수도 있다. 사실 농업 활동 속에 함께 존재하는 두 가지 측면, 즉 기술적 측면과 의례적 측면을 구별하려는 것은, 농민의 경험에 그들이 알지 못하는 생각을 적용시키는 것에 지나지 않는다. 농사의 박자를 정하는 우주적 주기의 내부에서 수행되기 때문에, 경작이나 수확과 같은 농사일에는 절대로 어길 수 없는 엄격한 전통적 의무라는 성격도 아울러 부과되어 있다. 그래서 농사일에는 전통적 의무와 불가분의 관계에 있는 의례들도 마찬가지로 부과되는 것이다.[4]

노동은 보통 자연에 대한 합목적적인 개조라고 설명합니다. 예를 들어 집을 짓기 위해 나무를 잘라내는 행위처럼 말이지요. 여기서 집이 하나의 목적이 되고 나무를 자르는 것이 그 목적에

III. 감성적 우주를 해방의 우주로 바꿀 때: 부르디외의 자본주의적 아비투스

부합하는 노동이 되겠지요. 그렇다면 결국 노동이란 자연에 대한 일종의 강탈이자 폭력이라고도 할 수 있습니다. 왜냐하면 어떻게 생각하든 결국 나무는 집을 짓기 위한 목적 때문에 마음대로 잘려나가기 때문이지요. 하지만 전자본주의 시대에 살았던 사람들은 자신의 노동을 그렇게 생각하지 않았습니다. 자신의 노동이 자연을 개조시키고 변화시킴에도 그들은 자신의 노동을 마치 자연에 바치는 제물처럼 생각했습니다. 물론 이것은 전자본주의 시대가 기본적으로 농업경제로 유지되었던 사실과 깊은 연관이 있습니다.

농사의 메커니즘을 생각해보세요. 벼농사는 알다시피 많은 물이 필요합니다. 당연히 비가 많이 오는 지역이 유리할 수밖에 없겠지요. 그러나 비가 너무 많이 와도 걱정입니다. 애써 논에 심은 벼가 물에 쓸려갈 수도 있으니까요. 그래서 비가 많이 오면 물꼬를 터서 물의 양을 조절합니다. 또 한여름에 자라는 잡초들도 모두 손으로 일일이 제거해야지요. 벼농사에서 벼를 자라게 하는 기본적인 힘은 벼 자체의 생명력, 그리고 땅과 비와 같은 자연환경입니다. 인간은 단지 그것이 잘 자라도록 돕는 역할만 할 뿐입니다. 이 때문에 실제 벼농사를 짓는 농부의 의식에는 자신이 자연을 강탈한다는 생각이 거의 자리 잡기가 힘듭니다.

그러나 농부의 이런 생각은 사실 자기기만에 불과합니다. 왜냐하면 땅에 논을 만들면서 녹지를 파괴하는 행위, 논에 찬 물을 다른 곳으로 흘려보내는 행위, 벼의 품종을 개량하는 행위, 그리고 잡초를 제거하는 행위 등이 기본적으로 자연에 대한 폭력이자 약탈이기 때문입니다. 물론 농부는 자연의 무서움에 대해서도 경험적으로 알고 있습니다. 자신의 여러 행위에 영향을 받은 자연이 어떤 식으로든 무서운 복수를 할지도 모른다는 것을 잘 알지요. 더구나 자연의 위력적인 힘에 비해 농부의 힘은 마치 한 줄기 갈대와도 같이 연약합니다. 그래서 결국 농부의 의식에는 자신의 행위가 자연에 대한 엄연한 폭력임에도 그것을 폭력이 아니라 자연에 바치는 자신의 정성스러운 공물이라고 생각하는 경향이 싹틉니다. 이런 이유로 부르디외가 강조했던 다음의 격언이 탄생했다고 볼 수 있습니다. "땅에게 (너의 땀을) 주어라, 그렇다면 땅이 네게 주리라."

흥미롭지 않습니까? 전자본주의 시대, 즉 농경사회의 인간이 자연에 대한 자신의 폭력과 그로 말미암아 생길 수 있는 자연의 보복을 결국 '증여'의 논리로 바꾸어버린 것이 말입니다. 농경사회에서는 농부의 노동을 자연에 바친 공물로 간주한다면, 농부의 수확은 농부가 바친 공물의 대가로 자연이 내려준 대응적 선물로 이해됩니다. 그래서 전자본주의적 사회에서는 자연이 일종의 신적인 존재와도 같은 무엇으로 표상됩니다. 공물을 받고 답례도 할 수 있는 인격적인 존재이기 때문이지요. 공물과 대응 선물, 그리고 이어지는 공물과 또 다른 대응 선물. 이러한 패턴은 결국 인간의 노동 행위를 반복적으로 순환하는 거대한 운동의 일환으로 사유하게 합니다.

알제리의 농민들은 인간과 자연 사이의 관계를 증여의 논리로 사유합니다. 그런데 이러한 사유는 결국 인간과 자연을 하나의 가족이나 혈족, 혹은 하나의 공동체에 속하는 것으로 간주하는 것과 유사합니다. 증여란 기본적으로는 가족이나 공동체 사이에서 일어나는 행위를 가리키는 것이기도 하니까요. 시골과 같은 촌락공동체에서는 좋은 일이 있으면 잔치를 벌여서 마을 사람들을 초대하거나 아니면 그들에게 자신이 만든 음식을 선물로 나누어주곤 합니다. 물론 그 공동체에 속한 다른 사람들도 마찬가지의 행동을 하지요. 다른 예를 하나 더 들어보겠습니다. 현대에 와서 특히 주목받는 생태철학에 대해 들어봤지요? 내스(Arne Dekke Eide Næss, 1912~2009)나 카프라(Fritjof Capra, 1939~)로 유명한 근본생태론(radical ecology)을 생각해보세요. 근본생태론은 자연을 거대한 대지의 신으로, 그리고 인간과 자연 사이의 관계를 증여의 관계로 이해하는 범신론적 색채가 강합니다. 이 때문에 아무리 생태철학이 현대에 이르러 새롭게 주목받는다고 하더라도 거기에는 일종의 전자본주의적 사유구조, 다시 말해 알제리 농부들의 의식세계를 지배했던 전자본주의적 아비투스가 자리 잡고 있다고 볼 수 있습니다.

한편 인간이 아무리 자연에 대한 자신들의 노동을 자연에 바치는 공물로 간주한다고 할지라도, 자연은 기대한 선물이 아니라 보복 혹은 복수의 칼날을 언제든 휘두를 수 있습니다. 이 점을 부단히 의식한 전자본주의 사람들은 극도의 긴장 상태에 있기도 했습니다. 결국 대응 선물을 줄지 아니면 화를 내릴지는 전적으로 자연의 재량입니다. 그러나 확실한 것은 공물을 바치지 않으면 대응 선물은 기대할 수 없다는 점입니다. 농부들은 만약 자신들이 끊임없이 공물을 바치지 않는다면, 신이 어김없이 분노를 드러낼 것이라고 믿습니다. 이 때문에 전자본주의 촌락공동체에 소속된 사람들은 거의 예외 없이 쉬지 않고 강박적으로 일합니다. 비록 농한기라고 하더라도 끊임없이 다른 일을 찾아내서 예비하고 준비하며 노동을 멈추지 않습니다. 그것은 어떤 면에서는 자신들의 노동이 신 혹은 자연에 공물로 바치는 성스러운 의무라고 생각하기 때문일 겁니다.

이렇게 그들의 노동은 마치 자연 속에 태어난 자신들의 임무이자 자연에 바치는 의례가 되고 맙니다. 그래서 부르디외는 "경작이나 수확과 같은 농업 작업"은 '공물과 대응 선물'이라는 박자로 진행되는 "우주적 주기의 내부에서 달성되기 때문에" 전통적인 의무나 의례와 관련 있다고 말합니다. 이와 관련해 부르디외는 알제리의 농촌에서 다음과 같은 사실을 관찰했습니다.

전자본주의사회에서는 '생산적 노동'과 '비생산적 노동'이란 구별이나 '수익성이 있는 노동'과 '수익성이 없는 노동'이란 구별도 부차적 차원으로 물러나게 된다. 이 사회에서 보다 근본적인 대립은 '사회적 의무를 결여한 무위도식하는 (혹은 나태한) 사람'과 '노력의 산물이 무엇이든 간에 사회적 기능을 수행하는 노동하는 사람' 사이에 세워진다. 휴식하는 순간에도 진정한 농민은 조그만 작업이라도 수행하려고 하며, 그것에 매우 자긍심을 느낀다. 이 조그만 작업들에는 밭에 울타리 치기, 나무 깎기, 짐승들로부터 어린 가축을 보호하기, 밭의 감시 같은 것이 포함되는 데, 이것들은 마치 예술을 위한 예술처럼 농민 생활의 기술에 속하는 것들이다. 농민들이 수익성과 수확고를 염두에 두지 않고 혹은 생산성에의 강박관념도 없이 주어진 일을 성스럽게 수행하는 이유는 그들의 행위와 노력은 그 자체로서 수단이고 목적이기 때문이다.[5]

사실 생산적 노동과 비생산적 노동, 혹은 수익성 있는 노동과 그렇지 않은 노동의 구별은 기본적으로 자본주의사회에 사는 사람들에게나 중요합니다. 이 경우 생산성과 수익성의 척도는 어떤 노동을 했을 때 우리가 벌어들이는 화폐의 양이라고 볼 수 있겠지요. 그러나 전자본주의 시대 사람들에게 노동은 그 자체로 수단이면서 동시에 목적입니다. 단지 수익을 올리려는 목적으로 노동을 하는 것은 아니지요. 만약 어떤 해에 수확량이 더 증가했다면, 그것은 자신의 부지런한 노동에 대한 자연의 선물, 혹은 자연이 내린 보답이라고 생각할 뿐입니다. 자신의 재주와 능력으로 수익을 올렸다고 간주하지는 않았던 겁니다. 앞서 이야기했듯이 자연은 농부에게 풍년이라는 선물을 줄 수도 있고 혹은 그렇지 않을 수도 있습니다. 이 때문에 농부는 노동을 자신의 사회적이자 종교적인 의무를 다하는 행위, 그 자체로 목적이면서 수단인 행위로 생각합니다.

전자본주의 시대 사람들은 자연이 어떤 대가를 내리더라도 자신은 자기가 해야 할 일을 마땅히 다해야 한다고 믿었습니다. 이런 이유로 과거 전통 공동체에서 가장 비난받았던 행위는 다름

1982년 서울 봉천동 일대 판자촌 모습. 1980년대
초만 해도 10퍼센트 이상의 서울 시민들이 판자촌에
거주했다. 1960년대부터 박정희 정권의 의도적인
농촌 해체 정책으로 사람들이 대거 서울 등 대도시로
이주했다. 이들 대부분은 판자촌에 거주하면서 건설노동,
가내부업 등 도시의 저임금 노동자로 충원되었다.
판자촌은 팍팍한 서울 생활을 함께 헤쳐나갈 수 있게 한
복지·경제공동체, 즉 전자본주의적 아비투스의 성격을
띠는 도시 속 시골이기도 했다.

아닌 무위도식이었습니다. 나태한 자야말로 자연으로부터 가장 무서운 보복을 당할 수 있다고 생각했지요. 여러분 주변에 있는 할아버지들과 할머니들을 한번 둘러보세요. 그분들이 끊임없이 무엇인가 소소한 일을 계속하고 있는 것을 발견할 수 있을 겁니다. 부엌 청소를 한다든가, 화분을 관리한다든가, 별로 더럽지 않은 빨래를 또 빤다든가, 마당을 계속 쓴다든가 하면서 그분들은 조금도 마음 편히 쉬지 않습니다. '나이가 들어 심심하셔서 그런 것이겠지'라고 쉽게 단정하지는 마십시오. 그들은 대부분 1960년대와 1970년대 박정희 정권에서 추진한 경제개발계획과 그에 따른 비약적인 산업화를 경험했던 농촌 출신들입니다. 당연히 그들의 내면에는 아직도 전자본주의적 아비투스, 즉 성스러운 노동 행위를 자신들 삶의 의무로 간주하는 경향이 여전히 존재했던 겁니다.

처음 산업자본의 품으로 들어온 노동자들이 대부분 농촌 출신이었다는 점에 주목할 필요가 있습니다. 그들은 자신들의 일을 일종의 소명 혹은 의무인 것처럼 수행하면서 살아온 세대들입니다. 그래서 노동자로서 자신들의 노동 행위 또한 전자본주의 시대의 농사처럼 하나의 의무로 간주하는 경향이 있습니다. 이 때문에 자신들과 달라 보이는 요즘 젊은이들이 예전처럼 열심히 일하지 않는다고 비난하기도 합니다. 자신들이 전자본주의적 아비투스를 가졌다는 점을 의식하지 못하고, 현재 변화된 자본주의적 아비투스를 가진 젊은이들을 못마땅하게 여기는 것이지요. 농촌 출신들은 그냥 부지런할 따름입니다. 지금도 가까운 시골로 한번 나가보십시오. 무엇인가를 만들고 수리하느라고 항상 분주한 시골 할아버지와 할머니들을 어렵지 않게 목격할 수 있을 겁니다.

이제 다시 알제리 농민들의 삶으로 돌아가봅시다. 봄과 여름에 수행되는 공물로서의 노동, 그리고 가을과 겨울에 발생하는 선물로서의 수확. 공물과 대응 선물 사이의 이러한 패턴은 그들에게 가장 중요한 삶의 원리였습니다. 나아가 그들은 이러한 반복을 우주론적 리듬, 혹은 우주론적 논리로까지 격상시킵니다.

농민들의 생활은 신화나 의례의 달력이 설정한 구분에 의해 리듬을 갖게 된다. 그런데 이 달력은 생활 전체를 지배하는 신화적 대립의 체계를 시간적 순서의 질서에다가 투영한 것에 지나지 않는다. 가을과 겨울은 봄과 여름에 대립되는데, 이는 습한 것이 건조한 것에, 낮은 것이 높은 것에, 추운 것이 더운 것에, 왼쪽이 오른쪽에, 서와 북이 동과 남에, 남성이 여성에 대립하는 것과 같은 것이다. 경작과 파종은 수확과 탈곡에 대립되며, 경작과 유사한 직조는 도기를 굽는 것에 대립된다. 시간적 순서의 조직화 원리는 성별 노동의 분업을 결정하는 원칙과도 같다. 그리고 동일한 원칙이 습한 계절에 먹는 음식과 건조한 계절에 먹는 음식 사이의 구별을 결정하고, 축제·의례·놀이·노동 같은 사회생활의 순환을 결정하며, 나아가 공간과 여타 특성들의 조직을 결정하기도 한다. 이와 같이 연속되는 두 개의 시간적 순서들은 비시간적 관계의 두 가지 대립된 항목으로 귀결될 수 있다.[6]

노동과 수확의 패턴, 그리고 그것을 가능하게 하는 사계절의 패턴은 분명 시간적 계기라고 볼 수 있지요. 그런데 알제리 농민들에게 경험으로부터 유래하는 이와 같은 시간적 계기는 이제 비시간적인 계기, 즉 논리적 계기로까지 비약합니다. 그리고 그들은 이러한 논리적 계기를 우주의 질서이자 동시에 사회질서의 원리로, 일종의 존재론적 원리로까지 격상시킵니다. 그리고 이러한 존재론적 원리에 따라 세상에 존재하는 모든 것을 논리적으로 상호 대립하는 두 가지 항목으로 이해하지요. 남과 여, 습한 것과 건조한 것, 경작과 수확, 파종과 탈곡 등. 그런데 흥미로운 점은 동아시아 철학의 전통적인 우주론도 알제리 농민들의 전통적 사유와 비슷하게 전개되었다는 사실입니다. 《주역(周易)》이라는 책을 아시지요? 이 책은 우주 변화의 원리이자 동시에 그 속에서 살아가는 인간 처세의 원리에 관한 내용으로 구성되어 있습니다. 《주역》에 따르면 우주 변화는 음과 양이라는 리드미컬한 상호 대대적 운동으로 전개됩니다. 이것을 《주역》〈괘사(卦辭)·상(上)〉편은 "한 번 음하고 한 번 양하는 것이 도(道)인데, 이것을 계승하는 것이 선(善)이다"라고 설명하지요.

음(陰)	땅	응축	여성	차가움	은폐	내부	어둠	아래	작고 약한 것	물	정지	밤
양(陽)	하늘	팽창	남성	따뜻함	현현	외부	밝음	위	크고 강한 것	불	운동	낮

표는 《주역》에서 전개되는 음양 논리를 간단하게 정리한 것입니다. 앞서 살펴본 알제리 농민들의 사유와 너무나도 흡사해서

충격적이기까지 합니다. 지금은 자본주의사회의 한 가지 대안으로 동양의 전통 사유가 주목받고 있기도 합니다. 이것은 산업자본주의 시대의 환경 파괴의 대안으로 생태철학이 강조되는 것과 거의 같은 맥락이지요. 그러나 이 시점에서 우리가 잊어서는 안 되는 것은 동양철학이나 생태철학이 기본적으로 전자본주의적인 삶과 사유 형식을 그대로 반복한다는 점입니다. 이런 의미에서 동양철학에 대한 동경 혹은 동양적 사유의 회복은 일종의 노스탤지어로 이해할 수 있습니다. 이러한 노스탤지어는 대도시에서 지친 도시인들이 시골이나 전원에서의 삶을 꿈꾸는 정서적 동기를 공유하기 때문에 가능합니다. 그러나 과연 전자본주의적 아비투스가 현재 자본주의적 아비투스가 낳은 폐단들을 치료하는 데 적절한 대안이 될 수 있을까요? 이러한 관점에 대해 몇 가지 비판할 수는 있겠지만, 일단은 우리 모두의 숙제로 남겨두지요.

왜 실업자나 노숙자들은 혁명을 일으키지 않는가?

《자본주의의 아비투스》를 통해 부르디외가 자본주의적 아비투스와 전자본주의적 아비투스를 해명하려고 했던 진정한 이유는 무엇이었을까요? 우리는 그가 자본주의사회를 비판적으로 성찰했던 현대 프랑스의 대표적 지식인이었다는 것을 알고 있습니다. 1960년대 알제리의 사회구조와 아비투스를 탐구한 뒤, 부르디외는 자신의 연구 시선을 자신의 조국 프랑스로 돌립니다. 교육, 예술, 경제 등 모든 측면에서 그는 자본주의사회 근저에 있는 자본가계급의 지배 전략을 폭로하는 데 자신의 모든 힘을 쏟아붓습니다. 그의 지휘 아래 22명의 사회학자가 함께 집필한 《세계의 비참(La Misère du monde)》이란 보고서의 출간은 그 노력의 대표적인 사례입니다. 1993년에 나온 이 책을 통해 부르디외와 그의 동료들은 자본주의사회에서 말할 수 없이 비참한 삶을 영위하고 있는 사람들의 목소리를 대변하고자 했습니다.

자본주의사회의 문제점들을 진단하는 데 주저하지 않았던 그는 이 사회를 어떻게 극복해야 한다고 생각했을까요? 물론 부르디외는 성급하게 자신의 전망을 내보이지는 않았습니다. 오히려 그는 자본주의에 대한 사람들의 환상, 즉 진보와 번영을 약속한다는 장밋빛 전망을 산산이 부수는 것이 급선무라고 생각했던 것 같습니다. 그런데 주목할 만한 점은 그의 초기 연구를 집대성했다고 할 수 있는 《자본주의의 아비투스》에서는 부르디외가 자본주의를 극복할 수 있는 어떤 계기를 모색했다는 점입니다. 어찌 보면 우리로서는 다행스러운 일이지요. 그는 자본주의 속에서 자본주의를 극복할 수 있는 계기를 찾고자 노력합니다. 그것은 과연 무엇일까요? 이러한 의문에 대한 답은 《자본주의의 아비투스》서문에 담겨 있습니다.

흔히 말하는 대로 미래가 없는 사람에게는 개인적으로 자신의 미래를 계획할 수 있는 가능성, 나아가 집단적으로도 새로운 미래의 출현을 위해 노력할 가능성이 별로 없다. 알제리의 하층 프롤레타리아와 프롤레타리아를 계급적으로 구별하는 원리, 그리고 '토지를 상실하고 절망에 빠진 대중들이 가진 반란에로의 성향'과 다른 한편 '미래의 주인이 되기 위해 자기의 현재를 충분히 통제하는 조직된 노동자들이 가진 혁명으로의 성향' 사이를 구별하는 원리는, 물질적 존재 조건 속에 객관적으로 새겨진 미래와의 관계 속에 놓여 있다.[7]

전자본주의적 인간과 자본주의적 인간이 가진 아비투스의 차이, 특히 시간의식의 차이에 대한 부르디외의 분석이 기억나는지요? 미래가 전자본주의적 인간에게는 일종의 '잠재성'으로 느껴진다면, 자본주의적 인간에게는 "가능성의 장"으로 느껴진다고 말했습니다. 시간의식과 관련된 부르디외의 주장은 매우 의미심장합니다. "미래가 없는 사람에게는 개인적으로 자신의 미래를 계획할 수 있는 가능성, 나아가 집단적으로도 새로운 미래의 출현을 위해 노력할 가능성이 별로 없다." 부르디외의 이 표현에서 주의해야 할 것이 하나 있습니다. 그것은 "미래가 없는 사람"이란 표현에서 그가 말한 '미래'란 '잠재성'을 의미하는 것이 아니라 '가능성'을 의미한다는 점입니다. 이제 부르디외의 주장을 다음과 같이 번역해볼 수 있습니다. "미래를 가능성으로서 가지지 않는 사람은 개인적으로나 집단적으로 미래를 계획하고 그것의 실현을 위해 노력할 가능성이 별로 없다"고 말이지요.

이 시점에서 우리는 부르디외가 《자본주의의 아비투스》를 집필한 진정한 이유를 생각해볼 수 있습니다. 프랑스의 식민 지배를 받고 있던 알제리의 프롤레타리아, 즉 노동자들은 왜 더 소망스러운 미래를 꿈꾸지 않았을까요? 다시 말해 억압된 알제리 사람들은 왜 혁명을 꿈꾸지 않았을까요? 사실 이것이야말로 알제리와 대면한 청년 부르디외의 핵심적인 질문입니다. 부르디외는 여러 해 동안의 경험과 성찰을 통해 마침내 이 문제에 대한 해답의 단서를 얻습니다. 그가 보기에 알제리 사람들이 혁명을 꿈꿀 수 없었던 이유는, 그들이 자신들의 "미래를 가능성으로서 가지지 않았기" 때문입니다. 다시 말해 미래를 잠재성으로만 간주한 전자본주의적 아비투스에 그대로 머물러 있었기 때문이라는 것이지요. 물론 1960년대 프랑스의 식민 지배나 산업자본의 착취로 인한 알제리 사람들의 대중적 저항이 없었던 것은 아닙니다. 그러나 그것은 눌렸던 용수철이 다시 펴지는 것처럼, 자신에게 가해진 억압을 분노로써 일시적으로 해소하는 것에 지나지 않았습니다. 다시 말해 근본적인 상황의 변화, 새로운 변화를 꿈꾸는 혁명적 성향은 발생하지 않았던 겁니다. 그래서 부르디외는 알제리 노동자를 구별하는 두 가지 원리, 즉 '반란의 성향'과 '혁명의 성향'을 구별해서 설명합니다.

그렇다면 억압받는 가난한 알제리 사람들이 단순한 반란이 아니라 '혁명적 성향'을 가질 수 없었던 이유는 과연 무엇일까요? 《자본주의의 아비투스》 말미에서 부르디외는 이 문제에 대한 자신의 입장을 다음과 같이 피력합니다.

실업과 실업을 낳는 체계에 대한 의식이 표명되기 위해서는 세계의 급박한 곤궁이 완화되어야만 한다. 무직을 의식하는 것과 무직의 객관적 근거를 의식하는 것은 다른 것이다. …… 한쪽에는 감정적인 반란이 있는데, 이것은 불안과 혼란에 의해 특징지어지는 생활조건의 불확실하고 지리멸렬한 표현에 지나지 않는다. 다른 한쪽에는 현실에 대한 체계적 고려로부터 나온 혁명적 과격주의가 있다. 이 두 태도들은 물질적인 생활조건의 두 가지 유형에 서로 대응한다. 하나는 도시의 하층 프롤레타리아와 토지를 박탈당한 농민들로서, 그들의 생활은 숙명적이고 임의적일 수밖에 없다. 다른 하나는 근대적인 의미에서의 상근 노동자들로서, 그들에게는 희망과 의견을 형성할 수 있는 최소한의 생활의 안정과 보장이 제공되어 있다. 일상적 행동의 해체는 합리적 기획과 예측의 체계—혁명적 의식은 그것의 한 측면이다—의 형성을 가로막는다. 그래서 잠재적 '혁명의 원동력'인 프롤레타리아화된 농민들과 도시의 하층 프롤레타리아는 진정한 의미의 '혁명 역량'을 형성하지 못한다. 상근 고용 및 규칙적인 급여가 주어질 때, 개방적이고 합리적인 시간에 관한 의식이 형성될 수가 있기 때문이다. 행위·판단과 희망은 생활세계에 따라 조직화된다. 그때에, 그리고 그때에만 혁명적 태도가 몽상 속으로 도피하거나 운명론적으로 포기되지 않을 수 있을 것이다. …… 미래에 대한 현실주의적인 전망은 실제로 현재에 직면할 수단을 지닌 사람들에게만 접근 가능한 것이다. 이것은, 현재에 의해 너무 짓눌려서 유토피아적 미래—그것은 현재의 성급하고 주술적인 부정이다—만을 꿈꿀 수밖에 없는 사람들의 자기 포기나

혹은 마술적인 조급함에 자신을 방기하는 것과는 다른 것이다.[8]

부르디외가 말하고자 한 핵심은 "실업과 실업을 낳는 체계에 대한 의식이 표명되기 위해서는 세계의 급박한 곤궁이 완화되어야만 한다"는 말에 담겨 있습니다. 전자본주의 시대의 알제리 농민들은 노동을 통해 자연을 겁탈하지만, 무의식적으로 자연의 복수를 두려워했습니다. 그래서 그들은 자신의 노동을 자연에 대한 능동적인 조작이 아니라 주어진 의무를 수행하는 수동적인 태도로 간주했습니다. 그 결과 그들의 노동은 자연이라는 신에게 바치는 공물이라는 의미를 띠게 되었지요. 결과적으로 농민들은 자연뿐만 아니라 자신들의 노동이 갖는 진정한 의미를 응시하지 못했던 겁니다. 그것은 물론 자연이 자신들의 생명을 앗아갈 정도로 압도적인 힘을 지니고 있다는 두려움 때문이었겠지요. 그런데 이러한 농민들의 태도와 매우 유사하게, 자본주의사회에 속하는 실업자들 또한 자본주의 체계를 그대로 직시하지 못합니다. 그들은 혁명의 주체나 능동적 주체가 되기보다는 몽상으로 도피하거나 운명론적으로 자신의 삶을 영위하기 쉽기 때문입니다.

농민들이 자연을 두려워하지 않으려면, 일정 정도 자연에 의존하지 않을 수 있는 경제적 여력을 확보해야만 합니다. 그래야 그들은 자신의 노동과 자연 사이의 관계를 어느 정도 객관적으로 직시할 수 있습니다. 이와 마찬가지로 도시 실업자들도 자본주의 체계에 절대적으로 의존하지 않을 수 있는 최소한의 생계 문제를 해결해야만 합니다. 오직 이런 경우에만 그들은 자신의 실업 문제와 자본주의 사이의 관계를 직시할 여유가 생기기 때문입니다. 이 대목에서 부르디외는 알제리 노동자들을 두 부류, 다시 말해 생계의 급박한 곤궁이 해결되지 않은 노동자들과 어느 정도 생계의 곤궁 문제가 해결된 노동자들로 구분합니다. 전자가 "도시의 하층 프롤레타리아와 토지를 박탈당한 농민들"이라면 후자는 "상근 노동자들"입니다. 물론 생계의 위협을 느끼는 대다수 사람은 자본주의 체계에 대해 매우 강한 반감을 가질 수 있습니다. 그러나 부르디외의 말대로 "그것은 불안과 혼란에 의해 특징지어지는 생활조건의 불확실하고 지리멸렬한 표현"에 지나지 않습니다. 반면 최소한의 생계가 보장되어 있기 때문에, 상근 노동자들은 자본주의 체계의 문제점들에 대해 숙고하고 여론을 형성할 수 있는 일정 정도의 힘을 갖게 됩니다.

부르디외가 이야기했던 것처럼 산업자본주의의 화폐경제는 인간의 시간의식을 근본적으로 바꾸어놓습니다. 미래를 "가능성의 장"으로, 다시 말해 가장 합리적으로 선택하고 결정할 수 있는 계기로 바꾸어놓았던 것입니다. 이것은 자본가에게만 국한되는 것이 아니라 상근 노동자들에게도 마찬가지로 적용됩니다. 그들도 비록 적은 액수이지만 임금을 받고 그것을 통해 자신의 미래를 설계하니까요. 이 점에서 보면, 자본주의사회는 전자본주의사회보다 일정 정도 진보적이라고 말할 수도 있을 겁니다. 자신의 노동과 자연 사이의 관계를 신화적으로 은폐할 수밖에 없었던 전자본주의사회와는 달리, 자본주의사회에서는 자신의 노동과 자본주의 체계 사이의 관계를 부분적으로나마 직시할 수 있기 때문입니다. 물론 그렇다고 해서 상근 노동자들이 설계한 미래가 반드시 해방의 공동체라고 속단해서는 안 됩니다. 21세기 현재 상황이 보여주듯 그들은 '작은 자본가'로 자신을 오인하고 '큰 자본가'를 꿈꿀 수도 있으니까요.

　자본주의 속에서 모든 사람이 그러한 변화를 향유할 수 있는 것은 아닙니다. 실업자나 노숙자들은 여전히 '잠재적으로 올 것'의 영역에 매몰되어 있기 때문입니다. 최소 생활을 영위할 수 있는 여력마저도 없기에, 그들은 과거의 전자본주의 시대 농민들처럼 전체 체계를 자신의 시야를 통해 합리적으로 성찰할 수 없는 것입니다. "미래의 현실주의적인 전망은 실제로 현재에 직면할 수단을 지닌 사람들에게만 접근 가능한 것이다"라는 부르디외의 지적은 매우 중요합니다. 이것은 자본주의를 영속적으로 유지하려는 기득권자들이 "현재에 직면할 수단"을 프롤레타리아로부터 박탈하려고 지속적으로 시도하는 이유를 설명해주기도 합니다. 2000년 전후에 있었던 변화를 상기해보세요 1997년 외환위기 이후 우리나라는 구조조정이라는 미명하에 비정규직이 전체 노동자 인구의 50퍼센트를 넘어섰습니다. 그리고 그 이후 청년 실업의 문제는 지금까지 계속 악화일로를 걸어왔지요.

　주변에서 우리는 흔히 노숙자, 실업자, 예비 실업자, 비정규직 노동자, 예비 비정규직 노동자들을 볼 수 있을 겁니다. 21세기에 들어와 재화와 서비스의 생산이 점점 자동화되어 인간 노동력의 가치가 떨어지고 있는 상황은 생계 문제를 더 악화시킬 여지가 있습니다. 라이더 등 플랫폼 노동자들을 생각해보세요. 생계 문제로 인해 고초를 겪는 사람들에게 자신의 현실과 직대면할 여유를 기대하기는 어렵습니다. 물론 언젠가는 이들의 불만이 감정적으로 폭발할 수도 있을 겁니다. 그러나 그것은 부르디외의 지적처럼 "현재에 의해 너무 짓눌려서 유토피아적 미래—그것은 현재의 성급하고 주술적인 부정이다—와는 다른 것을 겨냥할 수 없는 사람들의 자기 포기 혹은 마술적인 조급함" 정도에 지나지 않을 수도 있습니다.

병을 고치기 위해서는 병을 정확히 진단하고 직시해야만 합니다. 그러나 가난한 이웃들을 보십시오. 그들은 병원에 가는 것을 두려워합니다. 그들은 병이 있다는 것을 짐작은 하지만, 여윳돈이 없어서 걱정만 할 뿐입니다. 의사의 냉정한 진단은 그들에게 절망을 안겨주겠지요. 가족이 짊어질 부담이 그들에게는 더 큰 짐이기 때문입니다. 혹여 그들에게 그럴 만한 가족이 없을 수도 있겠지요. 그래서 가난한 이웃들은 '어차피 죽을 목숨'이라고 하면서 자신의 병을 키우곤 하지요. 마침내 말기 암과 같은 치명적인 병을 발견하게 되었을 때, 그들은 부르디외가 말한 것처럼 "자기 포기"나 아니면 종교에서 치유를 구하는 "마술적인 조급함"에 빠지게 될지도 모릅니다. 우리의 이웃 가운데는 마치 말기 암을 선고받은 가난한 사람들의 경우와 비슷한 사람들이 너무나도 많습니다. 그들은 생계의 어려움이나 실직의 고통이라는 문제를 자본주의 체계와 관련하여 정면으로 직시하지 못합니다. 아니 그러는 대신 오히려 그들은 자살이라는 극단적인 선택을 취하는 경우마저 있습니다.

부르디외는 《자본주의의 아비투스》의 결론 부분에서 알제리와 관련된 자신의 연구를 다음과 같이 정리합니다. 그러나 이것은 과거 1960년대 알제리에만 국한된 문제는 결코 아닙니다. 오히려 그의 결론은 현재 우리 삶에도 적용되는 절실한 문제를 건드리고 있습니다.

경제적 필연성의 압력은 감정적 불만과 집단적 반란을 야기할 수도 있다. 그렇지만 이런 감정적 불만과 집단적 반란이 반란의 목표에 대한 명확하고 합리적인 전망을 반드시 전제하지는 않는다. 감정적 불만과 집단적 반란은 명확한 목적이 결여된 초보적 폭발을 나타낼 수도, 아니면 체념적인 수동성을 나타낼 수도 있기 때문이다. 보통 사람들은 억압 때문에 불만이 폭발하게 되었다는 기계적 이미지를 신뢰하고 있다. 그렇기 때문에 그들은 가장 강력한 억압이 그 억압에 대한 가장 첨예한 의식과 일치하지 않는다는 것, 그리고 정반대로 객관적 상황의 진실과 이 상황의 의식 사이의 괴리가 이 경우보다 큰 경우가 결코 없다는 것을 보통 망각하곤 한다. 요약하자면 우리는 계급의식 속에서, 경제적 필연성의 압력이나 사회체계의 모든 객관적 결정에 반하여, 스스로 결정할 자유를 갖춘 주체의 성찰적 행위를 볼 수 있어야만 한다. 현재 상황에 대한 반란은 다음과 같은 경우에만 합리적이고 명시적인 목적으로 지향될 수 있을 것이다. 즉 그런 목적에 대한 합리적 의식의 구성을 위한 경제적 조건이 주어질 경우, 다시 말해 현재의 질서가 그 자체의 소멸 가능성을 포함하며 동시에 이 사실로 인해 그 질서의 소멸을 기도할 수 있는 행위자를 생산하는 경우에만 반란은 혁명으로 전환될 수 있을 것이다.[9]

용수철을 계속 누르면, 언젠가 용수철은 튕겨 나올 수밖에 없습니다. 이런 이미지를 맹목적으로 따르고 있기 때문에 많은 학자는 경제적 압박이 더욱 심해지면 마치 기계적 현상처럼 사람들의 불만이 터져나오고 반란의 움직임이 싹트기 시작한다고 믿고 있습니다. 부르디외도 물론 이 점을 전적으로 부인하는 것은 아닙니다. 사실 전자본주의 시대에서도 수많은 농민봉기, 농민항쟁이 있었으니까요. 역사적으로 보면 어떤 농민봉기는 기존 정치권력을 완전히 와해시키기도 했습니다. 그런데 이 대목에서 간과해서는 안 될 점은, 봉기 이후에 들어선 정치권력 혹은 왕조가 기존의 교체된 왕조와 질적으로 다르지 않았다는 사실입니다. 농민들의 감정적 분출, 그로 인한 격렬한 봉기로 왕조가 교체되긴 했지만, 그렇다고 해서 그들의 근본적 불만과 고통을 치유하는 새로운 사회체제가 실현됐던 것은 결코 아니라는 말입니다. 사실 농민들은 자신들에게 가해진 억압을 체계적으로 직시하지 못했습니다. 물론 평상시에 그럴 말한 여유도 전혀 없었지요. 그들은 그저 기득권자들의 집에 불을 지르고, 그들의 창고를 털어서 식량을 약탈하면서, 자신의 분노를 감정적으로 표출했을 따름입니다. 이런 한계 때문에 그들은 기존 정치권력과 질적으로 구별되는 정치체제, 즉 농민들을 위한 정치체제를 구성하는 데는 실패

할 수밖에 없었던 겁니다.

자본주의의 억압을 넘어서기 위해서는 가난한 이웃들이 최소한 극단적인 생계의 위협에서 벗어날 수 있어야만 합니다. 오직 그래야만 그들에게는 미래가 단순히 유토피아적인 의미에서 '잠재적으로 올 것'이 아니라, 자신이 주체적으로 선택할 수 있다는 의미에서 "가능성의 장"으로 다가올 수 있습니다. 이것이 1950년대 알제리전쟁이란 모래폭풍 속에서 젊은 부르디외가 알제리전쟁을 알제리 사람들이 믿고 있는 것처럼 혁명이라 보지 않고 혁명을 새롭게 꿈꿔본 이유입니다. 이 점에서 보면 현재 우리 사회에서 자행되는 실업자, 해고자, 비정규직 노동자의 양산은 매우 절망적입니다. 이런 사태는 우리 이웃들이 미래를 주체적 "가능성의 장"이 아닌 어쩔 수 없는 '잠재성'의 영역으로 간주하게 되고 삶의 수준 역시 퇴보할 테니까요. 일본의 철학자 가라타니 고진(柄谷行人, 1941~)이 2001년 《트랜스크리틱(トランスクリティーク : カントとマルクス)》에서 '생산-소비 협동조합'을 만들어야 한다고 강조했던 것도 그리고 페라리스가 2023년 〈웹페어: 사회적 복지 선언(WEBFARE: A Manifesto for Social Well-Being)〉에서 '덕은행(Bank of Virtue)'을 제안했던 것도 바로 이런 이유입니다. 우리의 이웃들에게 자신의 삶과 그것을 둘러싼 환경과 직면할 수 있는 안정적 여유를 확보하게 해주는 것, 이것이야말로 새로운 변혁을 위한 필수 조건이기 때문이지요.

어떤 사람이 당신에게 욕을 할 경우, 설령 그것이 당신을 다른
사람으로 착각하고 한 짓이라고 할지라도, 당신은 병들게 될 것이다.
이와 마찬가지로 당신이 유명인사와 흡사하다고 해서, 여러 사람들이
잠시 동안이나마 감탄과 부러움의 시선으로 당신을 둘러싸게 된다면,
당연히 당신은 좋은 기분을 느끼게 될 것이다.

―알랭,《인간 소묘》

우리 내면을 잠식하는
허영의 논리

칸트의 미학 VS 민중의 미학

18세기 후반, 발트해 연안에 있던 항구도시 쾨니히스베르크(현 칼리닌그라드)에서 한 철학자가 산책을 하려고 합니다. 시계가 오후 3시 30분을 가리킵니다. 기다렸다는 듯이 그는 스페인제 지팡이를 들고 길을 나섭니다. 그런데 갑작스럽게 잿빛 구름이 일고 곧 큰비가 올 것만 같습니다. 철학자는 아무렇지도 않은 듯이 산책을 계속하지요. 하지만 그를 따르던 늙은 하인은 우산을 팔에 낀채 걱정스럽게 하늘을 쳐다봅니다. 보리수가 울창하게 자란 길을 산책하던 철학자는 바로 근대철학의 집대성자로 추앙받는 칸트입니다. 그의 뒤를 따르던 늙은 하인은 바로 퇴역 군인 람페(Martin Lampe)라는 인물이었지요. 람페는 물론 칸트에게 고용된 늙은 노동자였습니다.

만약 산책할 때 오늘처럼 비가 오면 시종 람페는 우산으로

칸트의 애쿼틴트 실루엣. 1793년 요한 테오도르
푸트리히(Johann Theodor Puttrich)가
제작했다. 칸트는 평생 쾨니히스베르크를
벗어난 적이 없었고, 매일 오후 3시 30분에 집
밖으로 나왔다. 작은 키에 깡마른 체격의 그가
하인과 함께 산책을 나서면 마을 사람들이 그를
보고 시간을 맞췄다는 말이 전해진다.

고용주 칸트를 보호해야만 했습니다. 그것이 그가 임금을 받는 이유였지요. 비를 쫄딱 맞은 채 람페가 우산을 받치며 칸트의 뒤를 따르던 모습은 주변 이웃들에게 종종 목격되었습니다. 당시에도 칸트는 매우 규칙적으로 자기 삶의 규율을 준수했던 인물로 유명했으니까요. 그런데 우리는 이 대목에서 칸트의 유명한 정언명령, 즉 무조건적인 도덕명령을 떠올리지 않을 수 없습니다.

> 너는 너 자신의 인격과 다른 모든 사람의 인격에 있어서 인간성을 언제나 동시에 목적으로 간주하여야 하며, 결코 단순한 수단으로 간주해서는 안 된다.[10]

"타인을 단순한 수단이 아니라 목적으로 대하라!" 칸트의 도덕명령은 아직도 우리에게 의미 있는 통찰을 제공해줍니다. 칸트가 말했듯이, 내가 타인을 수단으로 삼는다는 것은 과연 무슨 의미일까요? 그것은 내가 목적으로 생각하는 것을 달성하기 위한 수단으로 타인을 간주하는 것을 의미합니다. 이삿짐을 부릴 때 짐꾼을 고용한 경우를 생각해봅시다. 짐꾼을 부른 이유는 내가 짐을 편안하게 나르기 위해서지요. 따라서 짐꾼은 내게 수단에 불과한 존재입니다. 반면 내가 타인을 목적으로 대한다는 것은 무슨 의미일까요? 그것은 타인도 나와 마찬가지의 동일한 자유를 가진 존재로 대우하는 것을 의미합니다. 앞의 사례를 다시 생각해봅시다. 우리가 짐꾼을 목적으로 대우한다는 것은, 짐꾼이 짐을 나를 수도 있고 나르지 않을 수도 있는 자유를 가진 사람으로 대우한다는 것을 의미합니다. 그러나 과연 이것이 자본주의사회에서 가능한 상황일까요? 나는 돈을 주고 짐꾼을 고용했습니다. 그런데도 내가 짐꾼의 자유를 생각하며 그의 눈치를 보는 것이 타당하다고 말할 수 있을까요?

자본주의사회는 돈이 최종 목적이고 인간은 언제든 수단으로 전락할 수 있습니다. 그렇기에 만약 우리가 인간을 최고의 목적으로 간주하면, 자본주의사회는 붕괴할 수밖에 없지요. 그렇다면 앞서 인간을 단순한 수단이 아닌 목적으로 대하라고 강조한 칸트는 자본주의사회를 폐기하자고 주장한 것일까요? 여기서 주목할 것은 "단순한 수단"이라는 칸트의 표현입니다. 이것은 사실 인간을 단순한 수단이 아니라 '목적도 가미된 수단', 다시 말해 인간을 좀 더 '복잡한 수단'으로 봐야 한다는 의미입니다. 구체적으로 말하면, 비록 내가 돈으로 짐꾼을 고용했지만 그도 나와 마찬가지로 자유로운 인간이기 때문에 그를 노예처럼 부리지는 말라는 겁니다. "힘드시지요. 음료수라도 한 잔 마시면서 쉬엄쉬엄 일하세요." "고생 많으십니다. 요새 날씨가 더워져서 일하기 힘드시죠." 뭐, 이런 식의 인사말이라도 주고받으면서 인간적으로 짐꾼과 관계하라는 겁니다. 그러나 이와 같은 칸트식 발상은 자본주의의 역설을 완화하는 역할을 할 뿐입니다. 분명 돈은 인간이 만든 교환 수단인데, 이제 돈으로 인간도 살 수 있는 시대에 이르렀으니 이것이야말로 바로 자본주의의 역설이라고 할 수 있지요. 칸트는 이런 자본주의의 역설을 일정 부분 정당화합니다.

아마 자신에게 우산을 씌워주느라 비를 흠뻑 맞은 람페에게도 칸트는 이렇게 이야기했을지 모릅니다. "고생이 많네. 갑자기 비가 오는군. 집에 들어가서 따뜻한 차를 마시도록 하게." 아마도 이 정도가 칸트가 할 수 있는 최선이었을 겁니다. 사실 칸트도 서른한 살에 박사학위를 취득하고 마흔여섯에 대학교수가 될 때까지 경제적으로 매우 어려운 나날을 보냈습니다. 시간강사의 수입으로는 기본적인 생활을 하는 것조차 빡빡했기 때문이지요. 사실 이 대목이 매우 중요합니다. 칸트는 생활고를 겪으며 돈의 가치를 몸으로 체험했던 사람이기 때문입니다. 쾨니히스베르크대학의 교수가 되면서 경제적 여유가 생긴 칸트는 이제 람페 같은 사람을 하인으로 고용할 수 있게 되었습니다. 아마 그 이후부터 칸트는 돈이 주는 힘과 매력을 충분히 만끽했을 겁니다. 시간강사시절에는 우산이 없어서 비를 맞으며 캠퍼스를 뛰어다녔지만, 이제는 우산을 가지고 자기를 시종하는 하인을 곁에 둘 수 있는 수준에 이르렀으니까요.

그렇다면 '타인을 순수하게 목적으로 대우할 수 있는' 일은 결국 칸트에게는 불가능했던 것일까요? 사실 꼭 그렇지만은 않습니다. 왜냐하면 타인을 수단으로 볼 필요가 전혀 없는, 다시 말해 자본주의적 이해관계에 연루되지 않은 사람들과의 관계도 충분히 가능했기 때문입니다. 쾨니히스베르크대학의 동료 교수들, 친구들, 길거리에서 만나는 이웃 주민들, 사교 모임에서 만나는 귀부인들, 혹은 여타 귀족이나 장교들이 아마도 그런 부류의 사람들이었을 겁니다. 물론 우리의 목적이 여기서 칸트를 비난하는 것은 결코 아닙니다. 적어도 그는 자신이 돈을 지급하고 부리는 사람들에게 매우 친절했을 테니까요. 하지만 우리가 잊어서는 안 되는 것이 있습니다. 철학자 칸트는 기본적으로 돈이나 권력을 가진 계층의 아비투스, 즉 자본주의적 아비투스를 가진 인물이라는 점입니다.

연구자들은 칸트의 철학적 위대함을 그가 진(眞), 선(善), 미(美) 세 영역을 구별했다는 데서 찾습니다. 칸트로부터 우리는 같은 대상이라도 최소한 세 가지 영역으로 다르게 볼 수 있다는 점을 배웠습니다. 예를 하나 들어보겠습니다. 서울 근처에서 가장 높은 북한산 정상 백운대에 올라가본 적 있는지요? 이곳에 올라가서 서울이라는 메트로폴리탄을 내려다보면, 서울이 두터운 스모그에 뒤덮인 것을 발견하게 됩니다. 해가 질 무렵 서울은 휘황한 보라색 아우라를 띤 대도시로 보이지요. 그런데 만약 '이론적 관심'을 갖고 바라본다면, 스모그가 보라색을 띠는 이유를 대기에 섞인 오염물질 그리고 석양의 태양광선의 파장이 가진 특징 등으로 설명할 수 있겠지요. 이것이 바로 진리(眞)의 영역입니다. 그러나 우리는 보라색의 스모그를 진리의 문제가 아니라 '실천적 관심' 혹은 '윤리적 관심'을 통해 바라볼 수 있습니다. 이 경우 우리는 사리사욕을 위해서 매연을 배출하는 인간의 비윤리성을 탓하게 되겠지요. 이것이 바로 윤리(善)의 영역입니다. 한편 '이론적 관심'이나 '실천적 관심'이 포함되어 있지 않은, 다시 말해 시종일관 '무관심'으로 보라색 스모그를 바라볼 수도 있습니다. 이 경우 보라색으로 뒤덮인 서울의 모습이 나름대로 아름답게 보일 수도 있을 겁니다. 바로 이것이 아름다움(美)의 영역이지요.

칸트에 따르면 진선미의 세계는 우리의 관심이 이론적 관심이냐, 실천적 관심이냐, 아니면 무관심이냐에 따라 다르게 드러납니다. 칸트의 유명한 세 가지 비판서가 쓰인 이유도 바로 여기에 있습니다. 그는 첫 번째 《순수이성 비판(Kritik der reinen Vernunft)》(1판 1781; 2판 1787)에서 이론적 관심으로 드러나는 진리의 세계를 다뤘고, 《실천이성 비판(Kritik der praktischen Vernunft)》(1788)에서는 실천적 관심으로 드러나는 윤리의 세계를 다뤘습니다. 그리고 마지막으로 《판단력 비판(Kritik der Urteilskraft)》(1790)에서는 무관심을 통해서 드러나는 아름다움의 세계를 다뤘지요. 물론 세 가지 영역으로 구분해 같은 대상이나 사건을 바라보는 것은 아무나 할 수 있는 일은 아닙니다. 그것은 상당한 교육과 학습의 대가로만 얻을 수 있는 분별력(discernment)이기 때문입니다. 사실 자본주의사회에서 이런 분별력을 얻을 수 있는 사람들은 매우 한정될 수밖에 없겠지요. 그들은 우수한 교육 및 학습에 장기간 투자할 수 있는 여유를 가진 부르주아계층일 테니 말입니다.

그런데 분별력이 있는 사람, 혹은 배운 사람이란 과연 어떤 사람일까요? 칸트에 따르면 같은 대상이나 사건을 필요에 따라 이론적 관심으로도, 실천적 관심으로도, 혹은 무관심으로도 바라볼 수 있는 사람을 의미합니다. 반면 분별력이 없는 사람, 혹은 배우지 못한 사람은 이론적 관심으로 봐야 할 때 다른 관심으로 보거나, 아니면 무관심하게 봐야 할 때 다른 관심을 가지고 보는 사람이지요. 예를 하나 들어보지요. 의사는 사람의 몸을 하나의 기계처럼 보도록 철저히 배우고 훈련한 사람입니다. 만약 환자의 몸에서 피가 나는 것을 보고 불쌍하고 측은해져 메스 잡은 손을 떤다면, 그 의사는 분별력이 없는 사람이겠지요. 한편 미술가는 이성의 나체를 보고도 성적인 관심이 아니라 무관심으로 나체의 아름다움을 느끼는 사람입니다. 만약 그가 아름다운 이성의 나체를 보고서 성적인 관심이 생겨 그 때문에 얼굴이 붉어진다면, 이 사람은 분별력이 없는 예술가겠지요.

칸트의 논리를 따를 때 의사, 과학자, 경제학자, 예술가 등과 같은 고소득층 전문가 그룹이 분별력 있는 부류로 인정됩니다. 쾨니히스베르크대학의 철학교수로서 전문가임을 자처하던 칸트에게 이런 사회적 함축은 어쩌면 당연한 귀결이었습니다. 칸트 철학을 독해할 때 우리는 그의 철학이 근대사회의 한 특징인 직업의 전문화 및 세분화와 밀접한 연관이 있다는 점을 잊어서는 안 됩니다. 진선미의 구분을 통해서 칸트는 전문화된 직업을 정당화하는 계기를 열어놓았기 때문입니다. 그런데 전문직에 종사하는 사람들, 즉 분별력이 있는 사람들이 선천적으로 그런 능력을 부여받은 것이 아님에 주목해야 합니다. 그들의 능력은 대부분 부모나 가족의 역량에 따라 후천적으로 재생산된 것이지요.

이 점에서 1979년 출간된 부르디외의 대작 《구별짓기(La Distinction: Critique sociale du jugement)》는 매우 중요합니다. 그는 바로 분별력이 있다고 자처하는 상류계급의 내면세계를 다각도로 해명하는 작업을 수행했기 때문입니다. 그의 일차 표적이 된 것은 바로 프랑스 부르주아계층, 즉 상류계급의 미적 의식이었

Soc. Anonyme des Anciens Etabl⁼ PANHARD & LEVASSOR
Sortie des Ouvriers

1911년 파리 근교 자동차 공장에서 퇴근하는
노동자들. 부르디외는 1979년《구별짓기》를
통해 자본주의사회의 양대 계급인 부르주아와
프롤레타리아, 혹은 상류계급과 하류계급을
아비투스 개념으로 사유했다.

습니다. 이 책을 통해 부르디외는 노골적으로 칸트의 미학이 추구하던 순수성을 비판합니다. 우리말 번역본에는 '문화와 취향의 사회학'이란 애매한 부제가 달렸지만, 원서의 부제는 '판단력에 대한 사회적 비판(Critique sociale du jugement)'이라는 사실은 매우 상징적입니다. 이것만큼 칸트의 《판단력 비판》을 '사회적으로' 비판하고자 했던 부르디외의 의지를 분명히 보여주는 것도 없으니까요.

1977년 부르디외는 《60년대의 알제리: 경제적 구조와 시간적 구조》, 즉 《자본주의의 아비투스》를 출간했습니다. 이 책에서 그는 아비투스 개념으로 알제리의 식민지 농민들, 프롤레타리아와 더불어 프랑스의 프롤레타리아를 해명합니다. 얼마 되지 않은 1979년에 부르디외는 《구별짓기》를 출간해 프랑스 부르주아의 미적 의식을 아비투스 개념으로 해부합니다. 《구별짓기》가 프랑스 원서로는 672쪽, 우리 번역서로는 1500쪽에 육박하는 방대한 책이라는 사실에 주목한다면 《자본주의의 아비투스》와 《구별짓기》는 거의 동시에 집필되고 있었던 것으로 보입니다. 1979년 《구별짓기》로 부르디외는 자본주의사회의 양대 계급인 부르주아와 프롤레타리아, 혹은 상류계급과 하류계급을 아비투스 개념으로 사유하는 작업을 나름 일단락한 셈입니다. 《구별짓기》를 제대로 맛보려면 《자본주의의 아비투스》를 함께 읽어야 하는 것도 이런 이유 때문입니다.

다행히도 《구별짓기》는 단독으로 읽어도 별다른 무리는 없습니다. 부르주아 상류계급의 미적 의식을 해부하면서, 부르디외는 다수 프롤레타리아 하류계급이 가진 그들 나름의 미적 의식도 다루고 있으니까요.

대중 미학의 논리를 재구성하려고 시도하자마자, 이런 시도 자체가 칸트 미학을 부정하는 반대 항처럼 보이도록 한다. 이 점에서 대중의 에토스는 암묵적으로 《미의 분석학》에서 칸트가 이야기했던 모든 명제들을 부인하는 반-명제를 맞세우는 것처럼 보이게 되는 것도 결코 우연만은 아닐 것이다. 미적 판단의 고유성을 구성하는 원리를 파악하기 위해 칸트는 교묘하게 '맘에 드는 것(ce qui plaît)'과 '즐거움을 주는 것(ce qui fait plaisir)'을 구분하였다. 그리고 더 일반적으로는 그는 다음 세 가지 관심을 분리시키려고 노력했다. 미적인 관조를 미학적이도록 보장해주는 유일한 특징인 '무관심(le désintéressement)', '맘에 드는 것'을 규정하는 '감각의 관심(l'intérêt des sens)' 그리고 '선함'을 규정하는 '이성의 관심(l'intérêt de la raison)'. 이와 반대로 민중계급은 단순히 기호의 기능에 그치더라도 모든 이미지가 특정한 기능을 수행하기를 기대하며 아주 분명하게 모든 판단을 내리려고 한다. 따라서 민중계급에게 있어 죽은 병사를 찍은 사진은 긍정적이든 부정적이든 재현 대상의 현실 또는 그런 재현이 수행할 수 있는 기능을 갖는다. 다시 말해 이 사진은 보는 사람에게 전쟁에 대한 공포심을 갖도록 하거나, 아니면 사진가가 보여주려고 하는 전쟁에 대한 공포감을 보는 사람이 거부하면서 일정한 판단을 불러일으킬 수 있다는 것이다. …… 의미도 관심도 없는 무의미한 이미지 또는 애매한 이미지를 거부한다는 것은, 곧 그것을 목적 없는 최종 목적, 스스로를 의미하는 이미지, 따라서 자신 이외의 지시 대상은 갖고 있지 않는 이미지로 간주하기를 거부한다는 것을 의미한다.[11]

부르디외는 대중 미학과 순수 미학을 구분하면서 논의를 시작합니다. 물론 여기서의 순수 미학은 칸트가 이야기했던 무관심을 통해서 사물이나 사건을 볼 수 있는 인간을 전제로 하는 것이지요. 칸트는 《판단력 비판》에서 다음과 같이 말합니다. "취향 (Geschmack)은 어떤 대상이나 표상 방식을 일체의 관심을 떠나 만족이나 불만족에 의해서 판단하는 능력이다. (이와 같은 판단에 의해 가능한) 만족의 대상은 아름답다고 말해진다." 칸트의 생각에 따르면 감각적으로 쾌적함의 느낌을 주는지, 아니면 윤리적으로 선하다는 생각을 낳게 하는지 등의 여부에 따라 어떤 대상을 아름답다고 판단해서는 안 된다는 것입니다. 아름다움은 그의 말대로 "일체의 관심을 떠나 만족과 불만족에 의해서 판단하는 능력", 즉 "취향" 때문에 가능한 것이니까요.

만약 일체의 관심을 떠나서 어떤 것을 봤을 때 만족감이 생긴다면, 그것은 아름다운 것이지요. 반대로 불만족이 생긴다면, 그것은 반대로 추한 것입니다. 예를 하나 들어볼까요? 실직을 비관해서 빌딩에서 투신자살한 어느 젊은 여성의 시신, 그리고 그 주변에 진홍빛 꽃처럼 보이는 피의 형상! 이 광경은 쾌적하다는 느낌도 선하다는 생각도 주지 않습니다. 오히려 두렵고 무서운 느낌이나 젊은 여성을 죽음으로 몰고 간 자본주의적 비윤리성에 대한 분노가 찾아들 겁니다. 그런데 칸트는 이런 감각적 불쾌감이나 윤리적 판단과는 상관없이 핏빛 정경이 그 자체로 아름다움의 대상이 될 수 있다고 주장하는 겁니다. 만약 우리가 무관심하게 눈앞의 그 광경을 봤을 때 그것이 우리를 만족시킨다면 말이지요.

여기서 우리는 칸트 미학의 무자비성 혹은 냉담함을 직감하게 됩니다. 한마디로 말해서 생명의 온기가 없는 미학이라는 느낌이 들지요. 칸트의 말이 옳다면, 시를 쓰기 위해서 로마를 방화했고 무고한 시민들을 살해한 네로(Nero Claudius Caesar Augustus Germanicus, 37~68) 황제의 미적 의식도 충분히 정당화될 테니까요. 어쨌든 자신은 황제이고 시민들은 자신이 돌보고 보살펴야 하는 사람들이라는 정치적 관심을 완전히 배제하고, 네로 황제는 석양과 경쟁이라도 하듯 화려하게 불타오르는 로마에서 아름다움을 느끼며 만족할 수도 있기 때문이지요.

부르디외에 따르면 칸트가 말한 방식으로 아름다움을 느낄 수 있는 사람은 결국 부르주아계층에 국한될 수밖에 없습니다. 왜냐하면 무관심하게 무엇인가를 바라보는 태도 자체는 이미 상당한 돈과 시간을 투자해 학습한 결과이기 때문이지요. 이 때문에 부르디외는 칸트의 순수 미학이 아니라 현재 대중의 미학을 이야기합니다. 다시 말해 경제적, 정치적 권력이 없어서 미적인 학습을 받을 수 없었던 대중들도 나름대로 미적인 판단을 수행한다고 말하는 겁니다. 물론 대중들에게 아름다움은 감각적 쾌적함이나 윤리적인 메시지가 서로 밀접하게 결합된 형태로 나타납니다. 그래서 그들은 칸트와는 달리 핏빛 사진을 보고 감각적인 불편함을 느끼거나 아니면 도시 자본주의 생활의 비정함을 함께 읽어낼 겁니다.

물론 그렇다고 해서 부르디외가 대중 미학만이 진정한 미학이라고, 다시 말해 정서적으로나 관념적으로 구체적인 무엇인가를 의미해야만 아름다움이 가치 있다고 주장하는 것은 아닙니다. 오히려 그는 아름다움이란 물질적 조건을 다르게 갖고 태어난 사람들에게는 전혀 다른 방식으로 느껴진다는 점을 강조하지요. 상류 부르주아계급처럼 생활의 여유가 있는 사람들이 아름다움을 "자신 이외의 지시 대상은 갖고 있지 않는 이미지"에서 찾으려는 경향을 보인다면, 노동자계급은 "모든 미적인 이미지가 특정한 기능을 수행하기를" 원합니다. 이것은 경제적, 정치적, 문화적 조건들에 따라 "취향"도 천차만별로 달라진다는 것을 보여주지요. 사실 부르디외가 시도했던 것은 칸트의 미학이 결코 보편적이지도 그리고 유일한 미적 기준도 아니라는 사실을 폭로하는 것이었습니다.

미적 취향, 가장 완고하고 폭력적인 구별 원리

칸트의 미학 혹은 상류계급의 미학을 배우기 위해서는 무관심하게 보는 법을 배워야 합니다. 물론 여기에는 많은 시간과 돈이 들겠지요. 예를 들면 미대를 가기 위해서 그리고 미대에 다니기 위해서는 상당한 시간과 돈이 필요합니다. 미대에서는 이성의 벌거벗은 모습을 무관심하게 보는 방법도 배우겠지요. 물론 처음에는 이성의 벌거벗은 모습을 보면서 성적인 관심이 들 수도 있습니다. 그러나 누드화를 그리는 과정을 통해서 미대에 다니는 학생들은 무관심하게 나체를 바라보는 태도를 익히게 됩니다. 그리고 무관심하게 봤을 때 나체가 비로소 만족감을 준다면 '아름다운' 작품으로 재현되겠지요. 미대생이 아니더라도 많은 작품을 볼 여유가 충분한 상류계급은 나체를 '아름답게' 볼 수 있는 태도를 배우게 될 것입니다. 가라타니 고진이 일본의 대문호 나쓰메 소세키(夏目漱石, 1867~1916)의 말을 인용하면서 말하고자 했던 것도 바로 이 점입니다.

영화나 소설에서는 종종 범죄자나 깡패가 주인공으로 나온다. 사람들은 일상생활에서는 혐오하면서도 영화나 소설에서는 그들을 지지하고 자기동일화하기도 한다. 이것이 미적 판단이다. 그 근거를 칸트는 '무관심'에서 찾았다. 그것은 도덕적·지적 관심을 배제하는(괄호에 넣는) 것이다. 사람들이 이런 영화나 소설을 즐기는 것은—아니면 때로는 현실 사건에 대해서도 그런 시각이 생기는 것은—사실 문화적으로 훈련되었기 때문이다. 나쓰메 소세키는 《문학론》에서 이런 예를 들고 있다. 셰익스피어의 〈오셀로〉라는 연극에는 유명한 악역 이아고라는 인물이 나오는데, 화난 관객이 이아고 역을 한 배우를 사살한 사건이 있었다고 한다. 그 관객은 그것이 연극이라는 사실을 분간하지 못했다. 그것이 연극이라는 것을 분별하는 데는 상당한 문화적 훈련이 필요하다. 지금도 텔레비전 연기자를 그들이 연기한 역할 그대로의 인물이라고 믿는 사람들이 많다. 범죄자를 영웅시하는 것은 위험하다고 생각하는 사람도 있고, 한편 영화나 소설을 흉내 내는 사람도 있다. 소세키는 또 나체화를 예로 든다. 처음에는 나체화를 성적인 관심을 배제하고 보기란 어렵다. 소세키도 꽤 충격을 받지 않았나 싶다.[12]

가라타니 고진은 은근히 분별력이 있는 사람들과 그렇지 않은 대중을 구분하고 있습니다. 전자가 "무관심"하게 소설이나 영화를 볼 수 있다면, 후자는 그렇게 할 수 없다는 겁니다. 가령 불륜을 주제로 하는 드라마는 우리 사회의 아주머니들이 즐겨 보는 작품 가운데 하나입니다. 그런데 드라마에서 불륜을 저지르는 악역을 연기했던 연기자가 길거리에서 할머니 혹은 아줌마들로부터 봉변을 당했다는 이야기가 종종 들립니다. 드라마와 현실을 구별하지 못한다고 혀를 끌끌 찰지도 모릅니다. 바로 이 대목이 중요합니다. 여러분 자신은 드라마와 현실을 구별할 수 있는데, 할머니나 아줌마들은 그렇지 못하다고 생각하기 때문이지요. 바로 여기서 여러분은 자신을 할머니나 아줌마들과 구별하고 있는 것입니다. 바로 이 부분이 부르디외가 《구별짓기》를 통해서 분석하고자 했던 쟁점입니다.

가라타니는 영화나 소설을 미적으로 즐길 수 있는 것은 문화적인 학습 때문이라고 이야기합니다. "무관심"하게 보는 능력은 선천적인 것이 아니라 학습되어야만 얻을 수 있다는 것이지요. 그런데 문제는 흔히 상류계급이라고 불리는 사람들이 하류계급에게 보이는 오만한 태도입니다. 너무 도식적인 듯하지만 일단 자신이 상당한 문화 수준을 가졌다고 자부하며, 다른 계급의 사람들로부터 모방의 대상이 되는 사람들을 간단히 상류계급이라고 부릅시다. 상류계급은 자신이 드라마는 드라마로, 연극은 연극으로 보고 있다고 자신합니다. 그래서 상류계급은 드라마와 현실을 구별하지 못하는 하류계급을 비루하거나 열등한 존재라고 생각하지요. 그렇지만 그들은 상류계급과 하류계급 사이의 이런 차이는 선천적인 차이가 아니라는 점을 간과합니다. 다시 말해 상류계급 사람들은 자신의 미적 능력이 자신들이 가진 돈과 생활의 여유에서 만들어졌다는 사실을 잊고 있다는 겁니다. 만약 자신과 같은 물질적 조건을 갖추고 있었다면, 하류계급 사람들도 자신과 유사한 순수한 미적 관심을 공유할 수 있을 겁니다.

물론 하류계급도 종종 상류계급의 미적 의식을 조롱하는 것도 사실입니다. 예를 들어 포르노에 가까운 누드화 전시회장에서 하류계급 사람들은 얼굴이 화끈해지는 걸 느낍니다. 그렇지만 상류계급 사람들은 그곳에서 아름다움을 발견한 것처럼 점잖게 행동하지요. 하류계급 사람들은 이런 상류계급의 행동을 위선적이고 가식적이라고 생각합니다. 자기와 마찬가지로 성적 관심이 촉발되었음에도 상류계급은 무관심한 척한다고 믿기 때문입니다.

부르디외는 미적 성향, 즉 취향의 차이가 어떤 계급이 자신을 다른 계급과 구별짓도록 만드는 가장 원초적이고 직접적인 원리라고 주장합니다. 물론 이런 미적 취향은 혈연 등과 같은 선천적인 요인에 의한 것이 아니라 특정한 물질적 조건으로 인해 서서히 획득되는 것이지요. 이제 구별짓기의 작동원리로 이해된 취향의 문제를 부르디외가 어떻게 말하는지 살펴봅시다.

특수한 생활조건으로부터 만들어지는 미적 성향은, 동일한 생활조건을 공유한 모든 사람들을 함께 묶어준다. 그렇지만 미적 성향은 동시에 그 밖의 다른 사람들과는 구분시켜준다. 그리고 핵심적인 측면에서 구분시켜준다. 왜냐하면 취향이야말로 인간이 가진 모든 것, 즉 인간과 사물 그리고 인간이 다른 사람들에게 의미할 수 있는 모든 것의 원리이기 때문이다. 이를 통해 사람들은 스스로를 구분하며, 다른 사람들에 의해 구분된다. 취향, 즉 겉으로 표현된 선호도는 피할 수 없는 사람들 사이의 차이에 대한 현실적인 증거라고 할 수 있다. 따라서 취향이 정당화될 때 순전히 부정적으로, 즉 다른 취향에 대한 거부의 형태로 확인되는 것은 결코 우연이 아니다. 아마 취향의 문제만큼 모든 규정이 부정일 수밖에 없는 그런 영역은 없을 것이다. 그리고 취향은 무엇보다도 먼저 혐오감, 다른 사람의 취향에 대한 공포감 또는 본능적인 짜증("구역질난다")에 의해 촉발되는 불쾌감이라고 할 수 있다. "취미에 대해서는 논쟁하지 마라"라는 말도 있지만 그것은 "모든 취미가 본성에 있기" 때문이 아니라 각취향이 스스로를 자연스럽다고 느끼기 때문이다. 실제로 대부분의 경우 정말 그렇기 때문에, 취향은 결국 아비투스가 된다. 그리하여 다른 취향은 비자연적이며 따라서 타락한 것이라고 주장하면서 거부되는 것이다.[13]

상류계급에 속한 어떤 한 사람이 있습니다. 그는 인상파 작가들의 미술 작품을 좋아합니다. 그가 특히 좋아하는 것은 세잔(Paul Cézanne, 1839~1906)이었지요. 세잔의 전시회가 예술의전당에서 열리기라도 하면 그는 거의 매일 그곳을 방문할 정도였습니다. 그러니 그가 몇 번이나 파리를 방문해 세잔이 머무른 곳을 순례했던 것도 이상한 일이 아닙니다. 이 사람의 미적 취향은 음악에서도 두드러진다고 소문이 자자합니다. 특히 그는 리스트(Franz von Liszt, 1811~1886)의 피아노 작품과 파가니니(Niccolò Paganini, 1782~1840)의 바이올린 작품을 좋아합니다. 그가 리스트와 파가니니의 희귀 음반을 소장하고 남에게는 공개하지 않은 채 홀로 애지중지하고 있다는 것은 공공연한 비밀이지요.

어느 날 이 사람은 전시회장에서 세잔을 좋아하는 다른 사람을 만나 인상파에 대해 환담을 나눴습니다. 진지한 대화가 오가는 도중에 갑자기 상대방의 핸드폰이 트로트 음악 소리를 내며 요란하게 울렸습니다. 그가 전화 통화를 마치자마자 우리 주인공은 선약이 있다는 듯이 서둘러 인사를 하고는 그 자리를 피합니다. 어떻게 세잔을 아는 사람이 트로트를 좋아할 수 있는지 우리 주인공은 도무지 납득이 되지 않습니다. 부르디외가 말한 것처럼 우리 주인공은 트로트를 좋아하는 그 사람의 취향에 대해 매우 큰 불쾌감을 느꼈습니다. 전시회장에서 서둘러 나오면서 우리 주인공은 자신이 트로트를 좋아하던 그 사람과는 질적으로 다르다는 사실을 새삼 확인하게 됩니다. 부르디외가 "특수한 생활조건과 관련된 조건의 산물인 미적 성향은, 동일한 조건의 산물인 모든 사람들을 함께 묶어주는 반면 그 밖의 다른 사람들과는 구분시켜준다"고 말했던 이유도 바로 여기에 있지요.

부르디외에게 미적 취향 혹은 미적 성향은 '구조화된 구조이면서 동시에 구조화하는 구조'입니다. 이 때문에 미적 성향도 아비투스의 사례 가운데 하나라고 할 수 있지요. 그런데 중요한 점은 미적 성향이야말로 가장 직접적이고 강렬하게 작용하는 아비투스라는 점입니다. 아비투스의 아비투스, 가장 근본적인 아비투스라는 이야기입니다. 타인과 만날 때 우리가 가장 직접적으로 그리고 가장 분명하게 의식하는 것은 바로 미적 성향 혹은 미적 취향의 차이일 겁니다. 한번 생각해보세요. 이성과 처음 만날 때 우리가 제일 먼저 확인하는 것이 무엇인지를요. "나는 에스프레소 커피를 좋아하는데, 저 사람은 카페라테를 좋아하는구나." "나는 파가니니를 좋아하는데, 저 사람은 비틀스를 좋아하는구나." "나는 봉준호 감독을 좋아하는데, 저 사람은 박찬욱 감독을 좋아하는구나." 만약 상대방이 나와는 미적 취향이 너무 다르거나 혹은 하류계급의 경우와 같은 저급한 미적 취향을 가지고 있다고 느낀다면, 더는 상대방과의 만남을 지속하지 않을 겁니다.

미적 취향의 차이를 발견했을 때, 우리의 반응은 직접적이고 매우 강렬합니다. 고상한 클래식 음악 연주회에 참여한 어느 상류계급 사람은 연주회장에서 졸고 있는 사람을 보면 인상을 찌푸립니다. 트로트 음악과 함께 춤판이 벌어진 관광버스에 타고 있던 어느 하류계급의 아주머니는 함께 어울려 춤추기보다 이어폰으로 혼자 음악을 들으며 책을 읽고 있는 여성을 보면 짜증을 내기 쉽지요. 그런데 여기서 주의해야 할 것이 하나 있습니다. 그것은 하류계급에 속한 사람들이 상류계급 사람들에게 보이는 짜증의 이면에는 일종의 신포도 전략이 숨어 있다는 점입니다. 《이솝우화》에는 포도를 먹고 싶은 여우 이야기가 나옵니다. 그렇지만 포도가 손에 닿지 않자, 여우는 그 자리를 떠나면서 말하지요. "흥! 저 포도는 시어서 맛이 없을 거야." 어떤 것을 가지고는 싶지만 가질 수 없을 때 인간은 그것의 가치를 깎아내림으로써 자신을 위로하는 경향이 있습니다. 신포도 이야기는 이런 인간의 특징을 보여주는 좋은 사례지요.

이제 왜 하류계급 사람들이 상류계급 사람들을 허위의식으로 가득 차 있다고 비난하고, 심지어 그들에게 무례하게까지 대하는지 이해가 됩니다. 하류계급 사람들은 자신들이 현재 가진 물질적 토대로는 상류계급의 아비투스, 혹은 미적 취향을 획득할 수 없습니다. 달성될 수 없는 미적 취향에 대해서는 애초에 무가치하다고 깎아내리기 쉬운데 이로부터 자기위안 혹은 자기변명이 등장하는 것입니다. 심지어 하류계급 사람들은 다음과 같이 이야기합니다. "너희는 거드름을 피우고 허영을 부리지만, 우리는 사람의 감정에 충실한 진솔한 삶을 살고 있다"라고 말이지요. 이것이 바로 하류계급의 신포도 전략입니다. 그렇지만 우연히 예상치 못한 큰 목돈이 들어오기라도 하면, 상황은 달라집니다. 이제 그들은 포도를 딸 수 있게 된 겁니다. 이런 면에서 보면 상류계급과 하류계급의 차이는 자신이 처한 물적 조건에 따라 달라질 수 있지만, 그 의식의 내면에는 같은 대상을 갈망하는 욕구가 자리 잡고 있다고 할 수 있습니다.

한편 미적 취향이 너무도 다른 사람과 만나면 첫 만남부터 그 관계가 삐걱거리기도 합니다. 물론 처음에는 낯선 상대방이 신기하게 느껴질 수도 있습니다. 상대방이 좋아하는 음악, 소설, 미술 등이 자신의 경우와는 현격히 다르기 때문이지요. 그렇지만 이런 신기함이 언제까지 이어지겠습니까? 분명 얼마 지나지 않아 충돌과 대립이 뒤따르게 마련이지요. 이 때문에 부르디외는 미적 취향이 "가공할 만한 폭력성(violences terribles)"을 갖고 있다고 지적합니다.

미적 불관용(l'intolérance esthétique)은 가공할 만한 폭력성을 갖고 있다. 다른 생활양식에 대한 혐오감은 각 계급을 갈라놓고 있는 가장 강력한 장벽이라고 할 수 있다. 계급 내의 동족 결혼은 이것을 분명하게 보여주는 증거라고 할 수 있다. 스스로 정통 문화를 소유하고 있다고 자부하는 사람들에게 가장 참을 수 없는 일은 취향에 따라 의당 분리하지 않으면 안 되는 취향들을 모욕적으로 재결합시키는 일일 것이다. 이것은 곧 예술가들과 심미주의자들의 게임, 그리고 '예술적 정통성(la légitimité artistique)'을 독점하려는 이들의 투쟁이 겉보기와는 달리 그렇게 순진무구하지만은 않다는 것을 의미한다. 예술을 둘러싼 투쟁에서는 항상 특정한 생활양식에 대한 강요가 핵심적인 요구로 자리 잡고 있다. 하나의 임의적인 생활양식을 전통적인 생활양식으로 만들면서 나머지 다른 생활양식을 자의적인 것으로 만들어버리려는 시도가 숨어 있기 때문이다.[14]

세잔, 파가니니, 이탈리안 레스토랑을 좋아하는 미적 취향은 분명 아비투스의 구체적인 내용일 수 있습니다. 미적 취향은 특정한 생활양식에 부합되는 것일 수밖에 없기 때문이지요. 아비투스란 구조화하는 구조이기 이전에 구조화된 구조입니다. 그래서 세잔, 파가니니, 이탈리안 레스토랑을 좋아하는 사람과 민화, 나훈아, 선지해장국을 좋아하는 사람 사이의 충돌과 대립은 불가피한 것입니다. 선지해장국에 적응된 사람이 이탈리안 레스토랑에서 식사를 하면 불편함을 느끼는 것은 당연합니다. 물론 하루 이틀 정도는 어떻게 견딜 수 있겠지만 말입니다. 음악, 미술, 음식, 문학 등에 대한 미적 취향은 이처럼 강고한 것입니다. 이 때문에 동일한 상류계급 사람들끼리 연애도 하고 또 결혼도 하는 법입니다.

한편 예술계에서는 순수예술과 대중예술 사이의 논쟁이 항상 있어왔지요. 겉보기에는 단순히 예술의 가치와 의미에 대해 논쟁하는 것 같지만, 그 이면에는 부르디외가 지적했던 것처럼 "항상 특정한 생활양식을 강요"하려는 아비투스적인 욕망이 숨어 있습니다. 다시 말해 자신의 생활양식이 진정한 가치가 있으며 다른 생활양식은 무가치하거나 저열하다는 생각이 전제되어 있는 것이지요. 예술의전당이 오직 순수예술, 다시 말해 상류계급의 미적 취향에 맞는 것들만 공연하거나 전시하는 것도 이런 이유 때문이지요. 그러나 여기서 우리는 하류계급이 상류계급에게 도전하려는 상황을 막으려는 상류계급의 은밀한 권력의지를 읽어내야 합니다.

인간의 허영과 자본주의의 유혹

부르디외에게는 벤야민과 유사한 점이 있습니다. 그것은 사회적 계급관계를 단순히 경제적 자본으로만 설명하지 않기 때문입니다. 물론 부르디외도 경제적 자본은 매우 중요하고 결정적인 힘이 있다고 봅니다. 그렇지만 《구별짓기》에서 부르디외는 경제적 자본 이외에 최소한 다음과 같은 세 가지 자본을 더 고려해야 한다고 주장합니다. 부유하다고 해서 그것만으로 상류 지배계급이 되는 것은 아니라는 사실을 생각해보세요. 첫째가 문화자본(capital culturel)입니다. 이것은 문화와 예술을 향유할 수 있는 미적 감각 그리고 사람들이 소장한 작품들을 의미합니다. 둘째는 학력자본(capital scolaire)입니다. 이것은 명문대학의 졸업장을 따거나 국가고시와 같은 시험을 통과함으로써 얻게 되는 자격 혹은 지위를 의미합니다. 그리고 마지막이 사회관계자본(capital de relation social)입니다. 이것은 문화자본과 학력자본을 얻는 과정에서 부수적으로 발생하는 '인맥'이라고 보시면 될 겁니다.

부르디외가 주목하는 세 가지 자본은 모두 경제적 자본이 뒷받침되어야 확보할 수 있습니다. 그렇지만 아무리 복권에 당첨된 벼락부자라고 하더라도, 돈만으로 이 세 가지 자본을 바로 확보할 수 있는 것은 아닙니다. 이 세 가지 자본들은 일정 정도의 지속적인 시간과 여유가 있어야 얻을 수 있기 때문이지요. 이런 이유로 세 가지 자본은 하류계층에서 상류계층으로 직접 진입하려는 벼락부자들을 막는 방어막 역할을 한다고 볼 수 있습니다. 벼락부자가 돈이 있다고 해서 곧 상류사회의 성원이 되기란 어려운 일입니다. 물론 그는 전시회에 다니고 미술품을 수집할 수도 있습니다. 그리고 늦게나마 대학이나 대학원에 등록하여 명목뿐인 학위를 딸 수도 있겠지요. 그리고 그 와중에 새로운 인맥도 넓혀 갑니다. 그렇지만 그가 곧바로 상류사회의 공인을 받게 되는 것은 아닙니다. 그것은 그만큼 오랜 시간이 걸리기 때문이지요. 그러나 불행 중 다행인 것은 그들에게는 자신이 가진 막강한 경제적 자본의 힘이 있다는 점입니다. 그래서 벼락부자들은 자신의 자식들이 세 가지 자본을 얻을 수 있도록 자식들의 교육에 엄청난 투자를 하지요.

한국사회의 경우 1970~1980년대 이후 산업자본주의의 고도성장, 그리고 강남을 중심으로 하는 부동산 투기의 열풍으로 많은 벼락부자가 양산됩니다. 그런데 문제는 이들이 갑자기 상류사회의 일원이 될 수는 없었다는 점입니다. 비록 경제적 자본은 상류사회와 비교할 때 절대 뒤지지 않았지만, 신흥 부자들은 상류사회의 아비투스, 특히 미적인 취향을 함께 공유할 수 없었습니다. 물론 그들은 겉으로는 상류계급의 미적 취향을 끊임없이 흉내 냈습니다. 그렇지만 부자가 되기 이전 오랜 시간 형성된 그들 내면의 아비투스는 상류사회의 그것을 따라가기에 역부족이었지요. 그래서 그들은 이제 자식 교육에 열을 올리게 됩니다. 자식들을 서울의 명문대학에 보내는 데 도움이 된다고 생각하면 물불을 가리지 않고 재력을 투입했지요. 물론 자식들의 혼사 문제를 비롯한 온갖 일에도 경제적 자본이 개입됩니다.

그렇다면 하류계급의 사람들이나 벼락부자들이 왜 상류사회에 편입하려고 할까요? 그것은 인간이란 존재가 기본적으로 허영을 가진 존재이기 때문입니다. 보통 인간은 본성적으로 선하다고 그리고 동물과 달리 이성적이고 지적인 존재라고 이야기하곤 합니다. 그런데 사실 이러한 표현들조차 인간으로서 우리가 가진 허영심을 충족시키기 위해 등장했다는 점을 생각해볼 필요가 있습니다. 주변을 한번 둘러보십시오. 과연 사람들이 선하게, 그리고 지적이고 합리적으로 판단하면서 살고 있나요? 여기에서 프랑스의 심오한 철학자 파스칼의 말을 떠올리지 않을 수 없습니다. 비록 서른아홉의 나이로 유명을 달리했지만, 파스칼만큼 인간의 허영과 가식을 깊이 통찰했던 철학자도 없으니까요.

허영은 사람의 마음속에 너무나도 깊이 뿌리박혀 있는 것이어서 병사도, 아랫것들도, 요리사도, 인부도 자기를 자랑하고 찬양해줄 사람들을 원한다. 심지어 철학자도 찬양자를 갖기를 원한다. 이것을 반박해서 글을 쓰는 사람들도 훌륭히 썼다는 영예를 얻고 싶어 한다. 이것을 읽는 사람들은 읽었다는 영광을 얻고 싶어 한다. 그리고 이렇게 쓰는 나도 아마 그런 바람을 가지고 있는지 모른다. 그리고 아마도 이것을 읽을 사람들도 그럴 것이다.[15]

독재자도 훌륭한 통치자라는 칭찬을 듣고 싶어 하고, 바람을 피우는 사람도 지조가 있다는 말을 듣고 싶어 합니다. 도둑도 정직해 보인다는 이야기를 들으면 행복을 느끼지요. 이것이 바로 사람의 허영입니다. 허영(虛榮)이란 한자를 살펴보세요. '비어 있다'라는 의미의 '허(虛)'와 '꽃이 화려하게 핀다'라는 의미의 '영(榮)'이란 글자로 구성되어 있지요. 다시 말해 내실은 비어 있지만 겉은 매우 화려하다는 겁니다. 예를 하나 들어보겠습니다. 전교 1등 하던 학생이 전교 10등으로 성적이 떨어졌을 경우와 전교 300등 하던 학생이 전교 330등으로 성적이 떨어졌을 경우가 있습니다. 만약 성적 비관으로 심한 좌절을 한다면, 어느 학생이 더 그럴까요? 대부분 성적이 좋은 학생일 것이라고 짐작할 겁니다. 그렇다면 왜 이 학생이 후자의 경우보다 더 좌절할 확률이 높을까요? 또한 좌절한 친구보다 자그마치 30등이나 더 떨어진 학생은 왜 활짝 웃으며 아무렇지도 않게 계속 등교할 수 있을까요? 두 경우는 모두 동일한 물음을 안고 있습니다.

인간은 자신이나 다른 사람이 찬양하고 칭찬해주는 특성을 마치 자신들의 본성인 것처럼, 다시 말해 자신들의 영혼의 특성이라고 믿어버립니다. 좌절한 학생의 경우 그것은 1등이란 성적이었겠지요. 그런데 이제 1등이 아니라 10등이 되었습니다. 자신은 항상 1등일 수밖에 없다고 믿던 학생에게 10등은 이미 죽음의 선고와도 같은 절망적 의미를 담고 있지요. 이와 유사한 경우는 매우 많습니다. 이제 반대의 경우를 생각해봅시다. 인간은 자신이나 남들이 부정하고 싫어하는 특성들을 단지 우연적인 것 혹은 외적인 것으로 애써 폄하하는 성향이 있습니다. 전교 330등으로 떨어진 학생은 이미 성적은 자신의 삶에서 중요하지 않다고 믿고 있습니다. 당연히 300등이나 330등은 그에게 별다른 자극을 주지 않겠지요. 그렇다면 전교 10등으로 떨어졌다고 좌절한 학생이나 전교 등수가 30등이나 떨어졌지만 별로 대수롭지 않게 여기는 하위권 학생의 공통점은 과연 무엇일까요? 그것은 바로 두 사람 모두 파스칼이 이야기했던 것처럼 '허영'의 존재라는 점입니다.

공부를 잘한다는 것은 상대적, 그러니까 사회적인 문제입니다. 만약 성적이 뛰어난 학생이 학력이 높기로 유명한 어떤 학교로 전학을 가면, 성적이 상대적으로 떨어질 수도 있습니다. 그럼에도 공부를 잘했을 때 들었던 다른 사람들의 칭찬이 사라지게 될까봐 몹시 두려워합니다. 성적이 떨어지면 기존에 자신이 들었던 칭찬도 함께 사라지는 것이 당연한 일이지만, 이 학생은 이것을 견디지 못하는 것이지요. 반면 하위권 학생에게도 허영이 있기는 마찬가지입니다. 어차피 성적은 오를 수 없기에 이 부분에서 칭찬 듣는 것을 아예 포기합니다. 그래서 이 학생은 "행복은 성적순이 아니다"라고 외치는 말에 마음이 쏠리곤 합니다. 그래서 성적이 더 떨어진다고 해서 하위권 학생이 좌절하거나 자살하는 일은 절대 발생하지 않지요. 오히려 성적이 떨어졌을 때 이 학생은 자신이 성적에 얼마나 초연한지를 보여주려고 더 발랄하게 학교에 다닐 겁니다. 그러나 그도 다른 사람들로부터 칭찬받는 일이 있거나 자신이 그래도 잘하는 일이 있으면, 앞의 학생과 마찬가지로 칭찬에 집착하겠지요.

물론 좌절한 상위권 학생 혹은 건강하게 학교를 잘 다니는 하위권 학생의 심리구조를 만드는 것은 결국 성적지상주의를 조장하는 사회입니다. 성적지상주의는 성적을 잘 받은 학생들에게 모든 칭찬이 쏠리는 것을 의미하지요. 심지어 상위권 학생들은 다른 사소한 잘못을 저질러도 용서받을 정도입니다. 물론 그렇다고 해도 상위권 학생이 성적이 떨어졌다고 심하게 좌절하는 것은 잘못된 일이라고 비판할 수도 있겠지요. 그 학생은 허영과 착각에 빠져서 그렇게 좌절하게 된 것이라고 말입니다. 그러나 허영심이란 모든 인간에게 어느 정도는 주어져 있는 것입니다. 따라서 '성적=칭찬'의 도식만을 강요한 사회구조가 그 학생 개인보다 더 큰 책임이 있음을 우리는 통감해야 합니다.

파스칼의 통찰을 음미하느라 너무 먼 길을 돌아온 것 같네요. 우리는 이제 왜 하류계급 사람들이나 벼락부자들이 상류계급의 미적 취향을 동경하는지 알게 되었습니다. 그것은 상류계급이 우리 사회에서 모든 찬양과 칭송을 한 몸에 받기 때문이지요. 사람들의 선망 대상이 되고 지속적인 찬양을 얻길 원하기에, 상류계급은 하류계급이 따라올 수 없는 상류계급 특유의 미적인 취향을 계속 고집합니다. 물론 새로운 미적 취향을 만들어내려고 부단히 노력하기도 하지요. 하류계급 사람들 대부분이 상류계층의 미적 취향을 갖게 된다면, 상류계층은 자신을 상류계층으로 구별시켜줄 새로운 미적 취향을 장착해야 하니까요. 미적 취향이라는 것은 아비투스의 하나이기 때문에 구조화될 때까지 많은 돈과 시간을 들여야 새롭게 만들어질 수 있습니다.

사실 미적 취향만큼 상류계급 사람들의 무의식적인 구별짓기 욕망을 잘 드러내는 사례도 없을 겁니다. 그리고 이러한 구별짓기 욕망의 이면에는 파스칼이 이야기했던 인간의 허영심이 깊이 자리 잡고 있지요. 여러 면에서 부르디외는 인간의 허영심에 대한 파스칼의 통찰을 철학적, 사회학적으로 심화시켰다고 말할 수 있습니다. 사실 부르디외는 이후 1997년《파스칼적 성찰 (Méditations Pascaliennes)》이라는 책을 써서 자신의 정신적 멘토가 누구인지 명확히 밝히기도 합니다. 그런데《구별짓기》에서 부르디외가 결국 강조하고자 했던 것은 산업자본주의가 허영이라는 인간의 치명적인 약점을 집요하게 파고들어간다는 점입니다. 이에 관한 그의 이야기를 직접 들어보지요.

취향은 사회 공간을 차지하고 있는 개인에게 어울리는 것이 무엇인지를 직관적으로 알 수 있게 해준다. 그래서 취향은 일종의 사회적 방향 감각('자기 자신의 자리에 대한 감각')으로 기능한다. 그것은 사회 공간 내에 주어진 자리를 차지하고 있는 사람들을,

그들의 재산에 알맞은 지위나 그 지위에 걸맞은 실천이나 상품 쪽으로 인도한다. 또한 사회 공간 내에서 사람들이 실제로 배치될 경우, 그리고 또 상품과 제 집단들 간의 대응 관계에 대해 다른 행위자들이 갖고 있는 실천적 지식이 주어졌을 경우, 사람들의 취향은 선택된 실천과 대상에 대한 사회적 의미 그리고 가치가 무엇인지에 관해서 실천적인 예측을 가능하게 해준다.[16]

부르디외는 미적 취향을 계급적 아비투스의 전형적인 사례로 봤습니다. 그런데 흥미로운 것은 미적 취향이 그에 "걸맞은 실천이나 상품 쪽으로 인도한다"는 부르디외의 지적입니다. 상류계급이 선호하는 운동이나 행동, 그리고 상품이 따로 있다는 말입니다. 지금은 중류계급이나 하류계급 사람들도 곧잘 하는 골프 같은 운동이 한때 어떤 의미였는지 생각해봅시다. 상류계급 사람들은 운동이라는 순수한 목적을 위해서 골프를 선호했던 것은 아닙니다. 지금은 그렇지 않지만 한때는 하류계급 사람들이 흔히 하기 힘든 운동이었기 때문에 골프를 선호했을 뿐입니다. 상품도 마찬가지입니다. 백화점의 명품관에 있는 고가의 핸드백을 상류계급 사람들이 선호하는 것은 그 핸드백이 튼튼하고 실용적이기 때문이 아닙니다. 하류계급 사람들이 쉽게 접근할 수 없다는 특성 때문에 고가의 핸드백을 구매하는 거지요. 이처럼 비싼 명품들을 구입할 때, 상류계급 사람들이 의도하는 것은 자신들이 하류계급과는 전혀 다르다는 것을 분명히 입증하는 것입니다.

산업자본주의는 상류계급의 구별짓기의 욕망과 하류계급

의 신분 상승의 욕망이 모두 인간 특유의 허영의 논리라는 사실을 정확하게 알고 있었습니다. 전자본주의 시대는 신분사회였습니다. 신분에 따라 옷도, 집도 달랐습니다. 물론 미적인 감상을 포함한 여가생활도 확연히 구분되었지요. 이미 사회 곳곳에서 신분에 따른 확연한 구별이 있었기에 소비를 통해 별도로 자신들의 사회적 위치를 드러낼 필요가 없었습니다. 그런데 자본주의사회가 도래하면서 상황은 달라집니다. 이제는 경제적 자본이 있다는 것을 외적으로 드러내는 행위가 별도로 필요했다는 점입니다. 바로 이 틈을 파고들면서 산업자본주의는 화려한 소비사회를 만들게 되지요. 경제적 자본을 확보한 부르주아계급은 소비라는 과시 행위를 통해서 자신들이 남보다 훨씬 많은 돈을 소유하고 있음을 드러낼 수 있게 된 겁니다.

이 대목에서 흥미로운 사실은 지금 우리 사회의 상류계급이 미적으로 선호하는 모든 아이콘은 사실 19세기 산업자본이 상품화한 것에 지나지 않는다는 점입니다. 세잔, 모네(Claude Monet, 1840~1926), 피사로(Camille Pissarro, 1830~1903), 르누아르(Auguste Renoir, 1841~1919) 등 인상파 화가들의 작품의 가치를 드높인 것은 19세기의 화상들이었습니다. 음악의 경우도 마찬가지입니다. 리스트나 파가니니, 나아가 바흐(Johann Sebastian Bach, 1685~1750), 모차르트(Wolfgang Amadeus Mozart, 1756~1791), 베토벤(Ludwig van Beethoven, 1770~1827) 등에게 '악마의 연주자', '음악의 아버지', '악성' 등의 과장된 수식어를 만들어 청중을 불러 모은 것도 사실 당시 음악 중개업자들이었습니다.

2007년 1월 12일 미국 워싱턴 랑팡 플라자 지하철역에서는 매우 흥미로운 해프닝이 벌어집니다. 현존하는 최고의 바이올리니스트 중 하나인 조슈아 벨(Joshua Bell, 1967~)이 이 지하철역에서 남루한 차림으로 45분간 아름다운 연주를 들려주었습니다. 비록 거지꼴을 하고 있었지만, 그의 손에 들려 있는 바이올린은 350만 달러를 호가하는 그 유명한 스트라디바리우스였지요. 놀랍게도 잠시라도 멈춰 그 연주를 들은 사람은 달랑 7명뿐이었습니다. 심지어 그의 구걸함에 동전 한 닢이라도 던져 넣어준 사람은 27명에 불과했고, 모금된 돈도 27달러에 불과했습니다. 이것은 미적 취향이 얼마나 강하게 사회적 함의를 갖는지를 보여주는 흥미로운 사례입니다. 조슈아 벨의 연주가 아무리 훌륭한들 값비싼 연주회장, 매스컴의 주목, 저명인사들의 환호로 이뤄진 아우라가 걷히면 그 가치는 제대로 인정받지 못하는 게 현실인 셈이죠.

조슈아 벨의 연주를 들으러 말끔한 정장 차림으로 고가의 입장료를 치르고 연주회장에 들어가는 사람을 보면, 우리는 그가 고급한 문화생활을 즐기는 상류계급 사람이라고 생각합니다. 반면 연말에 있는 트로트 쇼에 가는 사람을 보면, 우리는 그가 중·하류계급에 속할 거라고 간주하지요. 물론 이 판단은 부르디외의 말대로 우리에게 이미 "상품과 제 집단들 간의 대응 관계에 대해 다른 행위자들이 갖고 있는 실천적 지식이 주어졌기" 때문에 가능합니다. 다시 말해 이런 실천적 지식, 즉 취향을 가지고 있기에 타인들이 문화적으로 선호하는 것을 보고서 그들의 사회적 위상을 어렵지 않게 예측하게 된다는 겁니다. 반대로 이것은 목돈이 생겼을 때 중·하류계급 사람들이 클래식 공연장에 들어가서 지루한 시간을 견디는 이유를 설명해주기도 합니다. 스스로 상류계급 문화를 연출함으로써 상류계급에 편입되고 싶다는 자신의 은근한 소망을 드러내고 있는 셈이라고 할까요.

《구별짓기》에서 부르디외는 상류계급의 순수예술이 순수하지 않다는 것, 자신을 하류계급과 구별하려는 욕망에서 비롯된다는 사실을 폭로합니다. 물론 그렇다고 해서 그가 하류계급의 대중예술과 미적 취향을 긍정한다고 오해해서는 안 됩니다. 부르주아의 미적 취향이든 프롤레타리아의 미적 취향이든 모두 소수 자본가와 다수 노동자로 구성된 자본주의사회가 만든 아비투스일 뿐입니다. 자본주의사회에서 부르주아는 부르주아로서의 자기 자리를 유지하려고 하고, 프롤레타리아는 부르주아로의 신분 상승을 꿈꾸거나 아니면 프롤레타리아의 삶에 안주하기 쉽습니다. 그래서 프롤레타리아의 미적 취향은 복잡하기만 합니다. 프롤레타리아는 상류계급의 허위와 허영에 냉소적이며 동시에 노동하는 자들 특유의 진술함과 강건함, 혹은 소박함을 긍정하는 경향이 강합니다. 그러나 아이러니하게 이것은 노예든 소작농이든 모든 피지배계급이 공유하는 아비투스일 뿐입니다.

결국 프롤레타리아의 아비투스는 긍정의 대상이 아니라 극복의 대상일 수밖에 없습니다. 피지배자의 아비투스, 혹은 복종의 아비투스니까요. 노예의 아비투스를 극복하지 못하면, 노예는 주인을 제거해도 다른 근사한 주인을 찾아 복종하려 할 테니 말입니다. 결국 자유의 공동체를 만들기 위해 프롤레타리아는 자신의 아비투스를 변화시켜야 합니다. 그것은 해방의 아비투스 혹은 자유의 아비투스일 겁니다. 그래야 복종의 아비투스가 지배의 아비투스로 덤블링하는 비극도 막을 수 있습니다. 가장 강력한 아비투스라고 할 수 있는 미적 취향을 해방과 자유의 지렛대로 삼아 랑시에르(Jacques Rancière, 1940~)가 '감성적인 것(le sensible)'과 '미학(l'esthétique)'을 강조했던 것도 이런 이유 때문입니다.

> 감성적 경험의 수준이 존재하는데, 바로 이 수준에서 개인들과 집단들에 귀속되는 정체성은 그들이 개입하는 시공간의 조성이며 동시에 그들의 할 수 있음과 할 수 없음의 할당이다. …… 사람들은 자신들이 착취되고 있다는 걸 잘 알고 있다. 착취에서 벗어나기 위해 착취를 자각하는 것만이 중요한 것은 아니다. 문제는 우리 자신의 감성적 우주와 우리 자신의 지각적 우주를 바꾸는 방법이다. 해방과 관련된 난제들을 분석하면서, 나는 그것이 단순히 환각들로부터 벗어나고 자신의 상황을 바꿔야 한다는 의식을 얻는 문제가 아니라 우리의 감성적 우주를 바꾸는 문제라는 사실을 보여준 적이 있다.[17]

부르디외가 사회학적으로 포착한 것을 랑시에르는 해방의 정치철학으로 확장합니다. 랑시에르가 마르크스주의자이기보다 기본적으로 부르디외주의자인 이유입니다.《감성의 분할; 미학과 정치(Le Partage du sensible : esthétique et politique)》(2000),《미학 안의 불편함(Malaise dans l'esthetique)》(2004) 등을 거쳐 랑시에르는 구조화되고 구조화하는 감성구조를 바꾸려 고군분투합니다. 1845년 마르크스는 〈포이어바흐에 관한 테제들(Thesen über Feuerbach)〉에서 말했던 적이 있습니다. "철학자들은 단지 세계를 다양한 방식으로 해석해왔다. 그러나 중요한 것은 세계를 변화시키는 것이다." 이에 대해 랑시에르는 말합니다. "혁명가들은 단지 세계를 변화시키려고 했다. 중요한 것은 우리의 감성을 바꾸는 것이다." 무인도에서 로빈슨 크루소는 섬을 변화시키려 해서는 안 됩니다. 그에게 희망은 런던이란 감성적 우주를 바꾸는 데 있기 때문입니다. 크루소의 감성적 우주가 바뀐 뒤, 그의 무인도는 어떻게 보일까요? 이것은 프롤레타리아에게도 그대로 적용되는 궁금증입니다. 프롤레타리아가 자신의 감성적 우주를 해방적 우주로 바꿀 때, 그에게는 어떤 세계가 펼쳐질까요? 분명한 것은 부르디외가 환하게 미소를 던질 세계일 겁니다.

1 피에르 부르디외, 《자본주의의 아비투스》, 최종철 옮김, 동문선, 1995.
2 같은 책.
3 같은 책.
4 같은 책.
5 같은 책.
6 같은 책.
7 같은 책.
8 같은 책.
9 같은 책.
10 임마누엘 칸트, 《윤리형이상학 정초》.
11 피에르 부르디외, 《구별짓기》, 최종철 옮김, 새물결, 1995.
12 가라타니 고진, 《윤리 21》, 윤인로 외 옮김, 도서출판 b, 2018.
13 피에르 부르디외, 《구별짓기》.
14 같은 책.
15 블레즈 파스칼, 《팡세》, 이환 옮김, 민음사, 2003.
16 피에르 부르디외, 《구별짓기》..
17 Jacques Rancière, *Politics and Aesthetics*, trans. Peter Engelmann, Polity. 2019.

치명적인 소비의 유혹

보드리야르의 일반경제학

Jean Baudrillard

혼잡한 통로를 따라가면서 캐리는 좌우에 진열된 장신구, 의류, 구두,
문방구, 보석 등등의 황홀한 광경에 정신이 아찔해지는 것을 느꼈다. 카운터
하나하나가 다 그녀의 어쩔 줄 몰라 하는 시선을 매혹시키는 진열장이었다.
장신구 하나하나가 자기 자신을 뽐내고 있었는데, 그것들은 또 그녀가 갖고
싶었던 귀한 것들이었다. 그렇지만 그녀는 걸음을 멈출 수가 없었다.
무엇 하나 그녀가 가지고 싶지 않은 것이 없었기 때문이다.

—시어도어 드라이저, 《시스터 캐리》

우리가 진짜로
소비하는 것

계속해서 새로운 것을 소비하라

1929년 프랑스 북동부 샹파뉴 지방의 중심 도시 랭스에서 자본
주의의 신비를 가장 깊숙이 파헤치게 될 한 인물이 태어납니다.
그의 이름은 바로 보드리야르(Jean Baudrillard, 1929~2007)입니다.
보드리야르의 조상들은 대대로 농촌 생활을 영위했습니다. 할아
버지까지 농부로 살았지만, 그의 부모는 도시로 이주합니다. 그
의 부모가 랭스로 이주하지 않았다면, 보드리야르는 우리가 현재
알고 있는 인물과는 전혀 다른 사람이 되었을지도 모릅니다. 그
저 평범하게 소를 키우며 포도밭을 일구는 농부가 되었을 수도
있지요. 우리도 마찬가지지만, 시골에서 올라온 사람들의 도시
생활은 그렇게 만만하지 않습니다. 시골에서 획득한 기존의 아비
투스는 도시의 그것과는 현격히 다를 수밖에 없다는 부르디외의
지적을 생각해보면, 랭스에서 보드리야르의 가족이 어떻게 지냈

을지 어렵지 않게 짐작할 수 있습니다.

시골에서는 새벽부터 일찍 일어나 조상 대대로 해오던 일을 묵묵히 수행하는 것이 최상의 미덕입니다. 이 때문에 시골에서의 핵심 덕목은 근면함일 수밖에 없지요. 그렇지만 도시에서는 상황이 다릅니다. 근면함도 물론 중요하지만, 그 근면함을 어디에 쏟아붓느냐가 더 중요하니까요. 불행히도 고소득이 보장되지 않은 직업을 선택하게 되면, 근면하다고 해서 결코 생활이 안정될 수 없습니다. 그런데 이에 덧붙여 또 한 가지 문제가 있습니다. 그것은 고소득이 보장되는 전문직을 얻기 위해서는 많은 시간과 준비 작업이 필요하다는 점입니다. 어렸을 때 부모의 농사일을 도우면서 자신도 모르는 사이 농부의 길을 걷게 되는 것과는 사뭇 다른 상황이지요. 우리 사회에서도 마찬가지지만, 고소득의 전문직을 얻기 위해서는 당시 프랑스에서도 대학 이상의 학위가 필수 조건이었습니다.

보드리야르는 부모의 기대에 부응한 유일한 아들이었습니다. 어렸을 때부터 영민했고, 그것이 곧바로 탁월한 학업 성적으로 나타났지요. 이런 이유로 보드리야르는 그의 가족들 가운데 유일하게 지적인 업무에 종사합니다. 지금은 파리 10대학으로 불리는 낭테르대학에서 1987년까지 사회학과 교수로 재임했으니까요. 사실 보드리야르의 화려한 대도시 이력은 시골의 아비투스가 지배하던 가정 분위기에서는 매우 얻기 힘든 결과였을 겁니다. 그렇지만 시골적인 가정 분위기가 보드리야르에게 산업자본주의를 성찰할 수 있는 비판적 거리를 제공했다는 점도 잊어서

1968년 5월 13일 100만여 명의 노동자와 학생
등이 파리 시내에서 시위를 벌이고 있다. 68혁명의
배경에는 드골 정부와 기득권 세력이 학생들에게
강요했던 경쟁 교육 정책이 있다. 교육이나 노동
현장에서 소외된 삶을 살던 거의 모든 사람이
혁명의 대열에 참여해 드골 정부를 괴멸 직전까지
몰고 갔다. 당연히 승리를 예감했지만, 혁명은
불행히도 성공하지 못한 채 막을 내리고 만다.

는 안 되겠지요. 만약 그가 도시 가정에서 평범하게 태어나 자랐다면, 그렇게 포괄적으로 산업자본주의를 성찰할 수 있는 시선을 얻기는 어려웠을 겁니다.

한편 보드리야르의 속내를 이해하기 위해서는 그와 낭테르대학 사이의 관계를 살펴볼 필요가 있습니다. 흥미로운 것은 1968년 혁명의 시발지가 바로 다름 아닌 낭테르대학이었다는 점입니다. 1968년 봄 시위대를 설득하기 위해 이 대학을 찾았던 교육부 장관을 낭테르대학 학생들이 학교 수영장에 던져버린 사건이 일어납니다. 학교는 이 문제로 결국 폐쇄되는 지경까지 이르지요. 그렇지만 학교 폐쇄 조치는 낭테르대학 학생들을 파리 시내로 내모는 원인이 됩니다. 학생들과 시민들이 시위 대열에 결집함으로써, 마침내 그 유명한 프랑스 68혁명이 시작되었던 것입니다. 이 당시 보드리야르는 낭테르대학 사회학과 조교로서 68혁명의 대열에 함께 있었습니다. 사실 보드리야르는 68혁명의 시작부터 끝까지 혁명의 순간을 함께 호흡하고 살았던 중요한 인물 가운데 한 사람입니다. 이 때문에 1968년 이후 보드리야르의 모든 지적 작업에는 68혁명에 대한 거듭된 성찰이 그 저변에 깔려 있습니다. 이 대목에서 잠시 68혁명에 대해 살펴보겠습니다.

68혁명의 배경에는 드골(Charles André Marie Joseph De Gaulle, 1890~1970) 정부와 기득권 세력이 학생들에게 강요했던 경쟁 교육 정책이 있습니다. 당연히 당시 고등학생과 대학생들은 드골 정부에 엄청난 반감을 품었습니다. 특히 당시 고등학교 학생들의 분노는 하늘을 찌를 듯했죠. 경쟁 교육 정책의 이면에는 자본주의 특유의 고용과 취업 문제가 깔려 있었습니다. 경쟁에서 살아남은 자만이 산업자본주의에서 고소득의 직종을 얻거나 유지할 수 있었으니까요. 바로 이것이 고등학생들과 대학생들의 시위에 노동자들까지 총파업으로 호응했던 이유입니다. 교육이나 노동 현장에서 소외된 삶을 살던 거의 모든 사람이 혁명의 대열에 참여한 셈이니, 그야말로 68혁명은 드골 정부를 괴멸 직전까지 몰고 갔습니다. 즐거운 교육, 즐거운 노동을 요구했던 수많은 학생과 노동자들은 승리를 예감했지만, 혁명은 불행히도 성공하지 못한 채 막을 내리고 맙니다. 한때 드골 대통령을 망명의 기로에까지 내몰았던 강렬한 혁명 분위기는 좌파연합 노동총연맹(Confédération Générale du Travail)과 프랑스공산당(Parti Communiste Français)의 농간에 결국 좌절됩니다.

68혁명이 자신들의 기득권마저 빼앗을 수 있다는 우려로 노동총연맹과 프랑스공산당은 혁명 대오를 흔들어버립니다. 혁명이 완성되려던 바로 그 순간에 자신들을 따르던 노동자들에게 노동 현장으로 복귀하라는 지침을 내렸던 겁니다. 결국 혁명 대오는 허무하게 균열되고 맙니다. 그렇지만 사상적인 측면이나 문화적인 측면에서 68혁명은 성공한 혁명이었습니다. '경쟁이 아닌 공존' '차별이 아닌 평등' '체제 유지가 아닌 인권의 보호'가 가장 중요한 인간의 가치임을 68혁명의 참가자들은 마음 깊이 아로새길 수 있었지요. 사실 2008년 서울 광화문과 청계천에서 있었던 촛불집회도 또 다른 68혁명이라고 말할 수 있을 겁니다. 규모 면에서는 차이가 있었고 광우병 문제로 희석되기도 했지만, 중고등학교 학생들이 주도했던 촛불집회는 경쟁 교육을 반대하면서부터 시작되었습니다. 이 점에서 보면 촛불집회의 근본이념은 프랑스 68혁명 세대들이 지향했던 혁명정신을 계승했다고 볼 수 있습니다.

68혁명의 문제와 관련해 한 가지 언급해야 할 것이 더 있습니다. 그것은 프랑스 내의 공식적인 좌파 세력이 혁명과 혁명정신을 배반했다는 사실입니다. 68혁명 이후 프랑스 지성인들이 마르크시즘에 일정 정도 비판적 거리를 유지할 수밖에 없었던 이유도 바로 여기에 있습니다. 과거 프랑스공산당을 대표로 하는 좌파 세력은 인간의 자유와 해방을 모토로 삼은 정치 집단이었습니다. 그런데도 그들이 자유와 해방을 외친 혁명을 배신한 이유는 무엇 때문이었을까요? 좌파 세력은 자신들이 억압받는 사람들을 대표하고 대변한다고, 다시 말해 그들을 이끌어야 한다고 자임했습니다. 학생들이나 노동자들이 스스로 목소리를 내기 시작했을 때, 프랑스공산당은 자신의 정치적 기득권이 위협받는다고 느꼈던 것입니다. 사실 프랑스공산당은 자신들이 억압받는 자들의 목소리를 제대로 대변하지 못했다는 점을 철저히 반성해야 했습니다. 하지만 그들은 자신들이 가진 기득권을 유지하는 보수적인 길을 선택하고 말았던 겁니다.

좌파 세력의 배신으로 많은 프랑스 지식인들은 자유와 해방의 문제는 우리 자신의 힘으로 달성해야만 한다는 교훈을 뼈저리게 깨달았습니다. 이 점에서 보면 68혁명은 그 실패로 더욱더 중요한 혁명이 되었는지도 모릅니다. 인간의 권리는 누군가에 의해 대표될 수 없으며, 따라서 인간의 권리는 누구에게도 양도할 수 없다는 교훈을 얻을 수 있었으니 말입니다. 사람들을 대변하고 혹은 대표한다고 자임하는 세력들은 자신들의 기득권을 유지하기 위해서라면 언제든지 자신을 선출하거나 지지하는 사람들을 배신할 준비가 되어 있지요. 이런 이유로 프랑스 지식인들은 당시 소련의 공산당 독재가 함축하는 폭압적인 지배와 배신의 논리를 직감적으로 깨달을 수 있었던 겁니다.

68혁명 이후 프랑스 지식인들은 이제 두 가지 문제에 직면했습니다. 하나는 인간을 경쟁으로 내몰면서 삶과 노동을 소외시키는 산업자본주의를 어떻게 극복할 것인가, 또 하나는 누구에게도 권리를 양보하지 않는 직접민주주의는 어떻게 가능한가였습니다. 물론 이 두 문제는 서로 분리된 것으로 볼 수 없습니다. 산업자본주의 또한 삶의 권리를 자본에 양도하라고 우리에게 강요하는 체계이니 말입니다. 68혁명을 자신의 온몸과 마음으로 체험했던 보드리야르가 산업자본주의 체계가 유지되는 원동력에 대해 깊이 숙고하게 된 것도 결국 이 시대의 필연적 산물이라고 볼 수 있겠지요. 그런데 가령 산업자본주의가 극복의 대상이라면, 무엇보다 먼저 산업자본주의가 작동하는 객관적인 메커니즘을 해명하는 작업이 필요할 것입니다. 이런 이유로 68혁명이 실패로 끝난 3년 뒤, 그러니까 1970년에 보드리야르는 그의 출세작 《소비의 사회(La Société de consommation)》를 출간하게 됩니다. 책 제목이 암시하는 것처럼 그는 산업자본주의의 핵심에서 바로 '소비의 논리'를 발견했습니다. 이제 그의 이야기를 직접 살펴볼 때가 된 것 같네요.

객관적 기능의 영역 안에서 사물들은 교환 불가능하다. 그렇지
만 이런 명시적 의미의 영역 밖에서 어떤 사물이라도 무제약
적인 방식으로 대체 가능하게 된다. 이런 암시적 의미의 영역
(le champ des connotations) 안에서는 사물은 기호가치(valeur de
signe)를 띠게 된다. 따라서 세탁기는 도구로서 쓰이는 것과 함
께 행복, 위세 등의 요소로서의 역할도 한다. 바로 이 후자의 영
역이 소비의 영역이다. 여기에서는 다른 모든 종류의 사물들이
'의미를 표시하는 요소(élément significatif)'로서의 세탁기를 대
신할 수 있다. 상징의 논리와 마찬가지로 기호의 논리에서도 사
물은 이제 명확하게 규정된 기능이나 요구와 더 이상 관련되어
있지 않다. 바로 그 이유는 사물이 전혀 다른 것(그것은 사회적 논
리일 수도 있고 욕망의 논리일 수도 있는데)에 대응하고 있으며, 그것에
대해서 사물은 의미작용(signification)의 무의식적이고 유동적
인 영역으로 사용되고 있기 때문이다.[1]

보드리야르의 이야기를 살펴보기 전에 자본주의의 역사에
대해 간략히 알아볼 필요가 있습니다. 서양에서는 절대왕조와 맥
을 같이하며 발전했던 상업자본의 황금기가 있었지요. 바로 17세
기 스페인이나 포르투갈이 이끌었던 대항해 시대입니다. 그런데
18세기 말 이후 영국을 중심으로 발전한 산업자본주의가 등장하
자 상업자본주의 시대는 막을 고하게 됩니다. 주목해야 할 것은

상업자본과 산업자본이 이윤을 회득하는 방법에서 차이가 있다는 점입니다. 상업자본은 공간의 차이, 다시 말해서 가격의 차이가 나는 서로 다른 두 공간에서 이윤을 획득합니다. 가령 동해와 인접한 강릉에서는 오징어 가격이 서울보다 쌉니다. 만약 강릉에서 오징어 가격이 1000원이라면, 서울에서는 2000원에 팔립니다. 그렇다면 상인은 강릉에서 1000원에 오징어를 사서, 서울에서 2000원에 파는 겁니다. 결국 그에게는 1000원이란 이윤이 남겠지요. 여기서 우리는 상업자본이 항상 각양 각종의 신기한 특산물이 나는 곳, 다시 말해 가격 차이가 나는 곳을 찾아 멀리 나갈 수밖에 없다는 사실을 알 수 있습니다. 17세기와 18세기 초까지 영국과 네덜란드가 경쟁적으로 동인도회사를 차렸던 이유도 바로 이 때문이지요. 인도를 포함한 아시아에는 유럽에는 없는 진귀한 특산물, 다시 말해서 엄청난 가격 차이를 보이는 상품들이 많았으니까요.

반면 산업자본은 상업자본과 달리 시간의 차이를 이용해서 이윤을 남깁니다. 가령 스마트폰을 만드는 산업자본은 계속 새로운 제품을 만들어서 기존 제품들이 유행에 뒤떨어졌다는 것을 보여줍니다. 소비자들에게 기존 제품을 버리고 계속 새로운 제품을 사도록 유혹하는 것이지요. 이렇게 기존에 구입한 제품과 새로운 제품 사이에는 시간 차이가 발생하게 됩니다. 그러나 주의해야 할 것은 공간의 차이와 달리 시간 차이가 원래부터 주어진 것은 아니라는 사실입니다. 새로운 제품을 만드는 행위, 다시 말해 새로운 유행을 만드는 산업자본의 행위 자체가 시간 차이를 만들어내기 때문입니다.

그렇다면 유행은 어떤 과정을 거쳐 새롭게 만들어지는 것일까요? 보통 유행이란 소비자들이 집단적으로 특정 스타일을 선호하고 선택해서 이루어지는 것이라고 믿고 있습니다. 그러나 이런 생각은 원인과 결과가 전도되었다고 볼 수 있지요. 유행은 소비자들이 아니라 산업자본에 의해 우선적으로 창출되니까요. 산업자본이 창출하는 유행은 미디어의 발달과도 불가분의 관계에 있습니다. 산업자본은 미디어를 통해, 구체적으로 직접광고나 드라마 및 영화를 통한 간접광고를 통해 자신들이 만든 상품을 하나의 유행으로, 다시 말해 가장 모던한 제품으로 만듭니다. 반면 미디어는 그 대가로 제공되는 산업자본의 광고료를 통해서 유지되지요.

결국 산업자본과 미디어는 공생 관계에 있는 셈입니다. 이로부터 다음 질문에 대한 답도 어렵지 않게 얻을 수 있습니다. 왜 신문사나 잡지사는 구독률에 그렇게 목을 매는 것일까요? 왜 유무선의 방송사는 시청률을 그토록 중요시할까요? 왜 인터넷 사이트나 유튜브는 조회 수에 신경을 쓰는 것일까요? 구독률, 시청률, 조회 수가 높을수록 미디어는 산업자본으로부터 광고비를 더 많이 받아낼 수 있기 때문입니다. 이 점에서 본다면 신문사의 고상한 기사들, 방송사의 매혹적인 드라마들, 인터넷 사이트나 유튜브의 유익한 정보들은 모두 소비자를 유혹하는 일종의 미끼였다고 볼 수 있습니다. 사실 유무선의 다양한 미디어는 자신들이 산업자본의 광고주를 통해 먹고산다고 노골적으로 이야기하지는 않습니다. 그러나 미디어가 소비자들에게 던지는 정보와 메시지의 이면에는 산업자본과의 공생 논리가 불가피하게 전제되어 있지요.

자, 이제 보드리야르의 앞선 인용문을 다시 살펴봅시다. 먼저 약간 어려운 첫 번째 구절부터 살펴보지요. 보드리야르는 "객관적 기능의 영역 안에서 사물들은 교환 불가능하다. 그렇지만 이런 명시적 의미의 영역 밖에서 어떤 사물이라도 무제약적인 방식으로 대체 가능하게 된다"고 말합니다. "객관적 기능의 영역" 이란 구체적인 사용의 세계를 의미합니다. 예를 들어 자동차는 사람들의 이동을 편하게 하는 객관적 기능이 있고, 아파트는 사람들의 주거를 편하게 해주는 객관적 기능이 있지요. 객관적 기능의 영역에서 자동차는 아파트를 대신할 수 없습니다. 그래서 보드리야르는 "객관적 기능의 영역 안에서 사물들은 교환 불가능하다"고 말했던 겁니다. 반면 객관적 기능의 영역을 넘어서면 사정은 달라지지요. 만약 자신의 신분이나 부유함을 나타내는 차원이라면, 고급 자동차나 고급 아파트는 대체 가능하니까 말이지요. 사실 이런 경우라면 다이아몬드나 골프 회원권도 자동차나 아파트를 대신할 수 있을 겁니다.

보드리야르는 객관적 기능의 영역을 넘어서는 차원, 즉 "암시적 의미의 영역"에서 사물은 "기호"의 가치를 갖게 된다고 이야기합니다. 기호의 차원이 바로 산업자본주의의 소비 논리가 작동하는 영역이라고 주장하면서, 보드리야르는 그 사례로 세탁기를 언급합니다. 지금과 달리 1960년대 유럽에서 세탁기는 아무나 살 수 없는 고가의 전자제품이었습니다. 보드리야르는 세탁기가 "도구로서 쓰이는 것과 함께 행복, 위세 등의 요소로서의 역할"도 수행한다고 이야기합니다. 도구로 쓰인다는 것이 무슨 의미인지는 어렵지 않게 이해됩니다. 그것은 세탁기라는 어떤 사물의 '사용가치'를 의미합니다. 세탁기는 빨래에 대한 힘든 노동을 해방해준 장치입니다. 밀린 빨래들을 세탁기 안에 넣고 버튼만 누르면 깔끔하게 세탁되지요. 하지만 보드리야르가 주목하는 것은 세탁기가 상징하는 "행복, 위세 등의 요소"입니다. 보드리야르는 세탁기의 사용가치와 무관한 이런 관념적 가치를 '기호'라고 부릅니다. 보드리야르가 말한 소비의 논리란 바로 이 '기호'를 구매하는 것과 관련 있습니다.

보드리야르의 소비 개념은 보통 우리가 사용하는 것과는 다릅니다. 빨래를 편히 하기 위해 세탁기를 사는 것을 우리는 보통 '소비'라고 부르니까요. 그러나 과연 그럴까요? 보드리야르가 강조한 것은 바로 다음과 같습니다. 세탁기를 구매할 때 우리가 기계만을 사는 것은 결코 아니라는 것이지요. 우리는 세탁기와 함께 그것이 의미하는 어떤 관념적 가치도 함께 구매합니다. 보드리야르는 우리의 소비 행위에서 더 핵심적인 것은 바로 이러한 관념적 가치, 즉 '기호가치'라는 사실을 발견한 것입니다. 세탁기의 근본적인 기능은 예나 지금이나 별로 바뀐 것이 없습니다. 하지만 새로운 세탁기를 소개하는 광고는 계속해서 만들어지지요. 지금 이 순간 대중매체의 광고에 등장하는 세탁기가 바로 '최신품'이라는 사실이 가장 중요합니다. 물론 세탁기가 최신품이 되

1960년대 가전업체 핫포인트의 세탁기 광고
전단. 이 당시만 해도 유럽에서는 세탁기가
아무나 살 수 없는 고가의 상품이었다. 세탁기는
힘든 노동을 해방해준 기계이기도 했지만,
보드리야르가 주목한 것처럼 "행복, 위세"와
같은 '기호'를 상징하기도 했다.

려면 명목상 한두 가지 새로운 기능이 반드시 추가돼야 하지요. 하지만 한두 가지 기술적 혁신이 이루어졌다고 해서, 세탁기가 이전과 달리 더 혁신적으로 변한 것은 아닙니다.

그렇다면 이처럼 최신 세탁기를 계속해서 선전하는 이유는 무엇일까요? 그것은 소비자가 사용하는 기존 상품을 '낡은' 것으로 만들려는 목적에서입니다. 지금 산업자본은 광고를 통해서 우리가 가진 '낡은' 것을 폐기하고 '새로운' 것을 사라고 유혹하는 것입니다. 만약 세탁기의 사용가치를 중시하는 사람이 있다면, 그는 광고의 유혹에 넘어가지 않을 겁니다. 아직도 집 안에 있는 오래된 세탁기는 훌륭하게 빨래를 하니까요. 이러면 산업자본은 막대한 홍보비를 날리고 따라서 잉여가치를 제대로 획득할 수도 없겠지요. 그러나 오늘도 이곳저곳에서는 '최신품'으로 인해 '낡아버린' 세탁기들이 버려지고 있습니다. 이것은 무엇을 의미하는 것일까요? 대부분의 소비자들은 여전히 광고의 유혹에 강한 영향을 받고 있다는 것을 말해줍니다. 새로운 세탁기를 소개하는 광고를 한번 생각해보세요. 광고에서는 젊은 여성과 남성이 주인공으로 등장합니다. 우아한 스타일의 옷을 입고 새롭게 등장한 세탁기 앞에서 자신들이 엄청 세련된 사람이라는 듯 해맑은 미소를 던집니다. 그들의 공간은 행복한 중상류층 가정의 분위기로 연출되지요. 이로 인해 광고에서 소개되는 새로운 세탁기에는 보드리야르가 이야기한 것처럼 에로틱함, 새로움, 행복함이란 '기호가치'가 강하게 부여되는 것입니다.

물론 소비자가 이전에 구입했던 세탁기도 한때 이런 '기호가치'가 있었을 겁니다. 하지만 그것은 이제 케케묵은 과거에 지나지 않게 되었지요. 새로운 광고를 통해 소비자들은 직감적으로 에로틱함, 새로움, 행복함이란 '기호가치'가 이제 어디로 옮겨갔는지를 알아차립니다. 그 순간 기존의 낡은 세탁기는 빨래를 하는 단순한 기계 덩어리로 전락하지요. 이것은 낡은 세탁기가 더는 소비자에게 어떠한 '기호가치'도 띠지 않게 되었다는 것을 의미합니다. 만약 유행에 민감한 소비자라면 낡은 세탁기가 하루라도 빨리 고장 나기를 기원할 겁니다. 그러나 과연 가전제품의 경우만 그럴까요? 여러분의 옷장, 신발장을 한번 열어보세요. 옷의 사용가치가 계절에 맞게 몸을 보호하는 것이라면, 신발의 사용가치는 발을 보호하는 것이지요. 그러나 여러분의 집에는 사용가치가 소멸되지 않은 수많은 옷과 구두가 여전히 놓여 있을 겁니다. 그러나 처음 샀을 때의 기호가치를 이미 상실했다고 여겨져 손이 가지 않을지도 모릅니다. 유행에 뒤떨어진 것들이라고 의식되어서겠지요.

이처럼 유행의 핵심에는 상품이 가진 사용가치가 아니라 기호가치가 중요한 역할을 합니다. 이러한 기호가치와 관련해 우리는 미디어나 스타의 위상을 어렵지 않게 짐작할 수 있지요. 직접 신상품에 기호가치를 부여해주는 다양한 광고 외에도 여러분이 좋아하는 스타들이 나오는 예능 프로그램이나 영화 혹은 드라마를 생각해보세요. 스타들의 헤어스타일, 그들이 걸치고 있는 의상의 모양과 색감들이 눈에 띄지요. 스타의 노래나 연기에 빠져들 때, 우리는 동시에 무방비 상태로 특정 유행을 수용하고 흡수

합니다. 좋아하는 스타가 보라색 계열의 패션을 즐겨 입는다면, 백화점이나 상점, 또는 온라인 쇼핑몰에서 같은 스타일의 보라색 톤 옷을 구매하기 쉬울 겁니다. 어쩌면 직접적인 광고보다 스타의 이런 간접적인 유행의 전파가 더 무서울 수도 있습니다. 이런 경우 새로운 유행이 거의 무의식적이거나 감정적인 차원에서 이뤄지니까요.

집에 사용하지 않는 상품들이 가득하다면, 이것은 우리가 이미 산업자본주의가 열어놓은 소비사회의 유혹에 포획되었다는 것을 보여줍니다. 이제 여러분도 모두 눈치챘을 겁니다. 산업자본주의는 소비자들에게 아직 사용가치가 소멸되지도 않은 수많은 상품을 스스로 폐기 처분하도록 만드는 체계입니다. 물론 이것이 가능한 이유는 앞서 말한 기호가치의 논리 때문입니다. 그러나 사실 이보다 더 중요한 문제가 있습니다. 타인보다 우월해져서 그들로부터 주목과 관심을 받고 싶어 하는 인간의 욕망과 허영, 바로 이런 감정이 있기에 산업자본이 날조한 기호가치가 작동할 수 있으니까요.

소비사회에 대한 보드리야르의 통찰이 중요한 이유도 그가 인간에게는 타인으로부터 자신을 구별하려는 욕망 혹은 허영이 있다는 것을 분명히 드러냈기 때문입니다. 사실 이 점은 벤야민이나 부르디외의 통찰과도 비슷하지요. 그런데 인간의 구별짓기 욕망에는 다음과 같은 의식이 깔려 있습니다. 부당하게도 자신의 현재 삶은 행복하지 못하다는 일종의 피해의식 말입니다. 또한 이런 피해의식의 이면에는 모든 인간에게 행복, 위세 혹은 안락함이 주어지지 않는다는 비관도 함께 깔려 있지요. 그래서 행복, 위세 혹은 안락함은 선택받은 소수의 사람에게만 허용된다고 생각하는 것입니다. 스스로 그런 소수의 사람에 속하고 싶다는 욕망, 다시 말해 대다수의 평범한 사람들로부터 자신을 구별하려는 욕망은 바로 부르디외가 말했던 귀족적 취향에 대한 욕망과 같다고 볼 수 있습니다.

자본주의는 무엇 때문에 발달했나?

산업자본주의만큼 인간의 삶과 역사를 포괄적으로 변화시켰던 경제 체계는 없을 겁니다. 역사를 거칠게 전근대사회와 근대사회로 이분하게 된 것도 이런 이유에서입니다. 물론 여기서 근대사회란 산업자본주의에 근거해서 새롭게 구성된 사회, 그러니까 18세기 산업혁명과 프랑스혁명에서 시작해 19세기에 그 모습을 거의 완전하게 갖추게 된 사회를 말하지요. 그동안 많은 학자는 산업자본주의의 등장과 산업자본주의가 빠른 속도로 인간과 사회를 재편하는 데 성공한 원인을 해명하려고 노력해왔습니다. 1970년 《소비의 사회》에서 보드리야르는 산업자본주의가 이토록 빠른 속도로 발달한 이유는 기술 개발에 의한 생산력의 비약적 발전이 아니라, 인간의 허영과 욕망을 부추기는 매혹적인 소비사회의 논리 때문이라고 말합니다.

보드리야르의 주장이 옳다면, 산업자본주의에서는 생산보

막스 베버(위)와 베르너 좀바르트. 베버와
좀바르트는 매우 절친한 동료이자 지적
경쟁자이기도 했다. 그들은 산업자본주의가
발전하게 된 이유에 대해 전혀 다른 관점을
취했다. 베버는 서양에서만 유독 자본주의가
발달한 이유를 프로테스탄티즘의 '금욕주의'
때문이라고 주장했고, 좀바르트는 '사치'가
자본주의 발달의 핵심 역할을 한다고 주장했다.

다는 오히려 소비가 더 '생산적'이라는 역설적인 주장이 성립됩니다. 표면적으로 보드리야르의 생각은 우리의 상식과 맞지 않습니다. 보통 산업자본주의는 이전과 비교해 압도적으로 달라진 생산력을 자랑하는 체계이니 말입니다. 그런데 20세기 초반, 보드리야르에 앞서 생산과 소비에 대한 논쟁이 이미 전개된 바 있습니다. 바로 이 논쟁과 관련해서 베버(Max Weber, 1864~1920)와 좀바르트(Werner Sombart, 1863~1941)의 생각을 살펴볼 필요가 있습니다. 이것은 소비를 강조하는 보드리야르의 주장이 일회적인 것이 아니라 산업자본주의를 이해하는 데 핵심 요소임을 보여줍니다. 사실 베버와 좀바르트는 매우 절친한 동료이자 지적 경쟁자이기도 했습니다. 나이 차도 별로 나지 않았던 두 학자는 《사회과학과 사회정책 잡지(Archiv für Sozialwissenschaft und Sozialpolitik)》의 공동 편집자이기도 했지요. 그러나 그들은 산업자본주의가 발전하게 된 이유에 대해서는 전혀 다른 관점을 취합니다. 먼저 베버의 입장부터 살펴보지요.

베버는 1904~1905년에 《사회과학과 사회정책 잡지》에 두 편의 논쟁적인 논문을 실었습니다. 그 두 논문은 《종교사회학 논문집(Gesammelte Aufsätze zur Religionssoziologie)》에 다시 실렸고, 1920~1921년에 출판되었습니다. 그것이 바로 베버의 출세작인 《프로테스탄티즘의 윤리와 자본주의 정신》입니다. 자본주의가 발달한 원인을 설명하는 베버의 근본적인 입장은 이 책 제목에 상징적으로 드러나 있습니다. 프로테스탄티즘의 성행 때문에 서양에서만 유독 자본주의가 발달했다는 것이지요. 사실 베버의 이런 주장은 우리나라를 포함한 동아시아 3국에 매우 충격적으로 다가왔을 겁니다. 베버의 지적이 옳다면 동아시아에서는 자본주의가 발달하는 것이 애당초 어려운 일이 될 테니까요. 만약 그것이 가능하려면 서양 근대사회처럼 프로테스탄티즘, 즉 개신교가 먼저 유포돼야 했겠지요. 그러나 그것 없이도 그 이후 동아시아 3국에서는 산업자본주의가 비약적으로 발전했습니다. 이런 자신감 때문이었을까요? 한 편의 코미디와도 같은 저작이 중국 학자에 의해 세상에 등장합니다. 1993년 우리나라에도 번역된《중국 근세 종교윤리와 상인정신》이 바로 그 책입니다.

이 책의 저자 위잉스(余英時, 1930~2021)의 논리는 매우 단순합니다. 한국, 중국, 일본이 아시아에서 유일하게 산업자본이 고도로 발달했는데, 그 원인은 동아시아 3국이 모두 유교문화권이기 때문이라는 주장입니다. 결국 베버가 지적한 프로테스탄티즘의 직업의식이나 금욕정신이 이미 유학 사상에도 비슷하게 존재했다는 것이지요. 그러나 이와 같은 위잉스의 시도가 우스꽝스러울 수밖에 없는 이유는, 동아시아 3국의 정신세계를 지배하던 유학 사상이 근본적으로 농업경제와 가족중심주의라는 조건에서 탄생한 것이기 때문입니다. 만약 유학 사상이 자본주의 발전에 어떤 영향을 미쳤다면, 그것은 재벌 중심의 족벌체제를 가능하게 했던 점이나 아니면 노동자와 자본가를 일종의 가족처럼 간주하면서 노조의 저항을 원천 봉쇄했던 반민주적 기업문화를 낳았다는 점에서 찾아야 할 것입니다. 아무튼 베버의 책을 패러디한 위잉스의 책 제목은 웃음을 자아내게 하지만, 한편으로 그것은 자본주의를 이해하는 데 베버의 영향력이 그만큼 강력했다는 것을 잘 보여주기도 합니다. 이제 베버의 이야기를 직접 살펴보지요.

프로테스탄트적 금욕 자체는 아무런 새로운 점이 없다. 그러나 프로테스탄트적 정신은 이런 금욕의 과정을 매우 강력하게 심화시켰을 뿐만 아니라, 그 규범은 통용되기 위해서 유일하게 중요한 것을 만들어냈다. 즉 노동을 직업(소명)으로, 다시 말해 구원을 확보하기 위한 가장 좋은 그리고 궁극적으로 유일하기도 한 수단으로 파악함으로써 심리적 동인을 만들어냈던 것이다. 그리고 이 금욕은 다른 면에서 기업가의 화폐 취득도 '소명'이라고 해석하여, 위와 같이 특별히 노동 의욕을 가진 자들에 대한 착취를 정당화했다. 분명한 것은 직업으로서 노동이란 의무를 수행하면서 부르주아계급이 신의 나라를 배타적으로 소망할 때나, 혹은 교회 규율이 당연히 프롤레타리아계급에게 강제할 때 요구되었던 것이 엄격한 금욕이었다는 점이다. 이 금욕정신이 자본주의적 의미에서의 노동 '생산성'을 강력히 촉진시키지 않을 수 없었던 것이다. 영리 활동을 '소명'으로 보는 것이 근대 기업가의 특징이듯이, 노동을 '소명'으로 보는 것도 근대 노동자들의 특징이 된 것이다.[2]

모든 기독교도에게 현세의 삶은 심판의 대상으로서만 의미가 있는 겁니다. 진정 중요한 것은 천국과 지옥을 가름하는 사후의 심판 그리고 심판 이후의 영원한 삶이지요. 이로 인해 기독교도는 자신들의 삶을 《성경》에 맞춰 검열할 수밖에 없었지요. 사후의 삶은 정신의 삶이기에, 당연히 생전의 삶에서도 인간의 육신보다는 정신이 중요할 수밖에 없습니다. 또한 육체적 욕망과 쾌락을 사탄의 유혹으로 치부하기도 하지요. 이로부터 일종의 금욕주의가 대두되었던 것입니다. 프로테스탄티즘 역시 이런 전통적 기독교의 금욕주의를 공유했습니다. 베버는 프로테스탄티즘이 직업을 일종의 소명, 즉 의무로 간주했음을 중요하게 여겼습니다. 'vocation'이라는 단어를 살펴보세요. 이 단어에는 '직업'이라는 의미와 동시에 '소명(召命)', 즉 '신의 부르심'이란 의미도 담겨 있습니다. 그러니까 프로테스탄트에게 직업이란 종교적인 천직의 의미를 띠게 된 것이지요.

그런데 산업자본주의에 들어서면서 천직이란 것은 결국 자본가 아니면 노동자로 양분될 수밖에 없었습니다. 바로 이 대목에서 베버의 보수성이 드러납니다. 자본가라는 계급과 노동자라는 계급이 수행하는 임무를 천직으로, 다시 말해서 신이 정해준 숙명인 것처럼 사유하기 때문입니다. 더 나아가 자본가나 노동자는 모두 자신들의 임무를 "금욕"적으로 수행해야 한다고 보고 있지요. 프로테스탄티즘의 금욕주의가 산업자본주의하에서 직업, 즉 천직에 대한 금욕적 행위로 옮겨간 것이지요. 그런데 이것은 결국 자본가와 노동자 두 계급이 '소비' 부문을 억제하고 '생산' 부문에만 집중하게 되었다는 것을 말해줍니다. '소비'란 곧 현세의 육체적 쾌락을 위한 것에 지나지 않기 때문입니다. 검소한 생활을 강조할 때 먹고살기 빠듯한 노동자들은 어떨지 몰라도 자본가의 경우 자신의 지출보다 수입이 많아질 것이 분명합니다. 소비를 계속 줄일 테니까요. 결국 이런 여윳돈으로 자본가는 다시 생산 부문에 재투자할 것이고, 이를 통해 자본주의의 생산성을 계속 높이겠지요. 바로 이것이 베버의 생각이었습니다.

한편으로 베버의 생각은 그럴듯해 보입니다. 그러나 다음과 같은 의문을 떠올리자마자 그의 생각이 가진 맹점이 분명하게 드러납니다. 만약 베버의 금욕주의가 옳다면 누가 산업자본이 만들어낸 수많은 상품을 구매하게 될까요? 아무도 상품을 사는 사람들이 없다면, 다시 말해 검소하기 때문에 소비하려는 사람들이 별로 없다면, 산업자본주의는 발전은커녕 현상 유지도 어려울 겁니다. 바로 이 점을 집요하게 문제 삼았던 사람이 좀바르트였습니다. 그는 1913년 두 권으로 이뤄진 《근대 자본주의의 발전사에 대한 연구(Studien zur Entwicklungsgeschichte des Modernen Kapitalismus)》를 출간합니다. 첫 권이 《사치와 자본주의(Luxus und Kapitalismus)》이고, 두 번째 권은 《전쟁과 자본주의(Krieg und Kapitalismus)》입니다. 이 중 유명한 것은 《사치와 자본주의》입니다. 좀바르트는 자본주의가 발달하게 된 진정한 이유는 '사치'에 있다고 봤습니다. 베버가 '생산' 부문에서 드러나는 금욕주의적 태도에서 자본주의 발달의 계기를 찾았다면, 좀바르트는 '소비' 부문에서 이뤄지는 인간의 '사치'와 '허영'에서 자본주의 발달의 신비를 발견했습니다.

그런데 좀바르트는 자본주의 발달에서 '사치'가 핵심 역할을 한다는 자신의 통찰이 자신만의 것이 아니라고 강조합니다. 그래서 그는 사치의 생산성이라는 문제를 부각시킨 볼테르 (Voltaire, 1694~1778), 코이에(Abbé Coyer, 1707~1782), 맨드빌(Bernard Mandeville, 1670~1733) 그리고 슈뢰더(Wilhelm Freiherr von Schröder, 1719~1800) 등을 인용하면서 다음과 같이 이야기합니다.

예를 들어 슈뢰더는 다음과 같이 말하고 있다. "오히려 나는 우리나라에 사치가 더 많았으면 좋겠다. …… 왜냐하면 부자들의 사치는 많은 수공업자와 가난한 사람을 먹여 살리기 때문이다." 근대 자본주의의 발생을 탐구하는 오늘날의 경제학자들은 이처럼 총명하고 지식이 풍부한 사람들의 관찰을 이용하려고 했을 것이다. 그러나 실제로는 그렇지 못하였다. 사치에 대해서는 많이 말하였고, 자본주의 산업에서의 시장의 의의에 대해서도 많은 이론화가 시도되었지만, 사치와 시장의 관계에 대해서는 아무도 말할 줄을 몰랐다. 분명히 사치 문제에서건 시장 문제에서건 사람들은 죽은 궤도를 따라갔기 때문이다. 사치 문제에 대해서 사람들은 계속해서 착실하고 분수에 만족하는 검소한 부르주아의 윤리적 열정을 갖고서 접근하였으며, 그 문제를 도덕적인 추론을 이용해서 간단하게 논의해버렸다.[3]

사실 좀바르트가 주목했던 것은 "사치"와 "시장" 사이의 역동적인 관계 문제였습니다. "사치"를 추구하는 부자들이 자신들의 허영을 만족시킬 수 있는 장소가 바로 "시장"이었으며, 동시에 돈을 벌기 위해서 일하는 수공업자들이나 노동자들이 상품을 만들어 파는 장소가 곧 "시장"이었기 때문입니다. 그런데 이렇게 중요한 사치 문제를 숙고하지 않고 좀바르트의 표현대로 "죽은 궤도를 따라"가는 연구가 성행했던 이유는 무엇일까요? 좀바르트는 자본주의 발전의 진정한 동력에 대해 그처럼 눈감게 만든 주된 원인을 "착실하고 분수에 만족하는 검소한 부르주아의 윤리적 열정"을 일종의 선입견으로 채택한 당시의 연구 풍토에서 찾았습니다. 물론 좀바르트의 이런 비판적 진단은 자신의 동료 베버에 대한 노골적인 불만을 표시한 것이었다고 말할 수 있겠지요. 그렇다면 구체적으로 사치는 어떻게 산업자본주의의 발달과 번영을 낳았던 것일까요? 이에 대해 좀바르트의 이야기를 더 들어보지요.

어떤 시대라도 사치가 일단 존재하면, 사치를 더욱 증대시키는 그 밖의 동기들도 역시 활기를 띠게 된다. 즉 명예욕, 화려함을 좋아하는 것, 뽐내기, 권력욕, 한마디로 말해서 남보다 뛰어나려고 하는 충동이 중요한 동기로서 등장한다. …… 그렇지만 사치가 개인적이며 물질주의적인 사치로서 존재하기 위해서는, 감각적인 향락이 활기를 띠지 않으면 안 된다. 특히 에로티즘이 생활양식에 결정적인 영향을 미치지 않으면 안 된다. 이것을 우리가 논의하고 있는 시대에 적용해보자. 거대한 사치를 만들어낼 수 있는 모든 조건이 충족되었다. 즉 부(富)도 있고, 사랑의 생활도 자유로운 상태에 있었고, 다른 집단을 압도하려고 하는 몇몇 집단의 시도도 있었으며, 또한 우리가 이미 본 바와 같

이 19세기 이전에는 전적으로 향락의 중심지였던 대도시에서의 생활도 있었다.[4]

좀바르트는 사치란 특정 시대만의 산물이 아니라 인간과 사회의 본성에 가까운 것으로 사유했습니다. 이 때문에 그의 통찰은 인간의 허영을 파헤쳤던 파스칼과 연결됩니다. 좀바르트는 사치가 인간이 가진 허영이라는 욕망, 즉 다른 사람으로부터 존경과 칭찬을 받으려는 욕망에서 기원한다고 봤습니다. 스스로 화려하게 꾸밈으로써 자신을 다른 사람과 구별하려는 욕망에서 사치가 발생했다고 본 것이지요. 그런데 이 대목에서 흥미로운 점은 사치가 진정한 의미의 사치가 되기 위해서는 감각적인 향락, 다시 말해 에로티즘과 관련된 관능적 활기가 수반돼야 한다는 주장입니다. 사랑을 구걸하는 사람은 사랑을 쟁취하기 위해서 자신의 경제적 여유를 초과할 정도로 소비를 하게 마련입니다. 물론 그것은 상대방의 마음을 홀리기 위한 전략이지요. 《사치와 자본주의》의 또 다른 곳에서 좀바르트가 다음과 같이 말했던 것도 역시 이 때문입니다. "부(富)가 축적되고 성생활이 자연스럽게 또 자유스럽게 혹은 대담하게 표현되는 곳이면 어디에서든 사치도 함께 유행한다."

그렇다면 19세기부터 본격적으로 발달한 산업자본주의, 그의 표현을 빌리자면 "거대한 사치"는 어떻게 가능했던 것일까요? 생존을 넘어서는 부의 축적, 성생활의 자유로움, 다른 계급으로부터 자신을 구별하려는 계급의 탄생, 향락의 중심지로서 대도시의 발달. 좀바르트는 이런 조건들이 우발적으로 서로 마주치면서 산업자본주의라는 "거대한 사치"의 세계가 열렸다고 주장합니다. 생존을 넘어서는 부가 없다면, 사치는 원칙적으로 불가능합니다. 또한 성생활이 자유롭지 않으면, 자신을 화려하게 포장하거나 상대방을 유혹하려는 과장된 소비 행위도 발전할 수 없었겠지요. 마찬가지로 다른 사람으로부터 자신을 구분지으려는 인간의 허영이 없다면, 과도한 사치는 이뤄지지 않았을 겁니다. 나아가 사치품을 만들어 팔 수 있는 대도시와 같은 대규모의 시장이 형성되지 않는다면, 사치의 세계는 결코 열리지 않았을 겁니다.

거의 동시대에 살았으며 더구나 매우 절친하기도 했던 두 사회학자가 이렇게 현격하게 다른 생각을 했다는 사실이 놀랍지 않나요? 흥미로운 것은 사치에 대한 성찰 때문에 좀바르트가 마르크스에게 우호적이었던 자신의 초기 입장을 버린다는 점입니다. 이것은 마르크스가 사치와 같은 소비 영역을 등한시했기 때문일 겁니다. 그에 따르면 마르크스와 베버는 여러모로 구별되지만 소비의 중요성을 간과하고 있다는 점에서는 같았습니다. 이제 우리는 소비사회에 대한 보드리야르의 통찰이 나름대로 학문적 전통 속에서 가능했다는 것을 알았습니다. 물론 좀바르트와 보드리야르 사이에도 미세하지만 중요한 차이가 존재합니다. 보드리야르는 사치가 인간의 허영과 관련되어 있다는 좀바르트의 생각을 공유했지만, 이와 같은 인간의 허영을 집요하게 파고들어 그것을 증폭시킨 산업자본의 전략에 더 주목했기 때문입니다.

소비사회의 계보학, 거대한 욕망의 집어등

좀바르트는 사치야말로 산업자본주의 발전의 핵심 동력이라고 주장했지요. 이와 같은 맥락에서 보드리야르도 소비야말로 진정으로 생산적이라고 주장합니다. 보통 지나치게 소비하면, 다시 말해 사치스러운 생활을 지속적으로 하면 우리의 삶은 궁핍해질 수밖에 없습니다. 그렇지만 만약 우리가 소비생활에 적극적으로 나서지 않는다면, 산업자본은 결코 잉여가치를 남길 수 없습니다. 이 대목에서 산업자본주의의 내적 논리를 간단히 점검해볼 필요가 있습니다. 《자본론》에서 마르크스는 자본의 일반 공식을 다음과 같이 정의했습니다.

> 자본주의가 잉여가치를 남기는 과정의 완전한 형태는 M-C-M′이다. 여기서 M′=M+ΔM이다. 다시 말하면 M′는 최초에 투입된 화폐액에 어떤 증가분을 더한 것과 같다. 이 증가분, 즉 최초의 가치를 넘는 초과분을 잉여가치라고 부른다. 그런데 최초에 투입된 가치는 유통과정에서 단지 자신을 보존할 뿐만 아니라 자신의 가치량을 변화시켜 잉여가치를 첨가해준다. 바꾸어 말하면 스스로 가치를 증식시키는 것이다. 그리고 바로 이 운동이야말로 가치를 자본으로 전환시켜주는 것이다.[5]

마르크스는 자본주의 운동을 M-C-M′이란 간단한 공식으로 정리합니다. 여기서 M은 화폐(Money)를, C는 상품(Commodity)

IV. 치명적인 소비의 유혹: 보드리야르의 일반경제학

을, 그리고 ΔM은 유통을 통해 얻은 이윤, 즉 잉여가치(Surplus value)를 상징하는 기호입니다. 그런데 자본의 일반 공식을 분명하게 이해하기 위해서는 이 공식을 생산과정과 유통과정으로 나눠 살펴보는 것이 필요합니다. 앞서 말한 M-C-M′은 M-C⋯ C′-M′이라는 두 단계로 풀어볼 수 있지요. 이때 M-C는 생산과정을, C′-M′은 유통과정을 나타냅니다. 예를 들어 핸드폰을 만들어 잉여가치를 남기는 회사가 있다고 해봅시다. 이 회사의 자본가는 처음에 일정한 자본금(M)을 가지고 있습니다. 그는 이 돈으로 핸드폰을 만들 수 있는 기본 재료들, 즉 노동자와 원료, 부품 등(C)을 구입합니다. 그리고 이 과정을 거쳐 새로운 핸드폰 (C′)을 공장에서 상품으로 만들어내지요. 물론 이 단계까지는 자본가의 의도대로 일이 진행되었습니다. 돈을 가진 것은 자본가 자신이기 때문입니다. 그런데 문제는 그다음 단계부터입니다.

새로운 핸드폰을 팔아 돈을 회수하는 과정은 자본가 마음대로 통제할 수 없는 영역입니다. 자본가는 엄청난 양의 핸드폰이란 상품을 가지고 있지만, 이때 돈을 가지고 있는 것은 소비자들이기 때문이지요. 상품을 가진 사람보다 돈을 가진 사람이 월등히 우월하다는 자본주의의 원리는 생산과정이나 유통과정에도 똑같이 적용됩니다. 그래서 새로운 핸드폰을 만든 자본가의 고뇌는 사실 단순합니다. "어떻게 하면 이것들을 팔아서 소비자의 돈을 내 수중에 넣을 수 있을까?" 이 고민에서 가장 중요한 문제는 소비자들이 이미 기존의 핸드폰을 가지고 있다는 사실입니다. 자본가는 소비자들이 이전에 샀던 핸드폰을 버리고 새로운 핸드폰을 사도록 유혹할 필요가 있습니다. 만약 이런 과제를 수행할 수 없다면 자본가는 파산하고 말겠지요.

자본가들은 새로 생산한 핸드폰에 가장 소망스러운 기호들을 새겨 소비자들을 유혹해야 합니다. 만약 이런 유혹이 성공한다면, 산업자본은 수많은 핸드폰을 팔고 원하던 잉여가치를 남길 수 있을 겁니다. 그런데 자본가가 생산한 상품들이 팔리지 않으면 결코 잉여가치를 남길 수 없겠지요. 바로 이것이야말로 산업자본주의의 아킬레스건입니다. 보드리야르가 생산이 아닌 소비의 논리에 집중했던 것도 이 때문이지요. 이것은 자본주의가 잉여가치를 남길 수 있는 결정적인 지점이 유통과정, 즉 '상품-화폐(C´-M´)'의 과정에 있기 때문입니다. 다시 말해 아무리 자본가가 새로운 효율적인 상품을 만들어낸다고 하더라도, 그것이 소비자의 주머니를 열지 못하면 결국 아무 소용이 없다는 겁니다. 그렇다면 어떻게 해야 소비자들이 지갑을 열까요? 보드리야르에 따르면 그것은 상품을 필요의 대상이 아니라 욕망의 대상으로 만듦으로써 가능합니다. 즉 소비자를 유혹하는 기술에서 가장 중요한 것은 사용가치가 아니라 바로 기호가치입니다.

소비에 관한 이데올로기는 우리로 하여금 다음과 같이 생각하도록 만들려고 한다. 즉 우리는 새로운 시대에 들어갔다고 말이다. 그에 따르면 결정적인 인간 혁명이 고난에 가득 찬 영웅적인 생산의 시대를 넘어 행복한 소비의 시대를 만들어내면서 인간과 그 욕망의 복권이 마침내 가능하게 된 것이다. 그러나 현실은 전혀 그렇지 않다. 생산과 소비는 생산력과 그 통제의 확대 재생산이라고 하는 단 하나의 똑같은 거대한 과정이다. 자본주의 체계의 지상명령은 그 반대의 형태로, 즉 욕구의 해방, 개성의 개화, 향유, 풍부함 등의 형태를 띠고서 사람들의 정신 상태와 일상적인 윤리 및 이데올로기 속으로 들어간다.─이것은 실로 엄청나게 교묘한 것이다. 지출, 향유, 무계산적인 구매('사는 것은 지금, 지불은 나중에')라고 하는 주제가 절약, 노동, 유산이라는 기존의 '청교도적'인 주제들을 대체하고 있다. 그러나 이러한 대체가 인간의 혁명인 것은 단지 겉보기로만 그런 것이다. 사실 그것은 하나의 일반적인 과정 및 본질적으로는 변하지 않는 한 체계의 틀 속에서 (상대적으로) 효력이 없어진 가치 체계를 다른 가치 체계로 대체한 것에 불과하다. …… 결국 소비자의 욕구와 그 충족은, 오늘날에는 다른 생산력(노동력 등)과 마찬가지로 강요되고 합리화된 생산력에 지나지 않는 것이다.[6]

베버는 산업자본주의의 발달이 청교도 정신 때문에 가능했다고 주장했습니다. 다시 말해 유럽의 자본가나 노동자가 모두 자신들의 직분을 하나의 소명으로 받아들이고 근검절약을 생활의 모토로 내세운 청교도 정신을 가지고 있었기에 산업자본주의가 아시아나 아프리카가 아닌 유럽에서 번성할 수 있었다는 겁니다. 그러나 1960년대 이후 근검절약을 실천하던 청교도적 금욕주의는 더는 유럽 사회에서 발견하기 힘들게 됩니다. 젊은이들을 중심으로 "욕구의 해방, 개성의 개화, 향유, 풍부함"이라는 미명하에 강렬한 소비생활 및 소비문화가 유럽을 점령했던 것입니다.

사실 과거 19세기의 산업자본주의는 행복한 길을 걸었습니다. 그 당시 공장에서 만들어지는 상품들은 글자 그대로 항상 새로운 제품들이었습니다. 예를 들어 영국의 경우 값싸고 질 좋은 섬유 제품들이 생산되자마자 영국 사람들에게 바로 소비될 수 있었습니다. 그렇지만 얼마 가지 않아 영국에서 팔리지 않게 되겠지요. 사람들이 이미 여러 종류의 섬유 제품을 가지고 있었으니까요. 마침내 산업자본주의는 제국주의적 속성을 띨 수밖에 없게 됩니다. 다시 말해 산업자본은 아직 산업자본주의를 모르던 아프리카나 아시아를 식민지로 만들어 새로운 시장을 얻으려고 한 것이지요. 이것은 산업자본의 입장에서는 사활이 걸린 문제였습니다. 식민지는 노동력을 값싸게 구매할 수 있는 노동시장이자 상품을 팔 수 있는 소비시장이었기 때문이지요.

식민지 지배를 통한 엄청난 잉여가치의 획득으로 팽창한 산업자본주의는 얼마 지나지 않아 또 다른 장애물을 만납니다. 영국과 프랑스가 먼저 시작한 식민지 시장 쟁탈전에 독일과 일본 등 후발 산업자본주의 국가가 뛰어들었기 때문이지요. 그 결과로 제1차 세계대전(1914~1919)과 제2차 세계대전(1939~1945)이 일어났습니다. 마침내 산업자본주의가 외적으로 팽창할 수 있는 길이 막히게 된 것입니다. 그렇다면 산업자본은 어떤 식으로 이 위기 국면을 돌파했을까요? 바로 자국의 소비자들에게 다시 눈을 돌렸습니다. 만약 자국의 소비자들이 이미 구매한 상품들을 폐기하고 새로운 상품을 계속 사도록 할 수만 있다면, 구태여 바깥으로 나갈 필요가 없을 테니까요.

보드리야르가 표현했던 대로 "지출, 향유, 무계산적인 구매"의 시대가 열린 진정한 이유입니다. 한때 산업자본주의의 구두쇠적 이윤 추구를 미화하고 또 한껏 정당화했던 청교도적 정신은 이제 거추장스러운 구시대의 의복일 뿐이었습니다. 산업자본은 욕망과 개성의 실현을 찬양하는 새로운 시대를 활짝 열었습니다. 그리고 인간의 원초적 허영심을 집요하게 자극하는 다양한 기법들을 미디어의 발달과 함께 고안해냅니다. 특히 이 대목에서 "사는 것은 지금, 지불은 나중에"라는 슬로건은 의미심장합니다. 보드리야르는 이미 신용카드의 사용과 폭발적인 소비 증가 사이의 관계를 주목하고 있었습니다. 월급 300만 원을 받는 사람이 소비할 수 있는 한도는 얼마 되지 않습니다. 그러나 만약 그가 신용카드를 사용한다면 그 한도는 늘어나겠지요. 할부를 통해 카드 대금의 납부 시기를 연장할 수 있기 때문입니다. 소비자의 관점에서 보면 분명 자유롭고 매력적인 사회가 도래한 것처럼 보입니다. 더 화려하고 흥미진진하며 매혹적인 소비의 시대가 활짝 열렸기 때문이지요.

이에 맞서 보드리야르는 소비자가 다름 아닌 노동자라는 엄연한 현실을 망각해서는 안 된다고 주장합니다. 소비사회의 화려한 유혹에 물든 대부분의 소비자는 환각의 세계에 빠져 있는지도 모릅니다. 남과는 다른 자신만의 삶을 추구하며 자신의 개성과 욕망을 분출한다고 하지만, 결국 그들에게 남는 것은 불행하게도 돈의 고갈 혹은 빚의 확대일 뿐입니다. 다시금 돈을 충전하기 위해서 혹은 빚을 갚기 위해서 그들은 노동자의 지위로 산업자본에 편입될 수밖에 없습니다. 그러면 그럴수록 자본가에게 더욱 예속될 뿐이지요. 그래서 보드리야르는 "생산과 소비는 생산력과 그 통제의 확대 재생산이라고 하는 단 하나의 똑같은 거대한 과정"이라고 진단했던 것입니다. 겉으로는 달라진 것 같지만, 산업자본주의의 기본 논리는 달라진 것이 하나도 없다는 말이지요.

소비사회에서 우리는 자신의 욕망과 개성을 자유롭게 분출하고, 그래서 자신의 삶을 자유롭게 향유한다는 일종의 환각을 가지게 됩니다. 그렇지만 보드리야르는 냉정하게 지적하지요. 우리가 가진 "욕구와 그 (욕구의) 충족은, 오늘날에는 다른 생산력(노동력 등)과 마찬가지로 강요되고 합리화된 생산력"에 지나지 않는다고 말이지요. 우리의 고유한 욕망조차도 산업자본주의에서는 생산력의 하나로 간주되고 포획된 것에 지나지 않는다는 것입니다. 정말 치명적인 문제지요. 더 심각한 것은 소비사회가 던진 환각의 그물에 포획되면 우리가 산업자본주의라는 체계에 그냥 함몰되어버리게 된다는 점입니다. 이 때문에 보드리야르는 미래를 암울하게 전망합니다.

(노동력의) 박탈에 의한 착취는 사회적 노동이라고 하는 집단적 영역에 관계되기 때문에 (어느 정도의 단계부터는) 사람들을 연대하게 만든다. 착취는 (상대적인 의미에서의) 계급의식을 불러일으킨다. 비록 실제로 자본에 의해 관리되지만 표면적으로 소비 대상 및 소비재를 소유하는 행위는 개인주의적 경향을 지니며, 몰

연대적이고 몰역사적인 경향을 지닌다. 또 분업이라고 하는 사실에 의해 노동자는 다른 사람들을 전제로 하고 있다. 따라서 착취는 모든 사람에 대한 착취이다. 그러나 소비자인 한에서는, 사람들이 다시 고립되고 뿔뿔이 흩어져야 기껏해야 서로 무관심한 군중이 될 뿐이다. (가정에서 텔레비전을 보는 사람들, 경기장 및 영화관의 관중 등) 소비의 구조는 매우 유동적인 동시에 폐쇄적이다. …… 중요한 것은 소비의 대상이 지위의 계층화를 만들어낸다는 점이다. 그렇지만 소비 대상은 가령 사람들을 고립시키지는 않는다. 분명 소비 대상은 사람들을 차별화하고 또 소비자들을 어느 한 코드에 집단적으로 배정하긴 하지만, 그렇다고 해서 (반대로) 집단적인 연대를 불러일으키는 것은 아니다.[7]

산업자본주의에서 자유란 분명 소비의 자유입니다. 돈이 부족하거나 아예 돈이 없을 경우 부자유의 느낌, 심지어는 심각한 우울증을 느끼게 되는 것도 바로 이 때문입니다. 자신을 타인과 구별해줄 수 있다고 믿는 상품들을 구매하지 못할 때 우리는 우울증을 겪을 수밖에 없습니다. 돈이 없으면 우울하고, 돈이 있으면 명랑해진다는 것, 이것이야말로 산업자본이 우리의 욕망을 길들이는 데 성공했다는 분명한 징표입니다. 흔히 우리는 자유와 부자유의 느낌을 자신만의 고유한 느낌이라고 믿기 쉽습니다. 그리고 이 때문에 우리는 자신이 산업자본에 길들여 있어서 그런 자유 혹은 부자유의 느낌을 갖게 된다는 사실을 망각하기 쉽습니다. 그런데 이러한 망각은 더 심각한 다른 망각을 낳게 합니다.

그것은 우리가 소비자이기 이전에 한 사람의 노동자라는 사실입니다. 산업자본주의가 전체 사회를 마치 소비사회인 것처럼 의도적으로 설정한 이유도 바로 여기에 있지요.

생산 현장에서 동료들과 노동자로서의 유대감을 느끼는 것은 그리 어려운 일은 아닙니다. 잉여가치의 분배를 두고 노동자들은 자본가와 갈등할 수밖에 없기 때문입니다. 그렇지만 소비 현장에서 우리는 산산이 분열되고 고립되어버립니다. 다시 말해 백화점에서 쇼핑을 할 때 우리는 옆 사람도 나와 같은 노동자라는 사실을 거의 생각하지 않습니다. 보드리야르의 말대로 우리는 "서로 무관심한 군중"이 될 뿐입니다. 그런데 "서로 무관심한 군중"이라는 보드리야르의 표현에는 주의해야 할 것이 하나 있습니다. 여기서 "무관심"이란 표현은 자신이 노동자이기도 하다는 사실에 대한 정치적 무관심만을 의미합니다. 사실 서로 무관심한 듯 보이지만, 어떤 의미에서 군중은 결코 서로 무관심해질 수 없습니다. 소비시장에서 우리는 서로 무관심하기보다는 전례가 없을 정도로 관심을 갖게 됩니다.

이 문제는 우리가 백화점과 같은 화려한 소비시장에 들르는 이유와 관련 있습니다. 백화점에서 우리는 종종 다른 사람들이 어떤 상품을 구매하는지 주시합니다. 이를 통해 그 사람이 어떤 부류, 어떤 계층의 사람인지 단박에 알아차리지요. 곧 우리는 타인도 나의 소비 행태를 주시하리라 믿게 됩니다. 그런데 실제로는 타인이 나를 주시하는지는 중요하지 않습니다. 타인이 나를 주시한다는 심리 상태가 중요하니까요. 물론 반대의 경우도 마찬가지입니다. 만약 다른 사람들로부터 관심과 부러움을 받고 싶다면, 우리는 남들이 감히 꿈도 꾸지 못할 고가의 명품을 구매하면 됩니다. 이렇게 무관심한 척 보이지만 실은 더 치열하게 자신을 과시하려는 경쟁이 백화점과 같은 소비시장에서 일어납니다. 소비자들을 허영의 전쟁터로 내몰면 내몰수록 산업자본의 매출이 증가하는 것은 당연하겠지요.

소비 영역에서는 보드리야르의 말대로 "소비의 대상이 지위의 계층화를" 만들어냅니다. 그런데 흥미로운 점은 소비의 계층화는 생산과정에서의 계층화와는 다르게 전개된다는 점입니다. 생산과정에서와는 달리 소비과정에서 발생하는 계층화는 결코 집단적 연대의식을 불러일으키지 않습니다. 이것은 물론 보드리야르의 말처럼 "소비 대상은 가령 사람들을 고립시키지는 않"기 때문입니다. 다시 말해 이것은 원리적으로 고가의 소비 대상이라해도 가난한 사람들이 구매할 수 있다는 것을 의미합니다. 물론 가난한 사람들에게 그 후유증은 크게 남겠지요. 어떤 소비 대상이라도 원칙적으로는 구매할 가능성이 있어서 소비시장에서는 지위의 계층화를 만들 수 있지만, 생산과정에서처럼 노조와 같은 집단적 연대의식은 불가능합니다. 결국 모든 것은 소비시장이 연대나 소통의 공간이 아니라 허영과 욕망의 각축장이기 때문에 벌어지는 현상이지요.

소비사회는 노동자들의 정치적 유대감을 소비자들 사이의 경쟁적인 허영심으로 변질시켜버립니다. 이에 휩쓸린 소비자들은 자기과시의 치열한 소비 경쟁에 빠져듭니다. 그 결과 우리는 연대의 전망을 잃고 고립된 개인들로 산산이 분해되고 맙니다. 더욱 주의해야 할 것은 바로 최근 산업자본의 경향입니다. 산업자본의 소비 논리는 이제 한 인간의 내면마저도 산산이 쪼개어 분열증적 소비 촉진 경향으로 심화하고 있기 때문입니다. 아내와 남편으로서의 자아, 어머니와 아버지로서의 자아, 전문직 여성과 남성으로서의 자아, 동창 모임 성원으로서의 자아 등등으로 쪼개질수록 한 개인이 소비하는 상품 목록은 그만큼 커질 수밖에 없을 겁니다. 이처럼 소비사회는 궁극적으로 소비자이면서 동시에 노동자인 우리의 연대 가능성뿐만 아니라 한 개인의 통일성마저도 가능한 한 잘게 분해하려고 합니다.

학생으로서의 나, 여성으로서의 나, 아르바이트생으로서의 나, 직장인으로서의 나, 딸로서의 나, 주중의 나, 주말의 나, 낮의 나, 밤의 나로 산산이 쪼개질수록 나는 한 명의 소비자가 아니라 복수의 소비자들이 됩니다. 주중에 입는 옷과 주말에 입는 옷은 달라야 하니까요. 매우 무서운 일이지요. 노동자이면서도 소비자라는 자신의 현실을 망각하도록 만들면서, 동시에 소비자의 내면조차도 소비 행위의 촉진을 위해 산산이 분열시키고 있으니까요. 하지만 이런 비극적 상황에서 우리는 역설적인 교훈을 하나 얻을 수 있습니다. 분열된 자아상을 연결해 통일적인 인격체를 만드는 것이 가능하다면, 나아가 분열된 개인들을 연결해 통일적인 연대를 구성하는 것이 가능하다면, 결국 우리는 산업자본주의가 던져놓은 거대한 욕망의 집어등에서 해방될 수 있을 것입니다.

소비사회는 우리에게 필요 이상으로 상품을 구매하도록 하는 환각 체계입니다. 이러한 환각 작용은 우리를 과도한 소비로 이끌고, 항상 사용하지 않는 많은 물품이 우리 주변에 남아 있도록 합니다. 그렇다고 해서 우리가 필요 없다고 생각하는 물품들을 다른 사람들과 마음 편히 나눠 쓸 수 있는 것도 아닙니다. 이미 기호가치가 사라진 물건을 남에게 줄 경우, 그것을 받아든 사람은 불쾌감을 느낄 수도 있기 때문입니다. 만약 소비자들이 자신들이 가진 것을 '아껴 쓰고 나눠 쓰고 바꿔 쓰고 다시 쓰게' 된다면 산업자본은 겉으로는 무관심한 척할 겁니다. 그렇지만 속은 타들어가겠지요. 소비자들 간의 연대는 잉여가치를 얻으려는 산업자본의 욕망에 치명적인 상처를 남길 테니까요. 산업자본주의는 파스칼에 이어서 인간의 원초적 허영심을 정확히 꿰뚫어본 것이지요.

선물이 존재하려면, 어떤 상호관계, 반환, 교환, 대응 선물, 부채의식도 존재해서는 안 된다. 만약 타인이 내가 그에게 주었던 것을 내게 다시 돌려주거나 나에게 고마움을 느끼거나, 또 반드시 돌려주어야만 한다면, 나와 타인 사이에는 어떤 선물도 존재할 수 없는 법이다. 이런 반환이 직접적으로 이루어지든 아니면 상당히 긴 유예 조건들을 계산하여 이루어지든 간에 관계없이 말이다. 특히 타인이 내게 동일한 것을 직접 되돌려주는 경우에 이 점은 훨씬 더 분명해진다.

─자크 데리다, 《주어진 시간》

유쾌한
파멸의 길

상징가치, 구원의 유일한 희망

산업자본주의가 열어놓은 소비사회는 인간에게 자유와 평등을 실현해준 것처럼 보입니다. 물론 그것은 소비의 자유이면서 동시에 욕망의 평등에 지나지 않는 것이지만 말입니다. 소비사회에서 우리는 자신이 원하는 것이면 어떤 것이든 구매할 수 있습니다. 다른 사람으로부터 어떤 간섭도 받지 않는다는 점에서 자유롭다고 느낍니다. 또한 내가 구매했던 것이 현재의 유행을 나타낸다는 점에서 자신을 포함한 모든 인간의 욕망이 평등하다는 느낌을 받게 됩니다. 그러나 우리가 느끼는 자유와 욕망에는 치명적인 난점이 하나 존재합니다. 그것은 바로 돈입니다. 만약 돈이 없다면, 우리가 소망하는 자유로운 욕망의 실현은 불가능해질 테니까요. 그래서 우리는 돈만이 우리를 자유롭게 해주는 사회에 살아가는 셈이지요. 그러나 바로 이 때문에 우리의 삶은 분열될 수밖에 없습니다. 상품과의 관계에서는 주인으로서 자유를 만끽하지만, 그 이면의 돈과의 관계에서는 무기력한 노예의 삶을 살아가고 있으니까요.

베버는 산업자본주의 발달의 원인을 생산과정에서의 청교도적 소명의식과 금욕적 태도에서 찾았습니다. 자신의 계급 혹은 직업에 대해 종교적인 소명의식을 가지고 있던 자본가나 노동자들이 산업자본주의를 발전시켰다는 것이지요. 사실 생산과정에서의 원가 절감이나 비용 절감, 혹은 노동 현장에서의 근면성 등은 그것이 없을 때보다는 있을 때 산업자본에 더 많은 잉여가치를 약속해줍니다. 이 점에서 베버 역시 생산중심주의에 근거해서 사유했다고 말할 수 있지요. 그렇지만 좀바르트나 보드리야르는 잉여가치가 오직 유통과정에서만, 다시 말해 한때 노동자였던 소비자가 상품을 구매하는 경우에만 획득될 수 있다고 주장합니다. 이들 후자의 견해는 소비중심주의라고 할 수 있습니다.

자본주의의 논리에 따르면 돈을 가진 자가 상품을 가진 자보다 훨씬 더 우월합니다. 그렇기에 노동자가 잠시나마 자본가보다 우월한 자리를 점유할 수 있는 순간은 바로 소비자의 위치에 있을 때입니다. 노동의 대가든 아니면 다른 경로든 간에 돈을 얻을 수 있다면, 소비자는 상품을 파는 사람보다 우월한 존재론적 지위에 설 수 있습니다. 소비자는 상품을 살 수도 있고 사지 않을 수도 있기 때문입니다. 하지만 산업자본은 반드시 자신이 만든 상품을 노동자인 소비자들이 구매하게 해야 합니다. 바로 이 지점에서 보드리야르는 자본주의의 유혹과 인간의 원초적 허영 사이의 은밀한 야합을 목도하지요. 유통과정, 즉 소비과정에서 이러한 야합이 성공하면 산업자본은 더욱 성장할 것입니다. 그렇지만 이 야합에 실패하면 산업자본은 치명적인 타격을 입게 되겠지요. 그래서 보드리야르는 집요하게 소비사회의 숨겨진 논리를 폭로합니다.

보드리야르가 봤을 때 아직도 대부분의 사람들은 여전히 생산중심주의적 사유를 하고 있습니다. 그는 생산중심주의적 관점을 '생산의 거울(Le miroir de la production)'에 비유합니다. 이것은 모든 것을 생산이라는 거울에 비춰 이해하려는 태도를 꼬집은 말입니다. 보드리야르는 《생산의 거울》이란 자신의 저서를 통해서 이 오래된 거울을 부수려고 시도합니다. 흥미로운 사실은 그의 지적 스승 가운데 한 사람인 마르크스조차도 그의 주된 비판의 표적이 되었다는 점입니다.

한 망령이 혁명적인 상상의 세계를 떠나지 않고 있다. 그것은 바로 생산이란 환각이다. 그것은 도처에 생산성이라는 억제할 수 없는 낭만주의를 조장하고 있다. …… 사회적인 부든, 언어 활동이든, 의미든, 가치든, 기호나 환각이든, '노동'에 의해 '생산되지' 않는 것이라고는 아무것도 없다. 가령 이것이 자본의 진리이고 정치경제학의 진리라고 하면서, 혁명은 이것을 전적으로 다시 취한다. 왜냐하면 혁명가는 진정으로 근본적인 생산성이란 이름으로 자본주의적 생산 체계를 전복하려고 할 것이기 때문이다. 또한 자본주의적 가치 기준이 파괴되는 것 역시 소외를 극복한 초생산성의 이름으로 이루어질 것이다. 자본은 생산력을 확대하지만 아울러 생산력을 억제하기도 하므로, 생산력을 해방해야만 한다고 말이다.[8]

다음과 같은 구절로 시작되는 유명한 선언문을 기억하시지요? "하나의 유령이 유럽을 배회하고 있다. 공산주의라는 유령이." 1848년 2월 런던에서 출간되자마자 세계적인 반향을 불러일으켰던 마르크스와 엥겔스의 《공산당 선언(Manifest der Kommunistischen Partei)》이 바로 이 구절로 시작하지요. 자본주의의 극복을 가장 체계적으로 그리고 가장 강력하게 요구했던 인물이 다름 아닌 마르크스입니다. 산업자본주의에 대한 보드리야르의 비판에서도 마르크스의 사상적 영향력이 가장 컸습니다. 사실 자본주의를 극복해야 할 대상으로 간주한다면 그 누구도 마르크스의 사유를 피해갈 수 없지요. 그렇지만 보드리야르는 유다가 예수를 배신하듯이 지금 마르크스를 배신하려고 합니다. 그가 봤을 때 마르크스 역시 다른 사람들과 마찬가지로 생산중심주의라는 거울에 사로잡혀 있기 때문입니다. 이 문제와 관련된 《공산당 선언》의 한 대목을 잠시 살펴봅시다.

부르주아는 백 년도 채 못 되는 계급 지배 기간에 과거의 모든 세대가 만들어낸 것을 다 합친 것보다 더 많고, 더 거대한 생산력을 만들어냈다. 자연력의 정복, 기계에 의한 생산, 공업 및 농업에서의 화학의 이용, 기선에 의한 항해, 철도, 전신, 세계 각지의 개간, 하천 항로의 개척, 마치 땅 밑에서 솟은 듯한 방대한 인구. 이와 같은 생산력이 사회적 노동의 태내에서 잠자고 있었다는 것을 과거의 어느 세기가 예감이나 할 수 있었으랴! …… 이제 사회가 가지고 있는 생산력은 이미 부르주아적 문명과 부르주아적 소유관계의 발전에 봉사하지 못하게 되었다. 오히려 그것은 이런 소유관계에 비하면 너무도 방대해져서, 이제는 부르주아적 소유관계가 생산력의 발전을 억제하고 있다.[9]

마르크스에 따르면 근대사회의 주역이었던 부르주아는 거대한 생산력을 창출해내서 기존의 봉건사회의 소유관계를 완전히 붕괴시켰습니다. 그러나 기존 봉건사회의 소유관계를 무너뜨린 부르주아의 새로운 소유관계, 즉 자본가와 노동자 사이의 관계 또한 지금에 이르러서는 생산력의 발달을 촉진하기보다 오히려 억제하고 있다고 봤습니다. 이로부터 마르크스는 노동자계급, 즉 프롤레타리아가 다음 세기에 역사의 지배권을 가질 수밖에 없다는 논리를 이끌어냅니다. 다시 말해 자본주의사회는 어쩔 수 없이 생산력 발달이라는 과정을 통해 자연히 극복될 수밖에 없다고 본 것이지요. 하지만 보드리야르가 보기에 이것은 지나치게 낙관적인 견해였습니다. 19세기에 살았던 마르크스가 20세기나 21세기에 전개되는 새로운 양상의 소비사회를 예감할 수 없었던 것은 어쩌면 당연한 일입니다.

마르크스는 자본주의에 대해 성찰하면서 생산과정과 유통과정을 분석하는 데 나름대로 성공했지만 여전히 생산중심주의

소련의 4차 5개년 계획(1946~1950) 선전
포스터. 소련은 경제발전을 달성하기 위해
국가 주도의 5개년 계획을 수립해 펼쳐나갔다.
소련 민중은 공산당이 계획한 경제 프로그램을
충실히 수행하는 존재, 해방된 민중이 아니라
기존의 노동자들과 별로 다를 바 없는 존재로
전락하고 말았다.

의 입장입니다. 사실 이와 같은 마르크스의 기본 입장 때문에 그후 소련에 수립된 공산당 정권이 독재에 의한 계획경제를 추진했던 것인지도 모릅니다. 어떤 방법을 동원해서라도 생산력이 발전해야 마르크스가 예언했던 것처럼 진정한 프롤레타리아 정부가 들어설 수 있다고 믿었을 테니까요. 하지만 이것은 결국 공산당과 민중이 자본가와 프롤레타리아라는 억압구조를 반복하는 것 아닐까요? 사실 소련 민중은 공산당이 계획한 경제 프로그램을 충실히 수행하는 존재, 기존의 노동자들과 별로 다를 바 없는 존재로 전락하고 맙니다. 억압받는 사람들을 해방하겠다던 공산주의 혁명의 귀결치고는 정말 아이러니하지요. 소련 민중들은 생산력 발전이라는 장밋빛 미래를 전망하며 자신들의 삶을 희생해야만 했던 겁니다.

한편 프랑스 68혁명 역시 억압받는 자들의 혁명에 대해 공산당이 언제든지 배신할 수 있다는 점을 분명히 보여주었습니다. 보드리야르는 배신해서는 결코 안 되는 자들의 배신에 깊은 상처를 받았습니다. 그리고 그 역사의 과오를 잊지 않으려고 노력했습니다. 그리고 마침내 보드리야르는 마르크스의 생산중심주의가 그 원인이란 통찰에 이르게 됩니다. 생산력의 발전이라는 미명하에 억압받는 자들이 여전히 억압받고 있다고 봤던 것이지요. 그래서 그는 집요하게 '생산의 거울'을 깨뜨리려고 했던 겁니다. 물론 이것은 산업자본의 생명력의 기원이 유통과정, 즉 소비 차원에 있다는 것을 명확히 하려는 의도 때문이기도 했습니다. 생산과정에서의 노동자는 어떠한 억압이라도 감당해야 했지만, 유통과정에서의 노동자는 곧 소비자로 탈바꿈합니다. 소비자라는 위치에 있을 때에만 노동자는 산업자본에 대해 나름대로 자율성을 가지게 됩니다. 그래서 보드리야르는 유통과정, 혹은 소비의 영역을 중시했던 것입니다.

소비 영역은 소비자가 노동자이기도 하다는 사실을 은폐하려는 산업자본의 음모, 나아가 소비자의 허영을 부추겨 소비를 촉진하려는 산업자본의 전략이 관철되는 매우 중요한 공간입니다. 그렇지만 동시에 이 소비 영역은 산업자본의 유혹을 뿌리칠 수 있는 자유의 공간이기도 합니다. 결국 소비 영역은 산업자본의 아킬레스건이지만 동시에 인간에게는 자유로운 기회의 장이었던 겁니다. 보드리야르가 소비 영역, 혹은 일상에서 우리가 만나는 사물을 숙고했던 것도 이런 이유 때문입니다. 동일한 사물이 산업자본이 원하는 소비의 대상일 수도 있고, 아니면 향유와 긍정의 대상일 수도 있으니까요.

기호와 차이의 논리라고 할 수 있는 소비의 논리를, 그 논리에 얽혀 있는 여러 가지 다른 논리들로부터 구별해낼 필요가 있다. 네 가지 논리가 논쟁의 대상이 될 것이다. ① 사용가치(la valeur d'usage)라는 기능적 논리, ② 교환가치(la valeur d'échange)라는 경제적 논리, ③ 상징적 교환(l'échange symbolique)의 논리, ④ 가치/기호(la valeur/signe)의 논리. 첫 번째는 실제적인 작용 (opérations pratiques)의 논리이다. 두 번째는 등가(équivalence)의 논리이다. 세 번째는 애매성(ambivalence)의 논리이다. 네 번째는 차이(différence)의 논리이다. 또한 유용성(utilité)의 논리, 거래(marché)의 논리, 증여(don)의 논리, 신분(statut)의 논리. 물건은 이 가운데 어느 하나에 입각하여 정돈됨에 따라 각각 '도구(outil)', '상품(marchandise)', '상징(symbole)' 그리고 '기호(signe)'의 지위를 취하게 된다. 그런데 마지막 것만이 소비라는 특수한 영역을 규정한다.[10]

보드리야르는 먼저 사물이 가진 상이한 네 가지 차원의 논리를 해명하고자 합니다. 이를 통해 소비의 논리란 단지 그 가운데 한 가지 측면에 불과하다는 것을 지적합니다. 이 구분들이 좀 복잡하게 느껴집니다. 하지만 간단한 예를 통해 살펴보면 보드리야르가 제안한 사물의 서로 다른 네 가지 논리가 별로 어렵지 않게 이해될 겁니다. 여기 다이아몬드가 하나 있다고 해봅시다. 이 다이아몬드는 보드리야르에 따르면 "도구"일 수도 있고, "상품"일 수도 있고, "상징"일 수도 있고, "기호"일 수도 있습니다. 먼저 '도구'의 측면에서 바라본 다이아몬드에 대해 생각해봅시다. 이 경우 다이아몬드는 가장 견고한 광물이기 때문에 무엇인가를 자르거나 부술 때 사용할 수 있습니다. 그래서 도구로서의 다이아몬드는 "사용가치"라는 기능적 논리를 따르게 됩니다. 하지만 아름답기만 할 뿐 무엇인가를 자를 때 사용하는 것으로는 불편하다면 이것은 결국 사용가치가 별로 없다고 할 수 있습니다. 이런 측면에서 보드리야르는 "사용가치라는 기능적 논리"를 "실제적인 작용의 논리" 혹은 "유용성의 논리"라고 설명했던 겁니다.

두 번째로 다이아몬드를 '상품'의 측면에서 살펴봅시다. 이 경우 다이아몬드는 1억 원에 구매하거나 판매할 수 있는 하나의 상품이 됩니다. 상품으로서 다이아몬드는 "교환가치"라는 경제적 논리를 따르게 됩니다. 예를 들어 다이아몬드 1개는 자동차 5대나 컴퓨터 100대와 바꿀 수 있습니다. 따라서 다이아몬드 1개의 교환가치는 자동차의 5배, 혹은 컴퓨터의 100배가 되겠지요. 화폐는 바로 이런 다이아몬드의 교환가치를 가장 편리하게 수량화할 수 있습니다. 그래서 다이아몬드 1개의 교환가치는 현재 1억 원으로 매겨진 겁니다. 하지만 다이아몬드가 너무 많이 채굴되거나 혹은 소비자가 별로 구매하지 않는다면, 다이아몬드의 교환가치는 1억 원 아래로 떨어지겠지요. 이 때문에 보드리야르는 "교환가치라는 경제적 논리"를 "등가의 논리"나 "거래의 논리"라고 이야기했던 겁니다.

세 번째로 다이아몬드는 '상징'의 측면에서 이해할 수 있습니다. 예를 들어 다이아몬드는 사랑하는 딸의 결혼을 축하하기 위한 소중한 선물이 될 수도 있는 것입니다. 상품으로서 다이아몬드를 살 수 있는 돈 1억 원으로 우리는 다른 것을 살 수도 있겠지요. 혹은 1억 원 상당의 다른 상품과 다이아몬드를 바꿀 수도 있을 겁니다. 그렇지만 선물로서의 교환은 앞서 말한 등가교환과 결코 같지 않습니다. 내가 다이아몬드 1개를 선물로 받았다고 하더라도, 나는 상대방에게 장미꽃 한 송이를 선물로 줄 수도 있으니까요. 이것이 바로 "상징적 교환"의 논리입니다. 그래서 보드리야르는 선물로서의 다이아몬드는 "애매성의 논리"나 "증여

IV. 치명적인 소비의 유혹: 보드리야르의 일반경제학

의 논리"를 따른다고 말했던 겁니다. 여기서 '애매성'으로 번역된 'ambivalence'는 '가치가 애매하다'는 뜻입니다. 기존의 등가교환 측면에서 본다면, 사실 다이아몬드 1개와 장미꽃 한 송이 사이의 교환은 매우 애매하겠지요.

마지막으로, 다이아몬드를 '기호'의 측면으로 볼 수도 있습니다. 보드리야르가 《소비의 사회》에서 집중적으로 분석했던 것도 바로 이 네 번째 측면이었지요. 다이아몬드는 상류계층의 지위와 행복을 나타내는 기호로 작동할 수 있습니다. 이 경우 다이아몬드는 보드리야르의 말대로 "신분의 논리"를 따르는 것이라고 말할 수 있습니다. 그런데 흥미로운 점은 '기호'의 측면은 앞서 말한 두 번째 '상품'의 측면과 맥을 같이한다는 점입니다. 교환가치가 높을수록, 다시 말해 구매한 상품이 고가일수록, 그것은 구매자의 더 높은 사회적 위상과 신분을 상징할 수 있으니까요. 실제로 상류계급은 고가의 제품일수록 더 적극적으로 구매하는 경향을 보입니다. 이것은 그 고가의 제품을 아무나 살 수 없다는 사실을 몸소 과시하려는 허영심에서 나온 결과입니다. 보드리야르의 복잡한 논의를 표로 정리하면 다음과 같습니다.

	도구	상품	상징	기호
가치	사용가치	교환가치	상징가치	기호가치
작동 논리	작용성	등가성	애매성	차이성
적용 영역	유용성의 차원	거래의 차원	증여의 차원	신분의 차원

보드리야르의 분석은 그 자체로도 매우 흥미롭습니다. 내 눈

앞에 어떤 사물이 있다면, 우리는 그것을 최소한 네 가지 관점에서 바라볼 수 있으니까 말입니다. 사물은 '도구'로도, '상품'으로도, '상징'으로도, 그리고 '기호'로도 파악할 수 있습니다. 가령 생산중심주의 입장에서 살펴본다면, 사물의 이 네 가지 측면 가운데 과연 어떤 것이 생산에 가장 도움이 될까요? 인간의 노동력을 줄여주거나, 확장해준다는 측면에서 보면 첫 번째 '도구'로서의 개념이 가장 잘 부합합니다. 또 '상품'으로서의 사물도 당연히 생산에 도움을 줄 수 있습니다. 높은 교환가치에 상품이 팔리면 그만큼 산업자본은 자신의 생산력을 더 확장할 수 있는 자본력을 갖추기 때문입니다. 네 번째 '기호'로서의 사물도 생산중심주의에 잘 부합합니다. 인간이 가진 허영심과 욕망을 증폭시켜서 당장 필요하지 않은 상품이라도 고가에 사들이도록 한다면, 산업자본은 막대한 잉여가치를 남길 테니까요.

보드리야르는 생산의 거울을 깨고자 했던 철학자입니다. 그렇다면 그가 '도구', '상품', '기호'라는 사물의 세 측면을 부정적으로 생각했을 것이라고 어렵지 않게 추정할 수 있습니다. 이 세 가지 측면은 모두 생산중심주의와 직간접적으로 관련 있기 때문입니다. 그럼 이제 그에게는 사물을 바라보는 한 가지 관점만 남은 셈입니다. 그것은 바로 '상징'으로서의 측면입니다. 어떤 대가도 없이, 어떤 교환도 기대하지 않고 이뤄지는 증여의 논리가 바로 그것입니다. 이것은 생산중심주의와 가장 먼 관점이기도 합니다. 내 음식을 남에게 주면, 나는 배가 고플지도 모릅니다. 내 옷을 벗어주면, 나는 추울지도 모릅니다. 그래도 나는 그렇게 행동할 때가 종종 있습니다. 심지어 어떤 경우에는 가장 소중한 생명마저도 타인에게 선물로 주기도 하지 않습니까?

사실 '도구', '상품', '기호'라는 사물이 가진 생산주의적 측면은 기본적으로 이기적인 동기가 작용합니다. 다시 말해 자신의 생활을 윤택하고 행복하게 하려는 욕망이 담겨 있지요. 하지만 '상징'으로서 타인에게 주는 선물, 혹은 타인으로부터 받은 선물은 주는 사람 자신의 이기심을 충족시키는 것이 아니라 받는 사람의 정신과 생활의 만족에 이바지하는 것입니다. 바로 이 대목이 중요합니다. 보드리야르는 '상징'으로서 사물이 가진 측면이 사물뿐만 아니라 우리 자신을 산업자본주의의 마수로부터 구원해줄 유일한 희망으로 여겼습니다. '도구', '상품', '기호'로서의 사물의 측면은 인간을 무한경쟁의 각축장으로 내몰지만, '상징'적 측면은 인간을 공존의 가치를 중시하는 인문주의적 만남의 장으로 이끌기 때문이지요. 그런데 흥미롭게도 보드리야르에게 증여논리의 중요성을 가르쳐줬던 사람은 바로 에로티즘으로 유명한 철학자 바타유였습니다.

보드리야르의 멘토, 바타유

보드리야르는 생산의 거울, 혹은 생산을 좋은 것으로 간주하는 환각을 깨려고 했습니다. 비록 자신의 지적 배경이 따로 없다고 말하기는 하지만, 이 대목에서 바타유를 생각하지 않을 수 없습

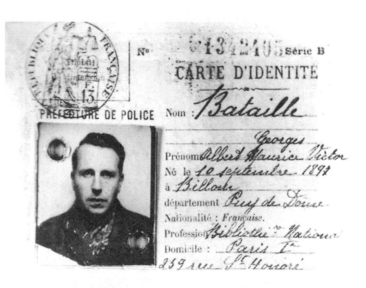

1940년경 조르주 바타유의 신분증. 바타유는 시, 소설은 물론 철학, 사회학, 경제학 등 광범위한 저술을 남겼다. 또한 파리 국립도서관에서 사서로 일하기도 했다. 바타유는 '필요'보다 더 중요한 것은 '사치'이고, '생산'보다 더 중요한 것은 '소비'이며, '축적'보다 더 중요한 것은 '대가 없는 선물'이라고 말했다.

니다. 1949년 《저주의 몫(La part Maudite)》에서 바타유는 이미 생산성의 논리를 통렬하게 비판했기 때문입니다. 사실 보드리야르의 사유가 진화해나가는 방향을 거시적으로 살펴보면, 바타유가 미친 지대한 영향을 확인할 수 있습니다. 앞에서 이미 다뤘던 것처럼 바타유는 에로티즘을 사유한 철학자로 기억됩니다. 그에게 에로티즘은 금지된 성적 대상에 대한 인간의 열망을 의미했습니다. 결국 에로티즘은 금기를 어기려는 성적 욕망이라고 할 수 있지요. 그래서 동물의 세계에서처럼 성적인 금기가 없는 곳에서는 에로티즘이 전혀 발생할 수 없다고 본 겁니다. 에로티즘에 대한 바타유의 통찰은 그 자체로도 매우 중요합니다. 그렇지만 에로티즘은 바타유의 전체 사유 가운데 한 가지 사례에 지나지 않습니다. 그보다 더 중요한 것은 생산성을 강조했던 '제한경제(Économie restreinte)'를 비판하면서 전개된 '일반경제(Économie générale)'에 관한 논의입니다.

바타유의 일반경제론에 따르면, '필요'보다 더 중요한 것은 '사치'이고, '생산'보다 더 중요한 것은 '소비'이며, '축적'보다 더 중요한 것은 '대가 없는 선물'입니다. 그런데 여기서 바타유가 강조하는 '사치'나 '소비'는 좀바르트의 논의에 등장한 '사치'나 보드리야르의 논의에 등장하는 '소비' 개념과는 그 의미가 조금 다릅니다. 좀바르트의 '사치'가 인간의 허영으로 산업자본주의가 발달하는 측면을 설명해준다면, 보드리야르의 '소비'는 산업자본이 잉여가치를 남기기 위한 전략과 관계된 것입니다. 이 점에서 좀바르트나 보드리야르가 사용하는 '사치'나 '소비' 개념은 기본적으로 '생산성'이란 범주 혹은 생산성의 문제에 깊이 연루되어 있습니다. 하지만 좀바르트나 보드리야르의 용례와 달리 바타유가 사용하는 '사치'나 '소비' 개념은 자본주의 경제가 지향하는 '생산성'과는 전혀 무관한 것입니다. 그것은 자본주의나 인간 문명을 넘어서 태양 에너지의 도움으로 사는 지구상의 모든 생명체의 숙명과 관련된 문제를 논하기 때문입니다. 무슨 말인지 조금 어렵지요? 그러나 바타유의 이야기를 직접 읽어보면, 그의 생각이 너무도 당연하고 평이해서 놀랄지도 모릅니다.

> 지표면의 에너지 작용과 그것이 결정짓는 상황 속에서 살아가는 유기체들은 원칙적으로 삶을 유지하는 데 필요한 에너지보다 더 많은 에너지를 받아들인다. 그때 초과 에너지는 체계의 성장에 사용될 수 있다. 그런데 만약 그 체계가 더 이상 성장할 수 없게 된다면, 또한 그 초과분이 그 체계의 성장에 완전히 흡수될 수 없다면, 초과 에너지는 기꺼이든 마지못해서든 또는 영광스럽게 재앙을 부르면서든 간에, 반드시 대가 없이 상실되고 소모되어야만 한다.[11]

바타유의 출발점은 매우 단순하지만 기발하기도 합니다. 일반경제에 대한 그의 논의를 이해하기 위해서 우리는 자본주의 문명을 넘어서는 생태학적 시선, 더 나아가 태양계 수준의 시선을 지니고 있어야만 합니다. 인간은 자신의 힘만으로는 생존할 수 없습니다. 인간은 식물이나 동물과 같은 다른 유기체를 잡아먹고

공기와 물을 마셔야 살아갈 수 있지요. 그런데 중요한 점은 이렇게 우리 자신이나 우리가 의존하는 것들이 모두 하나의 에너지, 즉 태양 에너지에 의존하고 있다는 사실입니다. 바타유는 지구에 도달하는 태양 에너지가 기본적으로 과잉되어 있다고 말합니다. 현재 살아 있는 생명체들이 자신의 생명을 유지하는 데 필요한 정도 이상으로 태양 에너지가 도달한다고 본 것이지요. 어제도 그제도 오늘도 그리고 내일도 계속 내리쬐는 태양을 연상해보세요. 그래서 지구상에 존재하는 모든 유기체는 어떤 방식으로든 초과 에너지, 즉 이 과잉 에너지를 처리해야만 합니다.

　물론 초과 에너지는 어느 정도까지는 체계의 성장에 이용될 수 있습니다. 지구에서 진화의 역사가 가능했던 것도 바로 이 초과 에너지가 있었기 때문이라고 봅니다. 그런데 이 대목에서 바타유는 매우 심각한 질문을 던집니다. "만약 그 체계가 더 이상 성장할 수 없게 된다면, 또한 그 초과분이 그 체계의 성장에 완전히 흡수될 수 없다면" 과연 어떻게 될까 하고 말입니다. 예를 들어보지요. 어떤 아이에게 많은 음식물을 준다고 해봅시다. 이 아이는 결국 과잉 영양분을 섭취하게 되겠지요. 그러나 일단 아이는 과잉 영양분을 자신을 성장시키는 데 이용할 수 있을 겁니다. 그래서 아이는 다른 아이보다 덩치가 크고 키도 더 크겠지요. 이것이 바로 과잉 에너지를 체계의 성장에 잘 이용하는 것입니다. 하지만 아이가 과잉 영양분을 계속 섭취하면 어떻게 될까요? 아마도 아이의 몸이 터질 듯이 불어날 겁니다. 그리고 몸무게가 너무 많이 나가서 아이의 뼈대가 그것을 지탱하지 못하는 수준에

도달할 겁니다.

이제 이 아이를 위해서라도 반드시 어떤 조처를 해야만 합니다. 어떻게 해야 할까요? 아이 안에 쌓인 과잉 에너지를 반드시 바깥으로 배출해줘야만 합니다. 체계는 그것이 개체 수준이든 아니면 사회 수준이든 과잉 에너지가 있으면 반드시 그것을 아낌없이 소모해야만 잘 유지될 수 있습니다. 이것이 바로 바타유가 제안한 '일반경제'의 핵심 논리입니다. 물론 과잉 에너지가 체계의 성장에 일정 부분 도움이 될 수 있다는 것도 사실입니다. 바타유는 이 작은 사실에만 시선을 한정하는 경제학을 바로 '제한경제'라고 말했던 겁니다. 만약 '제한경제'를 '일반경제'로 착각하게 되면, 과잉 에너지는 무조건 체계의 성장을 낳기 때문에 좋은 것이라고 믿게 되겠지요. 그러나 바타유는 자신이 강조한 '일반경제'가 오해되거나 무시될 운명에 빠지기 쉽다고 우려했던 것 같습니다.

우리는 넘치는 에너지를 아낌없이(아무런 대가 없이) 소모해야만 하고, 때로는 이익을 다른 목적이나 효과가 없는 헛된 낭비에 사용해야만 한다. 사실 그 일은 생산력의 발전을 인간 활동의 이상적인 목표로 보는 데 익숙해진 사람들에게는 적성에 맞지 않는 일일 것이다. 생산 에너지의 막대한 부분을 공허하게 낭비하는 것이 필요하다는 말은 합리적인 경제를 신봉하는 사람들의 사고방식과는 너무나도 대립적이기 때문이다. 우리는 부가 파괴되어야만 하는 경우(바다에 쏟아버린 커피)에 대해 알고 있다.

Ⅳ. 치명적인 소비의 유혹: 보드리야르의 일반경제학

그러나 이런 행동들은 정신이 나가지 않고는 따라야 할 본보기로 제시될 수는 없을 것이다. 그것은 무능력을 고백하는 일이며 누구도 거기에서 부의 이미지나 본질을 발견할 수 없을 것이기 때문이다.[12]

바타유는 당시 사람들이 자신의 이론을 어떻게 생각할지 잘 알고 있었습니다. 그들은 과잉 에너지를 합리적으로 잘 사용하면 될 텐데, 왜 아무런 대가 없이 소모하느냐고 의구심을 가질 것이기 때문입니다. 당연히 그들은 일반경제에 대한 바타유의 견해가 합리적이지 않다고 생각했을 겁니다. 그렇지만 바타유가 한 가지 예로 든 것처럼 커피 가격이나 곡물 가격이 폭락했을 때, 가격이 떨어지도록 내버려두지 않고 누구도 그것을 헐값에 갖지 못하게 바다에 버린 일이 실제로 벌어지기도 했습니다. 그렇게 내다 버려야 비로소 커피나 곡물 가격이 정상적으로 유지될 수 있었지요. 물론 제한경제에 적응된 사람들은 그런 행동이 비합리적인 행동이지만 결국 좋은 결과를 낳게 된다고 응수할지도 모릅니다. 다시 말해 커피를 꼭 바다에 버리는 식이 아니라 다른 방식으로 처리했어도 좋은 결과를 가져오리라고 믿었던 것이지요.

제한경제에 대한 우리의 무모한 확신은 생산성과 인간 이성에 대한 무조건적 신뢰에 기초하고 있습니다. 그렇지만 바타유는 생산성과 인간 이성의 빛나는 증거라고 이야기하는 산업자본주의 발달이 결국 두 번에 걸친 세계대전을 초래했다고 경고합니다. 그에게 이것은 과잉 에너지의 무조건적인 소모로 이해할 수 있는 분명한 사례였습니다. 하지만 여전히 제한경제를 신봉하는 사람들은 전쟁의 원인을 히틀러와 같은 부도덕하고 비합리적인 한 개인의 등장 혹은 우연적인 사건으로 돌리려고 했습니다. 그들은 바타유가 이야기했던 일반경제의 진리를 은폐하려고 혈안이 되어 있는 것입니다. 바타유는 기존의 제한경제가 초과된 과잉 에너지를 "보상 없는 낭비 또는 증여로 돌리려는 충동"을 저주하는 것도 바로 이런 이유 때문이라고 설명합니다.

> 현실 조건에서는 모든 것이 근본적 충동—부를 부의 근본적 기능, 즉 보상 없는 낭비 또는 증여로 돌리려는 충동—을 잘 보이지 않는 희미한 것이 되도록 하기 위해서 협력한다. …… 저주의 감정은 이처럼 부의 소비를 강요하는 이중적 충동과 관계가 깊다. 잔인한 형태의 전쟁, 사치스러운 낭비. 그런 것들에 대한 전통적인 거부는 이제 정의롭지 못한 것이 된다. 부의 과잉이 그 어느 때보다도 큰 지금, 과잉은 우리 눈에 어떤 점에서는 과거에 의미하던 '저주의 몫'의 의미를 한층 더 뚜렷하게 나타내는 듯하다.[13]

바타유에 따르면 우리는 제한경제의 막에서 벗어나야만 합니다. 그러려면 인간은 생산성의 무한한 진보, 그리고 인간 이성의 합리성에 대한 맹신을 버려야겠지요. 만약 제한경제를 묵수하느라 일반경제의 진리를 간과한다면, 인간에게는 과잉 에너지를 분출하기 위한 사치스러운 낭비 혹은 잔인한 형태의 전쟁이 지속

IV. 치명적인 소비의 유혹: 보드리야르의 일반경제학

적으로 발생할 것입니다. 바타유에게 특히 문제가 된 것은 19세기부터 고도의 생산력을 확보하는 데 성공한 산업자본주의 체계였습니다. 산업자본주의 체계는 인류에게 전대미문의 과잉 에너지를 축적하도록 했지요. 그러나 과잉 에너지를 적절히 배출하지 못한다면, 우리의 삶과 사회는 비극적으로 폭발하고 말 겁니다. 물론 그 폭발은 전쟁이나 폭동과 같은 대규모 유혈사태로 드러날 수도 있습니다. 그래서 바타유는 일반경제의 논리, 그의 역설적인 표현에 따르면 '저주의 몫'이 현대에 이처럼 뚜렷하게 드러난 적은 없었다고 이야기하는 겁니다. 물론 여기서 '저주의 몫'이란 일반경제의 논리에 따라 아무런 대가 없이 진행되는 무조건적 소비나 소모를 의미합니다.

그렇다면 바타유는 우리에게 어떤 전망을 주려고 했던 것일까요? 그는 우리에게 일반경제를 포용하는 삶의 체계를 회복하라고 제안했을 겁니다. 당연히 그가 제안할 만한 새로운 체계는 산업자본주의 체계와는 다를 수밖에 없겠지요. 산업자본주의가 생산성 증가를 무조건 신뢰한다면, 새로운 체계는 생산성의 무한한 증가가 결국 파국을 낳는다는 점을 전제해야 할 테니까요.

넘치는 에너지를 소모하는 것과 그것을 이용하는 것은 다른 일이다. 완벽하고 순수한 상실, 사혈(死血)은 필연적으로 발생하며 애초부터 성장에 사용될 수 없는 초과 에너지는 파멸될 수밖에 없다. 이 피할 수 없는 파멸은 어떤 명목으로든 유용한 것이 될 수 없다. 따라서 이제 불유쾌한 파멸보다는 바람직한 파멸, 유

쾌한 파멸이 중요해질 것이다. 그리고 그 결과는 분명하게 다를 것이다.[14]

　바타유는 일반경제의 진리를 끝까지 포기하지 않았습니다. 태양으로부터 유래하는 에너지는 항상 초과될 수밖에 없다고 봤기 때문입니다. 그렇다면 인간은 과잉 에너지를 어떤 식으로 배출할 것인지 지혜를 모아야만 합니다. 앞에서 살펴본 아이의 경우를 다시 생각해봅시다. 이 아이는 너무 많은 음식을 먹어치워서 이제 폭발할 지경에 이르렀지요. 만약 파국이 가까워졌음에도 에너지 섭취를 멈추지 않는다면, 아이는 다른 사람들에게 신경질적이거나 폭력적인 반응을 보일 수도 있습니다. 이것은 아이의 성격이 비뚤어져서가 아닙니다. 바타유에 따르면 그것은 과잉 에너지가 계속 축적되었기 때문입니다. 아이는 본능적으로 초과 에너지를 외부로 배출하려는 것뿐입니다. 바타유가 말한 "불유쾌한 파멸"이 결국 이 상황과 유사하겠지요.

　여기서 우리는 바타유가 이야기하는 "바람직한 파멸" 혹은 "유쾌한 파멸"이 어떤 것인지 추측해볼 수 있습니다. 비만 아동의 예를 조금 더 들여다볼까요. 제한경제의 원리를 은연중에 신봉하는 엄마라면 아이에게 이렇게 말했을 겁니다. "이건 몸에 아주 좋은 비싼 반찬이니까 점심시간 때 너만 먹어야 한다." 그러나 이 아이가 지혜롭다면, 그는 엄마가 싸준 도시락을 친구들에게 아무런 대가 없이 나눠주겠지요. 사실 에너지 측면에서 보면 아이의 이런 행동은 에너지의 소모 혹은 에너지의 소멸이라고 말할 수

IV. 치명적인 소비의 유혹: 보드리야르의 일반경제학

있을 겁니다. 그렇지만 바타유가 지적했던 것처럼 이런 종류의 소모와 파멸은 매우 "바람직한" 그리고 "유쾌한" 것일 수밖에 없습니다. 아이와 그 아이의 친구들은 이 사소한 일을 계기로 대립이나 갈등을 피할 수도 있을 테니까요.

과잉 에너지는 반드시 소모돼야만 합니다. 그런데 이 경우 우리는 선택할 수 있습니다. "불유쾌한 파멸"의 길을 따라 전쟁이나 사치의 길로 나아갈 것인가, 아니면 "유쾌한 파멸"의 길을 따라 증여의 길로 나아갈 것인가? 이 점에서 일반경제에 대한 바타유의 논의는 기존의 숙명론이나 종말론과는 아무런 관계가 없다는 것을 알 수 있습니다. 오히려 매우 희망적이고 유쾌한 발상에 가깝지요. 우리에게는 바람직한 선택의 가능성이 남아 있다고 보기 때문입니다. "유쾌한 파멸"에 대한 바타유의 이 같은 긍정은 보드리야르의 생각을 이해하는 데 매우 중요합니다. 보드리야르의《소비의 사회》를 얼핏 읽으면 우리는 그의 전망이 매우 암울하다고 느낄 수도 있습니다. 이것은 그가 산업자본주의가 조장하는 소비사회의 논리에 대해서만 깊이 숙고했기 때문입니다. 그렇지만 소비사회의 논리는 "불유쾌한 파멸"의 한 가지 사례에 불과하다는 것을 잊어서는 안 됩니다. 중요한 점은 이미 그의 사유 속에 바타유와 마찬가지로 소비사회를 넘어서는 새로운 희망이 자라고 있다는 점입니다.

바타유가 말한 "불유쾌한 파멸"이 산업자본주의가 조장하는 신분 및 사치의 논리와 밀접한 관련이 있다면, "유쾌한 파멸"은 이것과 전적으로 무관한 상징적 교환, 즉 증여의 논리와 관련 있습니다. 자신이 획득한 에너지를 소모한다는 점에서 사치나 증여는 비슷한 행위라고 볼 수도 있습니다. 산업자본주의의 생산성에 이바지한다는 점에서 개인의 사치는 전체 사회에 과잉 에너지를 무한정 더 축적하도록 돕는 역할을 합니다. 하지만 증여는 자본주의적 생산성과는 아무런 관련이 없을 뿐만 아니라, 오히려 산업자본주의의 성장에 방해가 됩니다. 이처럼 소비의 논리와 증여의 논리를 구분하는 것은 보드리야르를 이해하는 데 아주 중요합니다. 사실 보드리야르의 위와 같은 구분은 "불유쾌한 파멸"과 "유쾌한 파멸"에 대한 바타유의 논리를 그대로 반복한 것이지요. 이 점에서 왜 바타유를 보드리야르의 숨은 정신적 멘토라고 할 만한지 이해할 수 있을 겁니다.

보드리야르의 상징적 교환, 혹은 증여의 논리는 바타유가 제안했던 "유쾌한 파멸"의 길을 따르고 있습니다. 그런데 "유쾌한 파멸"의 길로 상징되는 일반경제에 대한 바타유의 논의는 사실 더 거슬러 올라가면, 그가 존경한 학자 모스(Marcel Mauss, 1872~1950)가 1925년에 집필했던 기념비적 작품 《증여론(Essai sur le don)》에서 유래한 것입니다. 사실 바타유는 《저주의 몫》 곳곳에서 그가 얼마나 모스로부터 지적인 빚을 크게 졌는지 분명히 밝혀놓았습니다. 뒤르켐(Emile Durkheim, 1858~1917)의 조카이자 제자이기도 했던 모스는 아메리카 대륙이나 태평양의 작은 섬들 그리고 뉴질랜드의 특정 원주민들의 삶과 사회를 인류학적 시선으로 연구했던 인물입니다. 이러한 일련의 연구 결과 그는 자신이 살펴본 원주민들이 자본주의사회와는 현격하게 다른 증여의 사회에 살고 있다는 사실을 확인하게 됩니다. 모스는 자신의 오랜 연구 결과를 《증여론》이란 책에 담아 출간했습니다.

모스의 연구에 따르면 자본주의사회가 부의 축적을 제일의 목적으로 간주하는 사회인 데 반해, 증여의 사회에서는 부의 축적이 아니라 오히려 부의 지출이나 베풀기를 가장 중요한 덕목 혹은 가치로 믿는 사회였습니다. 모스는 증여의 사회에서 무엇인가를 증여하는 사람이 지출이나 베풀기를 통해 얻는 것, 즉 증여의 대가로 얻는 것은 위신이나 명예라고 이야기합니다. 따라서 증여는 결국 이 사회에서 위신이나 명예와 대등하게 교환된다고 볼 수 있습니다. 그런데 바로 이 대목에서 바타유는 모스의 논의에 비판적으로 개입합니다. 그는 모스가 말한 원주민 사회의 증여 논리를 호혜적 교환의 체계로 이해해서는 안 된다고 주장했기 때문입니다. 바타유가 강조하고자 했던 것은 증여의 핵심이 교환에 있는 것이 아니라, 증여 자체가 함축하고 있는 과잉 및 그로부터 이어지는 손실이란 논리였습니다. 이런 비판적 독해를 통해 그는 모스의 《증여론》에서 일반경제에 대한 자신의 독특한 통찰을 얻을 수 있었던 겁니다.

불가능한 교환의 가능성

선물과 상징적 교환의 의미에 대한 보드리야르의 논의를 이해하기 위해 한참 먼 길을 우회한 것 같습니다. 그러나 자본주의적 삶을 넘어서는 삶의 대안을 보여주려는 작업은 매우 어려운 일일 수밖에 없을 겁니다. 아무튼 이제 보드리야르의 논의가 그 이전 몇 세대에 걸쳐 숙고된 중요한 통찰에 근거하고 있다는 것을 알았을 겁니다. 그러면 보드리야르가 말한 상징적 교환이란 어떤 것인지 직접 살펴볼 차례가 된 것 같네요.

선물이란 가장 근사한 사례에서 분명해지는 것처럼 상징적 교환에서, 물건은 객체가 결코 아니다. 그것은 이 경우 물건이 두 사람 사이의 구체적인 관계를 떠나서는 아무런 의미도 갖지 못하기 때문이다. 다시 말해 선물의 경우처럼 두 사람 사이에서 물건에 의해 굳어지는 양도 계약과 물건은 분리될 수가 없다는 것이다. 따라서 이 경우 물건은 객체로서의 자율성을 확보할 수가 없다. 정확하게 말해서 사용가치도 경제적 교환가치도 지니고 있지 않다. 증여된 물건은 상징적 교환가치만을 갖는다. 이것이 선물의 역설이다. 선물은 동시에 임의적이다(상대적으로). 어떤 물건이건 증여되기만 하면 관계를 충분히 의미할 수가 있다. 그렇지만 물건은 증여되자마자—그리고 증여되기 때문에—선물이지 다른 무엇은 결코 아니다. 선물은 유일성을 지니며, 교환의 유일한 순간에 의해 명확하게 한정된다. 선물은 임의적이면서도 절대적으로 특이하다.[15]

나는 타자와 관계할 때 무엇인가를 주거나 혹은 받게 됩니다. 그것은 말의 형식일 수도, 웃음과 같은 육체적 기호일 수도 있으며, 아니면 장미꽃과 같은 어떤 사물일 수도 있습니다. 문제는 주거나 받는 그것이 뇌물일 수도 있고 선물일 수도 있다는 데 있습니다. 뇌물은 그것을 받는 사람에게 사용가치나 교환가치, 혹은 기호가치를 가진 것으로 드러납니다. 그렇지만 선물에는 사용가치, 교환가치, 기호가치가 전혀 존재하지 않습니다. 그것은 단지 자신의 사랑이나 애정의 표시, 두 사람 사이의 관계를 상징하는 가치, 즉 '상징적 (교환)가치'만이 있기 때문입니다. 이런 점에서 보면 결과적으로 우리는 모두 선물을 줬거나 받았다고 말하기 어렵겠지요. 대개 우리는 크고 작은 뇌물의 형태로 타인들과 무엇인가를 주고받았을 가능성이 큽니다. 우리는 그만큼 산업자본주의가 마련해놓은 사용가치, 교환가치, 기호가치의 덫에 걸려 있는 셈이죠.

친구로부터 평소에 입고 싶었던 옷을 선물로 받으면 우리는 매우 행복할 겁니다. 반대로 친구의 선물이 너무 초라하면 속으로 친구의 마음을 의심할 수도 있습니다. 친구로부터 받은 선물이 몹시 값나가는 것이라면, 우리는 아무 부담 갖지 말고 선물을 받아도 된다는 친구의 말에 쉽게 감동합니다. 하지만 친구로부터 종이학 백 마리를 받으면, 자신이 친구 생일날 선물로 준 값비싼 옷을 다시 떠올릴 수도 있겠지요. 이것은 우리 자신이나 우리가 주고받는 선물들이 교환가치, 사용가치, 기호가치에 얼마나 오염되어 있는지를 분명히 보여주는 사례입니다. 물론 위의 사례에서 우리가 주고받은 것들이 결국 선물이 아닌 뇌물에 불과했다고 주장하려는 것은 아닙니다. 선물은 선물이지만, 우리의 소중한 선

서울 성수동에 있는 디오르 매장. 윤석열
대통령의 부인 김건희는 2022년 한 재미교포
목사로부터 300만 원 상당의 디오르 가방을
선물로 받았다. 이건 "불가능한 교환"을 의미하는
'선물'일까? 디오르는 '프랑스의 자존심'으로
불리는 명품(사치품) 브랜드로 1946년 디자이너
크리스티앙 디오르가 만들었다. 보드리야르는
이런 명품 브랜드가 구매자의 더 높은 사회적
위상과 신분을 상징한다고 말한다.

물들이 산업자본주의의 논리에 포획되어 있다는 현실을 지적한 것이니까요.

보드리야르가 지적했던 것처럼 선물은 관계하는 두 사람에게만, 두 사람이 친밀한 관계에 있다는 상징으로서만 의미가 있는 것입니다. 사실 엄격하게 말한다면, 가령 친한 친구로부터 옷을 선물로 받았을 경우 그것을 입어서는 안 됩니다. 왜냐하면 옷의 사용가치를 거부해야만 하기 때문입니다. 만약 친구로부터 상품권을 선물로 받았다면 그것으로 물건을 사서는 안 됩니다. 그냥 책갈피로 쓰거나 액자 속에 넣어두어야만 합니다. 그래야 상품권의 교환가치를 거부할 수 있기 때문이지요. 만약 친구로부터 보석 반지를 선물로 받았다면, 그것을 손가락에 끼고 자랑해서는 안 됩니다. 값비싼 보석의 기호가치를 거부할 수 있어야 하기 때문입니다. 그렇지만 현실은 어떤가요? 옷을 입고, 상품권으로 원하던 것을 구매하고, 비싼 반지를 손에 끼고 자랑하면서 친구들에게 자신이 얼마나 사랑받고 있는지를 과시합니다. 재미있는 것은 선물을 준 당사자조차도 자신이 준 옷을 상대가 즐겨 입고, 자신이 준 상품권으로 좋은 상품을 구매하고, 자신이 준 보석 반지로 상대가 남들에게 자랑하는 모습을 기대한다는 점입니다.

예전에 제가 강의실에서 만났던 30대 후반 40대 초반으로 보이는 한 여성분은 호두알 두 개를 늘 가지고 다니면서 간혹 그것을 꺼내 만지작거리곤 했습니다. 나중에 물어보니 첫사랑으로부터 받은 선물이었다고 하더군요. 가령 호두알의 사용가치는 망치로 깨서 호두 알맹이를 먹는 것일 겁니다. 그렇지만 그분은 호두알을 그냥 가지고 있었습니다. 물론 그 호두알의 교환가치 역시 거의 없어졌다고 봐야겠지요. 그녀 또한 호두알을 다른 것과 바꾸려고 생각하지도 않았을 겁니다. 나아가 그 호두알의 기호가치는 어떨까요? 호두알 두 개를 가지고 있다고 해서 그녀의 사회적 신분이 높아질 리 만무하지요. 그렇다면 어떻습니까? 그녀에게 두 개의 호두알은 첫사랑으로부터 받았던 완전한 의미의 선물이라고 할 수 있겠지요.

어쩌면 호두알을 사랑의 선물로 줬던 그녀의 첫사랑은 무척 지혜로운 사람이었는지도 모릅니다. 반면 다이아몬드 반지 같은 과도하게 값비싼 선물을 줌으로써 상대방에게 호의를 베풀려고 한다면, 그것은 본인이나 상대방 모두에게 불행한 일이 될 수도 있습니다. 다이아몬드 반지를 선물로 받은 사람은 선물이 가진 고유한 상징가치와 다이아몬드라는 물건이 가진 교환가치 및 기호가치 속에서 갈등을 겪을 수도 있기 때문이지요. 어느 순간 상황이 역전되면 이제 다이아몬드를 가진 상대방은 그것을 예물 가게에 비싸게 팔아버릴 수도 있을 겁니다. 하지만 호두알 두 개는 오직 두 사람 사이에서 사랑의 상징으로서만 의미가 있습니다. 이 대목에서 보드리야르의 다음 이야기를 통해 두 사람 사이의 고유한 선물이 어떻게 상징적 교환가치를 잃는지 살펴봅시다. 안타깝게도 상징적 가치를 잃게 된 물건을 그는 "물건-기호"라고 규정하면서 이야기를 시작합니다.

'물건-기호(objet-signe)'는 자신이 떠받치고 있는 관계를 묵살

함으로써 (선물의 경우처럼) 상징적 가치를 띠는 대신, 다른 것에 작용하지 않는 자율적이고 불투명한 것이 되는 것이다. 그러면서 동시에 그것은 관계의 폐지를 분명히 표시하기 시작한다. '물건-기호'는 더 이상 두 존재 사이의 빈틈에 대한 그 불안정한 기표가 아니다. '물건-기호'는 사물화된 관계의 성질을 띤다(다른 면에서 상품이 사물화된 노동력의 성격을 띠듯이). …… 그래서 '물건-기호'는 관계의 부재만을, 그리고 따로 떨어진 개별적 주체들만을 가리키게 된다.[16]

상대에게 선물로 준 한 송이 꽃이나 흔한 조약돌은 선물의 논리를 그대로 간직하고 있습니다. 반면 상품권이나 다이아몬드는 선물로 주자마자 선물의 논리와 어긋납니다. 그것은 상품권이나 다이아몬드가 산업자본의 교환가치나 기호가치의 성격이 매우 강하기 때문이지요. 물론 상품권이나 다이아몬드를 선물로 받아서는 안 된다는 말은 아닙니다. 하지만 그것은 상품권이나 다이아몬드를 다른 어떤 것으로 교환하거나 혹은 자신의 위세를 자랑하는 수단으로 삼지 않는다는 조건에서만 가능합니다. 만약 상품권과 다이아몬드를 교환의 수단이나 신분의 기호로 사용한다면, 타인으로부터 받은 선물을 스스로 부정해버리는 역설에 빠지게 됩니다. 결국 선물이란 두 사람 사이에서만 가치 있는 것이기 때문입니다.

보드리야르는 선물이 두 사람 사이의 관계를 떠나 자율적으로 작동하게 되었을 때, 그 선물을 "물건-기호"라고 규정합니다.

예를 들어 선물로 받은 다이아몬드를 가게에서 화폐로 바꿨다고 해보죠. 이 다이아몬드를 화폐로 바꾼 사람이나 그것을 받고 화폐를 내준 사람에게 다이아몬드는 그저 높은 교환가치를 가진 단순한 "물건-기호"에 불과한 것입니다. 이제 내 손을 떠난 다이아몬드는 부유함과 여유로움을 나타내는 것, 즉 소비의 대상으로 변환되고 말았습니다. 그런데 바로 이 부분이 중요합니다. 선물이 "물건-기호"로 타락하게 되었다면, 그 반대 또한 가능한 일이 아닐까요? 단순한 "물건-기호"가 어떤 순간에 고유한 선물의 의미를 띠게 될까요? 이것이 바로 보드리야르가 오랫동안 치열하게 모색해온 문제입니다. 그는 기호가치, 교환가치, 사용가치라는 산업자본의 논리를 넘어서서 상징적 교환가치의 세계로 이행하고자 했던 겁니다. 이제 산업자본주의로부터 벗어나는 방법을 평생 고민했던 노년의 보드리야르는 우리에게 선물로 상징되는 "불가능한 교환"을 수행해야 한다는 마지막 가르침을 남깁니다.

> 모든 것을 위해 이유·원인·목적성을 발견하는 것이 교환의 방식이다. 이 환상이 작동하려면, 모든 것은 어디에선가 지시 대상이나 등가물을 가져야만 한다. 다시 말해서 가치의 항으로서 교환의 가능성을 지녀야 한다는 것이다. 이와 반대로 교환되지 않는 것은 과장해서 말하면 바타유가 말했던 '저주받은 몫'이 될 것이다―그래서 그것을 축소시켜버리려는 기도가 발생하는 것이다. 나로서는 우리의 모든 노력에도 불구하고 이 불가능한 교환이 도처에 존재한다고 생각한다. …… 극단적인 경우

에, 사람들은 세계 자체를 불가능한 교환으로 사유할 수도 있을 것이다. 세계는 교환될 수 없는 것이다. 총괄적으로 보면 세계는 아무 데서도 등가물을 갖지 않기 때문이다. 모든 것이 세계의 일부를 이루기 때문에, 그것이 가치로서 평가되고 비교되고 측정될 수 있는 외적인 것이라고는 전혀 존재하지 않는다. 어떤 방식으로든 세계는 가치를 지니지 않는다. 하지만 무엇인가 명명되고 코드화되고 계산되는 순간부터 사람들은 교환의 순환을 다시 발견하게 된다. 그 순간부터 '저주받은 몫'은 가치가 되어버린다.[17]

보드리야르에게 상징적 교환의 논리는 소비사회라는 폭풍우를 벗어나게 해주는 유일한 등대입니다. 그는 선물로 대표되는 상징적 교환의 논리를 이제 "불가능한 교환"이라는 개념으로 확장했고, 이를 통해 산업자본주의가 던져놓은 욕망의 집어등을 파괴하려고 합니다. 1999년에 출간된 《불가능한 교환》이 중요한 이유가 바로 여기에 있지요. 이 책에서 그는 상징적 교환의 논리를 인식론·존재론적으로 더욱 심화시켜서 "불가능한 교환"의 논리로 정리했습니다. 또한 2000년에 출간된 《암호》라는 작은 책은 바로 "불가능한 교환"을 지탱하는 핵심 개념들에 대한 친절한 안내서이기도 합니다. 정확히 말해 《암호》는 원래 제목 그대로 《불가능한 교환》에 접속할 수 있는 '패스워드(pass word, Mots de passe)'이니까요. 그래서 우리는 두 권의 책을 함께 그리고 천천히 읽어볼 필요가 있습니다. 이 책들은 산업자본주의의 속내를 가장 깊이 들여다봤던 노철학자가 우리에게 남긴 마지막 유언에 해당하니까요.

《암호》에서 말년의 보드리야르는 자신이 바타유의 충실한 제자였음을 은근히 시인하고 있습니다. 바타유는 생산중심주의가 종극에는 어떤 파국을 낳을 수밖에 없다는 점을 지적했지요. 하지만 그는 우리가 "불유쾌한 파멸"보다는 "유쾌한 파멸", 즉 선물의 논리를 선택할 가능성이 있음을 강조했습니다. 이 점에서 보면 보드리야르의 마지막 유언 역시 바타유의 가르침을 재확인하고 있는 것으로 보입니다. 그는 교환되지 않는 것, 아니 정확히 말해서 교환 불가능한 것이 우리 주변 곳곳에 존재한다고 이야기합니다. 물론 그것은 바타유가 말한 "저주받은 몫"으로 간주된 것들이었지요. 생산중심주의를 따르는 모든 사람은 교환 불가능한 것들을 저주하면서 오직 교환 가능한 것들만을 찬양했으니까 말입니다. 그러나 잠시 생각해보세요. 세계의 모든 것을 바라보는 나 자신 혹은 나를 둘러싼 우주의 모든 것은 어떤 목적이나 원인을 위해서 희생되어도 좋은 상품, 도구, 혹은 기호로서 존재하는 것일까요? 자기 자신을 자신보다 더 고상하고 훌륭한 다른 목적들을 위한 도구라고 생각하나요? 결코 그렇지 않을 겁니다. 모든 것은 단적으로 말해 하나의 고유한 선물로서 이 세상에 존재하게 된 것입니다.

보드리야르는 "세계는 교환될 수 없는 것"이라고 마지막까지 절규합니다. 우리 인간을 포함해 세계의 모든 것은 "아무 데서도 (교환을 위한) 등가물을 갖지 않는" 소중한 것들입니다. 한마디로 무엇과도 교환될 수 없는 소중한 존재입니다. 보드리야르의 지적처럼 "모든 것을 위해 이유·원인·목적성을 발견하는 것이 교환의 방식"입니다. 교환이란 어떤 것을 다른 무엇으로 바꾼다는 의미입니다. 가령 장미 한 다발을 와인 한 병과 바꾸는 것이 바로 교환이지요. 그런데 교환에서 우리가 잊기 쉬운 것은 장미와 와인이 교환될 수 없는 자신만의 고유함을 가지고 있다는 점입니다. 하지만 교환을 시작하면, 우리는 장미가 가진 고유성과 와인이 가진 고유성을 부정해야만 합니다. 만약 부정하지 않는다면 교환이 전혀 이루어질 수 없겠지요. 무엇이든 서로 교환하기 위해서는 그것들이 가진 생생한 질을 추상해야만 합니다. 이 점을 가장 잘 보여주는 것이 바로 '돈'이지요. 그러나 돈을, 혹은 교환만을 염두에 둔다면, 우리는 세상의 모든 것을 있는 그대로 향유할 수 없게 될 것입니다. 존재하는 모든 것을 오직 교환가치의 측면에서만 바라볼 테니까요.

예를 들어 내 눈앞에 아름다운 진달래가 화사하게 피었다고 해보지요. 우리가 지금 보고 있는 진달래는 사실 교환 불가능한 것입니다. 그것은 작년에 피었던 진달래도 아니고, 혹은 내년에 피어날 진달래도 아닙니다. 더구나 진달래를 꺾어다가 책과 바꿀 수도 없지요. 진달래의 고유성과 책의 고유성은 전혀 다르기 때문입니다. 그렇지만 우리는 진달래 역시 교환 가능한 사물의 일종으로 바라볼 수도 있습니다. 진달래가 피어난 이유, 원인, 혹은 목적을 추상적으로 생각하면 되니까요. 진달래는 계절의 변화와 씨앗이라는 조건 때문에 피었을 것이고, 이 꽃이 핀 목적은 자신의 자손을 번식시키려는 생물학적인 이유 때문일 것입니다. 이렇게 진달래라는 존재를 몇 가지 환경조건과 생물학적인 이유로 환원시키고 나면, 우리 눈앞에는 별로 특이할 것도 없는 어떤 분석 대상 하나가 놓여 있게 될 것입니다. 이 상황에서 우리는 진달래의 아름다움, 다른 무엇과도 바꿀 수 없는 이 꽃의 아름다움을 절대 향유할 수 없겠지요.

교환의 논리가 작동하려면 우선 인간의 추상적인 사유가 반드시 필요합니다. 그런데 인간의 추상적 사유는 결국 이성의 작용을 통해서만 가능하지요. 이 점에서 보드리야르의 교환 논리에 대한 비판은 아도르노가 수행했던 이성 비판의 전략과도 그 맥을 같이한다고 볼 수 있습니다.

> 역사적 위치에 비추어보면 철학은, 헤겔이 전통에 따라서 무관심을 표명한 것에, 즉 비개념적인 것, 개별적인 것, 특수한 것에 진정으로 관심을 둔다. 말하자면 플라톤 이래 덧없고 사소한 것이라고 배척당하고 헤겔이 '쓸모없는 실존'이라고 꼬리표 붙인 것에 관심을 두는 것이다. 철학의 테마는 철학에 의해, 우발적인 것으로서, 무시할 수 있는 양으로 격하된 질적인 것들이라고 할 수 있다. 개념으로는 도달하지 못하는 것, 개념의 추상 메커니즘을 통해 삭제되는 것, 아직 개념의 본보기가 되지 않은 것, 그런 것들이 개념에 대해서는 절박한 것으로 된다.[18]

지금 아도르노는 앞으로의 철학, 그러니까 미래의 철학이 맡아야 할 임무에 대해 이야기하고 있습니다. 아도르노에 따르면 앞으로 도래할 철학은 '이성'이나 '개념'이 아니라, "개별적인 것" 그리고 "비개념적인 것"에 관심을 두어야 한다고 강조합니다. 이 것은 그가 '이성'이나 '개념'을 중심으로 한 전통 철학이 이성이나 개념에 포착되지 않는 것들을 억압하거나 배제해왔다고 보기 때문이지요. 이 점에서 아도르노는 프랑스의 해체론적 경향의 흐름을 선취한 인물입니다. 데리다(Jacques Derrida, 1930~2004)나 들뢰즈(Gilles Deleuze, 1925~1995)로 대표되는 프랑스의 현대철학자들도 이성이나 개념을 중심으로 전개된 전통 사유를 철저하게 공격했기 때문입니다. 만약 아도르노가 꿈꾼 철학이 가능하다면, 그리고 그 철학을 앞으로의 세대가 공유한다면, 모든 것을 교환 가능한 것으로 사유해온 자본주의 논리도 일정 정도 해소될 수 있을지 모릅니다. '말할 수 없는 것', '작고 상처받기 쉬운 것'들이 배제와 억압의 대상이 아니라, 따뜻한 관심과 애정의 대상으로 다뤄질 수 있을 테니까 말입니다.

분명 보드리야르의 이야기는 우리에게 매우 중요합니다. 그는 자본주의에 포획된 우리의 삶이 얼마나 우울하고 초라해졌는지를 잘 보여주었기 때문입니다. 그렇지만 우리는 보드리야르가 가려는 길을 조심스럽게 다시 검토할 수 있는 지혜가 있어야 합니다. 보드리야르가 강조한 상징적 교환, 혹은 불가능한 교환의 논리는 많은 부분 전자본주의 시대에 이뤄진 전통적인 증여의 논리와 매우 유사합니다. 앞에서 살펴봤던 것처럼 보드리야르는 자본주의적 교환 논리가 도래하기 이전, 상징적 교환이 지배적이던 시대를 그리워하기도 합니다. 그렇지만 산업자본주의가 도래하기 이전의 삶에 대한 위와 같은 향수나 동경, 혹은 믿음은 너무 낙관적인 전망이 아닐까요? 이 대목에서 전자본주의적 아비투스에 관한 부르디외의 통찰, 즉 자본주의적 아비투스와는 분명 다르지만 전자본주의적 아비투스는 자본주의를 극복할 수 있는 어떤 힘도 가지고 있지 못하다는 통찰이 중요합니다. 생계에 위협을 느끼는 다수의 가난한 사람들이 반란과 폭동을 일으킬 수는 있지만, 그것이 새로운 사회에 대한 합리적 기획, 즉 혁명을 의미하는 것은 아닙니다. 그래서 부르디외는 전자본주의적 아비투스가 자본주의적 아비투스의 대안이 될 수 있다는 막연한 생각을 애초에 거부했던 겁니다.

불가능한 교환의 논리는 부르디외가 비판한 전자본주의적 아비투스와 과연 얼마나 다른 것일까요? 세계의 모든 것을 하나의 선물로 바라보는 미적 감성이 우리를 소비사회에서 벗어나게 해줄까요? 생존과 생계에 위협을 느끼는 우리 이웃들은 보드리야르의 충고를 통해 자유와 행복을 얻을 수 있을까요? 하지만 보드리야르에게 던지는 문제는 어쩌면 앞으로 우리 자신이 풀어야 할 몫인지도 모릅니다. 물론 그것은 쉽게 해결될 문제는 아닙니다. 우리는 앞으로 태어날 우리의 후손들이 자본주의로부터 상처받지 않고 행복하게 자랄 수 있는 사회를 꿈꿔야만 합니다. 그건 당대 사람들의 당연한 의무이기도 하겠지요. 이 대목에서 우리가 항상 염두에 둬야 할 것이 한 가지 있습니다. 그것은 과거나 전통에 대한 막연한 노스텔지어가 우리에게 별다른 도움이 되지 않는다는 사실입니다. 그것은 우리에게 잃어버린 세계에 대한 탄식만 안겨줄 뿐입니다. 삶에 대한 낭만주의적 이상을 마음에 품으면서 동시에 부르디외가 이야기했던 미래에 대한 합리적인 기획을 보존하는 것, 이것이 바로 우리가 당분간 품어야 할 중요한 화두일 겁니다.

1   장 보드리야르, 《소비의 사회》, 이상률 옮김, 문예출판사, 1991.

2   막스 베버, 《프로테스탄티즘 윤리와 자본주의 정신》, 김덕영 옮김, 길, 2010.

3   베르너 좀바르트, 《사치와 자본주의》, 이상률 옮김, 문예출판사, 1997.

4   같은 책.

5   카를 마르크스, 《자본론》, 김수행 옮김, 비봉출판사, 2001.

6   장 보드리야르, 《소비의 사회》.

7   같은 책.

8   장 보드리야르, 《생산의 거울》, 배영달 옮김, 백의, 1994.

9   카를 마르크스·프리드리히 엥겔스, 《공산당 선언》, 강유원 옮김, 이론과실천, 2008.

10   장 보드리야르, 《기호의 정치경제학 비판》, 이규현 옮김, 문학과지성사, 1992.

11   조르주 바타유, 《저주의 몫》, 조한경 옮김, 문학동네, 2000.

12   같은 책.

13   같은 책.

14   같은 책.

15   장 보드리야르, 《기호의 정치경제학 비판》.

16   같은 책.

17   장 보드리야르, 《암호》, 배영달 옮김, 동문선, 2006.

18   테오도르 아도르노, 《부정변증법》, 홍승용 옮김, 한길사, 1999.

V

웹의 그물에 포획된 노동자들
페라리스의 다큐미디어론

Maurizio Ferraris

내가 태어난 마을에 바다를 항해했던 남자가 살았지. 그는 잠수함들의 땅에서 살았던 이야기를 해주었어.
그래서 우리는 태양을 향해 푸른 바다를 찾을 때까지 항해했고, 노란 잠수함을 탄 채 파도 밑에 살게 된 거야. ……
우리의 친구들도 모두 타서 더 많은 이들이 옆에 살게 됐어. 그리고 밴드는 연주를 시작하지.

우리는 모두 노란 잠수함에 살아, 이 노란 잠수함, 바로 이 노란 잠수함에서! ……

"전속력으로! 갑판사! 전속력으로!" "이미 전속력입니다! 병장님!" ("선을 끊어! 선을 내려놔!") "예예, 알겠습니다, 예예. 선장님! 선장님!"
편하게 살아가며, 필요한 걸 다 가지고 있어. 우리 노란 잠수함에서 보이는 파란 하늘과 푸른 바다!

우리는 모두 노란 잠수함에 살아, 이 노란 잠수함, 바로 이 노란 잠수함에서!

—비틀스, 〈노란 잠수함〉

스마트폰이란
노란 잠수함

다큐멘탈리티, 자본의 비밀을 푸는 열쇠

셰릴 샌드버그(Sheryl Sandberg, 1969~)는 구글을 떠나 2008년 3월 24일 페이스북에 첫 출근을 합니다. 저커버그(Mark Zuckerberg, 1984~)에 이어 페이스북의 이인자가 된 겁니다. 이것은 웹이란 판도라 상자가 제대로 열린 사건을 상징합니다. 온라인 판매나 광고로 돈을 버는 것보다 데이터 수집으로 벌어들일 수 있는 부가 더 엄청나다는 사실을 웹 사업의 아이콘들이 마침내 자각하게 된 겁니다. 빅데이터의 시대는 이렇게 시작되죠. 산업자본과 금융자본의 틀에 갇혀 있는 사람들은 데이터 수집이 어떻게 부를 만들어내는지, 달리 말해 데이터가 어떻게 자본이 될 수 있는지 의아해하는 분들이 있을 겁니다. 그렇다면 다음 상황을 생각해보세요. 여행자들의 행동에 대한 수많은 데이터가 모이고 그것이 효과적으로 해석되면, 항공사들은 언제든 승객으로 꽉 찬 비행기를 띄울 수 있습니다. 당연히 항공사들은 막대한 이익을 얻을 겁니다. 물론 이것이 가능해진 것은 우리가 스마트폰을 터치하고 랩톱 키보드를 두드리며 했던 모든 것이 흔적으로 기록되기 때문이지요.

같은 해 이탈리아 철학자 한 명이 〈다큐멘탈리티와 복잡성의 조직(Documentality and Organization of Complexity)〉이란 주제로 연구 프로젝트를 조용히 시작합니다. 바로 2008년 이후 우리의 삶을 본격적으로 지배하기 시작한 새로운 형식의 자본주의를 따라잡으려 분투했던 페라리스(Maurizio Ferraris, 1956~)입니다. 데리다를 숙고했던 철학자에게 무슨 일이 있었던 걸까요? 점점 그가 칸트 이후 니체를 거쳐 데리다를 관통하는 상관주의(correlationalism)에 환멸을 느끼게 되었다는 것은 분명합니다. 상관주의는 세계가, 즉 실재가 나와 상관된다는 입장입니다. 더 정확히 말해 세계는 나의 세계, 즉 내가 구성한 세계라는 입장이지요. 그렇지만 세계는 내가 구성하는 것 이상이고, 구성된 세계마저도 나 혼자 자의적으로 구성할 수는 없는 것 아닐까요? 페라리스는 2006년 〈사회존재론과 다큐멘탈리티(Social Ontology and Documentality)〉라는 논문에서 이렇게 말합니다.

데리다는 "텍스트 바깥에는 어떤 것도 존재하지 않는다"라고 주장하는 잘못을 저질렀다. 실제로 우리가 봤던 것처럼 물리적 대상들(physical objects)과 이념적 대상들(ideal objects)은 인간이 존재한다는 것으로부터 독립적인 만큼 모든 기록하기

(recording)로부터 독립적으로 존재한다. 이것은 사회적 대상들 (social objects)에 대해서는 사실이 아니다. 사회적 대상들은 기록들(records)과 인간의 실존에 긴밀하게 의존하기 때문이다. 이런 의미에서 데리다의 주장을 약화시킴으로써 나는 텍스트 바깥에는 어떤 사회적인 것도 존재하지 않는다는 직관으로부터 출발한 사회존재론을 발전시킬 작정이다. …… 사회적 대상들은 공간에서 그 자체로 존재하지 않는다. 왜냐하면 그것들의 물리적 현존은 기입(inscription)에 한정되고 (돈은 동전에, 지폐에, 사용 카드 메모리에 새겨진 것 때문에 돈이게 된다) 시간상 제일 뒤에 오며, 그것들의 존재는 그것들을 인식하거나 적어도 사용하는 주체들, 어떤 경우에는 그것들을 구성하는 주체들에 의존하기 때문이다.[1]

상관주의는 칸트의 표상이나 비트겐슈타인의 언어를 거쳐 데리다의 텍스트로 변주되어 심화됩니다. 그러나 결론은 같습니다. 세계는 표상의 세계이고, 세계는 언어의 세계이고, 세계는 텍스트의 세계라는 겁니다. 당연히 표상 바깥의 세계, 언어 바깥의 세계, 텍스트 바깥의 세계는 부정됩니다. 1967년 데리다는 《문자학에 대해(De la grammatologie)》에서 "텍스트 바깥에는 어떤 것도 존재하지 않는다(Il n'y a pas de hors-texte)"고 말합니다. 데리다의 슬로건에 맞서 페라리스는 자기 입장을 두 가지로 분명히 합니다. 첫째는 텍스트 바깥에는 산이나 강과 같은 물리적 대상들이 존재하고, 수나 관계와 같은 이념적 대상들이 존재한다는 실재론적 입장입니다. 둘째는 텍스트를 주어진 한계가 아니라 기록하기의 결과물로 봐야 한다는 입장입니다. 특히 이 두 번째 입장이 중요합니다. 데리다의 텍스트 개념이 가진 포스트모더니즘 특유의 신비주의를 돌파하면서, 페라리스가 사회를 기록성, 즉 다큐멘탈리티로 이해할 수 있는 실마리를 얻게 되니까요.

페라리스는 "데리다의 주장을 약화시킴으로써 나는 텍스트 바깥에는 어떤 사회적인 것도 존재하지 않는다는 직관으로부터 출발한 사회존재론을 발전시킬 작정"이라고 다짐합니다. 사회존재론을 발전시키려는 첫걸음을 내디딜 때, 페라리스 뇌리를 지배하던 사례가 '돈'이었다는 사실은 매우 의미심장합니다. 돈! 사회적 존재들, 나아가 다큐멘탈리티 개념을 해명하는 페라리스의 원초적 이미지니까요. 만 원짜리 지폐 한 장이 두세 살 꼬맹이 앞에 있다고 해보세요. '종이'라는 물리적 대상과 '하나'라는 이념적 대상은 이 꼬마의 생각과는 무관하게 존재할 겁니다. 이 한 장의 종이가 만 원 지폐가 되려면 어떤 조건들을 충족해야 할까요? 일단 한국은행이란 글자, 세종대왕 그림, 10000이란 숫자, 발권 주체를 밝히는 문양을 새겨 넣어야 합니다. 이걸로 한 장의 종이가 만 원 지폐가 되기에는 충분하지 않습니다. 돈을 돈으로 인식하고 사용하는 주체가 있어야 하니까요. 그렇지만 돈이 한 장의 종이가 아니라 지폐가 되는 결정적인 계기는 국가가 이 종이에 무언가를 썼다는 사실, 즉 "기입"에 있습니다. 바로 다큐멘탈리티의 핵심인 기록은 이렇게 작동합니다.

한국은행이 기입한 것을 사람들이 믿고 지폐를 사용할 때,

그것은 물리적 대상이나 관념적 대상이 아니라 사회적 대상으로서의 돈이 됩니다. 이제야 "사회적 대상들은 공간에서 그 자체로 존재하지 않는다"는 말, 그리고 사회적 대상들은 "시간상 제일 뒤에 온다"는 말, 그리고 마지막으로 사회적 대상들은 "그것들을 인식하거나 적어도 사용하는 주체들, 어떤 경우에는 그것들을 구성하는 주체들에 의존한다"는 말은 어렵지 않게 이해됩니다. 돈의 사례로 인해 정치경제학적 관계로만 사회적 대상을 좁혀 이해해서는 안 됩니다. 종이를 지폐로, 금속 조각을 동전으로 만드는 정치경제학적 기입이나, 아니면 노예의 몸에 문신을 새겨 넣는 억압적 기입만 있는 것은 아닙니다. 남자가 애정을 담아 호두 두 알을 주고 여자가 그걸 사랑의 징표로 받으면, 두 사람에게 호두알은 충분히 사회적 대상이 되니까요. 물론 이 경우 호두알이 사회적 대상이 되도록 하는 "기입"이 이뤄지는 장소는 두 사람의 마음일 겁니다. 물론 이 경우 두 사람 중 하나가 호두알을 잊는다면, 한 사람에게만 사회적 대상으로서 호두알이 존재할 겁니다. "기입"이 사라지면 사회적 대상도 사라지니까요.

우리는 "(사회적) 대상=기입된 행동(Object=Inscribed Act)"이란 법칙을 분명히 할 필요가 있다. 다큐멘탈리티는 기억들, 메모들 그리고 국제조약들과 같은 매우 다른 것들을 포괄하는 영역으로 구성된다. 그런 것들은 다양한 미디어를 통해 실현될 수 있고(종이에 쓰기, 전자 장비에 쓰기, 사진 찍기 등), 다양한 활동들을 가리킬 수 있다(책 대여, 결혼, 작명, 선전포고 등). 이런 광대한 영역에서 다큐멘탈리티의 구조를 알아채는 것이 가능해진다. 무엇보다 먼저 물리적 기체(physical substrate)가 있어야 한다. 그다음은 기입이다. 기입된 사항은 분명히 물리적 기체보다 작을 것이고, 그것의 사회적 가치를 정의할 것이다. 그리고 마지막으로 전형적으로 사인과 같은 관형적인 것(idiomatic thing)이 붙어서 그것이 진짜임을 보증한다(그것의 변주로는 전자사인, 직불카드나 스마트폰의 핀[PIN] 등이 있다).[2]

페라리스의 통찰을 알았더라면, 남녀는 호두알에 작은 글씨로 징표의 사연과 날짜를 적고 사인도 새겨 넣었거나 아니면 두 사람과 호두를 사진으로 찍어 보관했을 겁니다. 호두알과 관련된 남녀로 다큐멘탈리티를 이야기한 것은 다큐멘탈리티가 지배의 논리에 지나지 않는다는 오해를 사전에 막으려는 이유 때문입니다. 억압사회든 자유로운 공동체든 사회성이 존재한다면, 다큐멘탈리티는 사회의 일반 법칙이기 때문이죠. 그러니까 억압과 통제의 다큐멘탈리티만큼이나 자유와 사랑의 다큐멘탈리티도 충분히 가능하다는 사실을 잊지 마시기 바랍니다. 그렇지만 페라리스의 관심은 대안적 사회에 대한 모색보다는 우리의 삶과 내면을 새롭게 재편하고 있는 새로운 형식의 자본주의에 대한 냉정한 성찰에 있습니다. 극복할 대상의 가능성과 한계가 분명해지지 않으면 대안적 사회로 제대로 이행하는 것은 불가능한 법이니까요. 그래서 페라리스는 섣부른 장밋빛 전망을 자제하고 그야말로 냉철한 시선으로 2008년 이후 진화와 변모를 거듭하는 새로운 자본주의를 응시합니다. 이 점에서 페라리스는 19세기 후반 《자본론》을 집필할 때 자본주의를 "장밋빛으로" 다루지 않겠다는 마르크스의 정신을 계승하고 있다고 할 수 있겠네요.

만 원 지폐가 옷과 함께 세탁기에 들어가 기입된 세종대왕 문양뿐만 아니라 10000이란 숫자도 사라지면 사회적 대상으로서의 돈은 사라지고 그 자리에 덩그러니 너덜너덜한 종이 한 장만 남습니다. 남녀의 마음에서 사랑의 기억이 사라지면 사랑의 징표로서 사회적 대상은 사라지고 그 자리에 이제 먹을 수도 없이 화석이 되어버린 호두알만 남습니다. "(사회적) 대상=기입된 행동"이란 페라리스의 법칙, 즉 다큐멘탈리티의 법칙이 중요한 이유입니다. 사실 이 법칙은 페라리스 사유의 알파이자 오메가이기도 합니다. 2016년에는 "대상=쓰여진 행위(Object=Written Act)"로, 2018년 이후에는 다시 "대상=기록된 행위(Object=Recorded Act)"로 재수정할 정도로 페라리스는 이 다큐멘탈리티의 법칙에 집착했지요. 물론 그렇다고 해서 페라리스의 근본 통찰이 변했다는 것은 아닙니다. "기입"이 "글쓰기"로, 그리고 "글쓰기"가 "기록"으로 확장되고 심화되는 과정은 그가 그만큼 빅데이터자본주의 혹은 웹자본주의의 논리에 육박해 들어가고 있다는 걸 상징합니다. 새 술을 새 부대에 담으려는 노력인 셈입니다.

2018년 페라리스는 다큐멘탈리티 개념으로 자본에 걸린 마법을 풀어버리기 시작합니다. 그해에 출간된 《디지털미디어의 철학을 향해(Towards a Philosophy of Digital Media)》에 실린 그의 논문 〈자본에서 다큐미디어성으로(From Capital to Documediality)〉가 중요한 이유입니다. 2020년 출간된 《작동 중인 제도들: 현실세계에서의 제도의 본성과 역할(Institutions in Action: The Nature and the Role of Institutions in the Real World)》에 수정을 거쳐 재수록될 정도로 페라리스가 공을 들인 중요한 논문입니다. 이 글에는 다큐멘탈리티 개념으로 자본을 해명할 수 있다는 그의 확신에 날개를 달아준 페루 경제학자 한 명이 언급되어 있습니다. 국내에도 번역된 《자본의 미스터리: 왜 자본주의는 서구에서만 성공하는가(The Mystery of Capital: Why Capitalism Triumphs in the West and Fails Everywhere Else)》(2000)의 저자 에르난도 데 소토(Hernando de Soto, 1941년~)입니다.

> 20년 전 경제학자 에르난도 데 소토가 제안한 자본주의 분석에 따르면 자본 구성의 필요조건은 기록들이다. 기록들은 가치를 정하고, 그렇지 않다면 자신들의 여기―와―지금과만 관련된 자산들을 이전하는 것을 불가능하도록 만들기 때문이다. (쉽게 말해 기록들이 없다면 집의 소유권을 입증하는 것도, 그러므로 집을 파는 것이나 집을 자본으로 바꿈으로써 담보대출을 받는 것도 불가능하다.) 그래서 만일 마르크스의 견해에 따르면 공적 부채는 자본 발전을 위한 기초들을 놓음으로써 돈에 생산할 수 있는 능력을 부여하는 것이다. 이것은 부채와 돈이 (그리고 자본이) 다큐멘탈리티의 종속변수이기 때문에 가능한 것이다.[3]

KTX를 타고 출발하기를 기다리는데 누군가 다가와 여러분이 앉아 있는 좌석을 자기 것이라고 주장하는 경우를 생각해봅시다. 그 좌석은 누구의 것일까요? 여러분이나 그 사람은 바로 자신의 승차권을 확인할 겁니다. 기록되지 않은 것은 사회적 대상이 아닙니다. 내 좌석이라고 생각만 하는 것은 아무런 의미도 없습니다. 기록을 확인한 결과 3호 차가 아니라 4호 차에 잘못 탄 것이라면 좌석에서 일어날 수밖에 없습니다. 바로 이것이 다큐멘탈리티의 힘입니다. 소토가 본 것도 바로 이것입니다. 페루를 포함한 남미에서 자본주의가 발달하지 않은 이유를 고민했던 그는 소유권과 관련된 기록들이 남미에서는 정비되지 않은 것에 주목합니다. 누군가 나타나 내 집을 자기 집이라고 우길 때, 그 집 주인은 자신의 소유권을 증명하기 위해 이웃들을 일일이 데려와 보증하는 등 여러 단계의 절차를 거쳐야 했습니다. 이렇게 되면 당연히 집을 소유하겠다는 열망이나 집을 꾸미겠다는 의지도 약할 수밖에 없죠. 건설업이나 인테리어 사업, 나아가 가전을 만드는 제조업도 발달할 수 없을 겁니다. 또한 집을 담보로 사업 자금을 마련하기도 힘들 겁니다. 은행도 신뢰하지 않을 테니까요. 당연히 금융자본도 발전하기 힘들 겁니다.

소토의 연구를 정리하면서 페라리스는 돈이란 결국 기록의 힘에 의존하는 일종의 공적 부채라는 생각에 이릅니다. 사실 새로운 통화가 정착되는 과정만 생각해도 이것은 쉽게 이해할 수 있습니다. 만약 국가가 새로운 통화를 만든다면, 국가는 곧 그 통화를 군인이나 공무원에게 노동력의 대가로 지불하겠지요. 군인이나 공무원에게 당장 필요한 고기나 소금을 주지 않고 달랑 종이나 금속 조각을 주었으니, 새로운 통화는 일종의 부채 증서에 지나지 않습니다. 그다음 국가는 모든 국민에게 새로운 통화로 세금을 내라는 명을 내립니다. 군인과 공무원이 가진 새로운 통화를 당연히 시장 사람들도 수용하겠지요. 이런 식으로 부채 증서는 돈이 되는 겁니다. 돈도 이렇게 공적으로 수용되는데, 나머지 것들은 말해 무엇 하겠습니까? 대출금, 카드 결제금도, 심지어 마이너스 통장도 모두 기록이 탄탄해야 가능한 겁니다. 부채도 자산이라는 자본주의 경제학의 상식은 그래서 단순한 슬로건 이상의 의미를 지니지요. 단지 기록일 뿐인 부채는 다큐멘탈리티의 강력한 현실성을 상징하니까요.

"부채와 돈이 (그리고 자본이) 다큐멘탈리티의 종속변수"라고 페라리스는 말합니다. 소토의 통찰처럼 다큐멘탈리티가 동요하면 자본 운동 일반이 정체되거나, 심하면 불가능해질 수 있습니다. 여기서 사회적 대상은 '물리적 기체, 기입 그리고 사인'으로 이루어진다는 페라리스의 이야기를 다시 떠올릴 필요가 있습니다. 여기서 기입이, 즉 기록이 안정적이려면 기입이 새겨지는 물리적 기체가 영속적이어야 하고, 기입을 보증하는 사인이 확실해야 합니다. 먼저 물리적 기체의 영속성입니다. 지폐나 동전이 닳아 기입된 내용이 식별 불가능하거나 아니면 메모리칩이 망가지면 낭패니까요. 이 점에서 웹의 세계를 가능하게 했던 IT 기술은 매우 중요합니다. 지폐나 동전은 자연적으로 훼손될 수 있지만, 웹의 가상세계는 물리적 기체의 그런 한계를 초월해 있으니까요. 다음은 기록을 보증하는 문제인데, IT 기술은 웹 차원에서 기록

V. 웹의 그물에 포획된 노동자들: 페라리스의 다큐미디어론

의 진위를 검증하는 블록체인(blockchain)으로 그 돌파구를 찾았습니다. 결국 웹의 세계에 들어서면서 다큐멘탈리티는 전례가 없는 안정화에 이를 공산이 큽니다. 이것은 자본주의의 안정화이니, 자본의 논리로부터 인간 해방을 꿈꾸는 사람들로서는 절망적인 상황이라고 할 수 있을 겁니다.

"우리는 동원된다. 그리고 자본에 종속된다"

우리는 기록된 것만을 소유할 수 있고, 매매할 수 있고, 그것으로 대출을 받을 수 있습니다. 이렇게 우리가 알지 못하는 사이에 자본주의의 심장은 다큐멘탈리티의 힘으로 뛰었던 겁니다. 여기서 우리는 웹의 세계에서 데이터들, 즉 기록들이 폭증한다는 사실에 주목할 필요가 있습니다. 이것은 그만큼 소유하고 매매하고 대출할 수 있는 역량이 극대화된다는 것을 말해줍니다. 자본으로서 남은 문제는 웹에 얼마나 많은 사람을 유입시키느냐의 여부일 겁니다. 웹은 모든 접속을 모조리 그것도 엄청난 속도로 저장하는 자동장치니까요. 그리고 새로운 세상이 열렸습니다. 스마트폰으로 상징되는 모바일 기기의 발달이 인간들을 웹세계로 강력하게 유인하는 데 성공했기 때문입니다. 1950년대 유럽에서 컬러 TV의 보급으로 본격화되었던 미디어 시대가 무색할 뉴미디어(New Media) 시대가 열린 겁니다.

페라리스가 2008년 이후 본격화된 새로운 형식의 자본을 다

그레벵 뮤지엄 서울 지점에 전시되어 있는
스티브 잡스 밀랍인형. 그레뱅 뮤지엄은
1882년 프랑스 파리에 처음 설립된 밀랍인형
박물관이다. 파리 본점 외에도 몬트리올,
프라하, 서울에 지점이 있다. 설립자 아르튀르
메이에르는 신문기자였는데, 사진이 거의 없던
시절 신문 1면을 장식하는 사람들을 인형으로
만들어 대중에게 보여주자는 생각으로 박물관을
열었다고 한다.

큐미디어자본이라고 규정한 것도 이런 이유입니다. 다큐멘탈리티와 미디어 사이의 만남과 결합이 중요합니다. 페라리스는 바로 이 사건을 혁명적이라고 이야기합니다.

> 우리는 아직 내가 '다큐미디어혁명(documedia revolution)'이라고 부르는 진짜로 일어난 혁명(산업혁명과 미디어혁명 이후 발생한 세 번째 혁명)을 이해하지 못하고 있다. 다큐미디어성(documediality)은 '기록들의 구성력(the constitutive power of documents)'[다큐멘탈리티]과 '미디어의 동원력(the mobilizing power of the media)' 사이의 충성을 가리킨다.[4]

혁명은 과거 시대와의 질적인 단절입니다. 흔히 AI, 챗GPT, OTT, 인터넷, 스마트폰, 모바일 뱅킹, 유튜브, SNS 등을 여전히 생산력 발달, 문화의 상품화, 직간접적 홍보 전략의 세련화, 아니면 금융자본의 편리화 정도로 이해하는 사람들이 많습니다. 그렇지만 페라리스는 단호하게 말합니다. 지금 자본주의에서 벌어지고 있는 변화는 산업혁명에 버금갈 정도의 혁명이라고 말입니다. 패라리스가 말한 다큐미디어자본이 혁명의 결과로 출현해 자본주의의 헤게모니를 장악했어도 금융자본, 그리고 그 안에 포섭된 산업자본, 그리고 그 안의 안에 포섭된 농업은 여전히 존재합니다. 그러나 이미 모든 스포트라이트는 다큐미디어자본이 차지하고 나머지 부문은 왠지 낡은 업종인 듯 케케묵은 인상을 줍니다. 저커버그가 등장하자 헤지펀드의 전설 소로스(George Soros,

1930~), 심지어 잡스마저도 낡은 인물이 된 것처럼 느껴지는 것과 같습니다.

페라리스는 자본주의 역사에는 세 가지 혁명이 있었다고 말합니다. 18세기 영국에서 시작해 20세기 전반기까지 인류를 지배했던 산업혁명! 20세기 후반부, 특히 1950년대 이후 컬러 TV의 광범위한 보급으로 야기된 미디어혁명! 그리고 2010년 이후 언제 어디에서든 우리 손을 떠나지 않는 스마트폰으로 상징되는 다큐미디어혁명! 공장도, TV도 모두 스마트폰에 흡수되어 하위 형식이 되는 이미지를 떠올리면 다큐미디어혁명을 직관적으로 이해하기 쉽습니다. 여기서 우리는 미디어혁명의 의미를 다시 떠올릴 필요가 있습니다. 그것은 자본주의의 아킬레스건인 소비와 연결되어 있습니다. 정확히는 산업자본의 아킬레스건이지요. 아무리 새로운 상품을 만들어도 그것이 소비되지 않으면 산업자본은 어떤 잉여가치도 얻을 수 없습니다. 1950년대 자본은 컬러 TV에서 그 돌파구를 찾았습니다. 컬러 TV는 노동자들이 자신이 받은 봉급을 아낌없이 상품 구매에 쓰도록 유혹하는 장치였으니까요.

미디어에 등장한 스타들, 미디어로 연출된 화려함, 그리고 노골적 포르노그래피는 좀바르트, 짐멜, 벤야민, 부르디외, 보드리야르가 주목했던 인간의 에로티즘, 인간의 허영, 구별짓기 본능을 집요하게 증폭시킵니다. 이것은 바로 과시적 소비로 이어지고 자본은 마침내 한숨을 돌리게 됩니다. 이제 생산된 상품들을 무한정 팔 수 있는 비법을 찾아낸 셈입니다. 그 대가는 치명

V. 웹의 그물에 포획된 노동자들: 페라리스의 다큐미디어론

적이었습니다. 이제 인간은 노동에서 소비로, 그리고 소비에서 노동으로 이어지는 다람쥐 쳇바퀴에 제대로 갇힌 겁니다. 자본이 원하는 것을 생산하고 자본이 만드는 상품만 욕망하면서, 인간의 삶은 그야말로 자본에 바쳐진 불행한 제물이 되고 만 겁니다. 이런 상황이니 인문정신이 미디어혁명에 날카로운 반응을 보인 것도 어쩌면 당연한 일일 겁니다. 1967년 출간된 기 드보르(Guy-Ernest Debord, 1931~1994)의 《스펙타클의 사회(La Société du Spectacle)》와 1970년에 출간된 보드리야르의 《소비의 사회》가 대표적인 사례일 겁니다.

우리의 시선을 빼앗는 현란한 볼거리, 그래서 우리를 소비의 세계로 유혹하는 것이 '스펙타클'입니다. 19세기에는 벤야민이 주목했던 아케이드와 백화점, 그리고 세계박람회 등이 이 스펙타클을 생산하는 장치였습니다. 20세기 전반기에는 영화관과 공연장, 스포츠 스타디움이 새롭게 스펙타클 장치로 합류합니다. 1950년대에 드디어 스펙타클의 역사에서 전대미문의 사건이 일어납니다. 스펙타클 장치가 대도시 번화가를 떠나 우리 안방으로 들어왔으니까요. TV로 상징되는 대중매체, 미디어의 시대는 이렇게 열린 겁니다. 페라리스가 말한 미디어혁명이지요. 드보르와 보드리야르는 TV로 상징되는 욕망의 집어등이 얼마나 인간을 수동적으로 만들고 소비의 노예로 길들이는지 폭로했습니다. 그렇지만 자본은 콧방귀도 뀌지 않았습니다. 일을 마치고 귀가한 사람들은 소파에 앉아 TV에 코를 박고 저녁 시간 대부분을 보냈으니까요. 미디어는 우리의 바람직하지 않은 욕망을 제대로 끌어냈던 겁니다.

2010년 최초로 전면 카메라가 장착된 아이폰4가 등장하면서 50년간 TV가 주도하던 미디어 시대를 이어 뉴미디어 시대가 본격화됩니다. 백화점, 영화관, 스타디움, TV, 언론사 등 존재하던 모든 스펙타클 장치가 모조리 스마트폰 액정화면으로 들어온 겁니다. IT 기술과 웹의 힘이 스마트폰에 구현되었습니다. 그리고 스마트폰은 '바보상자'로 불렸던 TV의 치욕을 더는 반복하지 않았습니다. 스마트폰은 콘서트홀, 도서관뿐만 아니라 은행마저 빨아들였으니까요. 스마트폰은 우리를 위로도 하고, 현자로도 만들어주며, 모바일 뱅킹도 가능하게 한 장치입니다. 사자, 염소, 그리고 뱀의 머리를 가졌던 키메라(Chimera)의 현대판 버전이 스마트폰이었던 겁니다. 무료한 시간을 죽일 때도, 아니면 정보와 지혜가 시급할 때도, 입출금을 할 때도 스마트폰은 자신의 얼굴을 바꾸며 나타날 테니까요.

미디어 시대에서 뉴미디어 시대로의 이행에서 중요한 것은 이제 정보가 발신자에서 수신자에게로 한 방향으로 흐르는 것이 아니라, 쌍방향 아니면 다방향으로 흐르게 되었다는 사실입니다. 댓글, 블로그, SNS, 유튜브 등이 뉴미디어 시대를 상징하는 것도 이런 이유 때문입니다. 1950년대 이후 TV와 같은 미디어로도 자본은 엄청나게 사람들을 끌어들일 수 있었습니다. 그러나 이제 스마트폰으로 자신의 필요를 충족시키기 위해 그리고 자신을 표현하기 위해 적극적이고 능동적으로 참여하는 길이 열린 겁니다. 당연히 뉴미디어 시대의 인간 동원력은 과거 미디어 시대가 자랑했던 그것을 압도합니다. 영화나 음악을 내려받으면서, 정보를 검색하면서, 상품을 온라인으로 구매하면서, SNS를 하면서, 모바일 뱅킹을 하면서 우리는 상품 광고에 노출되고 소비의 욕망을 기르게 됩니다. 이 정도까지만 해도 스마트폰은 가장 세련된 소비 촉진 기계일 뿐입니다.

문제는 웹에 저장된 기록들을 소비하는 과정에서, 우리는 새로운 기록들의 생산자가 된다는 점입니다. 웹에 접속하는 동안, 우리가 했던 모든 것은 흔적들을 남기니까요. 바로 여기가 다큐멘탈리티의 법칙이 뉴미디어와 만나는 지점입니다. 2008년 샌드버그와 저커버그는 바로 이 사실을 직감했던 겁니다. 어느 날 플랫폼이나 SNS에 남은 기록들이 엄청난 잉여가치를 남길 수 있는 황금알을 낳는 거위라는 걸 안 거니까요. 이제 우리는 페라리스가 왜 다큐미디어혁명을 강조했는지, 지금 우리는 다큐미디어의 시대를 살고 있다고 이야기했는지 간신히 이해하게 된 것 같습니다. 그는 말합니다. "다큐미디어성은 '기록들의 구성력[다큐멘탈리티]'과 '미디어의 동원력' 사이의 충성을 가리킨다"고 말입니다. 우리가 스마트폰에 접속을 하면 할수록 기록들이 축적되고 그 축적된 기록들이 자본에 잉여가치를 안겨주는 새로운 시대가 열린 거니까요.

다큐멘탈리티 시대는 인류가 사회를 이루어 살면서 지금까지 지속되었다면, 미디어 시대는 기술 발전으로 1950년대 이후 본격 시작됩니다. 다큐멘탈리티 시대와 미디어 시대가 마침내 웹에서 하나로 연결된 게 바로 다큐미디어 시대입니다. 아주 오랫동안 지속되던 흐름에 20세기 중반 시작된 흐름이 합류해서 다큐미디어 시대라는 거대한 흐름을 만들었다고 이해하면 쉽습니다. 아직도 다큐미디어혁명에 고개를 갸우뚱거리는 분들을 위해 사례 하나를 읽어보지요. 이 사례는 2023년 5월 23일 웹에 공개한 페라리스의 중요한 선언문 〈웹페어: 사회적 복지 선언 (WEBFARE: A Manifesto for Social Well-Being)〉에 실려 있습니다.

내가 지구가 평평하고 달이 치즈로 만들어졌다는 증거를 웹에서 찾는 동안, 나는 지구평형론자의 거동에 대한 잠재적으로 풍부한 정보를 플랫폼에 풀어놓고 있는 셈이다. 플랫폼은 이것을 이용해 (미국 플랫폼이라면) 내게 내가 관심 가지는 주제에 대한 책을 팔 것이고, (중국 플랫폼이라면) 나를 재교육 캠프로 보낼 것이다.[5]

미국 플랫폼이 중국 플랫폼이 될 수 있고, 그 반대도 충분히 가능하다는 사실을 잊지 마세요. 다큐미디어사회가 인간을 과거보다 자유롭게 만드는 것처럼 보이지만, 이 새로운 사회 형식은 전대미문의 통제 사회가 될 공산이 매우 큽니다. 어쨌든 지구평형론자의 이야기는 지금 우리가 사는 사회, 즉 다큐미디어사회를 보여주는 상징적인 우화입니다. 누구나 쉽게 이해할 수 있는 우화이지만, 이것은 우리가 살고 있는 사회의 지엽적인 현상일 거라고 생각하기 쉽습니다. 농업이 없다면 산업자본도 붕괴할 것이라고 믿을 수도, 산업자본이 없다면 금융자본도 없을 것이라고 믿을 수도 있으니까요. 나름 타당한 생각입니다. 그렇지만 이것이 산업자본의 시대에 농업이, 금융자본의 시대에 산업자본이 종속적인 지위로 밀린다는 정치경제학적 통찰을 흐려서는 안 됩니다.

다큐미디어 시대에도 향수는 가능합니다. 금융자본주의 시대가 좋았다고, 산업자본주의 시대가 좋았다고, 아니면 전자본주의 시대가 좋았다고 생각할 수 있으니까요. 그러나 생각해보세요. 지금 스마트폰이나 랩톱이 없다면 송금도 힘들고, 믹서기를 사기도, 청도에서 복숭아를 구매하기도 어려울 겁니다. 다큐미디어성으로 재편된 새로운 자본주의와 맞서려면, 사실 향수는 전혀 도움이 되지 않습니다. 물에 빠졌을 때, 물에 빠지기 전의 상태를 그리워하는 것이 무슨 도움이 되겠습니까? 2008년 이후 벼려진 페라리스의 철학적이고 정치경제학적인 감각은 그에게 일체의 향수에 저항할 수 있는 힘, 현실을 응시할 수 있는 힘을 줍니다. 그렇다면 그의 눈에 다큐미디어사회에 사는 우리의 모습이 어떻게 보였을지 궁금합니다.

우리는 동원된다. 다시 말해 우리는 웹에 기록되면서 데이터, 즉 가치를 생산하는 표준적인 삶의 형식을 실행한다. 동원은 선진국에서의 인간이 자신을 찾는 조건이다. 그러므로 우리가 웹에서 보내는 시간은 생산적이다. 그러나 그것은 우리 자신이 아닌 타인들을 위한 시간이다. 우리는 의미 없는 것을 쓰고, 자신에게 탐닉하고, 빈둥거리고, 또한 타인들을 괴롭히며 그 시간을 보내고, 심지어 그때도 지루하지 않을 것이다. 우리에게는 항상 스마트폰이나 그와 유사한 것이 손에 있기 때문이다. 중요한 것은 우리가 하는 것의 가치가 아니라, 우리가 생산하는 데이터를 해석하고 자본화하는 데서 파생하는 가치다. 우리가 살펴본 것처럼 어느 곳에서나 발생할 수 있는 '동원'을 일이라고 부르는 것이 적절할까? 잠시 여울을 건너는 중간에 있기에 '그렇다'라고 할 수도 있다.[6]

미디어 시대에는 TV를 본다고 해서 디테일한 기록들이 남지 않습니다. 그러나 다큐미디어 시대에는 웹에 접속하는 순간 모든 것이 기록됩니다. 바로 이 기록들이 금융자본, 산업자본, 심지어 농업자본에 제공되지요. 그들은 이것을 보고 무엇을 할지, 어느 정도로 생산해야 할지 결정합니다. 여기서 막대한 잉여가치가 생기는 겁니다. 이런 메커니즘에서 중요한 것은 충분히 많은 기록이 데이터로 모여야 한다는 점입니다. 한마디로 '빅데이터'라고 불릴 만한 막대한 데이터들이 수집돼야 한다는 이야기입니다. 스마트폰과 웹의 힘은 이걸 기술적으로 가능하게 합니다. 바로 여기서 페라리스가 "기록들의 구성력"과 함께 다큐미디어성의 핵심으로 언급했던 "미디어의 동원력"을 극대화할 필요가 생깁니다.

허영과 에로티즘에 불을 지르는 스트리밍 사이트, 챗GPT를 포함한 정보와 지식을 제공하는 플랫폼, 해외 스포츠를 독점 중계하는 앱, SNS나 블로그 등은 모두 뉴미디어 동원력의 상징입

우리는 기록한다. 이 데이터들은 매일 쌓여
빅데이터가 된다. 그 빅데이터는 누가
활용하는가? 누가 가치를 생산해 이익을
보는가? 페라리스의 말대로 "우리는 동원된다".
그러면서 다큐미디어자본에 종속된다.

니다. 물론 접속의 대가로 월정액을 요구하는 곳도 있지만, 그들에게 본질적으로 중요한 건 접속으로 모을 수 있는 데이터들입니다. 이를 통한 이익이 없다면, 아마 월정액은 엄청나게 비싸겠지요. 어쨌든 우리는 지루한 시간을 죽일 때만이 아니라 무언가 필요한 지식을 얻을 때도, 내비게이션 앱을 작동할 때도, 모바일 뱅킹을 할 때도, 우리는 자신과 관련된 모든 정보를 다큐미디어자본에 제공하고 있는 겁니다.

"우리는 동원된다"는 페라리스의 말은 이제 서늘하기까지 합니다. 스마트폰의 강력한 동원력은 검은 바다에 오징어를 유혹하는 집어등이나 다름없으니까요. 이렇게 동원된 우리는 웹에 기록되면서 데이터, 즉 가치를 생산하게 됩니다. 문제는 동원된 자들의 숙명을 우리는 자각하기 어렵다는 데 있습니다. 우리는 데이터를 생산하도록 동원되었지만, 모인 데이터들로 엄청난 잉여가치를 얻는 것은 다큐미디어자본이니까 말입니다. 그래서 페라리스는 강조했던 겁니다. "중요한 것은 우리가 하는 것의 가치가 아니라, 우리가 생산하는 데이터를 해석하고 자본화하는 데서 파생하는 가치"라고 말입니다. 가치를 만드는 행위를 "일"이라고 정의한다면, 집어등에 몰려드는 오징어들처럼 스마트폰에 접속하려는 우리의 "동원"은 분명 "일"이라고 할 수 있습니다. 물론 전통적인 일과는 무언가 다르기 때문에 약간의 현기증은 불가피할 겁니다.

결국 모바일혁명의 핵심은 우리 손안의 스마트폰에 있는 것이 아닙니다. 그 핵심은 우리가 이제 언제 어디서나 웹의 세계에

V. 웹의 그물에 포획된 노동자들: 페라리스의 다큐미디어론

동원될 수 있다는 사실, 우리가 모바일의 당사자라는 데 있으니까요. 표면적으로 우리가 스마트폰을 움직인다고 생각하지만, 사실 스마트폰이 우리를 움직였던 겁니다. 그리고 그 결과 다큐미디어자본은 희미한 미소로 승리를 구가하게 됩니다.

19세기에 엄청난 페이소스로 묘사된 잔혹했던 인간 동원을 생각해보라. 아니면 1950년대 이래 계속 (설령 덜 격정적이었다고 해도 마찬가지의 페이소스로) 묘사되었던, 미디어 시대의 TV 스크린 앞에서의 멍한 의식 상태, 게으름, 수동성의 시간을 생각해보라. 이 모든 것은 다큐미디어성 시대에는 단일한 현상으로 대체된다. 19세기 자본가들이 꿈꾸던 것보다 더 극단적인 동원. 야간 근무와 미성년 노동은 이제 예외가 아니라 표준이 되었고, 이것을 변화시키려는 어떤 법적이거나 인도주의적 절차들도 존재하지 않는다. 그리고 아직 이 동원은 자발적으로 동원된 자들에게 어떤 금전적 보상도 하지 않는다. 자발적으로 동원된 자들은 (이런 것이 심지어 가능하다면) 자기가치화가 자기착취와 함께하는 과정에서 생산수단에마저 자기 돈을 지불하고 있다.[7]

디킨스(Charles Dickens, 1812~1870)가 1838년 출간한 《올리버 트위스트(Oliver Twist)》라는 소설을 아실 겁니다. 19세기 산업자본의 시대, 자본가들의 탐욕에 희생되었던 노동자들에 대한 서글픈 우화입니다. 물론 소설은 표면적으로 산업자본주의 시대에 그야말로 죽도록 고생한 고아 올리버 트위스트가 노신사를 만나 행

19세기 삽화가 조지 크룩섕크(George
Cruikshank, 1792~1878)의 그림(1838).
크룩섕크는 친구 디킨스의 작품에 많은 삽화를
그렸다. 그림은 아트풀 도저(가운데)가 올리버
트위스트(오른쪽)를 페이긴(왼쪽)에게 소개하는
장면이다. 페이긴은 휘하에 여러 꼬마 소매치기를
거느린 장물아비이고, 도저는 페이긴의 휘하에
있는 소매치기 중 한 명. 소설은 영국 산업혁명
시절의 도시 하층계급의 삶이 생생하게 묘사되어
있어 사료적으로도 가치가 크다.

복을 찾게 된다는 황당한 해피엔딩으로 끝납니다. 당시 공장주들은 노동자들에게 저임금을 강요하고 열악한 노동조건에 내몰 뿐만 아니라 주 7일, 하루 24시간 노동자들을 부려 잉여가치를 얻으려고 합니다. 심지어 당시 자본가들은 어린이도 기꺼이 좁고 더러운 작업장에 내몰기까지 합니다. 바로 이것이 19세기 산업자본의 동원이었습니다. 디킨스가 의도하지는 않았지만 당시 영국인들은 자본가의 야욕에 인상을 찌푸리고, 열악한 조건에서 노동하는 어린이들을 동정하게 됩니다. 마치 자신이 올리버 트위스트를 구해야 하는 노신사라도 되는 것처럼 말입니다.

디킨스의 소설은 1802년에 만들어졌지만 유명무실했던 공장법(Factory Act)을 실효화하는 데 나름 공헌을 합니다. 남성, 여성, 어린아이를 가리지 않고 엄청난 노동시간과 열악한 노동조건을 강요했던 자본가에 대한 비난 여론이 디킨스로 인해 폭발한 셈이죠. 그렇지만 여론에 밀렸을 뿐, 자본가들은 하루 24시간 노동자를 동원하고 싶은 야망을 포기하지 않았습니다. 잉여가치에 대한 그들의 욕망은 자본 메커니즘 그 자체였으니까요. 하루 24시간 노동을 해도 끄떡없는 노동자, 임금을 주지 않아도 되는 노동자, 일이 없어도 묵묵히 일을 기다리는 노동자, 파업을 하지도 않는 노동자, 한마디로 언제든 동원할 수 있는 노동자! 자동 공정 도입으로 노동자들을 줄이려는 생산 자동화, 혹은 모바일 뱅킹이나 전자발권으로 노동자를 줄이려는 서비스 자동화에는 여론에 밀려 억압된 19세기 공장주의 욕망이 똬리를 틀고 있죠. 전원만 공급하면 작동하는 자동장치에 대한 꿈은 24시간 동원해 부릴 수 있는 노동자에 대한 꿈이니까요.

　20세기 중반 다른 의미에서 식자층으로부터 동정을 받는 사람들이 탄생합니다. 오전 9시에 출근해서 오후 5시에 퇴근한 노동자들은 싸구려 맥주를 마시며 흐리멍덩한 눈으로 TV를 시청하는 경우가 많았습니다. 사실 조립라인에서 빼도 박도 못하는 반복적인 노동, 즉 죽은 노동을 하는 것보다는 리모컨이 제공하는 자유를 구가하는 것이 나은 법입니다. 하루 12시간 노동으로 귀가한 후 침대에 쓰러지는 노동자들보다 낫다고 축하해줘야 할 일입니다. 그러나 사람들은 이런 노동자들을 축하하기는커녕 측은하게 여겼습니다. 아니 정확히 말해 속으로는 경멸했습니다. 사실 드보르나 보드리야르도 예외는 아니었지요. "미디어 시대의 TV 스크린 앞에서의 멍한 의식 상태, 게으름, 수동성의 시간"이란 페라리스의 말은 바보상자에 갇힌 사람들에 대한 당시 식자층들의 태도를 극명하게 표현한 겁니다. 어쩌면 이런 태도는 노동자들이 나름 문화생활을 하는 것에 대한 식자층들의 구별짓기 의식의 발로인지도 모릅니다.

　디킨스가 동정했던 노동자들의 강제 동원과 드보르와 보드리야르가 연민했던 TV 시청은 다큐미디어 시대에 묘하게 통일됩니다. 밤새도록 스마트폰이나 랩톱의 액정화면에 코를 박고 있는 미성년 아이를 생각해보세요. 게임도 하고, 영화도 보고, 유튜브도 보고, 메일도 보내고, 포르노도 보고, 블로그나 SNS에 새로운 게시물도 올리고, 타인의 계정에 들어가 '좋아요'도 누르고, 유명인을 팔로우도 하고, 싫어하는 정치인에게 악성 댓글도 답니다. TV를 맹한 눈으로 보는 우리 시대 올리버 트위스트입니다. 이에 대해 페라리스는 말합니다. "19세기 자본가들이 꿈꾸던 것보다 더 극단적인 동원. 야간근무와 미성년 노동은 이제 예외가 아니라 표준이 되었고, 이것을 변화시키려는 어떤 법적이거나 인도주의적 절차들도 존재하지 않는다"고 말이지요.

스마트폰과 랩톱에 접속하며 우리 올리버 트위스트들은 다큐미디어자본이 잉여가치를 얻을 수 있는 데이터를 남깁니다. 그렇지만 다큐미디어자본은 그 대가를 결코 지불하지 않습니다. 그들은 "자발적으로 동원된 자들"로 치부되기 때문입니다. 이것은 임금을 받지 않고 노동하는 것과 진배없는 일이지요. 그러니 더 극단적인 노동이라는 겁니다. 더군다나 과거 자본은 기계나 컴퓨터 등 생산도구를 마련해 노동자들에게 공급했지만, 우리 올리버 트위스트들이나 우리 자신은 자기 돈으로 스마트폰이나 랩톱을 삽니다. 그래서 페라리스는 지적했던 겁니다. "자발적으로 동원된 자들은 (이런 것이 심지어 가능하다면) 자기가치화가 자기착취와 함께하는 과정에서 생산수단마저 자기 돈을 지불하고 있다"고요. 어쩌면 자신을 멋지게 만들려는 블로그나 SNS 꾸미기가 결국 자신의 삶과 에너지를 갉아먹는 일 아닐까요? 그래서 우리는 다시 한번 서늘함을 느낍니다. "이런 것이 심지어 가능하다면"이란 단서를 붙였지만, 페라리스는 다큐미디어 시대를 "자기가치화가 자기착취"가 되는 시대로 보고 있으니까요.

자본주의의 목적은 감시가 아니라 소비

다큐미디어혁명은 기록의 구성력이 미디어의 동원력을 만나서 현실화된 사건입니다. 다큐미디어 시대, 그거 별것 아닙니다. '동원력을 가진 기록'의 시대라고 해도 좋고, 아니면 '기록되는 미디어'의 시대라고 해도 무방하니까요. 여기서 우리는 기록으로서 자본은 인류가 인식하지 못했어도 항상 작동하고 있었다는 사실을 잊어서는 안 됩니다. 21세기 이전 기록은 돈이나 상품 뒤에서 이것들을 떠받치는 숨은 조정자나 아니면 아직 완전히 실현되지 않은 본질 같은 것이었습니다. 돈이 기록으로서 공적 부채였다는 사실만 떠올려보세요. 씨앗이 적당한 생육 조건을 만나듯, 기록이 미디어의 폭발적인 동원력을 만난 겁니다. 마침내 기록은 자신이 자본이라는 사실을, 자신이 돈이 되고 상품이 되는 주역이라는 사실을 당당히 드러낸 겁니다.

이제 우리는 과거 자본의 다양한 형식들에 숨어서 호시탐탐 전면에 나설 기회를 노리던 기록을 식별해볼 필요가 있습니다. 그러면 페라리스의 다큐미디어혁명을 더 깊게 음미할 수 있을 겁니다. 2020년 출간된 《법률, 노동 그리고 인문학: 동시대 유럽의 관점(Law, Labour and the Humanities: Contemporary European Perspectives)》에 실린 페라리스의 논문 〈일에서 동원으로(From work to mobilization)〉를 넘겨보도록 하죠.

다큐미디어자본은 상업자본, 산업자본, 그리고 금융자본 뒤에 등장한 자본의 네 번째 세대(age)다. 어떤 진행 방향이 이런 단계들을 통해 확인될 수 있다. 첫째, 재화의 '교환(exchange)'에서 직불과 신용을 보장하려는 일련의 관례들로 구성된 상업자본이 존재했다. 그다음 자기 안에 노동을 편입해서 직접적으로 '생산적(productive)'이었던 산업자본이 등장한다. 그 뒤를 따르는 것이 부를 통해 부를 생산하면서 '생산'과 '교환'을 통일했던 금융자본이다. 최종적으로 '생산', '교환' 그리고 '사회적 실재의 구성(the construction of social reality)'을 올인원으로 통일하는 다큐미디어자본을 우리는 갖게 된 것이다.[8]

"세대"로 번역된 'age'라는 말이 중요합니다. 'age'는 생물학적 의미로 '나이'라는 뜻입니다. 한 살 한 살 나이를 먹으면서 꼬맹이가 어른이 되는 과정을 떠올려보세요. 결국 'age'는 모종의 연속성이 전제되는 개념입니다. 21세기에 들어서면서 자본이란 생명체는 네 번째 나이대에 이릅니다. 상업자본, 산업자본, 금융자본을 거쳐 다큐미디어자본으로 성장한 셈이죠. 방대한 기록들이 자동으로 집적되면서 잉여가치를 주도하는 빅데이터의 시대가 된 겁니다.

패라리스는 다큐미디어자본이 "'생산', '교환' 그리고 '사회적 실재의 구성'을 올인원"으로 갖춘 자본이라고 이야기합니다. 불특정 소비자들이 다양한 웹 활동으로 자신의 욕망과 관련된 정보를 흘리고 이것이 데이터로 기록됩니다. 이것이 다큐멘탈리티 법칙에 따른 "사회적 실재의 구성"입니다. 다수 소비자의 욕망과 취향을 알려주는 빅데이터가 축적되고 해석되면, 플랫폼 등은 이것을 산업자본에 건네고 그 대가를 받습니다. 혹은 생산자본이 플랫폼 등에 정보를 살 수도 있습니다. 바로 이것이 "교환"입니다. 마침내 산업자본은 소비의 가능성이 엄청나게 큰 제품이나 서비스를 생산합니다. 바로 이것이 "생산"의 측면입니다. 이렇게 다큐미디어자본에는 주문 제작의 논리와 유사한 것이 관철됩니다. 상품의 생산을 결정하는 것은 소비자가 웹에 남긴 데이터, 결국은 소비자 자신이니까요.

다큐미디어자본에서는 "사회적 실재의 구성"을 중심으로 "교환"과 "생산"이 움직입니다. 중요한 것은 이 시기에 데이터와 같은 사회적 실재의 구성이 명백한 현실로 부각된다는 점입니다. 이에 반해 상업자본, 산업자본, 금융자본에서 "사회적 실재"는 "교환"이나 "생산"과 같은 두드러진 자본의 운동에 비해 상대적으로 덜 주목을 받습니다. 사회적 실재가 주로 국가나 경제 당국이 구성하고, 나머지 사람들은 그걸 그냥 수용했기 때문이지요. 그러나 다큐미디어자본 이전에도 기록된 행위로서 사회적 실재는 자본 일반의 선험적 조건이었다는 걸 잊어서는 안 됩니다. 내 것이라고 기록된 집만을 나는 소유할 수 있고, 그것을 판매할 수 있고, 그걸로 담보대출도 받을 수 있다는 소토의 통찰을 상기해 보세요.

사회적 실재, 즉 기록된 대상이 없다면 상업자본도 산업자본도 그리고 금융자본도 불가능합니다. 이 세 가지 자본 형식에서 다수 소비자들은 사회적 실재를 수용할 뿐 구성할 수 없었습니

V. 웹의 그물에 포획된 노동자들: 페라리스의 다큐미디어론

다. 그러나 다큐미디어혁명 이후에는 모든 사람이 사회적 실재를 구성하는 데 참여하게 됩니다. 이것이 바로 다큐미디어자본이 가진 혁명성의 원천입니다. 유명한 저커버그도, 이름 모를 배달 라이더도, 혹은 밤새 블로그를 꾸미는 대학생도, 엄마 몰래 포르노를 보는 고등학생도 나름 데이터를 남기고 있습니다. 모두가 사회적 실재를 만들고 모두가 그것에 영향을 받는 사회는, 분명 소수가 사회적 실재를 만들고 나머지 다수는 그 실재를 수용하는 사회와는 질적으로 다릅니다.

> 다큐미디어성에서 사회적 분업은 더 이상 중요하지 않다. 주인과 노예는 같은 공간에서 일하고 같은 미디어를 통해 같은 것을 한다. 그렇지만 같은 시간에 대중화 대신 평준화, 자본주의적 계급 수직성을 대신하는 '모나드들의 수평성(horizontality of monads)'이 존재한다. 여전히 다른 사람들 위에 있는 몇몇 사람들이 존재하지만 그들은 너무 적어 하나의 계급도 아니다. 샌프란시스코 지역의 100여 명. 어떤 부르주아가 다큐미디어와 같은 체제를 계속 통제할 수 있다는 말인가? 그것은 신문사나 방송사를 소유하는 것과 같지 않다.[9]

다큐미디어사회에서는 지배/피지배라는 수직적 분업 논리가 약해질 수밖에 없습니다. 과거와 달리 이제 피지배계급도 스마트폰이나 랩톱으로 데이터를 남기기 때문입니다. 저커버그도 우리와 마찬가지로 스마트폰과 랩톱으로 일도 하고 SNS도 하니다. 저커버그가 웹에 남긴 흔적과 우리가 남긴 흔적은 빅데이터를 구성하는 동등한 데이터일 뿐입니다. 그래서 페라리스는 다큐미디어사회에 "대중화 대신 평준화, 자본주의적 계급 수직성을 대신하는 '모나드들의 수평성'이 존재한다"고 이야기했던 겁니다. 물론 다수가 데이터를 남기지만, 그 데이터로 만들어지는 잉여가치는 소수 다큐미디어자본이 독점한다는 사실은 기억해두어야 합니다.

여기서 잠깐 "모나드들의 수평성"이란 표현을 살펴볼 필요가 있습니다. 1714년 출간된 자신의 주저 《모나드론(Monadologie)》에서 라이프니츠(Gottfried Wilhelm Leibniz, 1646~1716)는 개체는 외부와 소통하는 것 같지만 소통하지 않는 단순한 실체라고 설명했던 적이 있습니다. 세계는 "창이 없는(windowless)" 개체들, 즉 모나드들로 구성되어 있다는 이야기입니다. 이 모나드는 다큐미디어 시대 사람들에 대한 근사한 상징이 될 수 있습니다. 짙은 커튼으로 창을 가린 어두운 방에서 스마트폰이나 랩톱의 액정화면을 주시하는 우리 자신을 생각해보세요. 분명 그 기계들을 통해 세계와 소통한다고 믿지만, 사실 이미 만들어진 프로그램을 구동하고 있을 뿐입니다. 진짜 창은 가리고 윈도 프로그램을 구동하고 있는 셈이지요. 그렇지만 각자의 고독한 방에서, 그리고 액정화면에서 우리는 모두 동등합니다. 이것이 바로 "모나드들의 수평성"입니다.

이제는 상류계급의 취향이 다수 대중에게 퍼져나가는 대중화의 형식보다는 대중의 취향이 상류층의 취향과 대등한 것으로 인정됩니다. 웹으로만 만나는 고립된 개인들 사이에서는 계급의 수직성이 수평적이고 동등한 관계로 변모했기 때문이죠. 타인의 간섭을 받지 않는 웹의 세계에서는 누구나 동등하니까요. 그래서 페라리스는 반문할 수 있었던 겁니다. "여전히 다른 사람들 위에 있는 몇몇 사람들이 존재하지만 그들은 너무 적어 하나의 계급도 아니다. 샌프란시스코 지역의 100여 명. 어떤 부르주아가 다큐미디어와 같은 체제를 계속 통제할 수 있다는 말인가?" 미디어 시대에서는 국가나 자본가가 신문사나 방송사를 소유해 대중들을 좌지우지할 수 있었습니다. 발신자는 소수 지배계급이고 다수는 그냥 발신자의 메시지를 수동적으로 수용했지요. 그러나 이제는 누구나 일인 신문사나 일인 방송사를 운영할 수 있습니다. 바로 이것이 다큐미디어 시대의 새로움과 힘의 원천입니다.

이제 다큐미디어자본을 숙고하면서 페라리스는 《자본론》에서 마르크스가 제안한 자본 운동의 일반 공식, 즉 "화폐–상품–화폐′(M-C-M′)"를 수정할 필요를 느낍니다. 마르크스의 공식은 3세대 자본 형식인 금융자본이나 4세대 자본 형식인 다큐미디어자본을 포괄하기 힘들다고 생각했으니까요. 사실 마르크스의 일반 공식은 19세기 산업자본을 토대로 만들어진 겁니다. 그러니 그의 일반 공식은 잘해야 1세대 자본 형식인 상업자본이나 2세대 자본 형식인 산업자본에만 유효할 가능성이 큽니다. 어쨌든 우리로서는 마르크스의 일반 공식을 대체할 필요를 느낀 페라리스가 고마울 따름입니다. 그 덕에 다큐미디어자본의 운동을 더 잘 이해할 수 있게 되었으니까요.

생산관계는 소비 패턴에 대해 이차적이고 파생적이다. 이것은 생산이 필요를 만족시켜주는 것이 아니라 필요를 생산한다는 마르크스의 생각과 결을 같이한다. 소비가 일의 한 형식이거나 일의 선험적 조건이라는 사실을 위해 이보다 더 좋은 논증은 없다. 소비가 없다면, '일'이란 관념은 어떤 종류의 의미도 상실하고 만다. 여기서 소비는 분명히 동원의 측면을 갖는다. …… 모든 행동이 기록되는 순간부터 그런 의존성은 '소비-기록-소비(Consumption-Record-Consumption)'라는 사이클의 방아쇠를 당긴다. 우선 우리는 소비를 결정하는 유기체적 요소를 가지고 있다. 그다음 소비가 흔적을 남기고 사회적 대상들(소비에 대한 빅데이터와 정보)을 생산하는 것이라면, 우리는 자신이 소비를 통한 사회적 대상들의 생산을 다루고 있다는 것을 알게 된다. 바로 이것이 다큐미디어 시대가 도입한 새로움이다. 소비를 통해 생산된 사회적 대상들은 다른 소비로 귀결되고 이런 식으로 무한히 계속된다. 분명 소비는 상품을 낳지만, 다큐미디어혁명은 빗장을 앞으로, 직접적 사례로는 우리의 가정으로까지 옮긴다. 이제 집에 컴퓨터 단말기만 있다면 우리는 전자 소비를 할 뿐만 아니라 생산도 한다. (프로슈머(prosumer), 혹은 생산자-소비자(producer-consumer)라는 인물형을 창조하면서) 전자기술로 모든 소비자가 생산자가 되리라는 생각은 1970년대 초에 이미 등장했었다. 그다음 프로슈머가 생산의 부분이라는 사실이 확인되었다. 표준화된 재화들이 시장을 포화시키자, 소비자의 협조가 필요한 재화들을 개별화할 수밖에 없었기 때문이다.[10]

마르크스도 압니다. 산업자본은 자신이 만든 상품이 팔리지 않으면, 다시 말해 노동자이기도 한 소비자가 상품을 소비하지 않으면 아무런 의미가 없다는 사실을요. 결국 산업자본의 생명은 생산이 아니라 소비에서 결정되는 법입니다. 어떻게 하면 노동자를 소비자로 만들 것인가? 19세기 파리의 아케이드나 백화점, 그리고 세계박람회는 이런 이유 때문에 생긴 겁니다. 1950년대 이후 미디어혁명도 이런 맥락에서 이해해야 합니다. 노동자를 소비자로 만들지 않으면 자기 목숨이 끊어지니 산업자본으로서는 물불을 가릴 처지가 아니었지요. 그들은 에로티즘이든 허영이든 소비를 증진시키기 위해 인간의 뒤틀린 본성을 자극하게 됩니다. 무엇보다 소비자들의 욕망을 미리 아는 게 중요했지요. 이것은 소비에 대한 욕망을 다양한 스펙타클로 날조하는 것보다, 혹은 미미한 욕망을 크게 증폭시키는 것보다 효과적인 방법이었습니다. 소비자의 욕망을 충족시키는 상품을 만들면 바로 팔릴 테니까요. 그렇다면 잠재적 소비자의 욕망을 어떻게 미리 알았을까요? 시장조사도 있었겠지만, 표본이 너무 적습니다. 더군다나 자기 욕망을 바로 떠벌리는 사람은 별로 없지요. 또한 자신의 욕망을 모르는 경우도 많습니다. 그래서 소비자들의 욕망과 관련된 모든 것이 시시콜콜하게 표출되고 기록되는 공간이 필요했던 겁니다.

1972년 공저 《오늘을 생각하라(Take today)》에서 매클루언(Herbert Marshall McLuhan, 1911~1980)과 네비트(Barrington Nevitt, 1908~1995)는 "전자기술로 모든 소비자가 생산자가 될" 것이라

고 말했던 적이 있습니다. 매클루언과 네비트의 예언은 산업자
본의 욕망을 제대로 반영한 겁니다. 영민한 토플러(Alvin Toffler,
1928~2016)가 1980년 출간한 자신의 베스트셀러 《제3의 물결(The
Third Wave)》에서 만든 신조어 '프로슈머(prosumer)'는 매클루언과
네비트의 예언에 화룡점정이 됩니다. 프로슈머는 생산자를 의미
하는 프로듀서(producer)와 소비자를 의미하는 컨슈머(consumer)
를 합성한 개념입니다. 프로슈머 개념에서는 생산된 상품이 소
비되지 않을 가능성은 전무합니다. 그러나 사람들이 자기가 필요
한 것을 만들면, 산업자본은 사실 붕괴되고 맙니다. 그러니 소비
자가 필요하다고 생각하는 것을 대신 만든다는 논리, 혹은 소비
자가 직접 만드는 것보다 자신들이 더 근사하게 만든다는 논리는
산업자본에는 필수적입니다.

여전히 도돌이표만 남습니다. 소비자가 정말 원하는 것을 만
들려면 산업자본은 소비자가 되어야 하지만 아무리 해도 산업자
본은 소비자가 될 수 없으니까요. 여기서 매클루언과 네비트가
말한 '전자기술'이 치트키가 될 줄은 두 사람이나 토플러도 당시
는 몰랐을 겁니다. 2008년 샌드버그와 저커버그가 손을 잡으며
본격화된 다큐미디어혁명은 산업자본이 소비자가 되지 않아도
소비자의 욕망을 있는 그대로 읽을 수 있는 공간을 마련해주게
됩니다. 누구도 의식하지 않고 자기 검열도 없이 사람들이 자기
욕망을 풀어내는 공간, 욕망을 포함한 표현된 모든 것을 하나도
놓치지 않고 포획할 수 있는 공간! 한마디로 생산자가 완전히 소
비자의 입장에 설 수 있는 공간입니다. 산업자본이 그렇게나 열

V. 웹의 그물에 포획된 노동자들: 페라리스의 다큐미디어론

고 싶었던 판도라의 상자는 마침내 열렸고, 소비자마저도 자각하지 못하는 욕망까지 들여다볼 수 있는 마법이 시작된 겁니다.

정보나 지식이 필요할 때, 우리는 구글이나 네이버 혹은 유튜브를 검색합니다. 선물을 사려고 아마존이나 쿠팡에 접속합니다. 무료하고 지루할 때 스마트폰으로 영화나 EPL 경기를 보거나 게임을 합니다. 외롭고 쓸쓸할 때 혹은 행복을 추억하고 싶을 때 블로그나 SNS를 시작합니다. 포털 플랫폼에 들어가 정치든 스포츠든 예능이든 기사에 악플을 달면서 전투력 상승을 만끽할 때도 있습니다. 푸른 바다에서의 서핑과 달리 우리의 웹서핑은 영원히 지워지지 않는 흔적을 남깁니다. 바로 이 흔적들이 데이터가 되어 산업자본에 전해지는 겁니다. 그 결과 내 스타일의 상품과 서비스가 내 눈앞에 펼쳐지게 됩니다. '화폐-상품-화폐'(M-C-M´)'라는 공식의 아킬레스건인 유통과정은 이제 끊어질 위험에서 벗어나게 됩니다. 산업자본은 팔릴 수밖에 없는 걸 만들게 되었으니까요. 바로 이것이 다큐미디어혁명의 전모입니다.

페라리스는 말합니다. "모든 행동이 기록되는 순간부터 그런 의존성은 '소비-기록-소비(Consumption-Record-Consumption)'라는 사이클의 방아쇠를 당긴다"고 말입니다. '소비-기록-소비', 즉 'C-R-C' 사이클에 처음 등장하는 C는 단순한 상품 구매와 같은 소비를 넘어서는 겁니다. 스마트폰과 랩톱으로 수행하는 모든 행동에 뒤따르는 삶과 에너지의 소비를 의미하니까요. 페라리스가 "우리는 소비를 결정하는 유기체적 요소를 가지고 있다"고 말했던 이유입니다. 공식의 두 번째 R는 페라리스의 말대로 "소비가 흔적들을 남기며 생산한 사회적 대상들(소비에 대한 빅데이터와 정보)"입니다. 마지막 C는 표면적이든 심층적이든 억압적이든 우리 욕망에 적중하는 상품들, 오프라인이나 온라인에 펼쳐진 상품들을 게걸스럽게 소비하는 단계입니다. 이런 식으로 'C-R-C' 사이클은 무한히 계속되는 겁니다.

　마르크스의 일반 공식이 한 사람의 거동과 관련된 공식이었다면, 페라리스의 일반 공식은 그 사람의 심장 박동 공식입니다. 이렇게 페라리스는 우리 시대 자본주의를 구조적으로 포착하는 데 성공합니다. 그렇지만 2008년 샌드버그와 저커버그의 만남, 그리고 2010년 잡스의 아이폰4 이후 새롭게 진화한 자본주의에 대한 다른 이론적 접근도 있었다는 걸 잊어서는 안 됩니다. 바로 '인지자본주의'와 '감시자본주의'입니다. 페라리스로서는 이 두 가지 이론적 접근법에 대해 어떻게든 입장 표명을 해야 했습니다. 그러나 두 입장 모두 새로운 형식의 자본주의에 맞서 인간의 행복을 도모한다는 점에서, 페라리스의 입장 표명은 조심스러울 수밖에 없지요. 잘못했다가는 새롭게 진화한 자본 앞에서 적전 분열이나 내부 총질이 벌어질 수도 있으니까요. 페라리스다운 신중함입니다.

　우리는 자신의 행동과 소비, 그리고 자신의 표현과 표명을 통해서 데이터를 제공하는 존재다. 그럼에도 궁극적으로 우리 소비는, 우리 데이터를 수집한 회사들이 사업적 목적으로 그리고 단지 파생적으로만 정치적 목적으로 그러는 것처럼, 가장 큰 이익을 유발하는 것이다. 다큐미디어자본에서 중요한 것은 감시가 아니라, 만약 그런 것이 있다면 동원, 즉 움직이도록 만들기 그리고 자원들로부터 이익 만들기 그리고 가치의 창조다. 관념으로서 감시자본주의는 인지자본주의만큼이나 불완전한('인간적 가치가 투사된(anthropomorphic)') 것이다. 노동자들은 실제로 많은 것을 알지 못한다. 이것은 자본가들이 실제로 많은 것을 감시하지 못하는 것과 마찬가지다. 자본주의는 감시가 아니다. 자본주의는 단지 데이터 모으기이다. 자본주의의 목적은 민중들에 대한 지배가 아니다. 자본주의의 목적은 소비다. 소비를 조종하기, 소비를 이해하기, 그리고 소비를 포획하기가 자본주의의 목적이다.[11]

인지자본주의(cognitive capitalism)가 프랑스 경제학자 물리에 부탕(Yann Moulier Boutang, 1949~)이 2007년에 출간한 《인지자본주의: 새로운 거대한 전환(Le Capitalisme cognitif: la nouvelle grande transformation)》에서 제안한 개념이라면, 감시자본주의(surveillance capitalism)는 2018년 미국의 사회심리학자 주보프(Shoshana Zuboff, 1951~)의 《감시자본주의 시대: 권력의 새로운 개척지에서 벌어지는 인류의 미래를 위한 투쟁(The Age of Surveillance Capitalism: The Fight for a Human Future at the New Frontier of Power)》에서 다뤄진 개념입니다. 어느 경우든 지워지지 않는 웹서핑을 통해 개인들이 남긴 데이터들을 독점해 잉여가치를 창출하는 21세기 새로운 자본주의 형식에 주목합니다. 두 입장 모두 우리는 지금 비물질적인 인간의 지식이나 인간의 인지적 협력의 축적이 새로운 부의 원천이 되는 사회에 살고 있다고 봅니다.

인지자본주의나 감시자본주의에 대한 페라리스의 입장은 미묘하기만 합니다. 겉으로는 신중하고 부드러워 보이지만, 음미할수록 그 속에는 날카로운 칼날이 느껴지니까요. "관념으로서 감시자본주의는 인지자본주의만큼이나 불완전한(인간적 가치가 투사된) 것이다." 여기서 "인간적 가치가 투사된"이라고 번역된 'anthropomorphic'이 중요합니다. 이 형용사는 신인동형설(神人同形說)로 번역되는 'anthropomorphism'에서 유래한 겁니다. 신을 포함한 다른 존재들에 인간의 특질이나 감정, 혹은 심지어 의도마저 투사하는 것이 바로 앤스로포모피즘입니다. 여기서 자본주의를 "장밋빛"으로 그리지 않겠다는 페라리스의 마르크스적인 의지가 눈에 띕니다. "인간의 가치가 투사되는"의 핵심은 '소비-기록-소비(C-R-C)' 사이클의 중심, 즉 '기록(R)'의 "소비에 대한 빅데이터와 정보"에 있습니다.

부탕의 생각과는 달리 'R'는 인간의 능동적인 인지 협력의 단순한 결과물이 아닙니다. 그것은 자동적으로 웹 사용자들이 남긴 기록들을 실시간으로 모두 기록하는 IT 기술이 없으면 불가능하니까요. 또한 주보프의 선동적인 생각과는 달리 'R'는 단순하게 플랫폼 운영자나 다큐미디어자본이 인간들을 감시하고 통제하려고 모은 것도 아닙니다. 더군다나 이렇게 모은 데이터로 자본이 인간을 감시하려고 해도 제대로 할 수 없습니다. 여전히 'R'는 해석의 여지가 무궁무진한 영역이라는 것도 주목할 필요가 있

V. 웹의 그물에 포획된 노동자들: 페라리스의 다큐미디어론

습니다. 결국 R를 노동자들의 입장에서 보면 인지자본주의이고, 자본가의 입장에서 보면 감시자본주의라고 이해하면 쉽습니다. 어느 경우든 앤스로포모피즘입니다. 그래서 페라리스는 말합니다. "노동자들은 실제로 많은 것을 알지 못한다. 이것은 자본가들이 실제로 많은 것을 감시하지 못하는 것과 마찬가지다." 페라리스는 일체의 앤스로포모피즘을 배제한 다큐미디어자본의 맨얼굴을 우리에게 다시 한번 보여주는 것으로 신중한 비판을 마무리합니다. "소비를 조종하기, 소비를 이해하기, 그리고 소비를 포획하기가 자본주의의 목적이다."

이게 현실일까? 단지 환상일까? 산사태에 휩쓸리듯 벗어날 길이 없네. 눈을 크게 뜨고 당신들의 하늘을 올려다봐! 나는 가난한 소년일 뿐, 동정 따위는 필요 없어. 그저 이렇게 와서 이렇게 갈 뿐, 그 이상도 그 이하도 아니니까. 어쨌든 바람이 부네. 나 따위는 중요하지도 않듯.

엄마! 방금 어떤 남자를 죽였어요. 그의 머리에 총을 겨누고 방아쇠를 당겼어요. 지금 그는 죽어 있어요. 엄마! 내 삶은 방금 시작되었을 뿐인데. 나는 그걸 내던져버린 거예요. 엄마! 엄마를 울리려는 것은 아니지만, 내일 이맘때쯤 내가 돌아오지 않더라도 어떤 것도 중요하지 않은 듯 살아가셔야 해요. 엄마! 나는 죽고 싶지 않아요. 때로는 태어나지 않았기를 원하기도 했지만요.

당신들은 내게 돌을 던지고 내 눈에 침을 뱉을 자격이 있나요? 당신들은 나를 사랑하고 죽게 놔둘 자격이 있나요? 제발! 내게 이러지 말아요!

내게 진짜로 어떤 것도 중요하지 않아. 누구나 알 수 있지. 어떤 것도 정말 중요하지 않아, 이제는 내게 어떤 것도 진짜 중요하지 않아. 어쨌든 바람이 부네.

—퀸, 〈보헤미안 랩소디〉

존재한다는 건
저항하는 것

그 많던 노동자들은 지금 어디에 있는가?

21세기 IT로 상징되는 테크놀로지의 발달은 스마트폰에만 국한된 것은 아닙니다. 다큐미디어자본이 왕좌에 오르자 금융자본, 산업자본, 상업자본 나아가 농업마저 주변부로 물러나 다큐미디어자본의 논리를 중심으로 재편됩니다. '모바일 뱅킹', '모바일 투자', '스마트 제조', '원격 의료', '스마트 농업'이란 말이 괜히 생긴 것은 아닙니다. 특히나 재화, 서비스와 관련된 산업자본의 변화는 더 극적일 뿐만 아니라 더 중요합니다. 우리와 이웃들 대부분은 재화를 생산하거나 서비스를 제공하면서 생계를 유지하고 있기 때문입니다. 정보기술, 즉 IT의 발달로 인간이 아닌 기계들이 재화를 생산하는 주력이 되고 있습니다. 심지어 서비스는 점점 자동화되거나 소비자에게 위임되고 있지요. 패스트푸드점이나 영화관의 키오스크나 티켓의 앱 발권을 생각해보세요. 심지어 스

Download on the **App Store**

 GET IT ON **Google Play**

 Available on the **App Store**

 Available on **Windows Store**

 Available on the **App Store**

 Download From **Microsoft Store**

이제 모든 것은 스마트폰으로 가능하다. 스마트폰
안에는 극장, 음식점, 은행, 미술관, 연주회장 등
없는 것이 없다. 우리는 이제 스마트폰이 없는
세상을 꿈꿀 수 없다. 그런데 우리의 일상은
그만큼 편해졌을까? 노동에서 해방되었을까?
우리에겐 행복한 미래만이 펼쳐져 있을까?

마트폰에 은행이나 여행사가 들어온 지 오래입니다. 이렇게 셀프 서비스가 사회 전반에서 기계들에 의해 강제되고 있고, 이런 변화를 예측했던 사람은 그리 많지 않았을 겁니다.

분명 자동화로 일상이 편해진 것은 사실입니다. 그래서 IT는 인간 문명의 진보인 것처럼 보입니다. 이제 로봇청소기, 건조기, 식기세척기는 필수품이 되었지요. 그런데 인간의 노동이 드디어 저주로부터 풀려난 것일까요? 우리에게 행복한 미래만이 펼쳐져 있을까요? 하지만 페라리스의 스케치는 그리 낙관적이지만은 않습니다.

우리가 목도하고 있는 것은 고역의 사라짐이다. 동원은 반드시 육체적 고역을 함축하지 않는다. 물론 육체적 고역은 배달 라이더나 아마존 창고 노동자와 같은 단순히 웹에 종속된 직업 영역, 자동화의 도래로 사라질 운명에 처한 일자리들에는 여전히 남아 있다. 그렇지만 고역은 전체적으로 더 이상 일의 근본적 특성이 아니다. 오히려 레크리에이션의 특성이 되고 있다. 예를 들어 러너들의 경우 …… 그들은 일하며 태우지 못한 에너지를 태우기 위해 달린다. 그렇지만 소비는 육체적 고역으로 산출했던 것보다 더 많은 부를 낳을 수 있다. 왜냐하면 소비는 그렇지 않았다면 팔리지 않은 채로 있거나 아니면 절대적으로 어떤 목적에도 부합되지 않았을 저가로 대량생산된 (기능성 음식, 신발, MP3 플레이어 그리고 만보기와 같은) 재화들의 소비를 가능하도록 하기 때문이다.[12]

페라리스가 말한 동원은 좋아서 자발적으로 웹의 세계에 접속하는 것입니다. 유쾌한 동원이 엄청난 데이터를 생산하고, 이 데이터는 다큐미디어자본의 먹이가 됩니다. 어쨌든 자발적 동원에는 강제로 동원되었을 때보다 고역이라는 느낌은 없습니다. 그러나 자발적 동원이 잉여가치를 낳는 일종의 노동이란 사실을 잊어서는 안 됩니다. 출근할 때 몸과 마음이 무거워지고 퇴근할 때 몸과 마음이 가벼워졌던 과거 노동과는 사뭇 다른 상황입니다. 사고 싶은 상품을 서핑하고, 보고 싶은 영화를 내려받고, 내 블로그를 꾸밀 때 우리는 이 일을 고역으로 생각하지 않습니다. 오히려 스마트폰이 갑자기 방전되거나 아니면 분실했을 때 우리의 몸과 마음은 더 무거워지니까요. 잉여가치를 만드는 일에는 고통이 따른다는 산업자본주의 시대의 통념은 이렇게 흔들리게 됩니다.

즐거운 착취의 세계, 착취를 당하면서도 마냥 좋다는 기이한 세계에도 여전히 착취를 느끼는 전통적인 노동의 세계는 존재합니다. 스포트라이트를 받지 못하고, 그만큼 사회적 관심에서 멀어진 일자리들이 있으니까요. 페라리스가 말한 것처럼 "배달 라이더나 아마존 창고 노동자와 같은 단순히 웹에 종속된 직업 영역, 자동화의 도래로 사라질 운명에 처한 일자리들"이 바로 그것입니다. 바로 이런 일자리에는 산업자본주의 시대 공장 노동자들이 감내하던 "육체적 고역"이 그대로 남아 있습니다. 여기서 잊지 말아야 할 것은 페라리스가 그린 일의 풍경은 유럽, 좁게는 이탈리아에 국한된다는 사실입니다. 매연, 폐수와 함께하는 제조 공장들은 비유럽 지역으로 이전했거나 아니면 비유럽 지역의 자생적 산업자본이 제품 생산을 담당하게 된 겁니다. 중국과 인도 등에서의 산업자본 발달은 이런 문맥에 있는 겁니다. 이에 따르면 한국의 자본은 유럽과 중국 사이, 혹은 유럽과 인도 사이, 혹은 유럽과 동남아 사이 그 어딘가에 있다고 할 수 있습니다.

페라리스는 일의 풍경을 묘사하면서도 다시 한번 소비가 자본 일반 운동에 결정적이라는 사실을 강조합니다. 바로 여기서 러너의 비유는 매우 인상적입니다. 우리 사회도 그렇지만 선진국 사회에는 필라테스, 요가, 헬스, 그리고 러닝이 이미 일상적인 풍경이 되었지요. 자동화로 인간의 고역을 기계들이 대신하자, 인간의 몸에는 배설되지 않은 칼로리가 축적됩니다. 바타유의 '일반경제'에 대한 통찰이 떠오르는 대목입니다. 과잉된 에너지를 소모하지 않으면 체제는 위기에 빠진다는 입장입니다. 그러나 몸에 축적된 칼로리를 배출하는 것은 여간 힘든 일이 아닙니다. 다이어트를 해본 분들이라면 누구나 공감할 일이지요. 이것이 고역은 "레크리에이션의 특성이 되고 있다"고 페라리스가 말한 이유입니다. 선진국에서는 디지털화와 자동화로 고역이 생산 영역에서 소비 영역으로 옮겨간 겁니다. 그러나 고역의 성격은 묘하게 변합니다.

필라테스장이나 헬스장과 같은 실내 공간이나 러닝이 이루어지는 산책로에서 그 누구도 고역을 고역이라 여기지 않습니다. 산업자본 시대 조립라인 앞에서 느낀 고역과는 확연히 다르니까요. 이것은 여러모로 웹의 세계에 접속한 사람들이 자신의 활동을 고역이라고 느끼지 않는 사실과 묘하게 공명합니다. 핵심은 자신의 고역을 원하는 때 그만둘 수 있느냐의 여부일 겁니다. 온라인의 세계든 러닝의 세계든 모두 디지털화와 자동화가 만든 겁니다. 자발적으로 기꺼이 행해지는 칼로리 발산은 왕성한 소비로 이어지고, 이것이 마침내 생산의 동맥경화를 해소한다는 사실이 중요합니다. 페라리스가 러닝의 예를 들며 다시 한번 생산보다 소비가 더 많은 부를 낳는다는 사실을 강조했던 이유입니다. 필라테스든 헬스든 아니면 러닝이든 칼로리의 소비는 "그렇지 않았다면 팔리지 않은 채로 있거나 아니면 절대적으로 어떤 목적에도 부합되지 않았을 저가로 대량생산된 (기능성 음식, 신발, MP3 플레이어 그리고 만보기와 같은) 재화들의 소비를 가능하도록 하기 때문"이지요.

선진국 사람들의 몸, 아니 우리 몸에 축적된 과도한 칼로리는 가깝게는 배달 라이더의 고역에서, 아니 더 중요하게는 비유럽 지역 노동자들의 고역에서 유래했다는 걸 잊어서는 안 됩니다. 페라리스도 이 사실을 잘 알고 있습니다. 그럼에도 그는 새로운 자본 형식으로 진입한 유럽 노동자들이나 비유럽 선진국 노동자들에게 집중하고자 합니다. 웹에 의해 전체 세계가 유럽과 미국의 자본에 포섭되었다면, 다시 말해 다큐미디어자본이 패권을 잡았다면, 그 중심부에서 변화를 도모해야 하기 때문입니다.

어쨌든 일자리의 현재와 미래에 대한 페라리스의 통찰은 디지털화와 자동화가 유럽이나 미국에서뿐만 아니라 우리의 상황에도 어떤 파장을 일으키는지 이해하도록 해줍니다.

V. 웹의 그물에 포획된 노동자들: 페라리스의 다큐미디어론

일의 세기로서 20세기는, 즉 생산이나 서비스 활동에 대한 공식적 참여를 모든 성년 인간 존재의 정체성을 구성한다고 인식했던 세기는 동시에 일의 종언에 대한 예언으로 끝났다. 예언은 한 번에 현실화되고 있다. 분명한 것들에서 출발하자면, 더욱더 많은 로봇, 즉 일(라보타〔работа〕)을 위해 고안된 기계들이 생산하고 유통시키고 있다는 사실이다. 그리고 데이터가 일의 과정들을 자동화하는 데 종사하기 때문에 노동자들은 사라지고 있는 것이다. 호모 파베르(Homo faber)의 소멸보다는 우리는 차라리 희박화(rarefaction)를 다루고 있는 것이다. 이제 분명히 하나의 전환인 이 희박화의 특성들을 숙고하도록 하자. 자동화와 디지털화는 중가의 일자리를 솎아내고 고가의 일자리와 저가의 일자리 사이의 간극을 확장하고 있다. 왜냐하면 두 극단에서 수행되는 것은 자동화될 수 없기 때문이다.[13]

1908년 베르그손(Henri Bergson, 1859~1941)은 자신의 주저 《창조적 진화(L'Évolution créatrice)》에서 인간 지능(intelligence)을 "도구를 만들 수 있는 도구(outils à faire des outils)"를 제작하는 능력으로 정의했습니다. 이것은 원숭이가 나무 몽둥이를 단순히 휘두르는 것과는 질적으로 다른 능력입니다. 칼로 날카로운 나무창을 만드는 인간의 모습을 생각해보세요. 도구를 사용하는 지능을 갖춘 이 묘한 동물을 베르그손은 '호모 파베르'라고 불렀습니다. 여기서 '파베르'는 '제작자'를 의미하는 라틴어입니다. 베르그손의 뇌리에는 자신이 살던 산업자본 시대의 공장 이미지가 있었다는 걸 잊어서는 안 됩니다. 다양한 도구를 만드는 다양한 기계, 그 기계들의 집결지가 공장이니까요. 결국 디지털화와 자동화는 호모 파베르의 소멸을 의미하지는 않습니다. 호모 파베르가 자신의 지성을 최대치로 실현한 것이니까요.

로봇만큼 다른 도구를 만드는 최고의 도구도 없다는 걸 생각해보세요. 문제는 "더 많은 로봇들, 즉 일(라보타)을 위해 고안된 기계들이 생산하고 유통시키고 있다는 사실"입니다. 여기서 페라리스의 이야기처럼 "생산이나 서비스 활동에 대한 공식적 참여를 모든 성년 인간 존재의 정체성"으로 생각했던 낡은 관념은 유지될 수 없습니다. 재화와 서비스를 제공하는 것은 이제 로봇의 정체성이 되어가고 있으니까요. '일'이나 '노동'을 뜻하는 러시아어 '라보타(работа)'를 '로봇(robot)'이란 단어와 함께 쓰면서 페라리스는 일자리의 소멸이 주는 인간의 상실감, 혹은 박탈감에 여운을 줍니다. 이제 지치지도 않고 불만도 없이 생산을 하고 서비스를 제공하는 기계들이 인간 대신 일을 하게 된 겁니다. 마침내 하루 24시간 노동자를 생산에 투여하고 싶었던 산업자본의 오랜 꿈이 실현된 셈입니다.

페라리스는 "호모 파베르의 소멸보다는 차라리 우리는 희박화를 다루"어야 한다고 말합니다. 자동화와 디지털화로 도구의 도구를 만들 수 있는 인간의 지능이 없어졌다는 체념, 나아가 인간이 이제 기계의 도구가 되었다는 절망에 대해 그는 단호히 반대합니다. 기계가 우리 삶을 해치는 도구라는 걸 확인한다면, 우리 인간은 언제든 다시 도구의 도구를 만들 수 있고 만들어야 하는 존재라는 걸 긍정하는 겁니다. 호모 파베르로서 인간은 도구를 만들 수 있고 혹은 도구의 도구성을 변형할 수 있는 존재라는 이야기죠. 생산체제도 일종의 거대한 도구라는 사실을 잊어서는 안 됩니다. 나무를 깎기에 적절하지 않으면 칼을 바꿔야 하는 법입니다. 그래서 페라리스는 체념과 절망에서 벗어나 20세기적 일의 관념이 더는 유효하지 않은 새로운 생산체제를 직시하고자 합니다. 전통적 의미의 일, 혹은 일자리들의 희박화라는 구조적 현상을 제대로 인식하자는 이야기입니다.

페라리스는 말합니다. "자동화와 디지털화는 중가의 일자리를 솎아내고 고가의 일자리와 저가의 일자리 사이의 간극을 확장하고 있다. 왜냐하면 두 극단에서 수행되는 것은 자동화될 수 없기 때문이다." 어차피 20세기 전통적인 일자리들은 산업자본의 의지로 출현한 겁니다. 그리고 그 일자리에서 노동자들은 자본의 잉여가치를 위해 노동력을 제공했죠. 그러나 디지털화와 자동화의 발달로 자본은 더는 상품 제작이나 서비스 제공에서 인간을 필요로 하지 않게 된 겁니다. 단지 이뿐입니다. 이제 자본이 인간들을 고용한다면, 그것은 자동화가 불가능한 소수의 창의적 영역이나 아니면 자동화의 가치마저 없는 육체적 고역의 영역에서만 이루어집니다. 20세기 산업자본에 고급 노동력을 제공했던 대학은 새로운 자본 입장에서는 이제 폐기해야 할 곳이 된 겁니다. 수많은 교직원의 이익을 위해 대학은 간신히 명맥을 유지하고 있을 뿐입니다.

같은 문맥에서 우리는 진보적이어야 할 노동조직이 왜 우리 시대에 보수성을 띠게 되었는지 이해할 수 있습니다. 자동화로 일자리의 세계가 축소되고 희박해지자, 자신이 가진 정규직 일자리를 빼앗기지 않으려는 서글픈 이기주의가 발생한 겁니다. 안타까운 것은 과거 산업자본 시대의 향수에 젖어 대학에 입학하려는 대부분의 청년들이지요. 자신이 배우고 있는 모든 것을 현장에서는 기계가 하고 있다는 경악스러운 현실을 분명 느끼고는 있지만 직시하지는 않고 있으니까요. 고가의 일자리와 저가의 일자리! 그 사이에 일자리는 공기가 희박해지듯 사라지고 있습니다. 중산층! 그건 향수에 지나지 않게 된 겁니다. 전공을 가로지르는 독창적인 능력이 없다면, 그들에게는 저임금 노동직밖에 없다는 게 현실입니다. 이에 대해 페라리스는 우리 청년들을 허무맹랑한 말로 위로하지는 않습니다. 오히려 일자리의 희박화, 혹은 일자리의 양극화라는 현실을 계속 보라고 요구하니까요.

가학증이 있어서 그런 것은 아닙니다. 자신이 어떤 상황에 있는지 제대로 직시해야만 그 탈출구도 보이는 법입니다.

거래와 사회-전문직적 범주들이 사라지고 있고, 그것은 사회조직에서 어떻게 라디오, TV, 전화기, 계산기, 컴퓨터, 시계, 각도기, 기압계 등등의 제조(와 판매)와 같은 다양한 활동들이 스마트폰의 제조와 판매에 포섭되는지로 …… 예화되는 현상을 야기하고 있다. …… 전통적 의미의 대부분의 생산은 기계들이 수행한다. 여기서 기계들은 기록, 즉 전적으로 인간 노동자들의 활동이었던 글쓰기에 의해 프로그램을 실행한다. 그렇지만 (대가가 지불되는 일자리가 없는 사람의 경우처럼) 노동자들은 수행해야 할 다른 임무, 설령 독점적이지 않을지라도 그들의 주된 임무가 되기 시작한 이차적이고 부수적인 임무를 갖게 된다. 그것은 소비, 오락, 그리고 인간관계다.[14]

웹을 포함한 IT의 발달, 그것은 생산과정뿐만 아니라 유통과정을 포함한 모든 일자리의 세계에 엄청난 변화를 가져옵니다. 디지털화와 자동화의 힘입니다. 그 결과 과거의 전통적 전문직이 위축되고 통폐합되는 상황이 벌어집니다. 페라리스는 그 상징으로 스마트폰 제조를 언급합니다. "라디오, TV, 전화기, 계산기, 컴퓨터, 시계, 각도기, 기압계 등등의 제조(와 판매)와 같은 다양한 활동들이 스마트폰의 제조와 판매에 포섭"됩니다. 생각해보세요. 스마트폰의 성공으로 다양한 전자 제품을 만들던 전통적 제조업체는 문을 닫을 수밖에 없고 당연히 노동자들은 일자리를 잃게 됩니다. 그 이상으로 파괴력을 가진 것은 스마트폰에서 구동되는 포털과 앱입니다. 모바일 발권으로 역에는 발권 서비스를 하던 노동자들이 사라지고, 모바일 뱅킹으로 은행에는 은행원들이 사라지고 있습니다. 언론사나 방송국도 과거의 영광을 잃은 지 오래이고요.

스마트폰은 다큐미디어 시대의 작은 상징일 뿐입니다. 자본주의의 척추라고 할 수 있는 산업자본 전체가 디지털화와 자동화의 광풍에 휘말리고 있으니까요. 하긴 농업이나 수산업마저도 '스마트'를 슬로건으로 삼고 있으니, 산업 현장 전체는 말해서 무엇 하겠습니까? 그러나 현재나 미래에 대한 막연한 불안감을 지우고 우리 시대 자본의 흐름을 직시하면, 다큐미디어자본의 맹점이 보이기 시작할 겁니다. 일자리가 줄어든다면, 그래서 봉급을 받는 사람이 줄어든다면, 자동화나 디지털화로 멋지게 생산된 상품과 서비스는 아무런 의미가 없어지기 때문입니다. 결국 '스마트' 경제는 전혀 스마트하지 않다는 사실이 폭로됩니다. 1960년대 이후 소비를 유혹하려고 그렇게나 애쓰던 소비사회의 꿈을 스스로 괴멸시키고 있기 때문이지요. 자본의 진화가 자본의 자살이 되는 기묘한 현기증! 바로 여기가 인간이 자본에 맞설 수 있는 교두보입니다.

생산은 기계에나 던져주고 인간은 이제 소비를 담당하면 됩니다. 이것은 다큐미디어자본이 결코 거부할 수 없는 인간의 요구입니다. 산업자본 시대에 우리는 상품을 생산하고 서비스를 제공하는 노동자였고, 동시에 그 대가로 받은 봉급으로 상품이나 서비스를 사는 소비자이기도 했습니다. 당시 인간에게 노동자의 역할이 일차적이었고 소비자의 역할은 부차적이었습니다. 그러나 이제는 노동자로서의 역할은 기계에 빼앗겼습니다. 문제는 기계들이 인간과는 달리 소비를 할 수는 없다는 점입니다. 소비가 없다면 자본주의는 붕괴합니다. 좁아진 취업문에 연연할 필요가 없습니다. 바로 여기에 씨름의 뒤집기 기술처럼 반전이 일어납니다. 이제 우리는 자본을 협박할 수 있게 된 겁니다.

페라리스가 이야기했던 것처럼 자본주의가 생명을 유지하려면 우리는 "소비, 오락, 그리고 인간관계"를 수행해야 합니다.

일자리도 없고 봉급도 없는 우리는 그러니 요구나 협박을 할 수 있는 겁니다. "너희의 잉여가치를 우리에게 돌려줘! 그래야 소비를 하지. 싫다면 같이 망하든가." 노동자들이 자신의 일자리를 지키기 위해 기계들을 부술 필요는 없습니다. 기계가 하지 못하는 소비를 우리는 할 수 있다는 인간의 발랄한 도발이 가능하니까요. 자동화나 디지털화로 생산과정에서 밀려난 사람들, 취업이 구조적으로 힘든 청년들, 한마디로 생산에서 배제되어 돈이 없는 사람들이 자본의 아킬레스건을 겨눈 운동이 가능하고, 필요하게 되었습니다. 이제 기계가 할 수 없는 소비를 사회적 노동으로 긍정하면서, 그 대가를 자본에 당당하게 요구하는 겁니다. 다큐미디어자본으로서는 예상치 못한 인간의 반격입니다.

보통 냉소와 조롱의 뉘앙스가 강했던 '소비하는 인간(Homo Consumens, Homo consumericus)'은 바타유의 의미로 긍정적으로 재해석되어야 합니다. 보드리야르는 자본이 인간에게 기생하기 위해 읊조렸던 소비의 주문을 경고했던 적이 있습니다. 이제 소비의 주문이 인간이 자본에 기생하려는 해방의 주문이 되는 반전이 모색되어야 합니다. 소비의 논리로 자본이 인간을 착취했다면, 이제 소비의 논리로 인간이 자본을 착취할 때입니다. 자본주의를 넘어서는 공동체로 나아가기 전, 소비와 관련된 쟁점에서 거머리처럼 자본을 괴롭히는 지혜가 필요한 부분입니다. 우리는 자본이란 골리앗을 뒤집기로 물리치는 다윗이 되어야 합니다. 1852년 《루이 보나파르트의 브뤼메르 18일(Der 18te Brumaire des Louis Napoleon)》에서 마르크스는 말했습니다. "이곳이 로도스다,

여기서 뛰어라(Hic Rhodus, hic salta)!" 페라리스에게는 "소비, 오락, 그리고 인간관계"가 로도스였던 겁니다.

동원된 자들의 보헤미안 랩소디!

19세기 중반 《헤겔 법철학 비판》에서 마르크스는 "종교는 아편" 이라고 말했던 적이 있습니다. 산업자본의 시대 비참한 삶의 고통을 노동자들은 종교를 통해 잊으려 했으니까요. 그렇지만 마르크스는 종교라는 아편에 취해 고통을 잊으려는 평범한 이웃들을 조롱하지 않았습니다. 교회에 가는 노동자들을 조롱하지 말고, 교회에 가서 위로를 받게끔 만든 산업자본주의를 미워하자, 바로 이것이 마르크스의 마음입니다. 1950년대 들어 아편 공급처가 교회에서 컬러 TV로 바뀌었을 때, 드보르나 보드리야르의 태도는 사뭇 다른 데가 있었습니다. 정말 당시 컬러 TV의 동원력은 전대미문의 것이었습니다. 미디어혁명이니 미디어 시대라는 말이 괜히 나온 것이 아니었습니다. 공장에서는 상품을 만들고 집에서는 상품 광고에 빠져 있는 노동자들에 대해 마르크스 후예들의 시선은 매우 냉소적이었습니다. 사실 노동자들이 넋을 잃은 채 시청하는 드라마, 쇼, 스포츠 중계는 모두 상품 광고를 위한 미끼였으니까요.

컬러 TV보다 더 강력한 스마트폰이 아편 공급처로 새로 등장하면서 사실 노동자들의 상황은 더 악화됩니다. 스마트폰이 열어젖힌 웹의 세계에는 19세기부터 자본주의가 만들었던 집어등이란 집어등은 모조리 장착되어 있었으니까요. 현실세계에서는 대도시 번화가에 많아야 서너 개 정도의 백화점이 있습니다. 그러나 가상세계에서는 이론적으로 거의 무한한 백화점들이 세워질 수 있습니다. 이것이 바로 스마트폰이란 장치가 가진 힘입니다. 백화점만인가요. 은행, 매춘업소, 카페, 레스토랑, 도박장, 스포츠 스타디움, 도서관, 우체국, 전화국, 관공서 등등 대도시를 상징하는 거의 모든 것이 내가 쥐고 있는 스마트폰에 들어온 겁니다. 가상세계는 엄청 거대하고 화려하고 관능적이고 자극적입니다. 이렇게 웹의 세계가 필요의 세계, 소비의 세계, 오락의 세계, 사치의 세계, 사교의 세계, 즉 세계들의 세계로 등극하자, 우리의 현실은 보잘것없고 고리타분하며 불편하고 귀찮은 세계로 전락하고 마침내 가짜 세계로까지 치부되기도 합니다.

21세기 스마트폰은 19세기로 말하자면 교회 입구였고, 20세기로 말하자면 TV 리모컨입니다. 한마디로 천국으로 가는 티켓이자 극락으로 가는 일주문입니다. 문제는 이렇게 천국과 극락에서 노닐면서 우리는 자본에 엄청난 부를 안겨주고 있다는 점이지요. 우리는 내가 좋아서 밤새워 놀고 있다고 생각했지만, 웹의 세계에서 우리의 놀이는 모두 흔적을 남깁니다. 바로 이 흔적들이 빅데이터의 자원들이 되고 이걸 독점해 자본은 잉여가치를 확보하게 됩니다. 페라리스가 말한 '동원'이란 바로 이런 사태를 포착한 개념입니다. "자기가치화가 자기착취와 함께하는 과정"이 바로 동원이니까요. 우리는 웹의 세계에 자발적으로 참여해 즐기고 있지만, 결과적으로 다큐미디어자본은 우리의 삶과 에너지를 흡수해 성장하고 있지요. 드보르나 보드리야르가 살아 있었다면 냉소를 넘어 인간에 대한 절망, 심지어 인간을 구제 불능으로 낙인 찍을 수 있는 상황입니다.

페라리스는 스마트폰에 코를 박고 있는 이웃들에게 냉소를 보내지 않습니다. 이 점에서 그는 드보르나 보드리야르보다는 마르크스를 닮은 데가 있습니다. 인간에 대한 하염없는 애정을 가졌던 《헤겔 법철학 비판》의 마르크스를 연상시키니까요.

> 스펙타클을 즐기는 것이 무엇이 잘못되었다는 건가? 그것은 베다나 쇼펜하우어가 권장했던 관조적 상태(contemplative state)가 아닌가? 소외(alienation)라기보다 그것은 기분전환(distraction)이다. 당신은 자신을 당신의 생각들로부터 떼어내어 당신을 잊고 싶을 수 있다. 다시 한번 우리는 금욕주의나 수행이 낳는 자기망각이 TV가 낳는 자기망각보다 더 좋은 것인지 의아해한다. …… 예를 들어 TV 드라마로 기분전환을 하는 사람들을 생각해볼 수 있다. 그렇지 않고 그들이 미적분학 문제들과 씨름해야 할까? 그들은 전쟁 찬성 시위에 참여하기가 더 쉬울 수 있고, 그래서 그들이 기분전환하는 것이 더 나을지 모른다.[15]

드보르와는 달리, 아니 드보르와는 반대로 페라리스는 스펙타클을 긍정하는 것처럼 보입니다. 스펙타클에 매료되어 자기착취에 몸을 던지는 이웃들을 긍정한다!? 인문정신이 어떻게 자본의 착취 전략을 옹호하는지 의아스러울 따름입니다. 그러나 바로 여기가 페라리스의 마르크스적 감성이 녹아 있는 부분입니다. 현실이 고단하고 비참하기에 인간은 잠시 자신의 상황을 잊기 위해 기분전환을 하는 겁니다. 드보르라면 왜 고단하고 비참한 현실을 바꿀 생각을 하지 않느냐고 노골적으로 비판했을 장면입니다. 그래서 드보르는 스펙타클에 매료되어 자신의 처지뿐만 아니라 자신마저 망각하는 것을 "소외"라고 진단했던 겁니다. 그러나 과다출혈로 고통스럽게 죽어가는 병사에게 모르핀에 의존하지 말고 주어진 상황을 직시하라는 것은 잔인한 데가 있는 것 아닐까요?

패라리스는 기분전환 자체가 아니라 기분전환을 강제하는 조건들을 겨냥하고 있습니다. "TV 드라마로 기분전환을 하는 사람들을 생각해볼 수 있다. 그렇지 않고 그들이 미적분학 문제들과 씨름해야 할까?" 노동에서 간신히 벗어나 귀가한 노동자가 TV 드라마로 오늘의 고단함과 내일 또 반복될 고역을 잠시나마 잊으려 하는 것이 정말 잘못된 일인가요? 현실에서 기쁨과 행복을 느낀다면, 그 누가 자신의 현실과 자신을 잊으려 한다는 말인가요? 그래서 스펙타클에 빠져 구경꾼이 되어버린 우리 이웃들에 대한 드보르 이후 진보적 식자층들의 시선은 지나치게 각박한 것 아닐까요? 이것이 바로 페라리스의 마음이었던 겁니다. 낮 동안 노동 현장이나 서비스 현장에서 그야말로 자본을 위해 몸과 마음의 에너지를 쏙 빼앗긴 이웃들입니다. 이런 그들에게 미적분학 문제를 풀면서 정신을 깨우라고 하는 건 무정한 처사일 겁니다.

페라리스는 더 강하게 나아갑니다. 사실 미적분학 문제와 씨름하는 일이나 인도 고전 베다가 권유하는 요가를 수행하는 일이나 쇼펜하우어(Arthur Schopenhauer, 1788~1860)의 가르침에 따라 마음 수양을 하는 일도 모두 일종의 기분전환이라고 주장하니까요. 쇼펜하우어는 힌두교나 불교로 대표되는 인도의 명상 전통에 강한 영향을 받은 철학자로 우리에게 세상의 혐오를 가르칩니다. 아이러니한 것은 베다든 쇼펜하우어든 간에 세상으로부터 시선을 거두는 자기망각은 무아(無我)의 경지로 찬양받는다는 사실입니다. 그러나 TV 드라마를 보며 무아의 경지에 빠지나, 요가를 하며 무아의 경지에 빠지나, 미적분학에 몰두해 무아의 경지에 빠지나, 화두를 부여잡고 무아의 경지에 빠지나 모두 현실과 자기로부터 잠시 벗어나려는 기분전환의 상태에 지나지 않습니다. 그렇다면 템플스테이에 참여해 명상하는 것과 스펙타클에 빠져버리는 것 사이에는 아무런 질적 차이가 없다는 이야기가 됩니다.

몸과 마음의 에너지와 경제적 여유가 있는 사람의 기분전환과 모든 것이 소진된 사람의 기분전환 사이의 차이일 뿐, 기분전환은 기분전환일 뿐입니다. 그렇다면 페라리스는 기분전환을 긍정하는 것일까요? 내려받은 영화나 유튜브 영상에 빠져 있거나 블로그나 SNS에 몰두하며 현실의 시름을 잊으려는 우리 이웃들에게 그냥 박수만 보내는 것일까요? 아닙니다. 기분전환의 일환으로 스펙트클에 빠져 있지 않으면, 우리 이웃들은 "전쟁 찬성 시위에 참여하기가 더 쉬울" 수도 있습니다. 그러니 페라리스는 착잡하게 말했던 겁니다. "그래서 그들이 기분전환하는 것이 더 나을지 모른다"고 말입니다. 페라리스의 속내는 여기서 숨길 수 없이 드러납니다. 국가가 자신의 치부를 은폐하기 위해 만든 전쟁 스펙타클에 열광하는 것보다 작은 스펙타클에 매료되는 것이 낫다는 서글픈 판단입니다. 여기서 전쟁에 열광하는 것도 자신의 고단한 삶을 잊으려는 기분전환의 일환이란 사실을 잊지 마세요. 히틀러에 열광했던 1930년대 독일에 600만 명의 실업자들이 있었다는 사실은 이 점에서 상징적입니다.

왜 우리 이웃들이 기분전환의 상태에 빠지는지 페라리스는 압니다. 그리고 기분전환이 필요하게 만드는 사회적 현실이 바뀌지 않은 상태에서 이웃들에게 기분전환에서 벗어나라는 충고는 아무런 힘도 없다는 사실도 압니다. 오히려 우리 이웃들의 반감만 살 뿐, 심하면 꼰대라는 비아냥도 나올 수 있을 겁니다. 페라리스는 우리 이웃들 옆에 있고 싶었던 겁니다. 그들에게 절망하고 그들을 비하하고 그들을 포기할 생각이 전혀 없습니다. 그들을 가르치려 하다 그들이 반감으로 더 좋지 않은 걸 선택할 수도 있으니까요. 우리 이웃들이 기분전환의 상태로 도망가는 것이 아니라 현실에 맞설 때까지 그리고 그 현실을 개조해 향유할 수 있을 때까지 진득하게 옆을 지키겠다는 마르크스적인 마음입니다. 그래서 표면적으로 페라리스가 인간의 기분전환을 긍정한다고 해서, 그가 인간을 기분전환으로 몰아가는 사회구조를 긍정한다고 오해해서는 안 됩니다. 이것은 우리 이웃들이 블로그나 SNS에 몰두하는 현상에도 그대로 적용됩니다.

우리의 목표는 매우 정신적이다. 타인의 인정을 받기 위한 자기 긍정(self-affirmation). 왜 어떤 이는, 단지 공급자들에게만 부를 창출하는 다큐미디어 콘텐츠를 게시하고 (스마트폰, 랩톱 등) 자신의 생산도구를 구매하는 등 공짜로 일하고 있는 것일까? 이제 지구의 절반 이상, SNS를 사용하는 사람들은 이렇게 하는 것처럼 보인다. 나는 개인적으로 SNS를 하지 않지만, 이것이 내게 예외를 만들어주지 않는다. 나는 여전히 타인의 인정을 받으려는 희망에 나 자신을 긍정하려고 책을 쓰고 있기 때문이다. 교수들이 자기 몰두적이란 것은 잘 알려진 사실이다. 그렇지만 그밖의 모든 사람도 그렇다는 것은 잘 알려져 있지 않다. 이런 관점에서 셀카를 나르시시즘으로 해석하는 것보다 잘못된 (종종 발생하듯 도덕주의적인) 것도 없다. 나르시스는 자신을 보며 만족한다. 그 대신 셀카를 찍는 사람들은 자신들의 사진을 공개하는데, 그것은 그들만의 쾌락이 아니라 가능한 한 많은 사람에게 인정받기 위해서다.[16]

스펙타클의 버라이어티가 가능하다는 사실만으로도 스마트폰으로 상징되는 뉴미디어의 동원력이 TV로 상징되는 낡은 미디어의 그것을 얼마나 압도하는지 설명해줍니다. 뉴미디어는 우리를 수동적으로 만드는 스펙타클의 화려함 이외에 우리를 능동적으로 만들어주는 것처럼 보이는 쌍방향, 혹은 다방향 의사소통도 가능하게 하지요. 가령 유튜브는 스마트폰의 두 날개인 '응축된 스펙타클'과 '수평적 의사소통'이 가능한 공간입니다. 발신자와 수신자의 경계가 흐려지는 공간, 우리가 스펙타클을 만들고 우리가 스펙타클에 빠져드는 공간, 이것이 뉴미디어가 만든 특이한 영역입니다. 여기에서 우리는 익명이든 노골적이든 자신을 표현하고 있지요.

지금까지 대부분의 사람들은 일방적으로 메시지를 수신하면서 살아왔습니다. 군주, 성인, 아버지, 선생, 사장, 남편의 메시지 등. 다수 약자들은 강자나 현자, 남자 혹은 연로한 자의 메시지에 일언반구도 할 수 없었던 시절을 오래도 감내했습니다. 그런데 쌍방향 미디어의 등장으로 이제 메시지의 발신자가 되어 찍소리나마 할 수 있게 된 겁니다. 이 점에서 뉴미디어가 보인 전대미문의 동원력은 어쩌면 당연한 것인지도 모릅니다. 페라리스는 묻습니다. "왜 어떤 이는, 단지 공급자들에게만 부를 창출하는 다큐미디어 콘텐츠를 게시하고 (스마트폰, 랩톱 등) 자신의 생산도구를 구매하는 등 공짜로 일하고 있는 것일까?" 이제 우리에게는 자신을 표현할 수 있는 통로가, 숨을 쉴 수 있는 공간이 생겼으니까요.

문제는 인간이 자신을 표현하는 것만으로는 만족하지 않는다는 데 있습니다. 이것은 프러포즈만 할 수 있다면 바랄 것이 없겠다고 생각한 사람도 얼마 지나지 않아 상대방도 자신을 사랑하기를 원하는 것과 같습니다. 이렇게 표현에 대한 욕망은 인정에 대한 욕망으로 성장합니다. 아니 그 반대일지도 모릅니다. 인정받기 위해서 우리는 자신을 표현한 것입니다. 이런 우리 이웃들의 모습을 페라리스는 긍정합니다. 심지어 자신과 같은 철학자도 인정 욕망에서 자유롭지 못하다고 말하면서 이웃들을 안심시킵니다. 페라리스 자신도 타인의 인정을 받기 위해 책을 쓴다고 말했죠. 지금 페라리스는 인정투쟁을 사회성의 핵심이라고 주장했던 호네트(Axel Honneth, 1949~)와 입장을 같이하는 것처럼 보입니다. '타인의 인정을 받기 위한 자기긍정'에 대해 이야기하고 있으니까요.

셀카를 따뜻하게 보는 페라리스의 모습도 매우 인상적입니다. 셀카는 단순한 자기도취, 즉 나르시시즘이 표현된 것이 아닙니다. 그것은 타인의 인정을 받기 위한 자기긍정의 결과물이니까요. 그래서 페라리스는 말합니다. "셀카를 찍는 사람들은 자신들의 사진을 공개하는데, 그것은 그들만의 쾌락이 아니라 가능한 많은 사람에게 인정받기 위해서"라고 말입니다. 2010년 아이폰4에 처음으로 장착된 전면 카메라가 스마트폰 역사에서 혁명적이었던 이유이기도 합니다. 가장 행복할 때의 자신, 가장 아름다울 때의 자신, 아니 타인이 인정할 가능성이 가장 크다고 추정되는 자신을 찍을 수 있게 되었으니까요. 이렇게 보관된 셀카는 바로 블로그나 SNS로 옮겨져 '좋아요'를 기다립니다. 정말 페라리스는 인정 욕망을 긍정하는 철학을 표방하는 것일까요?

그렇지 않습니다. 단지 그는 스펙타클을 표면적으로 긍정했을 때와 같은 포지션을 취하고 있을 뿐입니다. 그는 현실에서 얻기 힘든 인정을 가상현실에서나마 얻으려는 우리 이웃들의 인정 욕망을 직시하고 있습니다. 나아가 인정 욕망을 증폭시켜 이웃들을 웹의 세계로 동원하려는 다큐미디어자본의 불순한 의지를 직감한 페라리스입니다. 바로 이 대목에서 페라리스는 인정 욕망이 강해지는 사회적 조건을 성찰하기 시작합니다. 그는 놀랍게도 〈대도시와 정신적 삶〉에서 짐멜이 피력했던 통찰과 구조적으로 공명하는 결론에 이릅니다. 이 논문에서 짐멜은 이야기했던 적이 있습니다. "대도시의 우글거리는 군중 속에서 사람들은 자신의 외로움과 쓸쓸함을 가장 잘 느끼기 마련이다. 물론 이것은 …… 자유의 이면일 따름이다. 왜냐하면 대도시만큼 한 개인이 누릴 수 있는 자유가 반드시 그의 정서적 안정으로 나타날 필요가 없다는 사실을 가장 잘 드러내주는 곳도 없기 때문이다."

1967년 그리스 건축가 도시아디스(Constantinos Doxiadis, 1913~1975)는 지구 전체가 도시가 되는 시대가 오리라 예언했습니다. 바로 에큐메노폴리스(ecumenopolis)입니다. 웹의 세계는 대도시, 즉 메트로폴리스를 넘어서는 에큐메노폴리스가 실현된 곳이 아닐까요? 에큐메노폴리스로서 웹의 세계는 20세기 초의 메트로폴리스가 따르지 못할 정도로 더 크고 화려하고 인구도 많습니다. 아무도 깨알 같은 나에게 신경을 쓰지 않으니 우리의 자유는 그야말로 극한에 이릅니다. 그러나 그만큼 우리는 외롭고 쓸쓸하기만 합니다. 정말 아이러니한 일입니다. 현실세계에서 느낀 고독을 해소하려고 들어온 웹의 세계인데, 이 세계는 우리를 더 고독하게 만드니 말입니다. 이제 '에큐메노폴리스와 정신적 삶'이나 '웹세계와 정신적 삶'이라고 부를 만한 페라리스의 논의를 직접 읽어볼 시간입니다.

각각의 모나드는 (우주를 반영하는 재현하는 힘으로써) 자신만의 관점으로 웹에서 발생하는 모든 것을 반영한다. 잘 기억해두자. 관점은 개체적이고, 단지 탈진실(post-truth)이 그것의 하나의 결과일 뿐인 강력한 왜곡상을 함축한다. …… 자기긍정은 점점 더 시급한 것이 되고 있는데, 사회조직이 모나드들로 구성되는 것처럼 보이기 때문이다. 원자적 힘에의 의지를 구성하는 개체들과 미시-공동체들. 그들은 …… 사회적 대상들(자기표상, 지위, 셀카, 접속, 이메일 등)을 생산함으로써 스스로를 온라인에 재현한다. …… 모나드들은 소규모 집단에 공유되는 배타적 가치들을 갖는다. 이 소규모 집단은, 산업 시대나 미디어 시대를 규정하는 (하나의 권위자로부터 수령자들에 이르는) 수직성 없이, 다른 집단들과 항상 수평적으로 의사소통할 수 있다. …… 그들은 함께(together)가 아니라 자기 혼자서 혹은 차라리 인터넷의 반응으로만 자신들이 옳다고 믿는다.[17]

100명이 사는 시골, 100만 명이 사는 메트로폴리스, 그리고 수억 명이 사는 에큐메노폴리스에서 나의 존재감은 각각 다릅니다. 정말 웹세계는 우리를 거대한 우주를 구성하는 모나드들로 만들어버립니다. 스마트폰이나 랩톱의 액정화면을 응시하는 순간 우리는 신처럼 거대해진 것 같은 느낌도 들지만, 동시에 곧 사라져도 누구도 기억하지 않는 먼지보다 작은 존재라는 느낌도 듭니다. 먼지보다 미미한 신들! 그래서 페라리스는 말했던 겁니다. "자기긍정은 점점 더 시급한 것이 되고 있는데, 사회조직이 모나드들로 구성되는 것처럼 보이기 때문이다." 잘못하면 아무도 모르게 먼지처럼 날아갈 것 같으니, 살아 있다는 흔적이나 신호를 보내야 하는 겁니다. "자기표상, 지위, 셀카, 접속, 이메일 등" 사회적 대상들은 바로 웹의 바다에 던져진 유리병 편지였던 셈입니다.

에큐메노폴리스에 익숙해진 모나드들의 인정 욕구는 그들이 남긴 기록들로 잉여가치를 얻는 다큐미디어자본만 이용하는 것은 아닙니다. 정치권에서도 인정에 대한 그들의 갈망을 철저하게 이용했으니까요. 2016년 영국의 브렉시트 총선거(Brexit referendum)와 같은 해 미국 대통령 선거는 가짜뉴스(fake news)가 지배했습니다. 원칙적으로 가짜뉴스는 정치권에서 만든 용어입니다. 사실 이것은 페라리스가 말한 "각각의 모나드는 자신만의 관점에서 웹에서 발생하는 모든 것을 반영한다"는 원리와 관련됩니다. 그러니까 같은 사건을 모나드들은 자기만의 관점, 그것도 타인으로부터 자신이 인정받을 수 있는 관점으로 반영하고 표현합니다. 자신이 나름 인정받고 있는 사이트나 참여하고 있는 SNS 공간이 있다면, 그 관점은 더 편파적으로 치우칠 수도 있는 겁니다. "모나드들은 소규모 집단에 공유되는 배타적 가치들을 갖는다"고 페라리스가 지적한 상황입니다.

"산업 시대나 미디어 시대를 규정하는 (하나의 권위자로부터 수령자들에 이르는) 수직성"에 대해 페라리스는 이야기합니다. 국가나 지배계급이 진리를, 그리고 뉴스를 독점했던 시절입니다. 그래서 당시 발신된 모든 뉴스가 일단은 진짜가 되었습니다. 그러나 잊지 마세요. 시간이 흘러 가짜였다는 것이 판명된 뉴스들이 부지기수였다는 사실을요. 다큐미디어 시대에는 상황이 복잡해집니다. 모두가 원칙적으로 뉴스 발신자입니다. 당연히 시간이 흐르기를 기다리지도 않고 "내 뉴스가 진짜이고 당신 뉴스는 가짜야!"라는 인정투쟁이 즉각적으로 일어납니다. 팩트의 문제가 아니라 관점의 전쟁이 시작된 셈이죠. 물론 여전히 가짜뉴스라는 낙인찍기는 국가, 여당, 야당 등 정치권에서 주도하고 있습니다. 그나마 자신이 작게나마 인정받고 있는 공간에 국가나 정치권이 가짜뉴스를 퍼뜨리는 순간, 모나드들은 인정을 받기 위해 선명성 경쟁을 하게 됩니다. 반대로 자신이 속한 SNS 공간을 지배하는 가짜뉴스를 부정하는 순간, 모나드들은 자신의 존재가 부인될 수 있다는 위협을 느낍니다. 강퇴의 비극이죠.

가짜뉴스의 파괴력이 확인된 2016년 《옥스퍼드 영어사전》은 '탈진실'을 올해의 용어로 채택합니다. 《옥스퍼드 영어사전》에 따르면 탈진실은 "여론을 형성하는 데 객관적 사실들(objective facts)보다 감정이나 개인적 믿음(emotion and personal belief)에 호소하는 것이 더 영향력이 있게 된 상황"을 가리킨다고 정의합니다. 에큐메노폴리스 주민이 가진 인정 욕망이 없었다면 탈진실은 불가능합니다. 모나드가 되어버린 공간에서는 하나의 진리가 아니라 관점에 따른 수천수만의 진리가 생기는 것은 불가피한 일이고, 원칙적으로 하나의 모나드에는 하나의 세계가 대응하니까요. 그러니 객관적 사실들이 있다는 듯이 말하는 《옥스퍼드 영어사전》의 정의는 순진한 구석이 있습니다. 감정이나 개인적 믿음, 즉 관점을 배제한 순순한 팩트란 존재하지 않는 법입니다. 결국 객관적인 사실, 즉 팩트란 승리한 관점이 바라본 사실일 수밖에는 없으니까요.

어쨌든 서글픈 풍경입니다. 웹이라는 거대한 우주에 존재감을 드러내기 위해 모나드들이 던진 애절한 유리병 편지들을 이용해 이익을 남기는 것은 자본과 정치권이니까요. 바로 이 장면에서 페라리스는 "그들은 함께가 아니라 자기 혼자서 혹은 차라리 인터넷의 반응으로만 자신들이 옳다고 믿는다"는 말을 남깁니다. 이것은 페라리스가 호네트식의 인정 철학자가 아니라는 결정적인 증거입니다. 여기서 "함께"라는 단어가 깊은 울림을 줍니다. "타인의 인정을 받기 위한 자기긍정"이 자기 삶과 에너지를 다큐미디어자본이나 다큐미디어정치에 빼앗기는 자기착취의 공식이라면, 어쩌면 타인을 인정하는 타자 긍정은 자신을 착취하지 않는 공식인지도 모릅니다. 그러나 페라리스는 "함께"라는 말을 더 이어나가지 않습니다. 그래도 최소한 "자기 혼자서 혹은 차라리 인터넷의 반응만"으로 일회일비하지 않아야 이 시대에 상처를 받지 않는 것은 분명합니다.

웹페어의 꿈, 혹은 페라리스의 고독

일이 소멸하는 세계에서 사회는 극단적으로 양극화됩니다. 다큐미디어자본 근처에 있는 최상층 소수와 자동화에 밀려 점점 기계도 하지 않는 일자리로 밀려나는 다수! 그럴수록 사람들은 스마트폰을 켜고 웹세계를 기웃거리게 됩니다. 크리에이터란 황당한 이름으로 불리는 유튜버가 되거나 아니면 주식이나 가상화폐 등 모바일 투자에 정신을 집중하기도 합니다. 점점 더 작아지고 점점 더 위축되고 점점 더 보잘것없어진다는 우울증은 깊어만 갑니다. 결국 다큐미디어 시대의 최종 착취자는 다큐미디어자본입니다. 그러니 바로 여기에 혁명은 아니더라도 최소한 변화의 깃발이라도 꽂아야 합니다.

　20세기 후반 신자유주의와 함께했던 금융자본 시대에 산업자본의 문제는 그 자체로 해결되기 어려웠습니다. 파업을 하면 금융자본은 투자금을 회수해 그야말로 쿨하게 떠나버리면 그만이었으니까요. 사실 금융자본 시대에는 CEO도 생산직 노동자들과 마찬가지로 금융자본에 고용된 노동자에 지나지 않습니다. 이것은 금융자본 시대의 공장에는 자본을 육화하는 인간이 존재하지 않는다는 것을 의미합니다. 산업 현장에는 CEO에서부터 정규직 노동자, 나아가 비정규직 노동자들까지 모두 노동을 팔아 월급을 받는 노동자들만 존재합니다. '사장=자본가'라는 등식이 사라지는 순간, 산업자본주의 시대에 통용되던 사장과 그의 공장을 볼모로 하는 노동자들의 투쟁은 그 힘이 현격히 떨어지게 됩니다. 결국 금융자본 시대에서 산업자본 노동자들은 자신들의 문제를 해결하려면 힘들더라도 금융자본과 맞서야 합니다. 그러나 물리적 한계를 넘어선 금융자본과 상대하는 것은 만만한 일이 아니었습니다. 이것이 바로 20세기 후반 신자유주의의 광풍에 노동운동이 위기에 처한 이유입니다.

다큐미디어자본 시대에도 마찬가지입니다. 농업, 산업, 금융업 노동자들은 최종적으로 다큐미디어자본과 맞서야 합니다. 그래야 노동 현장의 문제들이 해결될 수 있으니까요. 원칙적으로 스마트폰과 랩톱을 버리고 웹에 더 이상 데이터를 남기지 않으면, 다큐미디어자본은 위축되고 붕괴할 겁니다. 그러나 이미 익숙해진 것을 끊어버릴 수 있을까요? 페라리스의 대답은 부정적입니다. 인간은 허영과 욕망을 자발적으로 버리거나 줄이지 않을 것이라는 판단 때문입니다. 허영과 욕망을 버린다는 것은 우리가 과거로 돌아간다는 것을 의미합니다. 현실적으로 그것은 현재의 편리함을 버리는 것이고, 과거의 힘든 삶을 감내할 각오를 하는 것이니까요.

페라리스는 우리 인간이 과거를 그리워하거나 과거로 퇴행하기보다는 불확실한 미래로 나아가리라고 바라봅니다. 그리고 그는 스펙타클에 몰두하고 SNS로 인정을 갈망하는 인간을 끌어안고 자본과 맞서려고 시도합니다. 인간이 변해야 사회가 변한다는 입장이나 사회가 변해야 인간이 변한다는 입장 중 하나를 선택하기를 거부합니다. 인간의 입장과 사회의 입장이 두 다리처럼 교차해야 앞으로 나아갈 수 있다는 실천적 태도입니다. 우선 페라리스는 사회의 변화를 위해 첫걸음을 내딛으려 합니다. 그에 따라 인간의 변화가 두 번째 걸음으로 따라오기를 기대하면서 말입니다.

적합한 논점은 감시가 아니라 대가를 지불하지 않고 착취되는 일이다. 다큐미디어자본이 더는 소비자들인 사람들에게 의존하지 않는다는 주장은 사실이 아니다. 반대로 다큐미디어자본은 자본주의의 어떤 형식보다도 더 소비를 필요로 한다. 소비가 그 자체로 인식되지 않는다는 주장은 정당하지만, 결국 소비가 다큐미디어 시대에서 가장 고양된 형태의 일(the most elevated form of work)을 구성할지는 분명하지 않다. 어쨌든 미래는 퇴행하지 않을 것이다. 데이터 수집은 확실히 세계에 새로운 부를 가져온다. 문제는 그 부를 집어던지는 것에 대한 것이 아니라 그것을 사회화하는(socialize) 방법이다.[18]

1945년 폰 노이만(John von Neumann, 1903~1957)은 모든 명령어와 데이터를 저장하는 메모리 기능을 갖춘 디지털 컴퓨터를 구상합니다. 이를 폰 노이만 구조(von Neumann architecture)라고 부릅니다. 실제로 그는 1952년 이진법을 채용한 최초의 프로그램 내장 방식 디지털 컴퓨터 에드박(EDVAC, Electronic Discrete Variable Automatic Computer)을 만들기도 합니다. 기억하는 기계가 인류에게 처음 도래한 순간이지요. 기억하는 기계가 1991년 8월 6일 '월드 와이드 웹(WWW, World Wide Web)', 즉 웹에 연결되는 순간 데이터혁명은 본격화됩니다. 우리가 스마트폰이나 랩톱으로 접속해 활동한 흔적들을 웹은 자동적으로 기록합니다. 그러나 빅데이터로 활용하려면 저장된 데이터의 양은 엄청 많아야 합니다. 이 점에서 1980년대 IBM의 PC와 2007년 애플의 아이폰은 빅데이터 시대를 연 서막이라고 할 수 있습니다. 이제 인류의 절반이 폰 노이만의 저주에 걸려 타의적으로 데이터 생산에 동원되니까요.

처음부터 플랫폼자본은 웹이 자동적으로 모든 접속 기록을 모은다는 것을 알았습니다. 그러나 그 기록들이 빅데이터의 자원이 되어 엄청난 부를 가져온다는 사실은 뒤늦게 자각합니다. 여기서 플랫폼자본은 다큐미디어자본으로 질적 비약을 합니다. 페라리스가 감시자본주의라는 주보프의 슬로건이 과장되었다고 생각하는 정황입니다. 결과론적으로 수집된 개개인들의 데이터를 들여다보기 때문에 감시의 효과도 있지만, 다큐미디어자본의 근본 목적은 개개인의 데이터들을 이용해 '소비를 조종하고, 소비를 이해하고, 소비를 포획하는' 것이니까요. 문제는 웹에 저장된 데이터들로 발생한 잉여가치를 다큐미디어자본이 독점한다는 데 있습니다. 이것도 결과론적인 이야기이지만 데이터를 생산한 개개인 유저들에 대한 착취입니다. 바로 이것이 페라리스가 다큐미디어자본 시대에 "적합한 논점은 감시가 아니라, 대가를 지불하지 않고 착취되는 일"이라고 강조하는 이유입니다.

문제는 웹에서의 데이터 생산은 인간들의 소비 활동에서 생긴다는 점입니다. 웹에서 상품을 구매하느라 돈을 소진하는 직접적 소비를 넘어서 자기 삶의 에너지를 소진하는 바타유적 의미의 소비도 해당됩니다. 우리는 스마트폰과 랩톱으로 영화도 내려받고, 게임도 하고, SNS도 하고, 악플도 답니다. 그런데 웹 활동을 소비라고 생각하지 않는 경향이 있습니다. 내가 좋아서 하는 놀이 정도로 생각하지요. 페라리스가 "소비가 그 자체로 인식되지 않는다는 주장은 정당하"다고 이야기한 이유입니다. 분명 스마트폰을 가지고 노는 행동은 소비 행위임에도 무료한 시간을 즐겁게 보냈고 쾌감을 충족했다는 느낌이 드니까요.

스마트폰을 하며 돈, 시간, 삶의 에너지를 소비했다면 그 결과 내게 무언가가 주어져야 합니다. 그러나 배송된 상품, 킬링 타임, 그리고 쾌감 충족으로 우리는 쉽게 만족하고 맙니다. 여기서 우리가 웹 활동으로 남길 수밖에 없는 데이터, 그것이 낳는 엄청난 잉여가치는 안중에도 없습니다. 그렇기에 페라리스는 "소비가 다큐미디어 시대에서 가장 고양된 형태의 일을 구성할지는 분명하지 않다"고 말했던 겁니다. 여러 형태의 웹 활동이 데이터를 생산하는 가장 고양된 형태의 일이지만, 우리는 그것을 인식하지 못하지요. 이에 대한 페라리스의 안타까움입니다. 다큐미디어 자본의 잉여가치는 우리의 웹 활동이 낳은 전체 가치에서 구매한 상품 등 각 개인이 즉각적으로 얻은 개인적 가치를 뺀 것입니다. 그래서 빅데이터의 가치는 사회적일 수밖에 없는 겁니다.

한 사람 한 사람의 데이터에는 산업자본이 탐할 만한 소비에 대한 정보가 없습니다. 그러나 이 작은 데이터들이 엄청나게 모인다면 이야기가 달라집니다. 개개인의 여행 정보는 힘이 없지만 이것들이 빅데이터의 대상이 될 정도로 모이면 항공사들은 손해를 볼 일이 없을 겁니다. 항공사뿐이겠습니까? 영화제작사도 자동차 제조업체도 팔릴 예정인 상품을 내놓을 수 있으니 엄청난 이득을 얻을 겁니다. 그래서 페라리스는 강조했던 겁니다. "데이터 수집은 확실히 세계에 새로운 부를 가져온다. 문제는 그 부를 집어던지는 것에 대한 것이 아니라 그것을 사회화하는 방법이다." 빅데이터는 존재론적으로 사회적인 것이기에 그걸 다큐미디어자본이 독점해서는 안 됩니다. 그러니 페라리스는 빅데이터의 잉여가치를 사회화하자는 겁니다. 사회적인 것이니 사회적이어야 한다는 당연한 주장인 셈입니다.

페라리스의 주장 이면에는 우리 이웃들이 스마트폰이 제공하는 편리함과 쾌감을 절대 포기하지 않으리라는 약간은 서글픈 인식이 자리 잡고 있습니다. 또한 페라리스는 우리 시대 이웃들의 지배적 특징을 이기적 합리주의자로 보고 있습니다. 산업자본을 거쳐 벤담(Jeremy Bentham, 1748~1832)식 자아가 이미 제2의 천성으로 자리 잡았다는 페라리스의 냉정한 현실 진단입니다. 페라리스는 데이터를 남기는 우리 이웃들의 웹 활동을 비하하지 않고 자기 이익에 민감한 내면도 조롱하지 않습니다. 그렇다고 스펙타클에 허우적거리고 이익에 목을 매는 인간의 모습을 긍정하고 있는 것은 아닙니다. 앞 세대의 인문정신과 마찬가지로 페라리스도 현실을 회피하지 않고 타인에 민감해하는 건강한 인간을 꿈꾸니까요.

중환자에게는 밥보다는 미음을 먼저 먹여야 합니다. 페라리스는 웹 활동을 해도 무방하지만, 빅테이터가 낳는 사회적 부를 사회화했을 때 자신에게 돌아오는 이익을 생각해보라고 충고합니다. 1956년생 노철학자가 웹 보헤미안들에게 부드러운 미음을 건네고 있는 겁니다. 이것이 2023년 5월 23일 웹에 '디지털 웰페어(welfare)'를 지향하는 '웹페어(webfare) 선언문'이 등장한 배경입니다.

"만국의 소비자여! 단결하라!" 지금까지 이야기된 것에 따르면, 이것은 아이러니하지도 역설적이지도 않은 메시지이고, 노동자들이 사라지는 시대에 필수 불가결한 실재론적 슬로건이다. …… 첫 번째 스텝은 데이터의 가치가 동등하게 인간의 동원에 의존한다는 것과 이 동원이 플랫폼들에 의해 가로채기를 당하고 해석된다는 사실을 아는 것이다. 데이터의 가치를 양화함으로써 이뤄지는 거래가 두 번째 스텝이다. 소셜미디어, 공짜 앱, 인터넷 접속 데이터를 통해 현재 공짜로 접속 가능한 데이터와 함께, 디지털 데이터 경제는 2019년 유럽에서 940억 유로에 육박하고 계속 성장하고 있다. …… 사용자들이 가진 구조화된 데이터와 구조화되지 않은 데이터(상업 플랫폼에서 얻은 가입자들에 대한 데이터)를 결합함으로써 데이터조합(data cooperatives)은 훨씬 더 큰 시장 가치를 낳을 수 있다. …… 덕은행(Virtue Banks)은 데이터 접근 비용을 산업 파트너와 협상할 수 있을 것이고, 커다란 경제적 이익을 낳게 될 것이다. 이런 도식에서 우리가 플랫폼과의 관계에서 생산하는 데이터를 양화하는 방법들이 개발될 필요가 있다.[19]

1848년 《공산당 선언》에서 마르크스는 산업자본 시대의 노동자들에게 외칩니다. "만국의 노동자들이여, 단결하라!" 2023년 페라리스는 다큐미디어자본 시대의 노동자들에게 요구합니다. "만국의 소비자여! 단결하라!" 마르크스의 자본 공식 '화폐-상품-화폐'(M-C-M')를 '소비-기록-소비'(C-R-C')로 심화하고 수정했던 페라리스의 패기가 번뜩이는 대목입니다. 여기서 페라리스의 요구를 산업자본 시대 중산층이 주도했던 소비자운동(consumer movement)의 슬로건으로 이해하는 시대착오를 범해서는 안 됩니다. 소비자운동은 산업자본 시대 폭발했던 다양한 일자리를 전제합니다. 다시 말해 이 운동은 노동력을 팔아서 얻은 임금으로 제대로 상품과 서비스를 구매하려는 운동, 한마디로 소비자 권익을 위한 운동이라는 이야기입니다. 반면 페라리스의 선언은 디지털화와 자동화로 일자리가 증발하는 절박한 시대, 즉 "노동자들이 사라지는 시대"에 "필수 불가결한 실재론적 슬로건"입니다. 그래서 우리는 그가 말한 만국의 소비자가 생계 위기에 빠진 대다수 인류 전체를 가리킨다는 사실을 잊어서는 안 됩니다.

만국의 소비자들이 단결하는 단계로 페라리스는 구체적으로 두 스텝을 설정합니다. 완전히 일자리가 증발하지 않아 간신히 웹 활동을 하는 이웃들은 자신이 남긴 데이터가 디지털화와 자동화에 사용되고, 나아가 빅데이터의 원천이 되어 잉여가치를 남기는 데 기여하고 있다는 사실을 자각하는 것이 첫 번째 단계입니다. 불행히도 이런 자각을 근거로 우리가 잉여가치를 분배하라고 요구해도 다큐미디어자본은 꿈쩍도 하지 않겠지요. 그래서 페라리스는 '데이터조합'이나 '덕은행'을 만들어 다큐미디어자본과 맞서야 한다고 제안합니다. 바로 이것이 그가 "데이터의 가치를 양화함으로써 이뤄지는 거래"라고 규정한 두 번째 스텝입니다. 개개인이 웹에 남긴 고립된 데이터는 부를 창출하기 힘드니,

빅데이터는 아닐지라도 소규모나 중규모의 데이터를 집적하자는 겁니다. 데이터조합이나 덕은행은 이렇게 집적된 데이터로 산업 파트너와 거래하고 그 대가를 조합원들에게 분배하는 겁니다.

당연히 자본이나 국가는 데이터조합 운동에 반감을 갖게 될 겁니다. 자본은 자신의 잉여가치가 잠식되는 것을 우려할 것이고 국가도 당연히 최대 납세자인 자본의 편을 들 테니까요. 자본과 국가의 반격을 무력화하기 위해 페라리스는 데이터 재분배가 체제에도 도움이 된다는 유혹의 논리를 마련합니다.

우리는 데이터 재분배를 생각해봐야 한다. 그림은 다음과 같다. 한편으로 막 시작한 탈제조(post-fabrication)라는 조건에서 우리에게는 자동화에 의해 보장된 재화들의 증가된 이용 가능성이 있고, 다른 한편으로 일자리의 희박화가 있다. 그렇지만 만약 자동화 때문에 소비자들이 고용되지 않는다면, 그들은 재화를 구매할 수 없다. 그리고 만일 소비가 실제로 새로운 가치의 생산, 즉 체제를 유지하기 위해 순환시킬 수 있는 새로운 자본의 생산을 구성할 수 없다면, 체제는 붕괴할 것이다.[20]

자동화로 서비스와 재화가 풍성해지면 무엇 합니까? 자동화는 동시에 인간의 일자리를 빼앗기 때문입니다. 당연히 서비스나 재화를 사는 구매자가 사라지게 됩니다. 서비스나 재화가 팔리지 않으면, 생산과정의 자동화는 어떤 의미도 없게 됩니다. 소비가 생산을 결정한다는 것은 산업자본 이후 이미 상식입니다. 결국

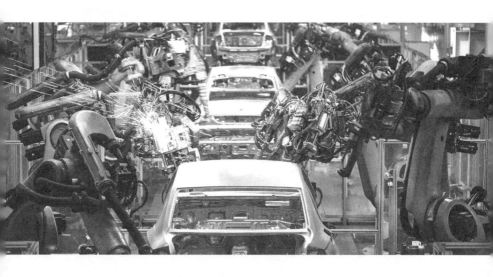

자동차 생산라인에서 로봇이 용접을 하고 있다.
자동화는 인간의 일자리를 빼앗기도 한다. 그렇게
되면 자본주의를 유지하는 소비자가 사라지는
현상이 생긴다. 소비자가 없는 자본주의는 어떻게
될 것인가?

자동화를 유지하기 위해서라도 인간에게 돈을 주어야 합니다. 그래야 인간이 스마트폰도 업그레이드하고 인터넷 쇼핑도 하고 영화도 내려받을 수 있으니까요. 그러니 데이터조합의 활동을 막지 말라는 겁니다. 공짜로 소비하라고 돈을 줘야 할 판에 소비자들이 자신들의 데이터로 돈을 얻으려는 노력을 막아서는 것은 어리석은 일이라는 논리입니다.

체제에 던지는 페라리스의 최종 경고는 분명합니다. "만일 소비가 실제로 새로운 가치의 생산, 즉 체제를 유지하기 위해 순환시킬 수 있는 새로운 자본의 생산을 구성할 수 없다면, 체제는 붕괴할 것이다." 그러니 자본과 국가는 자신을 위해서라도 빅데이터로부터 유래한 잉여가치 재분배를 전향적으로 검토할 필요가 있다는 이야기입니다. 아쉬운 것은 페라리스의 경고 이면에는 재분배를 할지 말지의 여부가 여전히 자본과 국가의 재량에 맡겨져 있다는 사실입니다. 바로 이 부분이 페라리스의 웹페어 선언이 조금은 무기력한 느낌을 주는 대목입니다. 한편으로 이것은 국가도 그렇지만 자본이 우리 인간이 일거에 어찌할 수 없을 정도로 강력해졌다는 방증이기도 합니다. 아니 그 반대인지도 모릅니다. 인간은 과거 어느 때보다 소심하고 약해진 것인지도 모르니까요.

또 한 가지 지적해야 할 것이 있습니다. '웹페어 선언'은 다큐미디어자본의 우세가 뚜렷한 선진국, 구체적으로 유럽이나 미국을 제외한 지역에서는 무언가 공허하다고 느껴질 겁니다. 여전히 대부분의 인류는 산업자본 시대 특유의 임금노동으로 생계를 유지하고 있으니까요. 그러나 웹에 의해 세계화된 자본주의체제에서 다큐미디어자본이 최고 권좌에 이르렀다는 것도, 그리고 AI로 상징되는 자동화와 다지털화는 갈수록 우리 삶의 풍경을 바꾸리라는 것도 어김없는 현실입니다. 당연히 다큐미디어자본 심장부를 겨냥한 운동은 저 외곽 동남아 하청 산업자본을 겨냥한 운동보다 파급력이 클 수밖에 없습니다. 우리가 페라리스의 고뇌로부터 배울 것이 적지 않은 이유도 바로 여기에 있습니다.

다큐미디어 시대 우리 인간의 모든 약점과 한계를 잘 알고 있는 페라리스입니다. 스펙타클에 빠져 구경꾼이 되어버린 이웃들, 타자를 사랑하기보다 사랑받기를 원하는 이웃들, 순간적 쾌락으로 장기적 행복을 그리지 못하는 이웃들! 이들과 함께 나아가려는 페라리스의 발걸음은 당연히 무뎌지고 느려질 수밖에 없습니다. 우리 이웃들과 함께하지 않고 혼자 걸었다면 그의 발걸음은 어땠을까 궁금해집니다. 다행히도 다큐미디어자본과 씨름하던 중 페라리스가 순수한 철학자로 자기 속내를 보인 시간이 있었습니다. 신실재론(New Realism)의 주창자로서 그는 미국의 어느 철학 잡지와 인터뷰를 한 적이 있으니까요.

실재론(Realism)은 테이블과 의자가 존재한다는 …… 테제는 아니다. 반실재론자들(Anti-realists)도 이걸 알고 있다. 설령 그들이 그 자체로 테이블이나 의자가 아니라 우리에 대한 테이블이나 의자라고 주장한다고 할지라도 말이다. 실재성을 확증한다는 것(verifying reality)은 적어도 마르크스가 소망했던 변형을 포기하고 그것을 있는 그대로 수용한다는 것을 의미하지는 않는다. 실재론은 정확히 이와 반대된다. 실재의 변형, 더 정확히는 혁명은 가능하고 필수적이다. 그렇지만 그것은 단순한 사유가 아니라 실제 행동을 필요로 한다. 실재론은 사유에서만 만들어진 혁명들—안락의자 혁명들, 사변에서 만들어진, 자기 머리에서만 편안하게 만들어진 혁명들—에 대한 거부다.[21]

20세기 철학의 흐름은 '세계는 나에 대한 세계'라는 생각에서 크게 벗어나지 않습니다. 바로 이것이 상관주의입니다. 페라리스는 이것을 '반실재론'이라고 규정합니다. 그러나 이 대목에서 페라리스는 자신이 생각하는 실재론은 단순히 우리와 무관하게 세계가 존재한다는 입장은 아니라고 이야기합니다. 실재를 변형하려면, 우리는 내 뜻대로 되지 않는 실재를 인정해야 합니다. 실재가 나에 대해 존재한다면, 내 마음만 바꾸면 실재가 다르게 될 겁니다. 페라리스는 이것을 "사유에서만 만들어진 혁명들"일 뿐이라고 거부합니다. 마음의 혁명은 잘못하면 정신승리나 아니면 신포도 전략일 가능성이 크다는 사실을 생각하면, 페라리스의 속내는 어렵지 않게 이해됩니다. "안락의자 혁명들", 그러니까 "사변에서 만들어진, 자기 머리에서만 편안하게 만들어진 혁명들"을 거부하려고 했다는 것, 바로 이것이 페라리스의 아름다움입니다.

페라리스에게 스마트폰, 웹, 키오스크, AI는 실재였습니다. 그만큼 사회도, 역사도, 인간도 실재였습니다. 실재의 혁명은 사유에서만 만들어진 혁명과 다른 점이 있습니다. 그것은 느리고 단계적이라는 겁니다. 마음으로는 산을 오르는 다양한 등산로를 한꺼번에 품을 수 있지만, 몸소 산에 오르면 우리는 하나의 등산로만 걸을 수 있을 뿐입니다. 더군다나 저 앞 오르막을 오르지 않고 그다음 능선을 걸을 방법도 없습니다. 엽등(躐等)은 불가능하다는 것이 실재의 특성이니까요. 2008년 이후 우리 인간에게 다가온 새로운 자본 형식과 씨름하면서 페라리스가 걸었던 길이 때로 느리고 때로 답답해 보였던 이유는 바로 이것입니다. 인터뷰를 마무리하면서 페라리스는 말합니다. "존재한다는 건 저항하는 것이다(to exist is to resist)!" 이것이 실재의 본성이자 그에 맞서는 페라리스의 태도입니다.

1   Maurizio Ferraris, "Social Ontology and Documentality", 2006. https://www.academia.edu/19881924/Social_Ontology_and_Documentality

2   Ibid.

3   Maurizio Ferraris, "From Capital to Documediality", eds. Alberto Romele and Enrico Terrone, *Towards a Philosophy of Digital Media*, Palgrave, 2018.

4   Ibid.

5   Maurizio Ferraris, "WEBFARE: A Manifesto for Social Well-Being", 2023. https://www.cst.uni-bonn.de/en/research/ferraris_webfare_eng.pdf

6   Ibid.

7   Maurizio Ferraris, "From Capital to Documediality", Ibid.

8   Maurizio Ferraris, "From work to mobilization", eds. Tiziano Toracca and Angela Condello, *Law, Labour and the Humanities: Contemporary European Perspectives*, Routledge, 2020.

9   Ibid.

10   Ibid.

11   Ibid.

12   Ibid.

13   Maurizio Ferraris, "WEBFARE: A Manifesto for Social Well-Being".

14   Maurizio Ferraris, "From work to mobilization", Ibid.

15   Maurizio Ferraris, "From Capital to Documediality", Ibid.

16   Ibid.

17   Ibid.

18   Maurizio Ferraris, "From work to mobilization", Ibid.

19   Maurizio Ferraris, "WEBFARE: A Manifesto for Social Well-Being".

20   Ibid.

21   "Manuel Carta talks with Prof. Maurizio Ferraris of the University of Turin, another leading exponent of New Realism", *Philosophy Now* 113, Anja Pub LTD, 2016.

1.

우리 전래동화 가운데 〈선녀와 나무꾼〉 이야기를 아시나요? 아마도 어린 시절 어머니의 품에서 들은 이야기이거나 아니면 동화책에서 봐서 누구나 알고 있는 내용일 겁니다. 이야기는 사냥꾼에게 쫓기는 사슴으로부터 시작되지요. 위기에 빠진 사슴을 어느 나무꾼이 구해줍니다. 사슴이 나무꾼에게 고마움을 느낀 것은 당연한 일이겠지요. 그런데 여기서 기묘한 반전이 일어납니다. 그것은 사슴이 나무꾼에게 불법적인 제안을 했기 때문이지요. 나이가 찼음에도 아직 장가를 가지 못한 나무꾼에게 사슴은 은밀한 제안을 합니다. 아리따운 선녀를 신부로 맞이할 방법을 알려준 것이지요. 선녀들이 지상으로 내려와 목욕을 하는 틈에 선녀의 날개옷을 훔쳐두면 어렵지 않게 그중 한 명과 결혼할 수 있다는 것이었습니다. 날개옷을 잃어버린 선녀는 당황하며 하늘로 올라가지 못할 것이니 그 틈을 타서 선녀를 아내로 맞으라는 말이었습니다.

사실 나무꾼은 별다른 대가를 바라지도 않고 사슴을 구해준 것이었지만, 사슴은 마치 뒷거래를 하듯이 은밀한 정보 한 가지를 나무꾼에게 알려준 것입니다. 여기에 사슴은 한 가지 충고를 덧붙입니다. 그건 아내가 된 선녀에게 절대로 훔친 날개옷을 보여주지 말라는 것이었습니다. 아이를 셋 낳을 때까지 말이지요. 불행히도 착한 나무꾼은 사슴의 불법적인 제안에 결국 공모하고 맙니다. 사슴이 시킨 대로 선녀들이 목욕하는 곳으로 가서 선녀의 날개옷 가운데 한 벌을 몰래 훔칩니다. 그러고는 울고 있는 선녀에게 아무 일도 모른다는 듯이 접근합니다. 마침내 하늘로 올라갈 수 없게 된 선녀를 데리고 나무꾼은 자기 집으로 돌아옵니다. 내막을 전혀 알 수 없던 선녀에게 나무꾼은 자신을 구해준 은인으로 보였을 겁니다. 이렇게 해서 선녀는 평범하지만 아리따운 아내가 되어 나무꾼과 함께 살게 되었습니다. 그리고 시간이 지나 어느덧 두 사람 사이에는 두 명의 아이가 생겼지요.

어느 날 밤 마침내 불행이 찾아듭니다. 어쩌면 위기에 빠진 사슴을 구해줄 정도로 착했던 나무꾼에게 양심의 가책이 찾아든 것인지도 모릅니다. 사랑이란 항상 내 마음 깊은 곳의 진실을 토로하도록 강제하는 힘이 있으니까요. 아마도 나무꾼은 자신의 죄에 대해 어느 순간 용서를 구하고 싶었을 겁니다. 그러고는 속으로 확신했겠지요. 아내는 자신의 죄를 용서할 만큼 이미 자신을 사랑하고 있다고 말이지요. 아니면 이제 아내는 어떤 일이 있어도 자신의 곁을 떠나지 않으리라는 오만이 불쑥 나무꾼의 마음을 지배한 것인지도 모릅니다. 어쨌든 나무꾼은 무언가에 홀린 듯 모든 진실을 아내에게 털어놓고 날개옷을 보여줍니다. 시간이 흘러 어제처럼 아침이 다시 밝았습니다. 하지만 나무꾼은 예상치 못한 참담한 현실을 맞이해야 했습니다. 믿었던 아내와 두 아이가 모두 보이지 않았기 때문입니다. 서둘러 어젯밤에 보여준 날개옷을 찾아봤지만 찾을 수 없었지요. 날개옷을 되찾은 선녀는 아이들을 데리고 훌쩍 하늘로 올라가버렸던 겁니다.

2.

〈선녀와 나무꾼〉는 매우 충격적인 반전을 담고 있습니다. 유학의 가부장적 전통이 강했던 옛 시대를 한번 생각해보세요. 어떻게 선녀는 자신을 아끼고 사랑해준 나무꾼에게서 아무렇지도 않게 홀연히 떠나버릴 수 있었을까요? 그것도 두 아이마저 모두 데리고 말입니다. 아무래도 선녀의 행동이 좀 야박하다는 생각마저 듭니다. 하지만 우리 조상들은 이런 은밀한 방식으로 여성의 자유에 관한 이야기를 만들었던 겁니다. 그리고 어머니들은 그것을 잠자리에 든 자신의 딸들에게 아무렇지도 않은 듯 들려주기도 했던 것이지. 사실 선녀의 날개옷은 여성, 더 나아가 인간의 자유를 상징한다고 볼 수 있습니다. 그것은 빼앗기거나 양도할 수 없는 무엇인가를 가리키지요. 예를 들어 누구도 자신의 자유를 빼앗겨서는 안 되지만, 만약 어느 순간 자유를 빼앗겼다면 그것을 반드시 되찾아야만 합니다. 어떻게 그 옛날에 이 같은 결론을 만들어냈는지 신기하기까지 합니다. 하지만 〈선녀와 나무꾼〉 이야기에는 앞에서 말한 내용과는 전혀 다른 버전도 있습니다. 이 버전에 따르면 선녀가 떠난 뒤 나무꾼은 우여곡절 끝에 결국 선녀를 다시 만나고, 그녀와 함께 하늘나라에서 잘 살았다고 합니다. 두 번째 버전은 첫 번째 버전의 이야기가 지닌 혁명성을 두려워한 가부장제 옹호자가 만들어낸 것 같습니다.

　〈선녀와 나무꾼〉 이야기는 동화로 분류됩니다. 서점에서 이 이야기를 읽다가 저도 모르게 웃음을 터뜨린 경험이 있습니다. 아마 주변 사람들은 이상한 사람이라고 생각했겠지요. 나이 든 아저씨가 그것도 동화책을 보다가 낄낄거리며 웃고 있었으니 말입니다. 그런데 왜 제가 웃었는지 궁금하지 않으십니까? 어떤 동화책을 보면 방금 읽은 이야기 아래에 이 이야기를 통해 알 수 있는 교훈을 적어놓습니다. 아마도 아이들에게 동화를 읽어주는 어머니들을 위한 배려겠지요. 그렇다면 〈선녀와 나무꾼〉 이야기의 교훈은 무엇이었을까요? 놀랍게도 이 이야기의 교훈은 "약속은 꼭 지켜야 한다"는 것이었습니다. 이 말에 갸우뚱한다면 앞에서 사슴이 했던 말을 기억해보세요. 은밀하게 불법 제안을 한 뒤 사슴이 나무꾼에게 했던 충고 말입니다. 사슴은 아이를 세 명 낳을 때까지 아내에게 날개옷을 보여주면 안 된다는 다짐을 받았는데, 바로 이 약속을 어겼기 때문에 나무꾼에게 비극적인 결과가 찾아왔다는 것입니다. 만약 나무꾼이 사슴과의 약속을 잘 지켰다면 행복한 나날을 보냈을 것이라는 점이 바로 이 동화의 가르침입니다. 제가 웃었던 이유가 바로 여기에 있습니다.

누구에게도 양도하거나 빼앗을 수 없는 자유를 노래한 이야기가 갑자기 불법적인 약속도 반드시 지켜야만 한다는 엉뚱한 이야기로 탈바꿈했기 때문입니다. 사실 애초에 불법적인 약속은 지킬 필요도 없고 또 지킬 의무도 없겠지요. 그리고 정직하고 선한 나무꾼이라면 그런 뒷거래를 마땅히 거부했어야 합니다. 나는 아무런 대가 없이 구해준 것인데 왜 나한테 그런 일을 제안하느냐고 반문하면서 말입니다. 만약 처음부터 착한 나무꾼이 그렇게 응수했다면 비극은 발생하지도 않았겠지요. 하지만 착한 나무꾼은 예상과 달리 사슴의 제안을 받아들입니다. 어쩌면 사슴도 나무꾼과 마찬가지로 수컷이 아니었을까요? 수컷과 수컷 사이의 약속! 그리고 여자는 단순히 그 사이에 거래되는 물건과도 같은 존재! 그래서 약속과 관련된 교훈은 〈선녀와 나무꾼〉 이야기의 성격을 우습게 만듭니다. 한 여자를 두고 거래하는 것을 아무렇지도 않게 들려주고 약속만 잘 지키면 평생 그 여자를 곁에 두고 살 수 있다는 교훈은 아마도 가부장제를 당연하게 여기는 사람들에게만 의미 있겠지요. 재미있지 않습니까? 가부장제 사회에서 자유에 대해 근본적으로 의문을 제기한 이야기가 이렇게 가부장제에 포획된 사람들에 의해 왜곡되어 읽힌다는 사실이 말입니다.

3.

〈선녀와 나무꾼〉 이야기에는 우리가 더 깊이 숙고해봐야 할 문제가 한 가지 더 있습니다. 그것은 선녀의 결단과 관련된 문제입니다. 한동안 나무꾼과 선녀는 행복한 나날을 보냈을 겁니다. 그래서 우리는 나무꾼의 고백을 듣고 그녀가 어떤 마음이었을지 어렵지 않게 추측할 수 있습니다. 그녀의 내면에는 아마도 두 가지 기억이 서로 싸우고 있었겠지요. 하나는 날개옷을 입고 자유롭게 날던 때의 기억이라면, 다른 하나는 나무꾼을 만나 아이들을 낳고 살아가던 평범하지만 소중한 일상에 대한 기억이었을 겁니다. 날개옷을 부여잡은 채 그녀는 잠든 남편의 얼굴을 바라보며 고뇌했겠지요. 여러분이라면 과연 어떻게 했을까요? 조용히 날개옷을 옷장에 다시 넣어두고 나무꾼과의 일상을 이어나가겠습니까? 아니면 날개옷을 걸치고 훌훌 날아가겠습니까? 정말 결정하기 힘든 일일 겁니다. 그러나 선녀는 깨달았습니다. 자유로부터 출발하지 않는 삶은 어떤 가치도 없다는 것을, 따라서 지금까지 자신이 믿어왔던 삶과 사랑은 기만에 불과했다는 사실을 말이지요.

〈선녀와 나무꾼〉 이야기로 이 책을 마무리하려고 한 이유가 짐작되는지요? 저는 우리가 마치 날개옷을 잃어버린 선녀들은 아닌지 생각해봅니다. 물론 이 경우 사슴과 나무꾼은 자본주의 체계를 상징하는 것으로 다시 해석할 수 있겠지요. 그런데 불행히도 우리는 동화책 속 선녀의 경우와 달리 날개옷을 잃어버렸다는 사실 자체를 잘 모르고 있는 것 같습니다. 자본주의사회는 피상적으로 보면 이전의 사회보다 더 자유로운 것 같아 보입니다. 하지만 자본주의가 보장하는 자유란 진정한 의미에서의 자유가 아닙니다. 자본주의에서의 자유는 돈을 가진 자의 자유, 소비의 자유에 불과하기 때문이지요. 소비의 자유란 결국 돈에 대한 복종의 이면이라고 볼 수 있습니다. 우리는 소비의 자유를 위해서 돈의 노예가 되었다는 사실을 심각하게 생각하지 않습니다. 그러나 자신의 삶을 한번 되돌아보세요. 수중에 돈이 없을 때 얼마나 갑갑하고 부자유스럽다고 느끼는지 말입니다. 가령 우리가 향유하는 자유가 돈이 있을 때만 가능한 그런 성격의 것이라면, 그것은 돈의 자유이지 우리 삶의 자유일 수는 없을 것입니다.

　나무꾼의 농간에 빠져 옷 한 벌 없는 신세가 되었던 선녀를 한번 생각해보세요. 이런 위기 상황에서 불쑥 등장한 나무꾼은 선녀에게 의식주를 제공했을 뿐만 아니라 심지어 선녀를 아껴주기까지 합니다. 그래서 선녀는 나무꾼을 사랑하게 되고, 그와 몸을 섞고 아이를 낳기까지 했지요. 물론 그녀는 나무꾼을 만난 행운에 대해서도 감사했겠지요. 심지어 이제 나무꾼을 떠나서는 자신이 아무것도 할 수 없다고 생각했을 겁니다. 날개옷을 다시 찾을 때까지 이렇게 점점 나무꾼에게 길들여가고 있었던 것입니다. 자신의 자유를 빼앗긴 줄도 모르면서 점점 더 나무꾼에게 의존해가는 선녀, 그리고 나무꾼과의 삶을 최상의 행복이라고까지 생각하게 된 선녀. 이런 선녀는 자본주의에 길들여 있는 우리의 모습과 너무도 많이 닮았습니다. 하지만 자유를 되찾은 선녀가 되려면 반드시 날개옷이 필요했던 것처럼, 자본주의로부터 자신의 자유를 회복하려면 여기에서 다룬 다섯 인문지성의 사유를 곰곰이 생각해봐야 합니다. 그들은 우리에게 날개옷과 같은 역할을 해줄 사람들이니까요. 그들의 사유를 통해서 우리는 자신이 얼마나 자본주의에 길들여 있으며, 또한 진정한 자유를 얼마나 오랫동안 잃고 살아왔는지 자각할 수 있을 것입니다.

4.

강연과 책을 통해 저는 많은 사람에게 이야기합니다. 자본주의가 결코 소망스러운 체계일 수 없다고 말이지요. 그것은 자본주의가 우리에게 삶의 자유를 빼앗고 그 대가로 소비의 자유라는 치명적인 상처만을 안겨주었다는 생각 때문입니다. 다행스러운 것은 대부분의 청중들이나 독자들이 제 이야기에 공감을 표하고 있다는 사실입니다. 그렇지만 얼마 지나지 않아 그들은 심각한 얼굴로 제게 반문하고는 합니다. "그렇다면 우리는 어떻게 해야 하나요? 선생님 말씀대로 취업은 자본주의에 포획되는 것일 수 있습니다. 그렇다면 취업을 해서는 안 되는 건가요? 취업을 하지 않고 우리는 어떻게 생계를 유지할 수 있나요?" 이것은 무척 심각하고도 중요한 질문입니다. 좋은 고등학교, 좋은 대학, 좋은 성적, 좋은 영어 점수. 지금까지 그들의 삶은 모두 자본주의가 내건 기준에 따라 이뤄졌다고 볼 수 있습니다. 물론 자본주의에 입각한 이와 같은 삶의 원칙을 직접적으로 심어준 것은 바로 그들의 부모들이었지요. 이 점에서 우리가 프로이트에게서 시작된 정신분석학의 교훈을 다시 떠올려보는 것은 당연한 일인지도 모릅니다.

정신분석학에 따르면 인간은 다른 동물들보다 훨씬 더 사랑과 관심을 필요로 합니다. 이것은 인간이 다른 동물들보다 훨씬 미성숙한 상태로 세상에 태어나기 때문이지요. 아프리카의 초식동물은 태어난 지 몇 시간이 되지 않아 혼자 걸을 수 있습니다. 반면 인간은 걷기 위해서 거의 1년 이상의 시간이 필요하고, 나아가 홀로 생활을 영위하기까지는 20여 년 이상의 시간이 필요합니다. 당연히 독립하기 전까지 인간은 주위의 절대적인 보살핌과 애정에 의존할 수밖에 없지요. 이 때문에 유아 시절에 필요한 사랑과 관심은 단순한 허영의 문제가 아니라 각자의 생존과 결부된 중요한 문제라고 할 수 있습니다. 유아 시절부터 인간은 자신을 돌보는 사람, 이 가운데 특히 어머니가 자신에게 원하고 욕망하는 것을 실현하려고 매번 노력합니다. 좋은 성적을 받아올 때마다 어머니가 기뻐한다면, 아이는 가능한 한 성적을 올리려고 애쓰게 될 겁니다. 물론 이것은 그들이 공부를 좋아해서가 아니라, 자신을 보살펴온 어머니로부터 지속적인 애정과 관심을 받기 위해서입니다.

정신분석학은 우리에게 이야기합니다. 우리의 욕망이란 단지 부모의 욕망이 내면화된 것에 지나지 않는다고 말입니다. 부모들은 자식들이 자본주의에 성공적으로 적응하는 모습을 최종적으로 욕망하고 있습니다. 이 점에서 보면 젊은 학생들이 자본주의 논리에 대해 의구심과 회의를 품을 수 있다는 점은 무척 소중하고 중요한 일입니다. 이런 회의는 그들이 이제 부모 세대의 절대적 영향력에서 어느 정도 벗어나 자신만의 욕망을 꿈꾸기 시작했다는 것을 의미하기 때문이지요.

그렇지만 자본주의적 자아, 혹은 자본주의적 욕망은 20여 년이란 긴 시간 동안 단단하게 형성된 것입니다. 바로 이런 이유로 새로운 자아나 반자본주의적 욕망 또한 하루아침에 이루어질 수는 없습니다. 더구나 새로운 자아를 구성하려고 하자마자, 그들은 사회구조 자체가 압도적인 힘으로 자신의 시도를 좌절시키려고 한다는 사실에 직면할 것입니다. 이 가운데 가장 시급한 것은 취업을 하지 않고도 살아가는 것이 가능한가라는 물음입니다. "취업을 하지 않고 우리는 어떻게 생계를 유지할 수 있나요?"라는 질문 이면에는 생활의 절박함과 불안감이 숨어 있을 수밖에 없습니다.

5.

사실 혼자만의 힘으로 자본주의와 대항하는 것은 거의 불가능할 뿐만 아니라, 정신승리가 아니라면 별다른 의미도 없습니다. 중요한 것은 우리가 앞으로 태어날 후손들에게 자본주의와는 다른 삶의 전망을 줄 수 있는지입니다. 인문학적 정신은 미래의 후손들, 혹은 미래의 타자들을 배려하는 정신입니다. 그래서 인문학은 동시대의 인간뿐만 아니라 앞으로 태어날 모든 인간에게 적용 가능하다고 믿을 만한 통찰을 제공할 수 있어야 합니다. 물론 우리의 통찰이 미래의 타자들에게도 적용될 수 있다는 점이 지금 최종적으로 확증될 수는 없을 겁니다. 우리는 미래가 아니라 현재에 살고 있기 때문이지요. 그렇지만 미래의 타자들에게까지 확장되지 않는 인문학적 통찰은 자칫 잘못하면 동시대인들에게만 적용 가능한 지엽적이고 파편적인 것으로 전락할 위험이 있다는 점을 잊어서는 안 됩니다. 바로 이것이 대의민주주의의 맹점이기도 합니다. 앞으로 태어날 사람들의 이익이 아니라, 지금 살아가는 사람들의 이익을 대변하는 법률을 만드는 것이니까요. 그래서 인문학적 상상력이 결여된 민주주의는 살아 있는 세대, 그것도 기득권을 가진 사람들의 집단 혹은 세대 이기주의로 전락하게 되는 겁니다.

인문정신은 이미 죽은 자들, 살아가고 있는 우리, 그리고 앞으로 태어날 후손들을 하나의 공동체로 묶어줍니다. 이런 너른 지평에 설 수 있어야, 우리는 생존과 생계와 관련된 근시안적 조바심을 넘어 자본주의와 맞설 지혜와 용기를 갖게 될 겁니다. 어쩌면 선녀가 나무꾼을 떠나기로 결정했던 것은 아이들 때문이었는지도 모릅니다. 아니 앞으로 태어날 아이들의 아이들, 그리고 그 아이들의 아이들을 위해서 말입니다. 선녀가 불행이든 행복이든 자신의 처지가 자기만의 일이라고 생각했다면 익숙한 일상의 삶을 떠나기 힘들었을 겁니다. 자기 하나로 감당하면 그만인 일이라 생각할 수도 있으니까요. 그러나 아이들은 기만과 정신승리의 세계가 아닌 진실과 자유의 세계에서 자라야만 합니다. 바로 이것도 선녀가 미운 정 고운 정 다 들었던 나무꾼 남편을 떠나기로 한 결정적 이유가 아니었을까요? 결국 아이들이 선녀의 눈에 드러나지 않은 숨겨진 날개옷이었는지도 모를 일입니다. 놀라운 일 아닌가요? 아이들과 아직 태어나지 않은 후손들에 대한 사랑이 선녀를 자유로운 삶으로 이끌게 되니까요. 인간 일반에 대한 너른 사랑이 역설적이게도 진정한 자기 사랑을 가능하게 한다는 사실! 우리가 한시라도 잊어서는 안 될 좌우명입니다.

인문정신은 자본주의가 각인한 우리의 개인적 욕망들을 억제하는 힘을 갖고 있습니다. 아울러 우리 자신의 삶이 얼마나 자본주의로 인해 상처받고 있는지를 아프게 직시하도록 만드는 기적을 발휘합니다. 바로 여기에 우리의, 아니 인류의 희망이 있습니다. 많은 사람이 자신이 품은 상처의 심각함, 나아가 그 상처가 태어나지 않은 후손들에게 고스란히 전해질 위험성을 자각한다면, 우리의 삶도 우리의 실천도 그만큼 치열하고 집요하게 될 겁니다. 이 책이 자본주의를 넘어서는 구체적인 대안들을 검토하거나 새로운 해법들을 제안하기보다, 우선 자본주의에 상처받은 삶을 묘사하려고 했던 이유가 바로 여기에 있습니다. 누구보다 치밀하게 상처를 해부한 최고 인문지성들의 시선을 빌린 것도 이 때문이지요. 상처를 상처로 제대로 느낄 수 있을 때, 상처를 치유하려는 우리의 의지와 노력 또한 새롭게 싹틀 수 있을 겁니다. 그렇지만 저는 여러분과 함께 간절히 소망해봅니다. 더 이상 상처가 깊어지기 전에, 우리 자신과 우리의 후손들이 치료 불가능할 정도로 심각한 상처를 떠안기 전에, 치유의 노력이 곧 시작될 수 있기를 말입니다. 그래야 우리를 걱정했던 죽은 자들과 우리가 걱정하는 후손들이 맑은 미소를 되찾을 수 있을 테니까요.

⟨ 참고문헌 ⟩

가라타니 고진, 《트랜스크리틱》, 이신철 옮김, 도서출판 b, 2013.

가라타니 고진, 《세계사의 구조》, 조영일 옮김, 도서출판 b, 2014.

가라타니 고진, 《윤리 21》, 윤인로 외 옮김, 도서출판 b, 2018.

강신주, 《철학 VS 철학: 동서양 철학의 모든 것(개정 완전판)》, 오월의봄, 2013.

강신주, 《철학 VS 실천: 강신주의 역사철학·정치철학 강의 1》, 오월의봄,
    2020.

강신주, 《구경꾼 VS 주체: 강신주의 역사철학·정치철학 강의 3》, 오월의봄,
    2020.

프리드리히 니체, 《니체 전집》(전 21권), 정동호 외 옮김, 책세상, 2000~2015.

자크 데리다, 《그라마톨로지》, 김성도 옮김, 민음사, 2010.

기 드보르, 《스펙타클의 사회》, 유재홍 옮김, 율력, 2014.

질 들뢰즈, 《차이와 반복》, 김상환 옮김, 민음사, 2004.

질 들뢰즈, 《프루스트와 기호들》, 서동욱 외 옮김, 민음사, 2004.

자크 라캉, 《에크리》, 홍준기 외 옮김, 새물결, 2019.

카를 마르크스, 《자본론》, 김수행 옮김, 비봉출판사, 2001.

카를 마르크스, 《경제학-철학 수고》, 강유원 옮김, 이론과실천, 2006.

카를 마르크스, 《헤겔 법철학 비판》, 강유원 옮김, 이론과실천, 2011.

카를 마르크스·프리드리히 엥겔스, 《공산당 선언》, 강유원 옮김, 이론과실천,
    2008.

조르주 바타유, 《에로티즘의 역사》, 조한경 옮김, 민음사, 1998.

조르주 바타유, 《저주의 몫》, 조한경 옮김, 문학동네, 2000.

앙리 베르그손, 《창조적 진화》, 황수영 옮김, 아카넷, 2005.

막스 베버, 《프로테스탄티즘의 윤리와 자본주의 정신》, 김덕영 옮김, 길, 2010.

발터 벤야민, 《아케이드 프로젝트》(1·2), 조형준 옮김, 새물결, 2005.

발터 벤야민, 《벤야민 선집》, 최성만 외 옮김, 길, 2007~2022.

장 보드리야르, 《소비의 사회》, 이상률 옮김, 문예출판사, 1992.

장 보드리야르, 《기호의 정치경제학 비판》, 이규현 옮김, 문학과지성사, 1992.

장 보드리야르, 《생산의 거울》, 배영달 옮김, 백의, 1994.

장 보드리야르, 《불가능한 교환》, 배영달 옮김, 울력, 2001.

장 보드리야르, 《암호》, 배영달 옮김, 동문선, 2006.

샤를 보들레르, 《파리의 우울》, 황현산 옮김, 문학동네, 2015.

샤를 보들레르, 《악의 꽃》, 황현산 옮김, 난다, 2023.

피에르 부르디외, 《자본주의의 아비투스》, 최종철 옮김, 동문선, 1995.

피에르 부르디외, 《구별짓기》(상·하), 최종철 옮김, 새물결, 2005.

얀 물리에 부탕, 《꽃가루받이 경제학》, 서희정 옮김, 돌베개, 2021.

장 폴 사르트르, 《존재와 무》, 정소성 옮김, 동서문화사, 2009.

에르난도 데 소토, 《자본의 미스터리》, 윤영호 옮김, 세종서적, 2022.

아르투어 쇼펜하우어, 《의지와 표상으로서의 세계》, 홍성광 옮김, 을유문화사, 2009.

베르나르 스티글러, 《자동화 사회 1》, 김지현 외 옮김, 새물결, 2019.

테오도르 아도르노, 《부정변증법》, 홍승용 옮김, 한길사, 1999.

오사와 마사치, 《연애의 불가능성에 대하여》, 송태욱 옮김, 그린비, 2005.

왕필, 《주역 왕필주》, 임채우 옮김, 길, 2006.

베르너 좀바르트, 《사치와 자본주의》, 이상률 옮김, 문예출판사, 2017.

베르너 좀바르트, 《전쟁과 자본주의》, 이상률 옮김, 문예출판사, 2019.

소샤나 주보프, 《감시자본주의 시대》, 김보영 옮김, 문학사상, 2021.

게오르그 짐멜, 《짐멜의 모더니티 읽기》, 김덕영 외 옮김, 새물결, 2005.

게오르그 짐멜, 《돈의 철학》, 김덕영 옮김, 길, 2014.

게오르그 짐멜, 《게오르그 짐멜 선집》, 김덕영 옮김, 길, 2007~2014.

프리초프 카프라, 《현대물리학과 동양사상》, 김용정 외 옮김, 범양사, 2006.

임마누엘 칸트, 《순수이성 비판》(1·2), 백종현 옮김, 아카넷, 2006.

임마누엘 칸트, 《실천이성 비판》, 백종현 옮김, 아카넷, 2009.

임마누엘 칸트, 《판단력 비판》, 백종현 옮김, 아카넷, 2009.

임마누엘 칸트, 《윤리형이상학 정초》, 백종현 옮김, 아카넷, 2018.

쿠키 슈우조우, 《우연이란 무엇인가》, 김성룡 옮김, 이회문화사, 2000.

앨빈 토플러, 《제3의 물결》, 원창엽 옮김, 홍신문화사, 2006.

블레즈 파스칼, 《팡세》, 이환 옮김, 민음사, 2003.

그래이엄 하먼, 《사변적 실재론 입문》, 김효진 옮김, 갈무리, 2023.

악셀 호네트, 《인정투쟁》, 문성훈 외 옮김, 사월의책, 2011.

악셀 호네트, 《물화》, 강병호 옮김, 나남출판, 2015.

에드문트 후설, 《데카르트적 성찰》, 이종훈 옮김, 한길사, 2002.

Pierre Bourdieu, *Pascalian Meditations*, trans. Richard Nice, Stanford
University Press, 2000.

Yann Moulier Boutang, *Le Capitalisme cognitif: la nouvelle grande
transformation*, Amsterdam, 2007.

Manuel Carta, "Manuel Carta talks with Prof. Maurizio Ferraris of the
University of Turin, another leading exponent of New Realism",
Philosophy Now 113, Anja Pub LTD, 2016.

Angela Condello and Tiziana Andina, "Post-Truth: What is it about?",
eds. Angela Condello and Tiziana Andina, *Post-Truth, Philosophy
and Law*, Routledge, 2019.

Maurizio Ferraris, "Social Ontology and Documentality", 2006. https://
www.academia.edu/19881924/Social_Ontology_and_Documentali
ty.

Maurizio Ferraris, *Documentality: Why It Is Necessary to Leave Traces*,
trans. Richard Davies, Fordham University Press, 2012.

Maurizio Ferraris, *Introduction to New Realism*, Bloomsbury
Academic, 2014.

Maurizio Ferraris, *Manifesto of New Realism*, trans. Sarah De Sanctis,
State University of New York Press, 2014.

Maurizio Ferraris, "From Capital to Documediality", eds. Alberto

Romele and Enrico Terrone, *Towards a Philosophy of Digital Media*, Palgrave, 2018.

Maurizio Ferraris, "From work to mobilization", eds. Tiziano Toracca and Angela Condello, *Law, Labour and the Humanities: Contemporary European Perspectives*, Routledge, 2020.

Maurizio Ferraris, *Doc-Humanity*, trans. Sarah De Sanctis, Mohr Siebeck, 2022.

Maurizio Ferraris, "WEBFARE: A Manifesto for Social Well-Being", 2023. https://www.cst.uni-bonn.de/en/research/ferraris_webfare_eng.pdf.

Maurizio Ferraris, *The External World*, trans. Sarah De Sanctis, Edinburgh University Press, 2024.

Michael Grenfell, *Pierre Bourdieu: Key Concepts*, Isd, 2012.

Gottfried Wilhelm Leibniz, *Philosophical Papers and Letters: A Selection*, trans. L. E. Loemker, Springer, 1975.

Marshall McLuhan and Barrington Nevitt, *Take today: the executive as dropout*, Harcourt Brace Jovanovich, 1972.

Arne Naess, *The Selected Works of Arne Naess*(10 Vols), Kluwer Academic Pub, 2005.

Jacques Rancière, *Politics and Aesthetics*, trans. Peter Engelmann, Polity. 2019.

Stuart Sim, *Post-Truth, Scepticism & Power*, Palgrave, 2019.

Georg Simmel, *Georg Simmel on Individuality and Social Forms: Selected Writings*, ed. Donald N. Levine, Chicago University Press, 1972.

Georg Simmel, *Simmel on Culture: Selected Writings*, ed. David Frisby, Sage, 1997.

Uwe Steiner, *Walter Benjamin: An Introduction to His Work and Thought*, trans. Michael Winkler, The University of Chicago Press, 2010.

John Von Neumann, *The Neumann Compendium*, ed. Tibor Vamos, World Scientific Pub Co Inc, 1995.

상처받지 않을 권리 다시 쓰기

초판 1쇄 펴낸날 2024년 3월 14일
초판 2쇄 펴낸날 2024년 12월 9일
지은이 강신주
펴낸이 박재영
편집 임세현·이다연
마케팅 신연경
디자인 조하늘
제작 제이오
펴낸곳 도서출판 오월의봄
주소 경기도 파주시 회동길 363-15 201호
등록 제406-2010-000111호
전화 070-7704-5018
팩스 0505-300-0518
이메일 maybook05@naver.com
X(트위터) @oohbom
블로그 blog.naver.com/maybook05
페이스북 facebook.com/maybook05
인스타그램 instagram.com/maybooks_05

ISBN 979-11-6873-098-4 03100

만든 사람들
책임편집 박재영
디자인 조하늘